中华现代学术名著丛书

# 上海工业化研究

刘大钧 著

商务印书馆
创于1897 The Commercial Press

2015年·北京

图书在版编目(CIP)数据

上海工业化研究 / 刘大钧著. —北京：商务印书馆，2015
(中华现代学术名著丛书)
ISBN 978-7-100-10049-6

Ⅰ. ①上… Ⅱ. ①刘… Ⅲ. ①工业化—研究—上海市—民国 Ⅳ. ①F429.51

中国版本图书馆 CIP 数据核字(2013)第 130379 号



本书据商务印书馆 1940 年版排印

中华现代学术名著丛书
上海工业化研究
刘大钧 著

商 务 印 书 馆 出 版
(北京王府井大街36号 邮政编码 100710)
商 务 印 书 馆 发 行
北 京 冠 中 印 刷 厂 印 刷
ISBN 978-7-100-10049-6

2015 年 11 月第 1 版　　开本 880×1240 1/32
2015 年 11 月北京第 1 次印刷　　印张 16 插页 1
定价：48.00 元

刘 大 钧

(1891—1962)

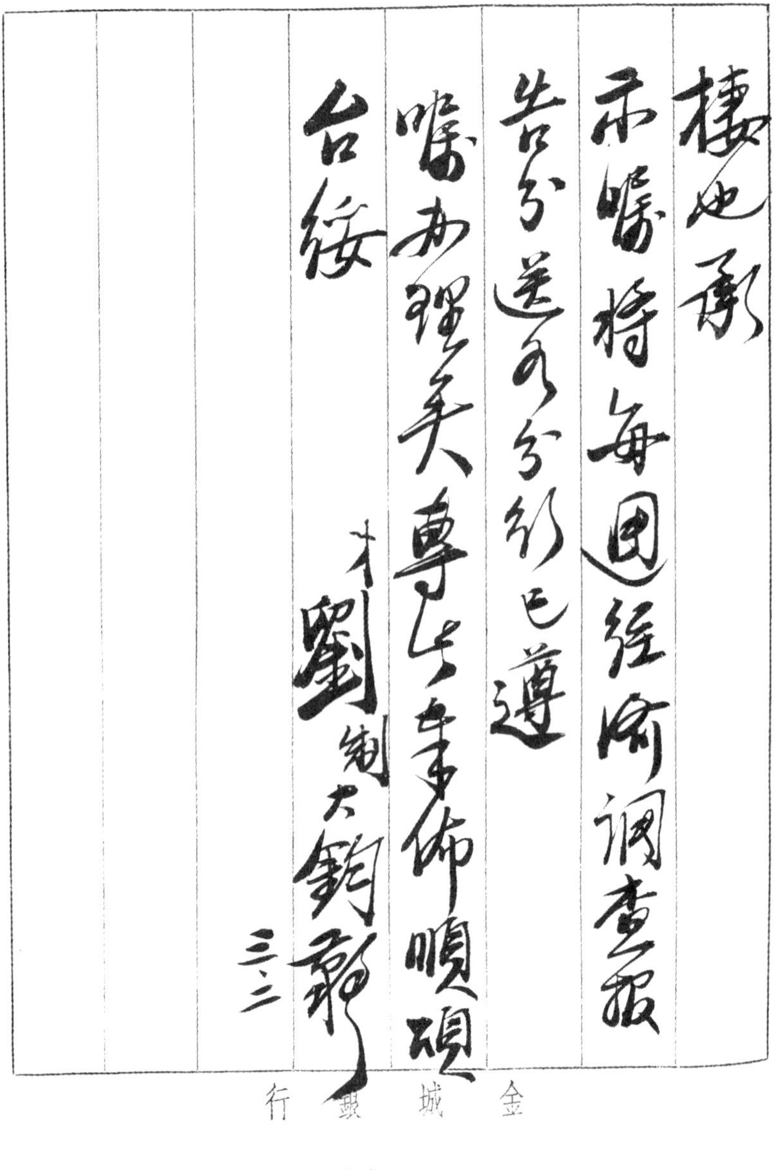


作者手迹

（本照片由孙大权先生提供）

# 出版说明

百年前，张之洞尝劝学曰："世运之明晦，人才之盛衰，其表在政，其里在学。"是时，国势颓危，列强环伺，传统频遭质疑，西学新知亟亟而入。一时间，中西学并立，文史哲分家，经济、政治、社会等新学科勃兴，令国人乱花迷眼。然而，淆乱之中，自有元气淋漓之象。中华现代学术之转型正是完成于这一混沌时期，于切磋琢磨、交锋碰撞中不断前行，涌现了一大批学术名家与经典之作。而学术与思想之新变，亦带动了社会各领域的全面转型，为中华复兴奠定了坚实基础。

时至今日，中华现代学术已走过百余年，其间百家林立、论辩蜂起，沉浮消长瞬息万变，情势之复杂自不待言。温故而知新，述往事而思来者。"中华现代学术名著丛书"之编纂，其意正在于此，冀辨章学术，考镜源流，收纳各学科学派名家名作，以展现中华传统文化之新变，探求中华现代学术之根基。

"中华现代学术名著丛书"收录上自晚清下至20世纪80年代末中国大陆及港澳台地区、海外华人学者的原创学术名著（包括外文著作），以人文社会科学为主体兼及其他，涵盖文学、历史、哲学、政治、经济、法律和社会学等众多学科。

出版“中华现代学术名著丛书”，为本馆一大夙愿。自 1897 年始创起，本馆以“昌明教育，开启民智”为己任，有幸首刊了中华现代学术史上诸多开山之著、扛鼎之作；于中华现代学术之建立与变迁而言，既为参与者，也是见证者。作为对前人出版成绩与文化理念的承续，本馆倾力谋划，经学界通人擘画，并得国家出版基金支持，终以此丛书呈现于读者面前。唯望无论多少年，皆能傲立于书架，并希冀其能与“汉译世界学术名著丛书”共相辉映。如此宏愿，难免汲深绠短之忧，诚盼专家学者和广大读者共襄助之。

商务印书馆编辑部

2010 年 12 月

# 凡　　例

一、“中华现代学术名著丛书”收录晚清以迄20世纪80年代末，为中华学人所著，成就斐然、泽被学林之学术著作。入选著作以名著为主，酌量选录名篇合集。

二、入选著作内容、编次一仍其旧，唯各书卷首冠以作者照片、手迹等。卷末附作者学术年表和题解文章，诚邀专家学者撰写而成，意在介绍作者学术成就，著作成书背景、学术价值及版本流变等情况。

三、入选著作率以原刊或作者修订、校阅本为底本，参校他本，正其讹误。前人引书，时有省略更改，倘不失原意，则不以原书文字改动引文；如确需校改，则出脚注说明版本依据，以“编者注”或“校者注”形式说明。

四、作者自有其文字风格，各时代均有其语言习惯，故不按现行用法、写法及表现手法改动原文；原书专名（人名、地名、术语）及译名与今不统一者，亦不作改动。如确系作者笔误、排印舛误、数据计算与外文拼写错误等，则予径改。

五、原书为直（横）排繁体者，除个别特殊情况，均改作横排简体。其中原书无标点或仅有简单断句者，一律改为新式标点，专名号从略。

六、除特殊情况外，原书篇后注移作脚注，双行夹注改为单行夹注。文献著录则从其原貌，稍加统一。

七、原书因年代久远而字迹模糊或纸页残缺者，据所缺字数用“□”表示；字数难以确定者，则用“（下缺）”表示。

# 目　　录

# 自　　序

上海工业化研究开始于民国二十年(1931)五月。当时著者因担任太平洋国际学会中国研究干事,向该会募得捐款,委托中国经济学社担任其事。学社及推选九人,成立研究委员会,而使著者为主任委员,与其他五机关合作,将上海华商工厂作一详细调查,曾于二十二(1933)年七月出版初步报告及上海缫丝业特别报告各一册皆英文。嗣欲另捐款,举行第二次调查,适中国统计学社亦愿参加,遂与中国经济学社合设中国经济统计研究所,由统计学社加推研究委员数人,成立两社合组之委员会,而以著者为委员长兼研究所所长。二十二年(1933)乃向中山文化教育馆及政府机关商洽,获得现款之协助,而完成第二次之调查焉。本书系根据两次调查,及数年研究之所得,一面由中国经济统计研究所以英文发表,一面则用中山文化教育馆丛书名义,将此册由商务书馆代为出版。

两次调查皆由张君宗弼协助著者,担任计划、指导等工作,而其担任实地调查者则有郭君锡昆、吴君德麟及本所与合作机关之调查员共30余人。主任整理统计工作者为陈君忠桀,在第二次王君家棟亦负不少责任,而助理人员则先后共有十余人。其整理及统计方法亦系著者所决定。本书文字,除著者自撰外,其第七章关于社会影响者系大夏大学社会学系主任吴泽霖先生主稿,第二章关于历史之演变者则系郭君锡昆所拟,而经著者加以订正者。

此项调查研究工作之完成，多赖国民政府主计处、实业部、国定税则委员会、上海市政府社会局、交通大学研究所、中山文化教育馆、太平洋国际学会、中华国货指导所与上海市商会之指导与合作，特此志谢。

刘大钧

民国二十六年六月二十六日

# 第一章 绪论

本书研究都市之经济与社会问题，而偏重于上海之工业化。所以然者，都市之产生原为工业化之影响。在各国未经工业化之前，无今日之都市，人民不过因商业发展之故，集中一处，而成为较大之城镇，其规模远较今日都市为小。即以我国而论，较大之都市，除以前之北平与现在之首都，因政治关系，以国家力量竭力发展外，其他皆为工业化之结果。且此种都市发展之程度非政治中心所能比拟，而工业都市中尤以上海为最重要，故本书研究都市工业化，而以上海为范围。

据各国之前例，与吾人在国内调查研究之结果，工业化影响人民之生活至为重大。盖一国在未经工业化之前，其人民生活状况与既经工业化后之情形，截然不同。工业化足使国家富强，并抬高人民之生活程度，然在其过程中流弊亦复至多。一般经济学者以英国初创新式工业实为一种革命之运动，而自工业革命以来，一般人民颇多受不良之影响，致引起许多对于工业化之抨击，而种种社会学说亦因此发生。即如马克斯*学说，亦由于工业革命之后，一般工人感受莫大之痛苦，由是而演成共产主义。足见工业化影响之重大矣。

欧战以后，实行共产主义者厥为苏俄。然十余年来，苏俄政府

* 即马克思，以下不再注明。——编者注

之努力进行者仍为使该国工业化,以与诸先进国抗衡。两次五年计划中最重要部分实为工业之发展。苏俄共产党为服从马克斯学说者,而并不因马克斯所云近代工业之流弊,而另辟途径,不使苏俄经由工业化之过程。英国为首先实行工业革命之国家。在19世纪前半期,多有因攻击工业化之流弊,而一并反对工业化之本身者,如洛斯金之类。洛氏以美术家眼光,抨击机械工业,以为汩没个人之灵魂,尚不如中古时代之奴隶。数十年来,英国文学家、宗教家、政治家等抨击新式工业,不遗余力,然英国工业日益发展,并未因受反对而无进步。至近年欧美工业化之进展更有一日千里之势,其情形与影响与马克斯、洛斯金诸人之所反对者亦大不相同。故工业化为近代必不可避免之事实,吾人决不能因其流弊而反对工业化之本身。其在我国,虽发展较迟较缓,而亦有不可避免不应避免之情势。总理主张民生主义;工业化既与民生有如此巨大之影响,则吾人加以研究,实不可缓。

## 工业化之含义

为研究工业化起见,吾人须先知此名词之含义。兹根据各经济学家之意见,及近日工业化之事实,加以说明。

(一)工业化之结果产生许多工厂,使多数工人集中一处,从事工作。盖在英国工业革命之前,工作场所规模皆小,所雇工人亦不甚多,故经济学者多以此为新式工业特点之一。近日工业化日益发展,大规模从事生产更远过当日工业方始革命之时矣。

(二)新式工业利用机械及原动力,从事制造,此为资本式之生产,彭姆包外克所谓经由间接路程,而达生产目的者也。工业化愈进展,则所用机械愈益复杂,而制造过程亦日益长久。

(三)在手工业中,雇主与工人之关系甚为密切,有如师徒,故工作状况虽不满意,而心理上常得一种之慰藉。及至新式工业发生,工人与雇主接触之时甚少。此犹指工厂内部管理人员而言,若以工厂之股东、董事等言之,则工人决无晤见之机会。果有痛苦,无由申诉。而雇主方面视工人亦与机械相等,毫无感情之可言。近年虽有种种工厂福利之设施,加以调剂,而劳资双方之接触终与手工业时迥异。

(四)投资者对于工业之关系亦日益疏远。虽一部分之资本家对于所办工厂有特殊之兴趣,主持其中一切事务,而其余股东仅视股票为一种投资方式,但求股利优足,对于工厂之管理及事业之进展,并无丝毫兴趣。美国卡佛教授谓美国工人购买工厂股票,为数甚多,已将此种情形改进不少,而实际上工人虽为股东,对工厂管理方面,仅恃少数股票,不足发生重大影响。[①]

(五)工业革命之后,以新式机械制成之产品,在一工厂之内,用一种机械所制成者,皆能一律。唯近年工业化愈益发展,其产品乃愈益标准化。不独一厂产品相同,且大多数工厂,凡制同一产品者,皆积极使其合于同一之标准,庶彼此可以相互应用。此为近年工业化重要特点之一,其影响不独及于工业,兼及于其他事业也。

(六)前条谓工业革命后,一个工厂内雇用多数工人从事制造,而在地域方面,亦复有相似之发展。凡交通便利适宜于工业发展

① 陈长衡译:《美国现今的经济革命》,第45—55页(原著为T. N. Carver, *The Present Economic Revolution*)。

之地方，常有大多数工厂集中于此，此乃今日工业都市产生之理由，与本书尤有密切关系。

我国经济组织所受工业化之影响

工业化之含义既如此，其对于我国之影响又复如何？言及我国，不独受本国工业化之影响，而兼受世界工业化之影响。前者因发展较缓，其影响尚较后者为少。一般论者，尤其崇拜马克斯学说之人，因未了然于工业化之需要，遂因此视为外国资本主义对我之侵略。其实工业化既为不可避免之事实，则我国亦不能例外。且抵抗所谓侵略之方法，亦唯有步苏俄之后尘，积极发展本国之工业而已。况此种影响虽由于外来之侵略，而本国新式工业与都市逐渐发展，亦有不少关系。吾人曾著论研究我国工业化原因，其中叙述我国旧经济组织与单位之情形及其破坏之经过，兹摘录于后。①

旧经济组织的目的在能自给。略有过剩的产品，然后与他村他县做交易，所以交通不须十分便利，商业及金融的组织亦不致十分复杂。农民大部分的时间在工作，在生产食粮，供给自己家人及本地食品，此外有余暇时便做手工业。农产品及家庭手工业产品大半在邻近的镇市中销售，而镇市中也有专营手工业的，供给各农村之需要。所以一个镇市与邻近的农村，合成一个小经济组织，也是可以自给的。农民所消费的食粮及几种日用品可由家人自行供给。其不能自行供给的亦可由邻近的镇市供给他，故此经济自给单位甚小。偶有几个

① 刘大钧：“研究我国工业化的原因与经过”，载《中山文化教育馆季刊》创刊号，第312—313页。

地方有著名的特产,行销外省外县,大半是奢侈品之类,如绍兴的酒、苏州的刺绣、杭州的丝绸、南京的缎、北平的景泰蓝、江西的瓷。诸如此类,为数有限,而且皆非日用必需品。这是我国的旧经济组织。在全国或者有一万以上如此差堪自给的小经济单位,而彼此间无长期入超或出超的现象。农产品本可就地消费,而手工业对于原料,不须适合一定的标准,能迁就本地物产的特性,所以农工两业相辅为用。这种散漫的小规模的旧经济组织合于农村的需要,所以国内虽然有兵灾匪乱以及繁重的捐税,农民仍可维持日常生活,而无今日破产的现象。

从新式工业品逐渐增加输入以来,国内工厂亦日益发达,上述情势就改变了。农民购买工厂出品渐成习惯,手工业及家庭工业因而大受影响。农村所有输出,与工业品作交易之用的,只有棉、麦、茶、丝、豆、蛋、花生、皮毛等原料。以前丝茶尚能大量输出外国,国内纱厂、面粉厂等亦多用本国棉麦为原料,所以农民尚能勉强维持。近年丝、茶被日本、印度、意大利等国将市场夺去,销路日少,而同时各国工业出品,精益求精,标准抬高,我国原料常不能合他的需要。连国内纱厂、面粉厂等也不能不买外国棉花同小麦作为原料,于是农产品更没有销路,而舶来品及工厂制品推销内地,则有增无减。所以农区的小经济单位遂被破坏,而与各都市的交易,常有入超,无法弥补。在工业的都市与各通商口岸方面,如将余资投于内地,则农村尚能藉此稍为繁荣。可惜各大都市既因对内地常常出超,积存大量的现金,更用各种方法去吸收内地的余资,以致内地资金日益减少,农村渐成破产现象。近一二年中各大银行竭力对内地投资,才能稍稍挽回这个趋势。

国际联盟年前曾因世界经济衰败,聘请各国经济专家,组织委员会,研究衰败的经过与原因。在各专家合编的报告内,所举的一个大原因即是农产品供过于求,价值跌落。[①] 这是指欧美各先进国而言,中国因统计材料不完全,遂不在该项报告研究范围之内。但我国物价常受世界物价的影响,各国农产品跌价,我国农产品亦随之下跌。在国定税则委员会所编《上海物价指数》内,可以很明显地看出来,工业品价高,农产品价值下跌。在这种情形之下,自然农民在交易上吃亏不少,同时,新式工业出品销行内地,内地手工业遂大受竞争影响,自然日益衰败。农民不能在农业外得到手工业收入的帮助,生活更难维持。这个现象不独在中国如是,即美国农民,远胜我国十倍八倍,而据彼国人研究结果,也说农民全靠农产品收入,绝对不能维持生活。我国农村小单位自给的经济受工业化的影响,直接是因新工业与手工业竞争的关系,致手工业受淘汰,而农民收入减少,间接是手工业打破我国旧经济组织,而新经济组织尚未成立,以致农村在这过渡时期,难以维持。这是我们认为农村破产的病根。

## 促进工业化之因素

吾人目的在研究工业化,但此问题太大,非一小册所能发挥尽致。况吾人所搜集全国工业统计,除东北四省在日人掌握之下,及西北、西南数省无新式工业者不计外,虽经完成,但因系为政府机关之所举办,此时材料尚未至发表时期,故吾人无由论列。兹仅以

① D. K. Lien, *China's Industries and Finance*, pp. 19 – 27.

上海一市为限——该市工业调查系吾人得太平洋国际学会及中山文化教育馆合作进行者，已经举办两次。但如有需要之时，则文中亦将以上海一市与全国稍加比较也。

上海为全国最重要之工业中心。研究上海工业化不独可明了本市之经济问题，且可明了全国之状况。同时，凡可影响全国工业发展之因素皆自然影响及于上海。前此吾人讨论中国工业发展，曾作以下之论断：①

> 在各种可以促进我国工业发展之因素中，铁路当为最重要之一种。如河南周家口前此本为该省重要商业中心，但因平汉、陇海两路之兴筑，以郑县为交叉点，故此时河南省最重要之城市已移至郑县。江苏之徐州，因在陇海与津浦路交叉之处，故亦将清江浦在江北之地位夺取。清江浦在运河沿岸，且为轮船之终点，但因陇海路不由此处经过，故将来发展希望甚少。至海州在陇海路东头，如建筑良港，则将来之地位或可较高于南通、无锡等处，甚或与上海处于竞争之地位。河北之石家庄本为甚小之城市，然因平汉及正太两路于此接轨，故工业遂有不少之进展。凡此皆可证明铁路对于工业化之影响也。

促进我国工业化之第二因素，按吾人前此之研究，为国际贸易。其影响共分三种：

（一）通商口岸皆因国际贸易而设立，而我国工业中心亦以通

---

① *The Course and Phases of the World Depression*, p. 38.

商口岸为多,或与之甚为接近。上海之所以成为最大工业城市者,因其为最大贸易港之故。通商口岸中人民与外国势力接触最早,故在他处尚未发展工业之时,通商口岸中已有工厂之设立。发展既早,进步亦速。且因此若干种工业乃集中于此,如上海、青岛、天津之纱厂,上海、无锡、顺德之丝厂等是。更因为各种国际贸易组织,在通商口岸购买外国机械及工业原料,亦诸多便利。

(二)国际贸易工业化之最大影响,在造成一种新式工业产品之需要,如纸烟、火柴、罐头食品、水泥、针织袜、胰皂、牙粉、皮革橡胶制品等大部分皆因国际贸易关系,而引致吾人之消费。此后国人既习用此种物品,乃渐自开办工厂,从事制造。目前旧式代替品如旱烟、火刀石之类,用途已逐渐减少,而制造此种之手工业亦渐渐消灭。厂布与土布之竞争亦甚激烈,尤为明显。凡此皆为国际贸易所发生之变化。

(三)其影响稍次者,即国际贸易可以使工业品销售于海外,因而促进各业之发展。东三省之豆油厂大半皆制造输出之豆油豆饼。上海、无锡、顺德等处所制之厂丝亦多推销国外。我国纱厂增加,棉纱输入业经大减,而我国所产者反有销售南洋及他国者。高等丝袜,在上海制造者,且亦曾销售于美国。江南造船所为外国公司制造船只。汉冶萍钢铁厂,在以前开工之时,亦曾制铁与钢轨等运销海外。凡此皆足证明输出贸易对于我国工业化之影响。

在国际贸易有发展时,工业随之发展,而国际贸易忽然停顿,有时亦可产生同一之结果;但此必须在输入物品已能在国内大量销售之后。比如欧战之时,因大多数欧美输入物品不能来华,故国内工业群起仿造,而尤以纱厂为盛。抵制洋货所发生之结果亦颇有相同者。杭州、上海两地新式洋伞之制造,即在抵制日货时期所发生。

在铁路与国际贸易之外，尚有一种重要因素可以促进我国之工业化。此为贱价电力之供给。电力与工业之关系固甚明显，毋须详述。但吾人前年调查全国工业时，对此项关系之印象，甚为深刻。凡在电力多而且贱之处，新式工业即多兴盛。其他地点或无电力厂，或虽有电厂，仅能供给电灯，则工业极少发展。江浙两省电力厂最多，工业亦最为发达。上海市工厂中所用租来之电力占全体原动力 60%，此吾人两次调查所得之结果也。

上述三种因素在我国固有促进工业之功效，即在他国亦复如此。上海既为我国工业都市，故其所受三者影响，尤为明显。果无京沪及沪杭甬铁路，则上海恐无今日之发展。以言国际贸易，上海更为全国最大之通商口岸，经此港进出之贸易占全国 50% 以上，故所受贸易之影响自然最早最大。公共租界与法租界皆有电力厂，尤以前者为大，而华界电厂现既联合发电，亦足以促进工业之发展。此外上海地居扬子江江口，可以诱致外人在此建设工厂。外厂多比华厂为大，经营成功，我国人遂亦仿照办理。且我国工人在外厂中工作，可获得经验，以为开办华厂之助。

此外更有若干种便利为上海所享受者。此间气候于大多数工业皆甚相宜，原料可由国内各地及世界各国转运而来，而工业产品向国外及国内销售亦甚便利。且邻近区域复能供给棉花、蚕茧等重要原料；扬子流域人口甚密，为上海工业产品之甚好市场。上海既已成为全国重要工业中心，故更有种种便利，为他城市所不能比拟者。凡技术工人，在上海招募较为容易，盖其所得之技术多系在本地工作而来。即失业之时，彼辈亦多愿留申，等候机会，比较他处为宜，故招集不感困难。购买原料、推销产品、融通资金、探访商业消息等，亦极易办理。此皆他城市所望尘莫及者也。

## 上海地位之重要

上海既为全国最重要之都市，故本书之工业统计亦以上海为限。在民国二十二年（1933），中国经济统计研究所曾调查全国之工业，以中国工厂法所规定之标准为限。当时调查遍及17省，128县市，包括上海、天津、汉口、济南、青岛、广州、厦门、香港、无锡等处在内。所查工厂约2,400余家，其中在上海一市者约1,200家。嗣后将统计加以组织与分类，共成16大类，150余细类。在他城市少则仅有数类，多则不过一二十类，而上海则各业大半全有。故以工厂厂数及工业种类言之，上海皆为他县市所不及。

更以最重要之工业言之，如棉纺、面粉、卷烟及缫丝等项，则多数之工厂皆集中于上海一市。如全国共有棉纱厂136家，其中64家在上海。全国卷烟厂约60家，其中46家集中于上海。以全体工业资本额言之，上海占全国40%，上海工人数占全国工人43%，产值占全国产值50%。凡此皆足表示本市地位之重要。

在近五年中，中国经济统计研究所因知上海地位之重要，故以大部分力量，从事研究此地之工业化。其他机关亦有搜集上海工业统计者，吾人皆曾加以分析，以资研究。此外更将他项经济材料与工业数字比较研讨。在进行此项工作时，常守客观之立场，而不随意提议各种问题之解决方法。盖许多问题皆为工业化过渡时所不能避免之弊端，不能单独解决。其最大之结果即为我国旧时经济组织之破坏。故为解决一切工业化发生之经济问题起见，应使此项过程从速经过，而同时应使我国工业为有计划之发展，较之头痛治头，脚痛治脚之方法为愈也。

# 第二章　上海工业发展之沿革

上海工业化之开始在数十年前，故吾人研究此项问题，必须叙述其开始以来之简短历史，所需材料，可采之于许多关于本题之书籍，及本所两次调查之所得。惟往昔工业统计异常缺乏，自民国十八(1929)年后，方有较完备之数字。许多作家所用报纸与杂志中关于上海工业发展之文字，及吾人直接向从事于工业者所得各项材料，常不免根据各人之印象；如以可靠之统计证之，可见其与事实不符，尤以伊等所论一般工业情形为甚。例如常人以为上海之工业，于民国十九或二十年，已受世界经济恐慌之影响而呈衰落，但吾人根据统计，则知自民国二十至二十二年，仍有相当发展也。此种错误全因一二种特殊情形，经多次反复申述，遂予人以深刻之印象。缫丝与棉纺业为上海工业中之重要者，其衰落情形记述尤多。因此种情形屡经谈论，遂致普通印象以为上海各种工业，于民国二十年前，皆已受世界经济恐慌之打击而疲惫，而其他工业至民国二十二年仍有进展则不见于报纸，或为普通谈论所及。是项工业多数为独资或合伙所经营，其兴盛情形自亦无对外宣布之理由，盖宣布于彼毫无利益，徒使他人艳羡而引起竞争耳。吾人曾试征集近年来丝织业发展之材料(该业为民国二十二年发达工业中之一)，殊感觉关于工业兴盛之详细情形，甚难探访，唯与多数商人有关之标准商品则较易查询。因此吾人下文所述之事实，皆在可能范围内引用确实统计资料及可靠之书籍。上海为我国工业之中心，其工业之发展与全国有密切关系，是以在叙述上海工业沿革之前，必略及全国工业之起源与进展。

我国新工业发源于同治初年，故言新工业史者皆自同治初年始。兹为便利研究计，将其进化之趋势分为数期。论者对于我国新工业之分期，意见不一，兹摘录杨铨、龚骏、许衍灼、杨大金及日本之安原美佐雄与东亚同文会所编之《支那工业》等所分时期如下：

| 作者 | | 许衍灼 | 安原美佐雄 | 东亚同文会 | 杨　铨 | 龚　骏 | 杨大金 |
|---|---|---|---|---|---|---|---|
| 书名 | | 中国工艺沿革史略 | 支那之工业与原料 | 支那之工业 | 五十年来中国之工业 | 中国新工业发展史大纲 | 近代中国实业通志 |
| 第一期 | 名称 | 官督商办时期 | 官督商办时期 | 官督商办时期 | 军用工业时期 | 军用工业时期 | 官营工业时期 |
| 第一期 | 期限 | 同治元年至光绪二十年 | 同治元年至光绪二十年 | 同治元年至光绪二十年 | 同治元年至光绪七年 | 同治元年至光绪三年 | 同治元年至光绪七年 |
| 第二期 | 名称 | 外人兴业时期 | 外人兴业时期 | 外人兴业时期 | 官督商办时期 | 中国机器工业之推行时期 | 官民合营时期 |
| 第二期 | 期限 | 光绪二十一年至二十九年 | 光绪二十一年至二十九年 | 光绪二十一年至二十九年 | 光绪八年至二十年 | 光绪四年至二十年 | 光绪八年至二十年 |
| 第三期 | 名称 | 国人兴业时期 | 利权收回时代 | 利权收回时代 | 外人兴业时期 | 外人兴业时期 | 外人侵略时期 |
| 第三期 | 期限 | 光绪三十年至宣统三年 | 光绪三十一年至宣统三年 | 光绪二十九年至民国元年 | 光绪二十一年至二十八年 | 光绪二十一年至二十八年 | 光绪二十一年至三十年 |

续表

| 作者 | | 许衍灼 | 安原美佐雄 | 东亚同文会 | 杨　铨 | 龚　骏 | 杨大金 |
|---|---|---|---|---|---|---|---|
| 书名 | | 中国工艺沿革史略 | 支那之工业与原料 | 支那之工业 | 五十年来中国之工业 | 中国新工业发展史大纲 | 近代中国实业通志 |
| 第四期 | 名称 | | 自觉的发展时代 | 国货维持时代 | 政府奖励及利权收回时期 | 过渡时期 | 民营萌芽时期 |
| | 期限 | | 革命以后 | 民国元年末至十年 | 光绪二十九年至宣统三年 | 光绪二十九年至宣统三年 | 光绪三十一年至民国三年 |
| 第五期 | 名称 | | | | 自动发展时期 | 商办焕发时期 | 民营极盛时期 |
| | 期限 | | | | 民国元年至十年 | 民国元年至十七年 | 民国四年至十年 |
| 第六期 | 名称 | | | | | 衰落时期 | 民营衰落时期 |
| | 期限 | | | | | 民国十八年以后 | 民国十一年以后 |

以上各家所分时期名称略有不同，兹就管见所及另分为七大时期如下：

第一期　军用工业时期　由同治元年至光绪三年

第二期　商品工业时期　由光绪四年至光绪二十年

第三期　外人兴业时期　由光绪二十一年至二十八年

第四期　政府提倡时期　由光绪二十九年至民国二年

第五期　民营进展时期　由民国三年至民国十四年

第六期　官民合作力求　由民国十五年至民国二十二年
　　　　进展时期
第七期　衰落时期　　　由民国二十三年至现在

**军用工业时期**　由同治元年(1862)至光绪三年(1877)可称为军用工业时期。军用工业所以勃兴之故一则鉴于洪杨之役,得西人枪炮兵轮之益,二则鸦片之战受西人武器侵陵之祸。清室中兴诸臣,如曾国藩、左宗棠、李鸿章等,目击西器之制胜,遂竭力提倡军用工业,同治元年李鸿章首先创办制炮局于上海,为我国新工业之权舆。四年曾国藩在上海之高昌庙设江南造船厂,五年左宗棠设福州船政局,六年李鸿章在上海设江南制造局[①],光绪三年丁宝桢设四川兵工厂,皆为国内之重要军用工厂。[②] 此时期中之新政,如曾国藩、李鸿章之遣送幼童出洋,李之开设天津水师学堂,皆以造就军工人才为目的。当时朝野绝少注意于制造商品之工业。至此期所兴之工厂均由政府拨款创办,故亦可名为官营工业时期。

**商品工业时期**　由光绪四年至光绪二十年间为商品工业时期。政府最先树我国商品工业之基者当推光绪四年左宗棠氏所办之甘肃织呢总局,亦我国纺织工业之先进也。同年法人卜鲁纳在上海设二百釜之新式缫丝工场,名曰宝昌丝厂,是为我国新式缫丝工业之先导。[③] 光绪八年李鸿章奏设上海织布局,至十六年始筹办就绪。光绪九年沪商祝大椿以资本十万两设立源昌机器五金工厂,我国民营新式工业以此为始。光绪十二年德人在上海设正裕

① 龚骏:《中国新工业发展史大纲》,第14—21页。
② 杨铨:《五十年来中国之工业》。
③ 龚骏:《中国新工业发展史大纲》,第26—27页。

面粉厂，光绪十七年李鸿章在上海创设伦章造纸厂，同年鄂督张之洞设立湖北织布、纺织、制麻、缫丝四局，十九年盛宣怀在上海创办华盛纱厂等。在此期间，日用品制造业渐多兴起，尤以纺织业为著。本期中之工业其始大都为官办，继因成绩不佳，渐改为官督商办。间有纯粹由商人自办者，但为数不多。故本期又可名为官督商办时期。

**外人兴业时期**　光绪二十一年中日战事告终，缔结马关条约，予外人在我国通商口岸设工厂权。一时外商工厂纷起，如英之怡和、老公茂，美之鸿源，德之瑞记等纱厂相继设立于上海。[①] 继纺纱业而起者为面粉业，有上海英商之增裕，哈尔滨俄商之北满。他如造船、机器、榨油等厂先后由外商设立于各通商口岸。此时外商势力日益增加。国人见外力之猛进，始悟利权之不可放弃，起而集股开厂者渐多，如苏州之苏纶、无锡之业勤、宁波之通久源等纱厂接踵而起，实业救国之谈风起云涌。在光绪二十二年我国境内已有外商纱厂五家，华商纱厂七家，共有纱锭417,000枚，织机2,100台。[②] 光绪二十三年上海开办之商务印书馆，二十四年南通之大生纱厂，均能直接造福社会，为我实业界之好模范。此期中新式缫丝工厂创设亦多。至二十八年止，上海一处已有缫丝厂21家，丝车7,306部。[③]

**政府提倡时期**　自庚子和议后，清廷始憬然悟练兵之不足恃，非振兴工商业不足以救国难，因于光绪二十九年设立商部，从事提

① 龚骏:《中国新工业发展史大纲》，第50页。

② 此项数字系根据龚书第51页。方显廷著《中国之棉纺织业》则谓是年有纺锭519,908枚。

③ 龚骏:《中国新工业发展史大纲》，第59页。

倡。三十一年,因美国禁止华工,国人抵制美货、提倡国货之心日益奋激。于是天津设工艺总局,北京设劝工陈列所,并设各省高等实业学堂,厘定奖给商勋章程,尽一权衡制度,勇往迈进,不遗余力。香港南洋烟草公司即于此时设立。光绪三十二年改商部为农工商部,颁华商实业爵赏章程。宣统元年举行南洋劝业会,开我国工商业上未有之纪录。此时我国新工业如棉纱、面粉、缫丝等皆已确立基础。他如毛织、火柴、水泥、造纸、印刷、电气、卷烟、机器、造船、玻璃、榨油、制糖以及民生日用物品,凡可应用机器制造者,殆无不在此时粗具规模。此期由光绪二十九年至宣统三年,凡九年。在此期内,不但政府有彻底之觉悟,国民亦有深切之猛醒。利权收回之声洋溢国内,朝野咸有振作之精神,故本期亦可称为利权收回时期。

**民营进展时期** 民国三年欧战爆发,欧美商品来源断绝,翌年日货又以二十一条之要求而受国人之抵制,因此国内市场几为华商所独占。迨战事告终,欧美经济极度衰落,非特不能运销其产品于远东,且有多量日货运往欧洲,因此中国市场更少洋货之竞争。民国八年,五四学生运动打倒安福系,复引起抵制日货,又使日货不能立足于中国市场。此等情形均予我国工业发展以莫大机会。是时新厂设立者日有所闻。

棉纺织业为我国主要工业,英日棉织品之输入又向居我国进口贸易主要地位,故欧战及抵制日货运动对于该业之影响特著。往昔我国棉织工厂大都规模狭小,是项统计无从稽考,至棉纺业则历来发展情形均有详细记载,尤以本期为最。多数棉纺工厂并置有许多织机,是以棉纺业之兴旺亦足以表示棉织业之进步。

上海最早之棉纺厂成立于光绪十六年(1890),有新式纱锭114,712枚。民国三年全国纱锭即超过百万,十四年增至400万以上，至二十二年复增至500万。① 当民国十四年以前之十二年间发达最速，纱锭增加几近四倍，其后渐缓。棉纺织业之情形如此，其他工业亦然，唯其发展之程度不能与前者相比耳。故本期称为民营工业兴盛时期。

**官民合作力求进展时期**　民国十四年五卅惨案发生，激起全国民众之公愤，提倡国货之声又复高唱入云，国内工业因得再度发展之良机。一时国货工厂，如卷烟等，设立者极盛。民国十五年国民革命军誓师北伐，至十六年冬，国府成立于南京，设立实业部，从事提倡，唯当时犹在军事时期，未克积极进行。至十七年统一告成，国民政府乃本建设之旨，遂于是年春季设立工商部，负责发展工商各业。诸凡法规之修正与增订，展览会之推行，工业之奖励，国货银行商场之设立，均逐步实施。国货工厂纷纷设立，据中华国货展览会记录，参加之工厂有4,000余家之谱，其总数或尤不止此。民国十八年，政府对于提倡工作仍不遗余力，如法规之次第施行，国营工业之兴办，私营工业之整顿，度量衡之筹备划一，工业注册及统计之举行，开我国工业史上未有之异彩，而厘卡之裁撤与关税之自主尤予工业发展以莫大利益。惟自十八年以后，因受世界经济恐慌之影响，颇有数种工业渐趋衰落。但就大体言之，则为继续进展，其原因当于下章详述。要之，我国自十八年关税宣布自主以后，税率逐年修订增加，洋货之价格日高，国内之工业日趋发展自不待言。上海工厂发展尤速，可于下章工业统计中见之。

**衰落时期**　民国二十二年以后我国工业渐趋衰落。盖因“九

---

①　方显廷《中国之棉纺织业》有历年纱厂详细统计，兹转载于本书附录己。

一八”事变，失去东北三省之广大市场，“一·二八”事件发生，东南市场亦受影响。此后长江流域遭窜扰，华北受日军不断之威胁①，社会秩序频感不安。而年来又水旱迭乘，农村破产，社会购买力薄弱，遂致商品销路呆滞。市场存货壅积，物价低落，至此我国工业已到山穷水尽之地步。且世界不景气之恐慌猛袭而来，美国又实行白银政策，益致我国工业无繁荣之希望。最近政府为稳定市面、救济工业起见，施行币制改革，一时工商业似有转机之生气。惟前途究属如何，尚难逆料耳。

上海工业发展之大概情形已如前述。吾人于其发展之过程中，可得窥见新工业在上海之地位。上海新工业之创始大约皆比他省市为早，上海新工业之厂数亦比任何省市为多，因此吾人对于上海工业发展之经过，不过不详加研究。兹择其主要各业，分述其史略如后。

## （甲）纺织业

我国之纺织业由来已久。古谚云“一女不织，或为之寒”，足见我国是业创始之早，然彼时纯系一种家庭手工业，其成为新式工业则犹为近数十年之事。同治六年粤商陈启元创办之缫丝厂实为我国国营新式纺织工业之鼻祖。自此以后，如棉纱、缫丝、棉织、丝织等业先后采用机器制造。兹分述其史略如次：

（1）纺纱业

我国之自设机器棉纺织厂当以上海为最早。光绪十六年北洋

① 此种威胁深入人心，故一般工商业界对于华北不敢从事发展。

大臣李鸿章洞悉棉纺织业之重要，遂于上海设立机器织布局及纺织新局。机器织布局不幸不戒于火，悉成灰烬。至是清廷不愿拨付重建之资，李氏乃与天津海关监督盛宣怀商募民股，改名华盛纱厂，置有纱锭六万五千枚，织机六百台，于光绪十九年即开始营业。其后以经营不善，几经改组，由华盛而又新，而集成永记，而三新，以成今日之申新第九厂。纺织新局初亦更名复泰，后又转售聂仲甫氏，为今日之恒丰纺织新局。[①] 光绪二十一年又有大纯纱厂之设立。二十二年裕源、三泰相继设立。其后三厂均告失败，先后为日人收买。大纯于民九更名上海纺织公司第一厂，裕源于民七更名内外棉株式会社第九厂，三泰亦于民九更名上海纺织株式会社第二厂。

外人之在华设立纱厂始于光绪二十一年。当甲午战后，中日缔结《马关条约》，规定日人在我国通商口岸有设立工厂之权利，因此他国亦援最惠国待遇之例，在上海相继设立纱厂。二十一年即有英商所设立之怡和，二十二年又有英之老公茂，德之瑞记，二十三年则有美之鸿源。其后鸿源售与英，继又转售与日，更名日华株式会社第一厂。老公茂亦由日商收买，更名公大第二厂。瑞记初售英商，更名东方，民十七年复由华商收买，更名申新第七纺织厂。

上海以外其他各省亦有若干纺织厂相继设立。最早者为光绪十七年张之洞在武昌设立之织布局，仅后于上海之机器织布局一年。至光绪二十五年，我国共有纱厂 17 家。其中江苏设 13 家，而上海占其九。此外湖北与浙江各两家。又上海九家中，外商计四

① 方显廷：《中国之棉纺织业》，第 3 页。

家，华商计五家。[①] 自光绪二十五年至三十年，因原棉不丰，工人缺少，且金融与运输设备不全，故无新纱厂设立。

光绪三十一年日俄战事告终，远东经济情势渐呈起色，金融交通均有相当进步，而棉产与熟练工人亦以需要而增加，经营纺织业者遂得莫大之便利。自光绪三十一年至民国二年全国纱厂又增设13家，其中江苏有11家，而上海占其六。此六厂为九成（今改申新第二）、振华（最初为中英合办，今归华商，更名振华利记）、公益（英商）、同昌及日商所办之内外第三与第四厂，此外浙江有一家，河南有一家。又上海六家中外商计三家，华商计两家，其余一家为中英合办。

民国三年欧战发生，吾国棉货进口锐减，惟此时日本棉织品仍有输入，迨民国七年欧战告终，欧美需要棉织品甚殷，日货遂转向欧美市场推销。此时我国纺纱界乘此千载难得之机会，极力扩充营业。当时棉贱纱贵各厂莫不获利。自此以后，每年均有新厂之设立。至民国十四年止，共有华商纱厂76家，共有纺锭1,897,682枚；日商纱厂45家，共有纺锭1,326,920枚；英商纱厂四家，有纺锭205,320枚；共计125家，纺锭3,429,922枚。[②] 此125家内有58家集于上海一处，设华商有22家，日商有32家，英商有四家，[③] 在此期内最足惊人者，为日本在我国境内设厂之猛进，其增加速率在民九以后之五年间为尤大。设民十有五家，民十一有八家，民十二与十三各四家，民十四有三家，共计24家。其所以增加如是之

① 方显廷：《中国之棉纺织业》，第5页。

② 同上书，第13页。龚书中数字与此颇有出入。

③ 龚骏：《我国都市工业化之统计分析》，第56—60页。

速者，实由我国于民国八年实施新修订之税则所致。盖新税则会将细纱税额增高[1]，日本为避免缴纳是项关税计，遂积极在我国境内设立纱厂，尤以上海为甚。且其所办之纱厂资本雄厚，制造能力亦大，与华商纱厂相比，诚不可同日而语，从此日厂遂有左右我国纺纱业之势矣，民国十四年以后，我国棉纺织业之黄金时代遂成过去，惟以纱锭统计观之（见附录己），则仍有继续不已之进展。然多数作家及大部分从事于该业之商人认为此业自是日趋于衰落状态，实际则以商人不能获得意外厚利，于是营业方针趋向保守。每年新厂设立者虽少，至存在各厂，除醉心于投机事业者外，尚不致亏损，缘投机事业有碍于本业发展至巨，各厂在欧战期间常获厚利，此后常年正当收入不能满足伊等欲望，于是大事投机，或因此留存大宗存货，以为投机之后盾。彼辈不复注意正当生产；虽未必各厂皆是如此，然颇有不少厂家竟以投机为主要营业。民国二十二年以后，受世界经济恐慌之打击，因而宣告停顿者，日有所闻。

自九一八、一·二八事件发生之后，热河冀东又相继陷于日军，华北震惊，棉纱市场乃受更深刻之打击。销路既淡，存纱递增。上海一埠存积最多时达168,000包以上。市场濒落，迨四月已跌进成本以内。各厂鉴于形势严重，乃召集全国纱厂会议，共谋救济。结果议决自四月二十一日至五月二十日，全体一致减工23%，以求减低产量，减少市上过剩之滞纱。迨减工一月之期既满，不利之环境迄未解除，嗣后各厂仍继续自由减工。据六月底之统计，全国华厂完全停工者12厂，纺锭427,000枚；停全夜工者五

① 是时我国关税尚未自主，所谓增加税额者，不过改订从量税则，使达实际值百抽五而已。

厂,纺锭170,000枚;短期减工者不在其内。

七月一日纱厂联合会又有再停全夜工之讨论,但因各厂情形不同,势难继持同等之减率,因改为自由减工之办法。并议决自七月八日起,至年底止,不得以棉纱直接或间接交入交易所,对纱价之步跌,略作消极的救济。九、十月间纱销稍佳,积纱渐减,而棉业统制会亦于十月十六日成立,实施统制政策。既拨款收买过剩之纱,以稳定纱价,复对于投机者加以限制,于是纱价趋势渐平。不意于十一月下旬,闽变突作,使华纱销数最大之华南出路,又告失望,因而市价复趋猛落。厥后标纱在十二月间竟跌进170元关,造成最近十年以来之最低纪录。

民国二十三年纱厂营业疲敝一如往年。四月间标纱价格曾跌至160.3元,为年来所罕见。盖华北纱销既随东北而断绝,且长城各口失陷,关外偷运进口之布匹甚多,不特上海各厂产纱不能北销,甚且津晋各厂之纱被迫而南运者极多。因而存纱充塞,销路清淡,衰落状况盖可想见。迨十月中旬,出口白银加税之事起,纱价始见起色。华南各地需要活泼,纱布遂得渐入坚稳之途。惟此时日纱倾销颇烈,华商纱厂仍苦于应付也。

据上所述,可知棉纺业虽在世界经济恐慌之时,依然有相当发展,直至民国二十年为止。惟以纱锭统计观之,仍有增加,不过增加速率稍缓耳。民国二十至二十二年两年间,发展较好,颇与其他工业相似,故在此期内,计增纱锭620,000枚。民国二十三与二十四年间计增360,000枚,约当前两年增加之半数。[①] 此项统计虽指全国而言,但上海情形亦然,因大部分纱厂集中于此也。此种数字可

① 参看附录己最后一表。

证明民国十四年后，本业并未至一蹶不振，如一般人所得之印象也。

(2)棉织业

吾国人口众多，衣被所需端赖棉布。需要之大，世界任何国家不能与之比拟。吾国之织布工业由来已久，过去海禁未开，手工织布已成民间妇女之天职。迄光绪以后，始有机器织布厂之设立。光绪十六年李鸿章氏在上海所设之织布局为我国棉织业之嚆矢。其后外埠如武昌、杭州、成都、重庆、常州、江阴、无锡等地亦有棉织厂之设立。自此以后，内地织布业日臻发达。上海方面于民国元年有三友实业社，设立于引翔港[①]，资本为40万元。规模较大，不附设于纱厂，而另有独立之组织者，当以该厂为最早。同年有大森染织厂设于浦东董家渡。民国二年有达丰染织公司与群生布厂。达丰有资本50万两，创制各式细花布，自行整理，光彩绚烂，品质坚匀，直与欧货相颉颃。民国三年欧战爆发，欧美棉织品进口锐减，因之我国棉织业颇形活跃。上海为棉纺织工业之中心，其发展尤为显著。当时设厂织造者日有所闻。且此后新设立纱厂亦大都附有棉织部分。据民国四年统计，华商纱厂兼营之织机计有2,254架，至民国十四年增至16,381架，年可制布99,623,000码，足证欧战发生以后我国棉织业确有相当发展。[②] 由此更可知棉织业之发展与棉纺业互相并行，但近数年来在沪似有相反之趋势耳。[③]

(3)缫丝业

我国蚕丝出口始于1516年，当时缫制丝经向用人力木车。同

① 现在上海市区内。

② 龚骏:《中国新工业发展史大纲》，第150页。

③ 详见下章。

治六年粤商陈启元以经商至安南,见法人在安南之缫丝工场,大有感悟,归后遂创设新式缫丝厂于广东之南海,是为我国新式缫丝厂之嚆矢。至光绪七年,该省已有新式缫丝厂 10 家,置有丝车 2,400 部。上海之有新式缫丝厂始于光绪四年,法人卜鲁纳设 200 釜之新式缫丝工场,名曰宝昌丝厂。光绪六年又有意商装运缫丝铁机来华,在上海建筑厂屋,招工授以机制厂丝方法。但此皆为外人所办。至国人之经营机制丝业者,以光绪七年黄佐卿在苏州河岸创办之公和永丝厂为始。该厂置有丝车百部。其后怡和与公平洋行相继设立丝厂,各有丝车 108 部。不数年三厂均以经营不善而告失败,公平遂改组为旗昌。至光绪十四年,丝业渐见发达,公和永扩充营业,增加丝车 800 部。此后八年间有吴少卿之瑞纶、马眉叔之信昌及叶澄衷之纶华,相继设立。信昌屡经改组,但迄今仍照常开工,为上海最大而完备之丝厂,其余二厂则均已拆卸无存矣。[①]

宣统元年以前,我国生丝输出量常在日本以上,是年日丝输出量遂超过华丝。此后日丝输出逐年增加,而华丝仅能维持其原状。按宣统元年以前,我国生丝出口价值恒占出口贸易总值 20%—30% 之间,但自宣统元年以至民国五年,其平均数即降为 17% 。

法国为我国生丝贸易之主要市场。当欧战时,法国生丝购买力降至零点,我国生丝输出乃大受影响。此时美国以战争品输往欧洲之增加,其生丝购买力因之大增,日丝乘机对美大量输出,以垄断美国生丝市场。惟在此期内,上海之丝厂由 35 家(宣统元年)而增至 61 家(民国五年),丝车由 11,085 增至 16,692 部,此或因

① 刘大钧:《上海之缫丝工业》,第 1、31 页。

当时国内厂丝较土丝之需要增加所致。[①]

民国六年，法国驻华商会与江浙皖丝茧公所邀请英、美、日驻沪商会及外国丝茧团体，组织中国合众蚕桑改良会，经费由我国财政部于关税项下按月津贴。自民国六年至十五年之十年间，上海丝厂之发展甚缓。其厂数自70家增至81家，丝车由18,386部增至18,664部。惟各厂出品颇多改良，则为重要之进步耳。[②]

民国十六年国府奠都南京，对于丝业改良不遗余力，此时上海丝厂亦续有增加。民国十九年四月计有丝厂107家，丝车25,395部。创上海丝厂之新纪录。[③] 惟丝为奢侈物品，其需要时有伸缩。自世界经济发生恐慌，国外销路大减，据《字林西报》记载，107家丝厂至是年十一月仅有一家开工。此种情形一部分由于缫丝业有季节关系，各厂常因原料缺乏而停止工作，尤以春茧来源断绝影响为大。往年有若干工厂，虽在冬季，仍有存茧，以供继续工作之用，每当春季，则全部工厂相率复工。惟此时因国外销路锐减，丝业遂一蹶不振。民国二十年最旺时期，仅有70家丝厂从事工作。

由是言之，当各种工业未受世界经济恐慌之打击以前，缫丝厂早已处于极危地位。直至民国二十四年，以数年来各方对于丝业救济不遗余力，同时欧美经济状况渐入佳境，茧子品质亦由国民政府与江浙省政府之努力大为改良，缫丝工业始渐有起色。改良种蚕茧每担售价101元，品质优良，与民国十九年每担售价219元之同量土种蚕茧相比，则可多缫生丝20%以上，因此生产成本减低

① 刘大钧：《上海之缫丝工业》，第5页。
② 同上。
③ 同上。

61.6%。故民国二十三年各种工业受经济恐慌之打击而零落不堪,尤以棉织业为甚,而缫丝业则反而渐有转机之希望。关于本业之统计资料,可见第三、第六两章及附录六。

(4)丝织业

我国新式丝织业由昔日之家庭手工业而演进,仅有25年之历史。民国四年,物华丝织股份有限公司成立,为上海新式丝织业之嚆矢。其后锦云、中华工业、交记等厂相继而起。民国九年复有美亚织绸厂之设立,历年来极力扩充,不特成为今日上海之最大丝织厂,且执全国丝织业之牛耳。① 该厂现已有总分厂十所,此外尚有美艺染炼厂、美章纹制合作社及美经经纬厂,均为一人所创办。民国十一年美亚首先采用美国阿脱屋特式络丝机、并头机、打线机及克劳姆登式全铁电力织机,仿造欧美最时式绸绉,如华绒葛、华纺、爱华葛、双绉、单绉等,直与欧货相颉颃,销路因之激增,同业竞相模仿,丝织界局面为之一新。不料十一年秋丝价大涨,至九月间丝价涨至1,950元。各绸厂以原料昂贵,成本过高,莫不亏累。迨民国十三年,情况始逐渐恢复。至十四年与十五年更佳,新厂如纬成、悦华、天成、悦信等厂先后设立。各厂营业蒸蒸日上,无不获利,此为我国丝织业之全盛时期。

自民国十六年至十八年间,丝织业复渐衰落。各厂工潮迭起,工资激增。且越南增高华绸进口税,更有大量人造丝织品进口,充斥该处市场,以致我国丝织业销路顿减。在民国十五年,华绸输入越南计有3,822担,值4,504,077海关两,至十八年则仅有1,361担,值1,485,590海关两。

---

① 龚骏:《中国新工业发展史大纲》,第165页。

民国十八年以后，丝织厂开始利用外来之人造丝，以之作经，再以棉纱为纬。此项交织品谓之绨，风行各地，销路极旺。各厂获利颇厚，故设厂仿织者几如雨后春笋。民国二十年四月至六月间，生丝价格跌落，每担由 1,280 两减至 1,100 两，因之一般丝织厂获利尤厚。自七月以后，长江南北洪水泛滥，互十余省，民生凋敝，购买力大减，绸缎销路几绝。出品滞积，绸厂范围之较小者皆因资本运转不灵而相率停闭。此时惟美亚绸厂以主要销场远在广东、香港、印度、安南、北平、天津、四川等大埠，长江一带销路尚占少数，故未受重大影响。该厂是年生产反增，共计 192,794 匹，营业额达 560 余万元。① 民国二十一年，丝绸业更趋不振，而中日纠纷益趋恶化。逮一·二八沪变突起，虹口、杨树浦、闸北一带丝织业荟萃之区皆被日军占据，惨遭浩劫，致各厂无法进行工作；闸北一带炮火尤为猛烈，是区工厂尽成焦土。如近江湾之振业维记织绸厂规模颇大，全厂付之一炬，损失尤重。战事虽仅月余，而各厂长久未能恢复。

民国二十二年春季，南洋群岛一带销路渐形活动，各绸厂乃重整旧业，加工制造。同时许多带有投机性质之小绸厂亦纷纷成立。此等小厂每见有利可图，即租赁厂屋机械，开张营业，略有不利，即退租闭门，宣告停歇，此种举动影响于全业者甚大。

民国二十三年开始，绸厂营业异常惨淡，绸价暴跌，较去年只及二分之一。各厂遂陆续停闭，其勉强维持者亦因营业衰落，损失不资。厂方为减轻负担，挽救营业计，乃不得不减工，或减低工资，因之劳资纠纷迭起。一月份因停业而引起纠纷者有美丰、元丰、锦

① 据美亚各厂总经理蔡君声白面告。

新、鸿大、大德昌等五家。工人反对减低工资而怠工者有万宝、恒丰两家。至二月底,全市绸厂仅存200余家,其中以美亚为最重要,共有织机1,056台。[1]

(5)毛纺织业

吾国机器毛纺织业之发展始于光绪四年左宗棠所办之甘肃织绒总局,置有织机22台,纺锭900枚。其后于光绪三十二年,郑孝胥等创设日晖织呢厂于上海之日晖桥,置于织机44台,纺线锭1,750枚。上海之有新式毛织厂当以此为始。[2] 但该厂于宣统二年即告停办,后以债权关系,收为国有,由财政部保管。民国八年郭廷树等向政府租办,改为中国第一毛绒线厂,租金全年14,000两,仅开纺线部分机器,织呢机器仍旧废置。[3] 至近年来上海之毛纺织业亦有相当发展,如虹口兆丰路之均安绒线厂及重庆路之唯一绒线厂,均成立于民国十年前。民国十年以后,上海毛纺织业之发展尤速,先达、胜达、纬纶、天翔等厂相继设立。此数厂均以织骆驼绒为主,而唯一及此数厂为避免互相倾轧起见,曾于十八年组织联合发行所,一方与外货抗衡,一方得平衡市价,成效卓著。至民国十九年已将盛行于市场之外货骆驼绒完全驱逐净尽。其后于民国十八年有大华呢绒厂之设立,首先纺织哔叽之类,惟所用原料羊毛纱线均来自外国。十九年章华毛绒公司成立,设备完善,规模亦大,自纺羊毛纱线,纺织各种呢绒哔叽,为今日我国唯一之毛织工厂。二十年又有大中国、大达、中华等十余家相继设立。二十二年以

① 《美亚绸厂纪念册》。

② 《上海之机制工业》,第187页。

③ 同上书,第188页。

后，国内经济恐慌愈甚，各厂产品滞销，非特无新厂设立，且原有各厂亦在风雨飘摇之中。

## (乙)服用品工业

针织业

我国向无针织一业。光绪年间，洋袜汗衫裤等针织品由外洋输入，颇为社会人士所欢迎。其时并有手摇针织机输入，于是各地购机仿制者纷起。最早者当推上海之景纶针织厂，成立于光绪二十八年(1902)，专门织制衫裤等类。其后杭州之苏纶针织厂继起，仿制袜类。宣统元年，上海塘山路设有东新袜厂。民国元年复有电力针织机输入。闸北宝源路十二号进步袜厂即于是年成立，应用品拿牌电力袜机，是为上海采用电力针织机之始。继进步而起者有景星针织厂。迨民国三年，欧战爆发，外货进口断绝，国内出品供不应求，一时新厂设立者有如雨后春笋。不仅上海如是，即天津、汉口、北平、无锡、江阴、青岛、重庆、武昌、沈阳、营口等地亦有同样之发展。各厂织品包括袜、花边、毛巾、围巾、手套、衫裤等，其中尤以织袜为大宗。惟多数范围狭小，且十之八九用手摇机织造。此外且有许多住户购买或租赁织机一二台，合全家人之力，从事工作者，亦复不少。盖以手摇机轻而易举，无须多大资本，每月租金亦不过一二元而已。

民国十五年，上海方面仅袜厂一项已达50余家，其在家庭织造者尚未计入。其中较大者有中华第一针织厂、进步袜厂、工足袜厂等20余家，均置有电力针织机。此时上海各机器制造厂对针织机械已能仿造，且价格较低，故购机织造者日盛。民国十七年针织厂即增至 100 家以上,其中有 35 家置有电力针织机。[①] 各厂出品均不亚于舶来,不但畅销国内,且进而推销南洋欧美等地焉。

## (丙)饮食品工业

(1)面粉业

面粉业为我国今日重要新式工业之一。吾国旧时磨坊制造面粉,方法简陋,仅为家庭手工业之一种。自海通以后,机制面粉船载而来,日增月益。且洋商藉词接济外侨食品,得免进口关税,而实则华人消费亦巨,获利殊多。宣统二年,面粉输入竟至 340 余万两,因此磨坊产品遂受打击。光绪十二年,德人首创正裕面粉厂于上海。[②] 甲午中日战后,英商在上海杨树浦设立增裕粉厂,该厂出品以三马为商标,销路颇旺。自正裕增裕公司创立后,华商从事于面粉制造者亦接踵而起。寿州孙多森首先集资,创办阜丰面粉公司,于光绪二十四年设厂于上海莫干山路,此为华商机器面粉厂之嚆矢。此外上海面粉厂成立较早者尚有华兴、裕丰、立大及申大等。

当欧战之际,外货来源隔绝,于是各粉厂大获得益。或扩充营业,或添设新厂,结果我国非特不靠外国面粉,且对外面粉贸易无年不为出超。据民国九年、十年间,英商公会所调查,长江一带共有粉厂 51 家,而上海一处即有 22 家,当时全国粉厂已有 123 家之多。[③]

① 龚骏:《中国新工业发展史大纲》,第 177 页。

② 洋商在《马关条约》前已可在上海设厂,唯不能在其他通商口岸设立耳。

③ 龚骏:《中国新工业发展史大纲》,第 186 页。

民国十年以后，各国对国外市场谋恢复，我国面粉工业遂趋于不利地位。自是年起我国输入日增，输出日减，面粉贸易又自出超而变为入超。加之麦贵粉贱，情形大非昔比。面粉厂倒闭者有之，改组者有之，出售者亦有之。其新设之工厂虽亦不在少数，然较之民十以前，诚不可同日而语矣。据民国十七年经济讨论处所编制各地粉厂分配之统计，谓全国计 193 家，其中东北计 73 家，长江流域计 71 家，其他各地计 49 家。至长江流域 71 家中，上海一处计占 27 家。又在全国 193 家中，其 176 家成立时期之分配，在民国以前者 37 家，民国元年至十年间者 117 家，民国十一年至十七年间者 22 家。[①] 由以上数字观之，我国面粉业当以民元至民十年间为最发达。自是以后，遂逐渐退步。上海为面粉厂集中之地，故全国面粉业之最发达时期亦即上海面粉业之黄金时代也。

上海面粉业之略史已如上述。按其盛衰情形，可分三个时期。自光绪十二年以至宣统末年为第一期，粉厂陆续增设，产量增加，出品逐渐改良，销场日广，各厂营养遂蒸蒸日上；此为粉业由初创而趋于发展时期。自民国元年至民国十年为第二期，包括欧战时期在内。当民三欧战爆发，各国注力军事，不遑生产，洋粉输入自减，而华粉更乘机输出。民七至民十年间，每年输出之数恒在 200 万担以上，尤以民九为最多，约达 400 万担，价值一千七八百万两之谱。[②] 新厂设立日有所闻，此为粉业勃兴时期。自民国十一年至现在为第三期。欧战告终，各国农工事业渐复原状，同时又因国内

① 英文《中国经济月报》第二卷第六期，第 533—541 页。

② 《上海之机制工业》，第 227 页。本书中关于输出入数字皆直接采用历年海关报告册。

多故，外患日亟，且各地小麦歉收，品质低劣，加以交通阻滞，内地产麦不能运出，原料缺乏，供不应求，致洋麦洋粉源源输入，喧宾夺主，以致华粉销场锐减。各厂受此影响，亏折停闭者先后踵接，故此期为面粉业之衰落时期。

(2)卷烟业

卷烟一物为我国向来所无，自海通以后，卷烟始随其他洋货联袂输入。以其式样新颖，国人吸之者日多，光绪二十八年(1902)英美烟公司首先在上海设厂制造，其出品如品海牌、强盗牌在我国市场销路甚旺。① 该公司除上海设有工厂外、汉口、天津、沈阳、哈尔滨、坊子(山东)等处均设有制造厂。

华商卷烟工业兴于光绪三十二年，是年适全国一致排斥美货，国货工业颇有发展。于是天津创立北洋烟草公司，香港设有南洋烟草公司。惟北洋烟草公司以资本有限，加以出品未尽精良，与舶来品较，相形见绌，故开办未久，即行歇业。南洋烟草公司亦因经营不善而告失败，嗣后鬻顶于粤商简照南、简玉阶昆仲，改名南洋兄弟烟草公司。据宣统元年之调查，全国卷烟厂有16家，内为外人经营者四家。②

民国五年简照南来沪，乘欧战中外货输入减少之机会，扩张北方营业，乃在上海百老汇路设大规模之制造厂一所。民国八年复将无限公司改组为有限公司，集资本1,500万元。民国十四年五卅惨案发生，国货运动澎湃一时，国货卷烟之销路突增。原有华商烟厂之产额不足应付市场之需求，于是小资本之烟厂崛起。统计

① 《上海之机制工业》，第248页。

② 许衍灼：《中国工艺略史》第二卷第一章，第23页。

民十三至民十六四年间，上海卷烟厂增加13倍之谱，民十三有14家，民十四有51家，民十五有105家，民十六有182家。① 其中规模较大，资本较厚者有南洋、华成、中南，大东、福昌等数家，余则资本或数千元，以至一二万元不等。此时各厂出品销路畅旺，为我国卷烟业之勃兴时期。

自民国十七年以后，上海烟厂渐见减少，计民十七年减为94家，十八年为79家，十九年为65家，二十年为64家（经本所调查该年开工者仅51家），二十一年为60家，至二十二年经本所第二次调查合于工厂法者不过45家。② 惟此种厂数之减少吾人不能认为本业之衰落。前数年小厂林立，独如棉纺业在欧战以后之情形，并不能表示本业健全之发展。根基不固，遇有竞争，自将相率倒闭。及后多数归于淘汰，所存者大都规模较大，基础巩固，如华成、大东、中南等。据本所调查民国二十二年全年产品总值且较二十年度为高，故吾人深信小厂之存在与否无关重要也。

现时仍有许多小厂，既无充足资本，又无相当设备，专一制造顾客所订之低级纸烟，以勉强维持其生存，多数仅置有最后工作部分之卷烟机一二架，所有半制品完全依赖大厂供给，是以易受近来手制纸烟竞争之影响。

## （丁）机器制造业

机器工业为各种工业之母，一国中工业发达者，则机器工业亦

① 龚骏：《我国都市工业化之统计分析》，第69页。

② 除本所调查之数字外余系根据前书。

必兴盛,推而至于一区域,一市镇,亦无不然,上海为我国各种工业集中之点,故机器工业较任何地方为兴盛。查上海机器制造业以英商设立之耶松造船厂为最早,该厂专门制造及修理船用机器,成立于咸丰元年。至国人自办之机器厂则始于同治元年(1862)。李鸿章以剿平洪杨之乱,得力于西式军械者独多,故极力提倡军用工业,遂于上海创设制炮局,并于苏州另设三局,由丁日昌、韩殿甲及外人马格里分别办理。后丁日昌于同治四年(1865)在沪购得外人机器厂一座,两年后将原有制炮局及所购之外人机器厂归并,移高昌庙,改称为江南制造总局,即今之江南造船厂是也。[①] 惟该厂系官办性质,至纯粹由商人自办者,则以光绪九年祝大椿所设之源昌机器五金厂为最早。其后有粤人李远�所办之远昌铁工厂,与林某所办之建昌铁厂,相继而起。他如白莲泾之公茂机器厂、华德路之炽丰机器厂、大统路之戴聚源铁工厂、北成都路之镖昌机器厂等,皆于光绪二十七年以前成立。[②] 所惜资本不大,故专以修理机器为事,出口只有配件而已。

光绪二十八年,大隆铁工厂集资50万元,设立于沪西小沙渡北岸,制造纺织机器、柴油引擎等,于是始有整个机器以供国人之用。[③] 光绪二十九年,朱志尧在南码头设立求新厂,制造船舶机械,资本约60万两。后于民国八年,以营业失败,改为中法合办,定资本为120万两。曾停闭多年,去年重行开工之和兴铁工厂亦系于此时创办。机器厂有冶炼设备者惟此厂而已。自大隆、求新而后,

① 龚骏:《我国都市工业化之统计分析》,第15页。

② 1935年英文《中国年鉴》,第1132页及《江苏实业志》,第775页。

③ 同上。

机器厂之设立日有所闻，尤以欧战时期，机器缺少进口，发达更盛。其较著者如民国五年叶友才在虹口创办之华生电器制造厂，专门制造电气机械，如发电机、变压机等，同年章锦林在闸北创设之明精机器厂，专门制造各种印刷机械；民国十年聂云台在吴淞创办之中国铁工厂股份有限公司，专门制造纺织机械。此外尚有一部分厂家专门仿制轻工业用各种机械，如卷烟机、橡胶业用机械、针织机、轧花机、碾米机等。至于专以修理机械为业之小机器厂为数尤多。

以上海机器厂之厂数而言，其发达程度不可谓不速，然究其实际，则有大谬不然者。盖上海机器厂厂数虽多，而其规模狭小，资本微薄者，实占最大部分。故此等工厂都以修理机件为主要业务，即较大者亦仅能制造各种机器之配件而已。至若制造整个机器者则寥寥无几。是以近年来吾国新设立各厂所用之纺纱机、面粉机、造纸机、制糖机等犹多仰给于外国也。

## (戊)制革与橡胶业

(1)制革业

制造皮革工业在吾国起源甚早，溯其历史当在三千年以前。但古代是项工业皆系手工从事，而制法亦甚幼稚。至海通而后，始有新式制革工业，以机械从事制造，一切材料均用化学药品。考新式制革厂之最早成立者为光绪二十四年(1898)吴懋鼎创办之天津北洋硝皮厂，不久上海、成都等地之制革厂相继而起。光绪三十年(1904)英商首在上海设立上海硝皮公司继起者有怡源、龙华、启新三厂。其后龙华制革厂为日人以低价承顶，改名为中华制革厂，定资本为80万元。宣统元年(1909)喊士皮厂成立，乃外人所经营，后由粤商收买，迁厂于屈家桥。民国四年闸北顾家湾又有精益制革厂成立，旋又在八字桥设立分厂，总资本为25万元，规模较大，在华厂中首屈一指。五年有源大制革公司，八年有老永森、金燮记等厂，同年江南制革厂设立于潭子湾。①

江南初为中日合办，资本15万两，后乃归并日人，增资本为40万元。该厂与中华制革厂合计资本在120万以上，推为上海制革业中巨擘。十二年意商设立上海制革厂于白利南路，资本为14万元，其范围虽较日商所办之江南、中华两厂为小，然一般华商工厂尚非其敌。② 十三年有亚洲制革厂，成立于江湾路。十七年有大南皮革厂，后于民国二十年改组为大中制革公司。十八年又有大华制革厂，后亦经改组，更名大华昌记制革厂。华商工厂之中当以精益为最大，大华次之。以上所述均为新式制革厂，至旧式皮厂、皮坊，在闸北及西门一带甚为发达。据民国十七年上海市社会局调查，此类小规模之旧式皮厂皮坊数在200家以上，新式制革厂则仅得10家。此足证后者并不能取前者而代之。皮坊虽不用新式机械，但制造皮革亦常用外来之化学药品，可视为一种新式手工业。③

(2)橡胶业

橡胶业为民国以来之新兴工业，其始起于广东，为华侨创办之广东兄弟树胶公司，成立于民国六年(1917)，以制造橡胶鞋为业。至民国九年，上海模范工厂设有橡胶工场，制造儿童玩具及橡胶鞋底等。上海之有橡胶业当以此为始。其时该项工业不为人所注

① 《江苏实业志》，第726页。
② 《经济年鉴》(1934)K，第515页。
③ 《上海之工业》，第48—49页。

意,该厂后亦因经费支绌而停办。其后广东方面陆续设立之新厂颇多。上海方面,直至民国十六年,始有义昌橡胶厂继起。该厂为留日学生石芝珊所组织,设厂于塘山路,制造八吉牌雨鞋、一时风行全国。其后因购进原料太多,受价格跌落影响,无法维持,乃出盘于正泰橡胶厂。[①] 民国十七年华商薛福基由日返国,创设大中华橡胶厂于徐家汇路,规模宏大,执今日同业之牛耳。该厂制造雨鞋、运动鞋等,以双钱为商标,出品精良,销路畅旺。

自是以往,新厂设立有如雨后春笋。至民国二十年,经本所调查结果,计得 30 家。自一·二八沪案发生,闸北一带橡胶工厂如国民、德昌、厚生、福星等厂均毁于日军炮火,损失不赀。此时全国抵制日货之声浪异常热烈,充斥我国市场之日货橡胶制品,一时无人过问,因之华厂出品销路激增,新厂续有设立。迄民国二十三年本所第二次调查,虽以较大工厂为限,乃得 44 家。近二年来世界经济恐慌影响所及,我国市面日就衰落,都会、农村购买力同时减低,同业既多,生产过剩,不得不贬价求售,互相倾轧。资本较大者尚可支持,小者则不免于淘汰矣。

## (己)化学工业

(1)火柴业

我国昔日所用火柴均为舶来品,最早输入时期约在清同治年间。以其为日常需用品,行销颇盛。当局有鉴于此,光绪二十年遂有聚昌火柴厂之组织,资本多属官股,厂设于四川之重庆,为我国

① 《经济年鉴》(1934)K,第 552 页。

火柴业之先河。至光绪二十三年,长沙之和丰、汉口之燮昌等厂继起,均为商办。其后各地设厂制造者颇多,因无需多大之资本,与精巧之技术,故设厂甚易,其分布亦较任何工业为普遍。迄今苏、浙、鄂、湘、蜀、粤、滇、冀、吉、黑、辽、鲁、晋、甘、陕、豫、皖、赣、闽、桂、黔等省殆无不有火柴厂之设立。

上海之有火柴厂始于光绪三十年间,叶澄衷氏在虹口塘山路创办燮昌火柴厂。其后继起者有光绪三十四年浦东陆家渡设立之荧昌火柴公司及民国七年设立之利民火柴厂。他如中华成立于民国九年,裕昌成立于民国十一年,再后则有大华、华明、中国等火柴公司。[①] 利民、裕昌两厂前以营业失败而停闭。荧昌厂自成立后先后设立分厂二所,一在镇江,一在上海。至民国十九年该厂为集中资本与人才,作大规模之经营,以与外商竞争起见,即与中华火柴厂及苏州之鸿生火柴厂合并,组织大中华火柴公司。其后并收买汉口之荧昌与九江之裕生等火柴厂,扩充范围,增加资本至240万元,为我国今日唯一大规模之火柴厂。

上海之火柴梗片厂则以华昌梗片厂为最早,成立于民国四年,厂址在浦东张家浜。其后有久记制梗厂,成立于民国七年。翌年有新民制梗厂,民国十六年又有厚生制梗厂。[②] 前年大中华火柴公司在浦东东沟设有大中华梗片厂。至在华之外商火柴厂则以日商为多,惟上海一处仅有燧生一厂,该厂成立于民国十七年,系镇江燧生火柴公司之分厂,初为日商所办,民国二十年售于瑞商,后又转售与美商美光公司。

---

① 龚骏:《我国都市工业化之统计分析》,第204页。

② 同上。

(2)搪瓷业

搪瓷一业亦为吾国新兴工业之一。[①] 溯自民国三四年间,我国搪瓷器之进口年在300万元以上。民国五年有美人麦克利在闸北之顾家湾创设广大搪瓷厂,专制口杯、食篮等物。上海之有搪瓷厂以此为嚆矢。广大成立以后,另有广达搪瓷厂继起,惟未及数月,即行停顿,后改组为益丰。广大开办未久,亦以经营不善而告失败,旋由华商徐道生等集资收买,改组为铸丰搪瓷公司,任麦氏为工程师,扩充范围,添置机械,仿造面盆、火油炉等品,销路甚佳。[②] 自是以后,继起者有姚慕莲设立之鼎丰搪瓷厂、王一亭与日人合办之工商公司,而中华职业学校亦添设珐琅科,仿制各种器皿。鼎丰、工商两厂均以营养不振,先后停工,中华职业学校之珐琅科后亦改组为中华珐琅厂股份有限公司。[③]

五卅以后,国人抵制外货,提倡国产之忱热烈倍增,而海外侨胞迫于祖国存亡,系乎经济消长之一念,对搪瓷器一项亦渐采诸国内。于是十四年度海关贸易册内始有搪瓷品出口之记载,而进口额亦有低减之趋势。以国内需要频繁,搪瓷营业日见活动,原有各厂出品供不应求。新搪瓷厂遂应运而起。如民国十四年有兆丰珐琅厂,十五年有微微珐琅厂,十八年有华丰搪瓷厂,十九年又有求新搪瓷厂。华丰、益丰、兆丰、铸丰四厂且于十九年秋组织联合营业所于爱多亚路64号,定名为国产搪瓷营业所,视生产之标准,定营业比额。以四厂业务上之事项,托付于整个管理权之下,俾得共

① 搪瓷业大半购买铁坯,用化学方法,烧成搪瓷器皿,故列入化学工业。该业范围虽不甚大,但其发展经过颇有特殊情形,故值得吾人之研究。

② 《国货展览会纪念册》。

③ 《上海之机制工业》,第118—119页。

同发展。至民国二十年，立丰、久新等厂先后设立，是年经本所调查共得八家，其后于二十二年本所举行第二次调查，计得17家。各厂出品经逐渐改良，已有将舶来品驱逐于市场以外之趋势，惜近年来国内经济衰落，对于本业之发展影响匪浅耳。

## (庚)造纸与印刷业

(1)造纸业

我国造纸术发明最早，但进步极慢。向来各省所用纸张仅恃手工制造。光绪十七年(1891)李鸿章在上海杨树浦设立伦章造纸厂是为我国机器造纸厂之首创。其后各地购机制造者日多，此业遂渐渐兴起。

全国机器造纸厂以在长江流域各省为最多，其次为黄河流域各省，再次则为西江流域各省。至长江流域中当以江苏为最著，而上海尤为造纸业之中心。查上海自伦章成立以后，直至光绪二十四年，始有英商创办之某纸厂，光绪三十二年庞莱臣以50万两(实收30余万两)资本，组织龙章造纸厂，厂址在龙华。①

此后十年间，以斯业经营困难，不易发展，无新厂之设立。且原有三厂亦以营业失败，屡经改组，或变更厂名，龙章创办后两三年间，即亏蚀达资本总额百分之四十五六，嗣由庞怡斋接办，将亏短之额仍照原资本之数添招补足，辛苦经营，阅三四年，至民国初年，始渐有起色。②

① 《上海之机制工业》，第259页。
② 龚骏：《我国都市工业化之统计分析》，第226页。

伦章造纸厂开设后停顿许久，至民国五年，由刘柏森出资整理，改名为宝源造纸厂。其后以设立东厂，又更名为宝源造纸厂西厂，主要出品有连史纸、毛边纸、牛皮纸等。英人所办之纸厂亦于民国二年改为中俄合办，改名为华章造纸厂，民国四年移归于日商三菱洋行经营，民国九年为宝源造纸厂西厂经理刘柏森收买，改组为宝源东厂。但宝源东西两厂仍以营业不振，于民国十三年将宝源西厂改组为天章西厂，宝源东厂为天章东厂，以至于今日。出品以道林纸、包纱纸为主，连史纸、白报纸等次之。

与天章同年成立者则有竟成造纸股份有限公司，工厂地址在新闸成都路，出品为各种纸版，兼包装用纸等。用途虽不能与舶来品相抗，而纸匣所用之硬纸今已多数采用该厂出品。民国十四年虞治卿等组织江南造纸公司，资本 40 万元（现已增至 80 万元）。工厂设于曹家渡浜北，于十六年正式开工。十七年于江苏高资县添设分厂一所，采集扬子江两岸之芦苇，制造芦浆，为该厂造纸主要原料。出品以连史纸、毛边纸为主。[①] 民国十七年民生机器造纸厂设立于宝山路横滨桥，资本为 10 万元，出品有包装用纸及包纱纸。二十一年一·二八事变，该厂遭受甚大损失。此外尚有中国公兴卡纸股份有限公司、上海宝山造纸厂等，均设立于闸北境内，亦于一·二八事变中蒙受极大之损害，迄今尚未恢复。

据本所二十年度调查，上海造纸厂共有 11 家，内分普通纸厂七家，卡纸厂四家。至二十二年本所举行第二次调查，共得大小纸厂 14 家，内分普通纸厂八家，卡纸及其他纸厂六家。上海造纸业之发展情形已如上述，查检各厂出品之中，对于最普通而需要最大之新

① 龚骏：《我国都市工业化之统计分析》，第 226 页。

闻纸，甚少制造，历来国内所用，几全采诸外国，漏卮至巨，近实业部有鉴于此，已有组织新闻纸厂之计划，拟于浙江之温州筹备设立矣。

(2)印刷业

印刷业大别之为铅印彩印两种，而彩印业又可分为石印业与橡皮印业两大类。以营业之种类言之则可分印书、印报与印零件三类。上海为我国工商业及文化中心，故印刷业亦特别发达，兹将其发展情形略述如后。

## (子)印报业

上海印报业中以英人创办之字林报馆为最早，设立于1850年。至华文报馆要以申报馆为始，设立于同治十一年(1872)。该馆创自英人美查，嗣由华商席子佩以75,000两收买。[1] 继申报馆而起者有新闻报馆，成立于光绪十九年，时事新报馆设立于光绪三十二年，至民国五年更有中央党部拨款设立之民国日报馆。迄今除民国日报已于民国二十一年停刊外，其余各报均照常出版。以上所云系指上海主要之报馆而言，各报馆均自备印刷机械。至较小之报馆则自民国以来设立颇多，大都与印刷所订立合同，代为承印。

## (丑)印书版业及零件印业

印书版业以西人设立之华美印刷局为最早，现仍屹然存在于

① 《申报五十周年纪念册》。

虹口。华人自办者则以著易堂为最早，在城内石皮衖，创办人为杜某，时约在道光二十三四年。其后会文堂、集成书局、扫叶山房等继起。商务印书馆较为后起，但是业中规模最大，而首先用新式机械印刷者，则自商务印书馆始。该馆成立于光绪二十三年，由夏粹芳、鲍咸恩、鲍咸昌等创办。其始规模甚小，二年后复毁于火。二十九年中日合资重兴，复得张元济加入经理，营业大为发达。三十二年将日股完全收回，在农商部注册，为纯粹中国公司。[①] 自此一日千里遂执中国印业界之牛耳矣。

继商务印书馆而起者有光绪二十五年之文明书局，宣统二年之国光印书局，民国二年之中华书局，民国十年之民智书局，民国十一年之文瑞印书馆及大东书局，民国十四年之世界书局。以上均系自印性质。此外另有承印者，历年设立亦复不少，如华丰、太平洋、良友、国光、中新、科学等家。内以华丰较大，成立于民国四年，在沪西林肯路。民国二十一年一·二八事变，商务印书馆位于闸北战区，首当其冲，印刷工场惨遭焚毁，但该馆停工未久即行恢复。

至上海之零件印业，据铅印公会二十年度调查，约有五百余家，专代各商行印刷文书杂项。外人设立者亦不下五六十家，以日商居多。前年金贵料涨，倒闭者达四五十家之谱。

### （寅）彩印业

我国最早采用石印远在光绪二年，时即有徐家汇之山湾印刷

① 《申报五十周年纪念册》。

所，为中法合办，惟所印者皆为天主教之宣传品。专印书籍者以英人所办之点石斋及光绪七年徐裕子所设之同文书局较早。点石斋除印刷书籍外，复印画报，用赤青紫三色，此实为彩印业之滥觞。[①]至上海之正式彩色石印始于光绪三十年之文明书局，当时雇有日本技师以教学徒，始有浓淡色版。此后商务印书馆亦仿用之，彩色石印业遂渐风行。

上海橡皮印刷（又名胶皮版）始于民国四年。民国十一年商务印书馆更办美国乔治门双色胶版，同时能印二色。其后橡皮印刷所设立者颇多，尤以上海卷烟厂发达时期，橡皮印刷业亦盛极一时，承印卷烟牌号及烟盒等，其速力与石印比较为五与一。

除胶皮版外，尚有凹凸版、电镀铜版、钢版、珂ill版、影印版、照相凹版等，亦逐渐为我国印刷业所采用，大概规模较大者，如商务印书馆、中华书局等，均有此等设备。专门从事于其中一二种之小印刷所，亦多有之。

## 结论

上述各节仅以若干主要工业为限，篇幅不多，未能一一详载，惟亦足以表示上海工业发展之大概情形。其他都市工业之发展，尤以一种新工业之兴起，每与本市有密切关系，故亦连带叙及。至上海之外国工厂每为我国工业发展之先锋，过若干时期，颇有为华商所收买，而外国企业家复从事于其他新事业者。关于上海之外国工厂，吾人未能搜得统计资料以供参考，故只得约略述之。

---

① 本所未发表之印刷业调查报告。

我国工业发展之沿革分为七期，以示其历来发展之趋势及盛衰之大概情形。此种变化适应于全国，亦即适应于上海，盖以上海为我国工业之中心，而此种变化足为个别工业发展之背景也。总之，上海之新工业虽时时略有起伏，但各时期中皆有相当进步。前两年间，受经济恐慌之影响，而仍有若干工业继续发展。就大体言之，与二十余年前相比，不可同日而语矣。长期趋势既然如此，吾人将于下章详述近年来工业之进展，尤注重于民国二十至二十二年间，经本所两次调查之时期。

# 第三章　近年之发展

以前上海工业发展仅有叙述材料，而统计数字则唯两三业有之，如棉纱及缫丝之类。至全体工业则无统计可查。民国十七年以来，上海工业全体之调查共有五次。其最初一次为市社会局所举行，结果虽不甚满意，然为此种调查之创举，故有相当之价值。五次调查中有两次为中国经济统计研究所所举办，在民国二十年与二十二年。虽屡次调查之范围及方法皆稍有不同，故其数字不易比较，然研究所两次所得之数字则系按照同一之标准。即他次调查之结果亦有若干地方可为比较的研究。兹将民国十七、十八、二十、二十二、二十三年五次调查之情形略加叙述，其详细则另于附录中述之。

上文已言民国十七年之工业调查为此种调查之第一次。上海市社会局曾将调查之结果，于《上海之工业》一书中发表之。据云，当时能查得厂名之工厂共 1,781 家，而调查之所及者则有 1,500 家，约合前数 84.2% 。[①] 据以后调查之所得，上述数字似嫌太少。但当时较大之中外工厂大约已包含无遗，即小厂亦有一部分包括在内。在未有此项调查及估计之时，吾人对上海工厂实数究为一二千或四五千，全然不知，同时对于工人总数亦复茫然。故此次调查所得 1,500 厂，工人 76,248 人，数字虽不完全，然终较毫无数字

① 《上海之工业》，第 11 页。

者为愈也。

民国十七年之数字太低可于次年度之工业调查中见之。十八年之调查亦系社会局所举办,但为另一部分所主持,而掌其事者则为统计专家。[1] 该年调查特种工业若干种,所得工厂总数为1,593,而估计各工厂全体总数则为2,326,工人总数为275,027。以指定之若干工业已得此项总数,则全体工业之总数自必更大于此。此项调查与第一次相距不过一年。在此一年中,工业变化决不致如此其巨,致工人数相差数倍,故第一次调查之不完备似颇显明。

民国二十年,国民政府统计局、实业部、财政部国家税则委员会及上海市社会局皆将举行上海工业调查。其时适中国经济学社得太平洋国际学会之助,研究上海工业化问题,亦须由调查工厂入手。著者当时既任统计局局长之职,复为主持经济学社工业化研究之人,故特与其他各机关磋商举行联合调查,以免彼此工作重复。嗣复经交通大学研究所参加,共为六机关。是年上海工业普查之结果已于二十一年所发表之《上海工业化初步报告》中发表,并于本书附录中详细表列。其时调查之范围系以工厂应用原动力,或使用工人十人以上为标准。当时调查者虽超过2,000家工厂,然因审查时,发见其有不及上定之标准者,或其调查时间距开始调查之时相去太远者,故加剔除。本书所发表者仅1,672厂之统计耳。[2]

此后经济学社,为研究此项问题起见,联合统计学社组织中国经济统计研究所。该所于民国二十二年复经某政府机关委托,调

① 此次调查为劳工科蔡正雅先生所主持,其结果曾于《上海工资和工作时间》中发表。

② 详附录甲第一至七表。

查全国之工业。当因范围较广，曾将调查之标准抬高，采用我国《工厂法》之规定，以使用原动力及雇用工人在30人以上者为调查之对象。根据此项标准，上海所有之及格工厂为1,186家。此虽较二十年度所查之工厂总数为小，但比该年及格工厂则增加颇多，盖二十年度及格工厂不过710家也。故以此种工厂言之，民国二十二年已增加476家。①

在该次调查将近完成之时，上海市社会局亦正开始调查。其目的在遍及上海所有之工厂，无论其规模大小，及本国人或外国人所经营。调查之项目则力求其简单，只以八项为限。如当时能将所有工厂一概查及，而能免除重复之处，则其结果当与工业普查相同。惜重复及缺漏之处在所不免，而所查之厂家亦有包括形同手工业者。此种巨大之工作，在甚短之时期中举行，当然不免有此种缺点，但如将时期延长至一年或一年以上，则重复之处更难免除。盖上海工业变动甚速，除非缩小范围，以较大之工厂为限，则时期愈长，重复亦愈多也。民国二十三年之调查范围既广，而重复之处又在所不免，故所得工厂虽有5,418家，并不足表示上海工业，自民国二十二年来，有如此大量之增加也。②

## 二十年至二十二年间之发展

虽然，由民国二十年至二十二年，上海新式工业确有若干发

① 详附录乙第一至七表。

② 《上海市工厂名录》。录中有工厂地址及他种材料者仅3,839家。

展。盖两次调查皆系中国经济统计研究所所举行，所用之调查表，除少数项目外，皆彼此相同，即担任第二次调查之人亦有一部分曾经参加第一次之调查工作，故此二次结果易于比较。第二次虽以《工厂法》所规定为标准，但第一次材料中，凡合于此项标准者，亦经另行选出，以与二十二年比较，而比较之结果，则在此两年中，上海工业之发展颇为显著也。

发展之详细情形当于后幅分别各业，详加论列，但其摘要数字则可先加叙述。二十二年及格工厂——凡合于《工厂法》所定之标准者，本书皆称为及格工厂——较二十年之数约多60%，其资本额约多20%，工人数多11%，产值多37%，而应用原动力则多18%。民国二十一年上海物价已开始跌落，在上海趸售物价指数中甚易看出①，即第六章中所举他项统计亦颇多显示该年度上海经济已开始衰败，而工业则反于此两年中颇多发展，故此中原因有研究之价值。又在此经济衰败环境之中，是否所有工业同一发展，抑或有一部分已受衰败之影响，亦值得吾人之研讨也。

于此吾人应先说明何以世界经济衰败，至民国二十一年始在中国发生影响。其在欧美原始于1929年（民国十八年）。当时欧陆银行即纷纷倒闭，而美国证券市场亦相继发生甚大之恐慌。然我国金融与欧美关系颇浅，故其影响一时不能感觉。我国银行与欧美银行极少直接关系，而我国人持有外国证券及外人在中国之存款，为数皆不甚大，故虽或变卖或提取，皆不足以影响我国金融市场。况彼时中国系银本位国家，在经济衰败开始以后，伦敦及纽约银价亦即暴跌，故中国币值随之下跌。当时国外物价虽经跌落，

① 详附录已第十二表。

然一经折合华币，则反见上涨。此于上海趸售物价指数中可以看出，直至民国二十年尚继续上涨也。因有此种非自动之货币贬值，中国工商业皆继续发展，其衰败者反属例外。

至民国二十年止，上海工业之发展可谓由于货币之关系。但是年九月英、日诸国相继放弃金本位，致我国币值对此诸国反而上涨，同时我国物价水平遂亦下落。在民国十六、十七、十八诸年，输入与输出物品之市价指数相差不过二三点。但自二十年来，此项差额日益加大，至二十二年，输入物价指数高出趸售物价指数30点，而输出物价则低于后者20点，故输入输出两者之间相距乃有50点之多。[①] 在此种情势之下，工业颇能获利。因输入物品市价既高，则我国工厂产品与输入品竞争者，亦可将售价提高，而同时所用之原料则多为本国所产，输出物品市价既低，此类原料之物价自亦随之跌落也。[②]

1929年美国经济衰败之时，原料品市价跌落之程度较大于完成之产品，农产品较大于非农产品，而消费品较大于生产品。[③] 在我国经济衰败之影响，虽至民国二十年始经感觉，但物价变迁之情形则颇与美国相似，仅在输出物品方面，生产品反较消费品跌落为多耳。此种特殊情形更与利用本国原料之工业有利。无论如何，此项原料大半为农产品，而农产品市价低落既多，则工业成本自然减轻也。工资在我国所占成本之成分颇小，于另章中当详言之。故在经济衰败之时，虽以工资变动较缓较难，然其影响于我国工

① 刘大钧："近八年我国物价的研究"，见《东方杂志》第三十一卷第十六号。

② 同上。

③ 米尔思："近年物价变动之研究"，见《美国经济研究所专刊》第四十八号。

业，不如他国为大。故美国工业立刻受世界经济衰败之影响，而在我国，虽民国二十一年经济亦开始衰败，而工业则反有发展也。美国证券市场之恐慌使工业证券跌价甚速，而同时国内小银行亦纷纷倒闭。此两事在我国皆未有类似之发展，直至民国二十三、二十四两年，我国银行始有倒闭者。我国证券市场本少工业证券之交易，而因工业常以厂基作抵，向银行借款，故上海地价低落反与工厂关系较大。

输出入物价差额之巨，一部分由于我国税则之增高。在民国十八年前，我国受条约之拘束，对于输入物品仅能征收5%之关税，而事实上因用从量税之故，实际税率不过4%左右。此系以输入净值除进口税收之所得。在十八年前二三年，虽曾得各国同意，征收附加税，然其实际税率亦不过2%，连同进口正税共计不及6%。

民国十八年二月，我国开始实行国定税则，其税率自7.5%至27.5%，共分七级。用同一计算方法，该年实际税率已增高至8.47%，十九年增至10.37%，二十年14.09%，二十一年14.45%，二十二年19.74%。[①] 此种税率虽不足以与他国甚高之关税壁垒相比，然对我国工业亦颇有保护之功效。且有数种物品之关税颇高，如洋酒从价税征收80%也。

我国国定税则，对输入工业品，较原料为高。此与他国税则大体相同，而于国内工业自属有益。二十三年七月之新税则则于此原则稍有违反。当时将多种棉货之进口税减少2%—39%，而进口棉花则反增加43%。此处所谓百分数系对前此税率而言。如前此税率为10%，而此时增为12%，即谓其增加为20%。民国二十三

① 《经济统计月志》第一卷第八期“我国之新税则”。

及二十四两年，棉纱业之衰败大约一部分亦受此项关税之影响。就我国国家经济而言，究竟应否采用保护关税为另一问题，本书不及详细讨论。但在事实方面，则自民国十八年来，我国工业之发展颇受国家税则之利，而二十三年以后之衰败与该年之新税则亦不无多少关系也。（二十三年税则之改订有外交关系，自不能一概而论。）

上海工业在一般衰败之中仍有发展，亦尚有他项原因。盖我国工厂产品大半仿制洋货，而其品质及售价则低于后者。又所从事制造者多为最后之消费品，此于附录之统计表中可以见之。在经济状况兴盛之时，一般人民费用不妨较大，故购买舶来品亦较多。在经济衰败之时，收入既经减少，则支出亦必紧缩。原购舶来品者乃改买我国工厂之产品，故我国经济衰败反与上海工业有利。在附录所列民国二十年及二十二年之工业统计中，可见后年度之产值，在大多数工业中，皆超过前年度，亦以此也。

欧美舶来品价值本较国货为高，再加关税保护，自足使一般国民增多国货之消费。但此种情形不足影响日本之货物，因日货价值本贱，有时且低于我国工厂之产品。近年日币继续低落，而日本工厂更竭力制造贱价货物，以推销于国外，虽印度及其他亚非两洲之市场亦受此种竞争之影响。① 中国既邻近日本，且前此本为日货重要销场之一，所受此项竞争之影响自必更多。然自民国二十年东三省为日本所占据，二十一年复有上海之战争，国人抗日情绪甚为热烈，全国抵制日货，收效甚大。芮穆教授称此次为中国最大之抵货运动，且列举贸易及他项统计，以证明其所收之效果。② 故自

① 赫巴德：《远东工业化》，第12—24页。

② 芮穆：《中国抵货运动之研究》，第197—231页。

民国二十年至二十二年，上海华厂一面国关税之保护，得免除欧美货物之竞争，而一面又以抵货运动，将日货驱除于国外。此后抵货运动停止，日货重来我国推销，故我国工业亦遂受莫大之影响。

上述各种情形不能对各种工业一概而论。上海工业中，有数种受经济衰败及日货竞争之影响较多较速，其他则较少较迟。如缫丝工业，在世界经济衰败开始之时，即大受影响。吾人前此曾特别研究此项工业，已证明在民国十九年四月丝厂及丝车总数皆已登峰造极，此后即开始下降，至今未能恢复以前之兴盛程度。[①] 上海缫丝厂既多系租用，有时仅以数月为限，故随时可以停工，而开工丝厂及丝车数字遂颇足代表该业之情形。在普通情势之下，春茧收获，在江浙两省，大约在五月间，其时市场上蚕茧之供给亦最充足。此后来源减少，丝厂之制造工作亦即减少，且有因此停工者，故该业所受季节影响甚大。但从前停工之厂数未有如民国十九年十一月间之多者。其时上海共有107厂，而停工者则有106厂之多。其衰败之详细情形已于上文所述之小册中详加叙述。该业产品大半输出国外，其性质为奢侈品，故需要颇多弹性，此所以国际经济衰败一经开始，丝价即大跌，而丝厂亦即大受影响也。我国输出物价跌落远过于一般物价，于生丝为尤甚。第六章中历举贸易统计，足见生丝输出之锐减也。

棉纱业在近年亦极端衰败，报章中满载此种消息。该业一面受美国以人为方法提高棉花市价之影响，一面则又受日本纱价跌落之竞争。远东纱市多随大阪为转移。上海纱业近年为纺细纱之故，应用美棉颇多，申新纱厂所用美棉之数多至40%。此外各厂亦

---

① 刘大钧：《上海缫丝业》，第7—25页。

多采用印棉，纺制粗纱。故输入物价既高，该业自受影响。同时厂家更多从事投机者。平时因经济周转不灵，或多向银行调用短期借款，其数额愈积愈多，而在华之日本纱厂与华厂竞争亦甚形尖锐化。故近年各纱厂多随时减工，而停工者亦不在少数也。

## 比较的统计

为研究各种工业及各组工业近年发展之详细情形，吾人曾编制三种比较表，以比较五次统计调查之结果。民国十七、十八及二十三年之调查包含中外工厂在内，且不以固定之标准为调查之范围，故与民国二十年及二十二年之结果不能直接比较。前三年度之结果彼此应有比较之可能，但因分类方法不同，而其调查范围究竟是否一样，亦无以断定。故虽有不同之处，不能遂谓工业本身有变化也。民国十七年之调查尤与其他各种调查不易比较，因其他数次总额分类方法系根据国际劳工局之办法，而十七年度则不然。在附录中吾人特将该年各种工业统计代为摘出，重行分类，以便与其他年度相较。然十七年度每一总类之后，皆有未分类之数字，吾人无法代为分析，故在第三附录第一表中，未举各种工业之总数也。

第一表所列之统计为十七、十八、二十及二十二等四年之材料，第二表则以十八、二十、二十二、二十三等四年之材料列入。后四年皆按国际劳工局之分类方法，分别总类，故第二表亦即以总类数字为限。十七年度之总类既与以后各次不同，故该年未经列入。此表总类虽相同，然因历年调查标准不一致，不能由比较表中得一结论。吾人所以编制此两表者，并非为表示此数年间工业之变化，不过仅将其他各次调查之材料，借此发表而已。

前两表所列之数字既不能互相比较，故有人曾劝著者将其废弃不用，以免读者误会，然吾人所以仍将其发表者，盖有数故。在各种表中，已有数种工业，其分类方法在历年中皆复相同，而其工厂规模亦较大，更无外厂在内。在此种情形下，历年数字尚可比较，而表现各业之发展。又民国十七年、十八年、二十三年数字较大之时，虽不足表示工业之发展，然至少可以表示该种工业中，外厂或小厂之数特别为多也。况本书本为研究上海工业化而作，如将其他调查材料，摒而不列，则未免可惜。如此列于比较表中，其他年度调查数字之优劣各点皆易于明了，可为他人欲研究上海工业化者之参考。

民国二十年及二十二年之调查皆为中国经济统计研究所所举办，其数字可以比较，故另列详数为第三表。表中 b、c 两种数字同指及格工厂，故更可对照。下文讨论各种工业情形，大半皆根据此表。如提及二十年数字时，系指该年度之总数，除非特别指明系及格工厂之数字。其实除厂数外，其他数字在 a、b 两项之下者所差有限；易言之，即加入小厂后，其资本、雇用工人数及产值等总数所差实属有限也。

此两年度调查虽系采用同一之标准，然有时某项工业在前年度调查完全，而在后年度则未完全者，有他种工业详于后年度，而不详于前年度者。只须有一工厂未能供给某一数字，如资本额或产值等，则该年度所查该业之统计即稍有不全。况两年中皆有若干工厂完全拒绝调查，因此遂使第三表数字之比较性亦未能完全。然漏填或拒填之工厂大半皆规模甚小；其较大者，吾人皆尽量设法，以得其统计而后止。万一有较大工厂未能查得，则于下文中当特为指出。

如工业重要，则每业加以研究，否则以其总类为范围，而加讨论。

第一大类，木材制造业。该类包含锯木、木制品、竹制品三项。在十七年调查中，锯木业未有可用之统计。十八年则列23厂之多。其中大部分想亦外人所设之工厂，故工人数亦远较二十、二十二两年调查之所得为多。但因原书中未将外厂标出，故表中亦未为分列。另据二十年调查，华厂虽有八家，而其中及格者只两家。至二十二年则增为四家。以资本额言之，虽二十年统计不完全，然八家之资金尚不及二十二年四家之四分之一，而工人数及产值则较多①，同时二十二年度该业所用外电马力不及二十年度，而自备动力机之马力则过之。足见工厂规模较大，不似小厂之全恃电力也。至竹木器业规模极小，不值讨论矣。

第二大类，家具制造业。此类包含木制家具、铁制家具及地毯三业。在十七、十八两年度皆未经调查。二十年度列17家，其中及格者三家。在二十二年仅铁制家具一业有及格之工厂六家，地毯业一家，以二十年度之全体数字与二十二年度相较，则资本额及上年产值皆大一倍以上，工人亦多50%，但二十年度及格工厂之各项统计皆较二十二年度为小。

## 重工业

第三大类，冶炼工业。此类包含翻砂及炼钢铁两业。在十七

① 八家之中有六家为小厂。

年度只列翻砂厂 47 家，十八年则为 100 家，二十年调查所得者 36 家，其中及格工厂九家，二十二年及格厂共 22 家，二十三年上海工厂名录中，因范围甚广，多至 489 家。以二十二年与二十年总数相较，资本额及工人数皆略少，而所用外电马力及产值则皆较多。

第四大类，机械及金属制品业。该类分机器制造、金属制品及电气机械材料等三业。十七年分为三细类，共有工厂 241 家。十八年仅有机器制造业一类，而厂数为 418 家。二十年本所调查全类得 288 家，其中及格者 82 家。二十二年及格者为 173 家。二十三年工厂名录中则列 1,519 家。以二十二年与二十年相较，则规模较大之工厂已增加一倍，而资金则在一倍以上，产值增加三倍，工人亦增加 60%。若与二十年度 288 家总数相比较，则除厂数外，亦仍以二十二年之数字为大。唯所可注意者，自备动力机马力在二十二年反远较二十年为小，而租用电力则比该年度为大，似乎工厂虽已增大，而反多租用电力矣。此类各业所用者大半为车床、钻床等机械，应用电力较为合算，故自备动力机反见减少也。

第五大类，交通用具制造业。此类只造船造车一业。在十七年度只列两家，十八年度为 13 家，二十年度 21 家，其中及格者十家，二十年度及格工厂共 17 家，二十三年度总数为 88 家。在十七年度仅有两家，常因遗漏甚多之故，而二十三年之 88 家必包含许多制造人力车之小厂，故皆与其他年度无从比较。以十八年之材料言之，工人总数 6,000 余人，远较二十年及二十二年之人数为多，其中或有不在工厂任事之工人包括在内，亦未可知。至二十年与二十二年互相比较，则资本额、产值及工人数皆以二十二年度为多。虽与二十年大小工厂合计之数比较，亦复如此。且二十二年度自备动力机之马力三倍于二十年度，足见规模之扩充，惜资本、产值两项在二十年度中统计皆不完全，故无由确实断定耳。

第六大类，土石制造业。此类包含砖瓦坩埚、玻璃制品、水泥及炼灰轧石四业。在十七年度可比较之厂数为45家，十八年则为30家，二十年44家，其中及格者15家，二十二年41家，二十三年135家。以二十年与二十二年相较，后者之及格厂数几与前者之总数相同，而资本额、产值、动力及工人数皆有过之无不及。若以二十年度及格之厂数与该年度之总数相较，则15厂之数字与44厂相差亦复有限。虽后者之资本额及产值统计皆不完全，然足见大工厂所处地位之重要。如更比较动力机，则自备者皆系及格工厂，其不及格者则应用外电马力为多。然二十二年及格工厂所用外电马力亦超过二十年度大小工厂所用之数。

第七大类，建筑工程业。此类仅有建筑材料一业。十七、十八两年皆无此类；二十年工厂总数五家，其中及格者两家；二十二年及格工厂七家；二十三年无。二十二年之资本额及产值皆三倍于二十年度及格之工厂，且较二十年度大小工厂合计之总数为多。工人数为438人，亦较二十年度总数之195人多至一倍以上。

第八大类，公用事业。该类包括自来水及电气事业。十七年调查八家，内有外厂在内；十八年无此类；二十年总数五家，其中及格者四家；二十二年调查者则为三家；二十三年13家，原名动力工业，恐所包括者不止自来水与电力厂两项。二十年与二十二年之厂数既大略相同，其他统计亦无甚差异。二十年不及格之厂为吴淞宝明电气公司，工厂数不及30人。至二十二年因若干电厂合并，故厂数减少，而其他统计则无甚变动。

第九大业，化学工业类。此类包含制酸、制碱、炼气、火柴、皂烛、搪瓷、油漆、油墨、颜料、化妆品、制药、电玉电木等工业。在十七年经调查者共77家,十八年59家,二十年60家,其中及格者28家,二十二年78家,二十三年209家。以二十二年与二十年相较,资本额及产值皆增加50%,工人亦多1,000余人,应用外电及自备动力机之马力皆以二十二年为多。若与二十年度及格工厂相较,则大厂厂数增加三倍,其余各数相差更远。于此可见该类工业之发展。

## 纺织工业

第十类,纺织工业。本类包括轧花、棉纺、棉织、缫丝、织绸、毛纺织、染炼、印花等业。在十七年可按各细类分列之工业共406家,十八年471家,二十年546家,其中及格者264家,二十二年391家,二十三年1,006家。以二十二年与二十年相较,及格工厂增加50%,资本额亦较大,工人数及产值大略相同,而应用动力则较多。此类最重要之工业当为棉纺业,资本占全类总数约70%,产值约为60%,工人数约为50%。在二十年与二十二年皆然。其次为棉织业,二十二年所查得之及格工厂共70家,较二十年34家几增一倍,而较二十年全体厂数73家则比较为少。但二十二年之资本额较二十年度及格厂家之资本总额为小,则因统计不完全之故。至产值、工人数及动力则皆远过二十年全体之数字。再次则为缫丝、织绸两业。后者资本大于前者,而产值在二十年度则不如前者。又在产值方面,缫丝业在二十二年远不及二十年之多,而织绸业则反是。[1] 盖近年织绸业应用人造丝之处甚多,而丝价跌落,绸

① 刘大钧:《上海缫丝业》,第5、78页。

业反易获利。故绸业之产值及所雇用之工人皆增多,而缫丝业则反减少也。又丝厂在二十二年多属代缫性质,故资本及产值皆特少。丝棉之外应推毛纺织业,在二十年总数仅15家,其及格者不过12家,而二十三年则增至26家。资本额较二十年总数增加一倍,工人及产值几乎增加三倍,然尚有未完备之处,足见此业之特别发展矣。

第十一类,服用品业。该类包括织袜、衫、裤、手帕、伞、帽等业。在十七年共有130家,十八年未另列一类,二十年170家,其中及格者58家,二十二年89家,二十三年473家。以二十二年与二十年相较,大厂约增加50%,资本额及产值不独较二十年及格工厂之统计为大,且多于该年170家之总数。其中最重要者为织袜厂,在二十二年及格者比二十年增加八厂,产值增加50%。比较二十年全体统计,产值亦有增加。而发展最大者为衫裤业与袜及其他一业。此两业及格工厂厂数与产值皆比二十年增加一倍以上,资本增加尤多。

第十二类,皮革橡胶品制造业。本类以制革及橡胶制品业为主。革制品业因规模大多甚小,故无一及格工厂。制胶业虽有一厂,但并非制造橡胶者。各业中发展最甚者为橡胶制品一业,在二十年度总计209家,其中及格者25家,二十二年度及格厂共44家,资本与工人较二十年度约增一倍,而产值则增四倍,惜统计尚未完全,果然完备,则差额将愈益增大矣。制革工厂之及格者在二十年为七家。二十二年增至十家,然产值并未增多。以全类言之,十七年调查仅有制革厂一种,共18家,十八年各业共150家,二十年57家,其中及格者33家,二十二年55家,二十三家132家。大约十八及二十三年家数甚多,系因多列小厂之故,而小厂大约皆为制造皮革用品者也。

第十三类，饮食品业。本类包括碾米、面粉、制糖、榨油、制茶、卷烟、制酒、精盐及其他各种饮食品业。在十七年共198家，十八年103家，二十年175家，其中及格者107家，二十二年143家，二十三年323家。以二十二年与二十年相较，资本额与工人数大略相同，而产值则增加60%左右。其中增加最甚者一为卷烟业，由4,600万元增至10,000万元以上，一为面粉业，由6,200万元增至7,200余万元。在本类各业中规模最大者亦推此二业。面粉厂在二十年度15家，其中及格者14家，二十二年则有及格工厂15家。卷烟厂二十年总数51家，及格者47家，至二十二年仅为46家，资本亦较为减少，而产额则远过前年，工人数亦稍有增加。制茶业工厂增加十余家，则因二十年度调查不甚完备之故。该业中大半以运销兼制造为业务，故当时有误认为商店而未加调查者。

第十四类，造纸印刷业。民国十七年列造纸厂13家，十八、二十及二十二年皆只七家，大约十七年之所列者必有重复之处，因造纸工厂近数年中颇少变动也。"《上海之工业》在统计中虽列13厂，而文字中举出厂名者只五家"。印刷业十七年列210家，十八年219家，皆包括小厂甚多。二十年本所调查106家，及格者52家，二十二年92家。该业小厂既多，二十二年查得及格厂92家，可谓大体完全矣。其工人数与产额皆较二十年之52家为多，然所加有限，故就厂言之，大厂虽有增加，而业务发展仍不多也。造纸业之产值在二十二年比较二十年增加40%左右，其他各项无甚变动。以全数言之，十七年共有工厂238家，十八年226家，二十年155家，其中及格者69家，二十二年114家，二十三年577家，二十二年之资本额及工人数与二十年大略相同，但产值则有增加。至于十

七、十八与二十三年之材料则包括小规则之印刷厂甚多,不能与二十及二十二年之统计相比较也。

第十五类,饰物仪器业。包括仪器、教育用品、乐器、制钟等。在十七年共 18 家,十八年无此类,二十年 39 家,其中及格者七家,二十二年 18 家,二十三年 124 家。本类各种工业皆无关重要,但在资本及产值方面,二十二年亦较二十年略增。

第十六类,其他工业。包括牙刷、热水瓶、煤球等业。十七年能分类之工厂计 11 家,十八年无此类,二十年 32 家,其中及格者十家,二十二年 18 家,二十三年 262 家,此 262 家包含之工业种类颇多,不仅以上说各业为限。加以二十二年与二十年相较,则资本、工人数及产值等皆有增加。

总计十六大类,十七年因比较不易,在附表中未列总数,但据《上海之工业》书中所列总数约为 1,500 家,十八年总数为 1,593 家,二十年 1,672 家,其中及格者 700 家,二十二年 1,186 家皆为及格工厂,二十三年则为 5,418 家。就厂数而言,二十二家及格工厂较二十年增加 60%,而资本额数则加 20%,工人数加 11%,产值加 37%,自备动力及租用外电共加 18%。如以二十三年与二十二年相较,则工厂增加四倍,资本额约三倍,工人数则仅增 40%。但二十三年之统计太为简略,所包含之小工厂甚多,而重复者亦在所不免,故不独与二十二年材料无由比较,即与前数年者亦出入甚大也。

总之,吾人可谓上海工业在近年颇有发展,而尤确知民国二十年至二十二年为然。除缫丝及棉纺两业外,其他工业皆有进展。化学工业因合宜于我国之环境,机械业因为发展其他各种工业所必需，故在此两年中进展尤大。至上海最重要之工业——纺织及饮食品工业——之发展则不一致。缫丝厂倒闭者甚多，而丝袜业则颇能获利。棉纱厂负担损失，而棉织业则反有发展。在饮食品业中，卷烟业发展最大，面粉业次之，该类其他工业则变动甚少。

由另一方面观之，可谓工业中从事制造最后消费品者，其进展之程度较制造生产品者为大，仅机械一业属于例外。此为自然之趋势，因消费品销路增多，始需要生产品为制造之用也。然有时此种生产品，如机械之类，究以外国所制者为优，故仍可由国外输入，而不必在国内制造。其半制品情形亦复相同，故其发展之程度终不能与最后消费品工业相比拟。工业发展之自然顺序系由最后消费品，一步一步逆序发展，由半制品而至于工业原料为止，上海亦不能例外也。

机械工业所以似为例外者，因在吾人所加以搜集之统计中，将所有机械制造工业列为一类。假使分别研究，则有若干种机械工业进展甚少。至制造工业原料及半制品之工业，则在两年期中，进展颇少，且甚至有退步者，如棉纺业、缫丝业皆此例也。

以上结论皆仅适用于民国二十年至二十二年，吾人两次调查期间之内。在二十二年以后，上海经济极端衰败，工商业倒闭者时有所闻，其情形已有变动。目前本所虽仍调查一部分之工业，然手续尚未完成，故此时尚不能断定其整个之趋势。但自报章上所记载者言之，则大多数之工业皆甚形凋敝耳。

更有进者，吾人之见解皆系根据中国工厂统计。在上海之外国工业发展之情形或与此相反，亦未可知。但吾人既未得其详细统计，自未能作同一之研究。然上海外厂最重要者当推日人所办之纱厂。此种纱厂素与华厂竞争甚烈，然其发展之情形仍与华厂大体相似。在日厂增加纱锭机械之时,华厂亦有相似之进展;而华厂因营业不利,从事减工,日厂亦曾仿照办理。日厂因机械较优,资本较厚,故情形胜于华厂,然经济衰败之影响亦未能完全避免也。

# 第四章　上海工业之特点

前章已将上海工业化之过程作一纵的研究，以比较各业在近年中之盛衰。本章当将同一材料，为一横的研究，以见各种工业在上海所处之地位，关于纺织业及饮食品业之地位，前文固已略加叙述，兹更用统计数字，与其他各业一并详加论列。

各业之重要，最好以其业在全体工业中所占之百分数表示之，吾人因此编制民国二十年及二十二年两种百分数之统计，列于第三种附录之内。两年中之百分数不免互异，但此次吾人所注重者不在此种百分数之变迁，而在其所表示各种工业之比较的地位。在两年之中百分数稍有变动，或因事实上该业确有进步，或有退步，或因民国二十年包含小厂在内，而各业中大小厂数多寡不能一致，故比例亦因此不同。然两年中相差不大，果有不同，则文字中将加以说明。

由此种百分数视之，纺织业在上海居最重要地位，而饮食品业次之，固甚显明。在两次调查中，纺织业厂数皆占全体工厂总数33%左右，而其资本额则占全体38%—39%。纺织业工人人数在民国二十年占各业工人人数60.1%，而在二十二年则占56%；其产值在前年为45%，而在后年则为35.5%。[①] 后两项所占百分数之

① 凡关于各业所占之百分数皆详附录丙第五、第六两表。

减低一半因缫丝业在此时期中日益衰败,一半则因棉纱及其他纺织业产品价值跌落,致有此种现象。至大小工厂之比例,则在纺织业中与在全体中无甚差别,故对于百分率无多影响也。

纺织业所雇用之工人为数甚大,而其中女工又占大多数,约三倍于男工,故在全体工业中,女工亦比较为多。在民国二十年,女工总数为118,060人,男工71,997人,童工23,048人,三者共计214,152人。在民国二十二年此四种数字为115,333人、75,693人、18,266人及214,736人。(两年中皆有性别不详者若干人,故男、女、童三项合计皆不及工人总数。)两年中女工皆占多数。若计算百分数,则在二十年女工占55%。此因童工未分性别,然事实上童工之中亦以女童为大多数,如与女工合并计算,则女工之百分数在60%以上。在民国二十二年,女工占全体工人数53.7%,而加入女童工之后,亦在60%以上。

## 上海各种工业之地位

如细分纺织业中之重要工业,则二十二年棉纺业之工人总数约在六万人以上,缫丝业三万人,棉织业九千人,丝织业一万人,其他各业合计约共一万人,以言产值,则棉纺业为12,000万余元,棉织及丝织皆在2,000万元以上。缫丝产值本来甚大,但在该年度多系代缫性质,且营业又甚衰败,故不过700万元而已。在二十年该业产值为3,000余万元,前此兴盛时期自必更巨。

饮食品业在厂数、资本额及工人数三项,虽不及纺织业,而产品价值则在二十二年超过纺织业之数额。饮食品业在厂数方面仅占全体 10%—12%，资本额则在 19%—23% 之间，工人数为 11%—13%，而产值则为 30%—37%。在民国二十年纺织业之产值占全体45%，而饮食品业则占30.2%，故前者远过于后者。然在二十二年，重要纺织业，如棉纺、缫丝两类，皆渐衰退，故其产值仅占35.5%，而饮食品业则反有增加，多至36.8%。其中最重要者为面粉、卷烟等业，前者产值计 7,200 万余元，后者则在一万万元以上。其他如榨油及碾米两种工业，本亦甚为重要，但因手工作坊尚占多数，否则其规模亦极狭小，故合于工厂法之工厂殊不多见，在本类中所占之地位遂非重要。

以所占之地位言之，除纺织及饮食品业外，当推十一、十二及十四三类工业。十一类为服用品业，十二类为皮革及橡胶品制造业，十四类则为造纸印刷业。服用品之厂数在二十年占 10.2%，二十二年则占 7.5%，产值则在 3.5% 与其 3.7% 之间。皮革及橡胶制品业，以厂数言，则由 3.4% 增加至 4.6%，而产值则在 2.2% 及 3.8% 之间。造纸印刷业厂数在 9.3% 与 9.6% 之间，而产值则由 6.5% 减至 5.8%。此诸业皆属比较的重要，其他各业则只占百分之二三而已。

化学工业前章已列举其种类，在二十二年虽有少数之新厂从事于制造化学原料，然大多数则仍为火柴、烛皂及化妆品等工厂，并非基本工业。然在我国工业尚在进展之过程中，自必由消费品工业以发展至基本工业，故此种情形本不足为病。前此永利碱厂在华北开办较早，维持极感困难。主其事者惨淡经营，至今始有根基。盖彼时我国工业尚未发展至相当程度，对此种基本工业之产品，需要尚不甚殷。此时各种化学工业既逐渐发展，而他种工业需要化学原料者亦日益众多，故制造此项原料之工业亦渐发现于上海，将来日益推进，前途颇可乐观也。

机械及金属制品业虽进展甚速，然工厂规模较小，故厂数占14%—18%，而其产值则只合2%。工人数亦占全体5%；资本额比例尤小。故就产值言之，其地位尚不及化学工业。化学工业在民国二十年产值占全体百分之3.7%，在二十二年则占4.6%，而机械及金属制品在此两年度皆为2.6%及3.9%，但进展之情形，则两业皆颇为显著。

重工业对一般工业之关系与基本化学工业颇为相近。近年机械工业虽颇发展，然其所处之地位，以在各种工业中之百分数视之，尚非十分重要。所以然者，则以各厂大半皆小规模者，故不能与棉纱、面粉、缫丝、卷烟等业相比拟。今年和兴铁厂已重行开工，而实业部所办之中央机械厂亦已将机器装置完备①，此两者规模皆颇有可观，而军政部之炼钢厂，为吾人调查所未能获得材料者，亦为重工业中之重要分子。故上海工业日益发展，则此项重工业必随之而兴起。观近年进口机器之增加，足见重工业之需要已甚殷切也。以下按照上海工业各种特点，分别加以论述，大半根据本所第二次之调查。唯其中情形，大约在数年之内，未必有甚大之改变也。

## 资本太少

上海工业之资金大半不甚充足。创办之人仅凑足资金，为购

① 《经济统计月志》第三卷第五期。

置厂地及机器之用，至一切流通资本，则恃借贷以资周转。以全体工业言之，据本所二十年调查之结果，工厂总数为1,672家，资本总额142,329,494元，平均仅得八万余元。二十二年调查范围以较大厂家为限，故工厂总数为1,186，而资本总数则为162,685,893元，每厂平均亦仅得14万元左右。[①] 此项资本总额固不甚完全，因有若干工厂未曾填报，但所遗漏者大半为较小之工厂。其资本较大、采用公司组织者则未有缺漏。故即使统计完备，所增加之资本额亦复有限。如分别研究各种重要工业，则其平均资本有较大于此者，亦有更小者。故就全体而论，资本不充足实无疑问。

前年吾人曾将缫丝工业特别研究，则该业资本尤形不足。1929年及1930年之丝厂总数，前者为104，后者为107，而两年中各丝厂65%皆仅有资金10,000至25,000两。1931年因受世界经济不景气影响，停工者较多，所余66厂资本皆较形充足，然65%亦仅有资本20,000至35,000两。[②] 该业情形固属特殊，盖所有厂地及机械皆由租赁而来，所需资本自更有限。如以丝厂之资金与每月所购原料价值比较，则在1931年，有此项统计之63厂中，仅有11厂之资金足数一月购料之用，其余则皆形不足。其最甚者所有资金只足购一星期需用之原料，即每月原料费用四倍于所有之资金也。如与全年薪工资比较，则在有此项统计之58家丝厂之中，仅有八家足敷支付此项费用，其他皆感不足。[③] 丝厂厂基虽不需购买，而资本尚不足为购买原料及应付薪工资之用，其拮据情形概可

① 参看附录甲及乙。

② 刘大钧：《上海缫丝业》，第44页。

③ 同上书，第46页。

想见，故平时周转全靠银钱业加以救济也。

兹更将若干主要工业之资本额，对于产值及原料，计算其百分比。除火柴一业外，其他皆资本微小，产值较多，是虽为资本运用灵便之表现，但产值多则成本亦大，而资本额对于各种费用，比例太小，颇有捉襟见肘之势。大概以全年计之，原料价值，除火柴一业外，皆远过于资本额，少者两三倍，多者至于九倍以上，故各业遂皆不得不向银钱业通融，以资周转矣。

各重要工业之每厂平均资本额以棉纺业为最大，计160余万元，翻砂厂最少，仅8,000余元，即机械及金属制品业亦仅47,000余元。在二十年包含小厂甚多，此业之平均资本仅为13,000余元，则更小矣。① 此两项属于重工业之类，而其资本之少如此，将来发展自非另设大规模之新厂不可矣。

棉纱厂资本虽比较的雄厚，然仍不免负债累累。上海各纱厂大半欠银行钱庄之款，为数甚巨。有若干纱厂已完全由银钱业代为经营，或监督其会计及收支，如申新数厂、溥益等是。虽各厂欠债之原因颇多由于投机失败所致，但资金不充足亦为重要理由之一。各厂经理在欧战后，因该业特别兴盛，遂尽量扩充营业，增加纱锭。欧战停止，洋货又来华推销，我国纱厂遂大受影响。产品不易推销，赢利减少，周转遂感不灵，彼时向银钱业借款者乃居多数。又如大中华纱厂，其开办之时正当欧战中我国纱业极端兴盛。当时资本300万元，尽数购买基地及机器，故尚未开工，而资金已经告罄，乃恃借款以从事营业。岂知兴盛时期已过，营业不能获利，遂一再向银钱业通融，直至欠款总数超过厂基价值。以后被迫停

① 参看附录丁第四表。

业,拍卖厂基,仅能归还银钱业之欠款,而300万元之资本遂致毫无着落矣。

又如南通大生纱厂成立数十年,前些年年赢利甚为丰厚,而营业政策亦比较稳健。然前此所有余利或分发股东,或移作兴办他种工业及添设分厂之用,而旧厂之机械未见更易,新厂之资金尤感不足。故欧战后,兴盛时期既过,该厂遂不能再发股利。十余年来,亏多盈少,遂于前年不得不将第二分厂加以清理矣。至申新数厂由中国银行、上海银行组织债权团,实行监督财政,已历数年,而欠款仍未能清偿,去年更将第七分厂拍卖还债,且引起中外债权人之争执。[①] 若溥益纱厂久因欠债之故,归金城银行经营,更无论矣。

中国因无实业证券市场,更无各种工业投资之机构,故关于工业需要之资金皆向一般银钱业通融。其方式大约可分两种。一为厂基作抵之押款,以厂房及机器等为抵押。其时期较长,然流弊亦多。盖机器愈久则愈朽坏,价值自逐渐跌落。更因国外技术改进,我国机器多形陈旧,早应废弃。故借款如无由归还,则变卖机器,损失必多。厂屋亦复如此,日久价值必将下跌。唯厂地一项,因随上海地价趋势,前此大半上涨,故差可抵消。然近年百业凋敝,地价亦暴跌,厂基借款乃多发生问题。旧债既难清偿,拍卖厂基亦无人过问,故欲再得新借款,更办不到。况以原则言之,工业借款应视该业之盈亏为断,而应以工业之生利能力为借款之担保。如营业不能获利,而恃拍卖抵押品,归还欠款,手续笨重,殊非工业借款之正当方法也。

另一种借款方式则系以原料或产品作抵押,而向银钱业借贷。

① 《经济统计月志》第二卷第二期,第7页。

此种借款为期较短，其抵押品亦较为活动。然此事亦有种种困难。盖抵押品市价时有涨落，而银行非商业机关，果使到期欠款不能付还，则将抵押品变卖亦颇不便。况为抵押之用，此种原料及产品更须存放于银行堆栈中，在工厂方面应用时，亦感不便。大半以原料作抵者皆恃随时有收入款项，随时向银行赎回一部分，运至工厂，从事制造。俟该批制成产品，在市场售出，再以售卖所得赎取第二批原料。① 如此周转，不便殊甚。至以产品作抵押，则显因该项货物未能售出所致；如销场甚好，更无须向银行抵押矣。原料及产品抵押借款皆属商业性质，在他国商业借款则皆应用票据，而票据之优点为付现有一定时期。盖货物本身先有受主，而后始能发出票据。以票据向银行贴现，不过时间问题。在出售者方面，迟早可得现款，因货物已有受主，及议定之付款时期，故到期还现，除非有特殊情形，可无问题。用货物作抵，系对物信用，银钱业必被牵入商业，而从事买卖物品。近年银钱业对丝厂借款，大抵厂家多不能偿还。丝业既甚衰败，茧价更形跌落，故银行受甚大之损失，至于不得已而自行租用丝厂，委托丝业中人代为缫丝，则又因此而经营工业，与受抵厂基发生之影响相同矣。

上海工业之资本组织可以大别之为独资、合伙、有限公司及其他四种。但国营者亦有数厂，故在统计图表中特列一栏，而其他皆为无限公司、两合公司之类。本所在二十年所调查 1672 厂中，国营者计三厂，独资 580 家，合伙 700 家，有限公司 295 家，其他 51 家，不详 43 家。在二十二年 1,186 家中，国营者四厂，独资 271 家，合伙 443 家，有限公司 332 家，其他 43 家，不详 93 家。于此可见有

① 上海青年会出版之“上海”工业演讲稿。

限公司之组织尚不甚普遍，即连他种公司在内，总数亦复有限。大多数仍为独资与合伙两种。但在二十二年，因所调查之工厂以较大规模者为限，故独资经营者较少，而有限公司则有增加，然在全数中仍不过28%以下，在民国二十年则仅在18%左右。[①]

## 规模甚小

我国工业规模大半甚小，不独资金一项为然。即如工厂法所规定之标准本不为高，然上海工厂中能及标准者尚居少数。在民国二十年，吾人调查上海工业时，所得总数为1,672家，而其中及此项标准者不过710家，约占40%。此尚因当时调查有一定范围，即以应用原动力或工人在十人以上者。若将大小工业全行包括在内，则更少矣。在民国二十二年至二十三年，吾人所查得合于标准之工厂为1,186家，而二十三年上海市社会局调查工厂总数有5,400余家。[②] 虽其中不免有重复及误将手工业列入之处，然4,000家大约有之。故较大工厂虽有增加，而小厂增加更速，其比例乃为40%左右。

在二十年调查时，曾查明工厂厂屋究属自有或租用，或仅有厂屋而基地系租赁而来。计1,672厂中，自有厂屋者不过241家，租地造屋者110家，不详者39家，其余1,282家则厂地皆系租用。[③]

---

① 参看附录甲第一表及附录乙第一表。

② 《二十三年上海市工厂名录》。

③ 附录甲第三表。

当时虽亦调查其厂屋之形式究系特建之工厂，抑系借用平常住宅房屋，惜当时调查员对此问项稍有误会，故结果未能加以统计。然据各人之经验言之，则以住宅房屋作工厂之用者占大多数。所谓住宅亦多为衖堂式房屋。有时一宅不敷应用，则连租两三宅，只须其地可置机器，可使工人立足而从事于工作，固不论其建筑是否合于工业之应用也。规模既小，故开设，停业与迁移皆颇为便利。除所有机器外，与普通住客无异。今日在闸北，明日因房租较贱或他种关系，即可迁往城南。吾人二十二年度调查二十年度工厂迁移者为数颇多，皆为小规模之工厂。

因规模太小之故，常有一种工业而将几个制造部分分为数厂，而各成一业者。仅较大之厂始兼有数个部分耳。即如丝织厂，本可自行购丝，制造经线。如在他国工业范围较大，组织复杂者，则缫丝与丝织业尚可合为一厂。但我国则不独此二者未经合并，即经线一项亦多另有工厂从事制造，处于缫丝与织绸之间。又如棉织业有自行染炼者，亦有仅织白坯而转售与染炼厂，或专门印花之厂染色印花再行出售者。在机械业中，则制造模型、翻砂与制造机械各种工业分为数业。此外冷作热炉亦皆为独立工厂。较大之厂家或兼做翻砂与铁工两种工作，或更加以模型部。其做全部铁工业者则绝无仅有矣。

不独各工业中分工合作，即一厂之内，为减少风险起见，有将各部分之工作包与各种人分任者。如原动力如用蒸汽引擎，则可使熟悉此种引擎之工人包办，供给动力。此项机匠自雇助手，并购买煤炭及自来水，按照拟定条件，供给厂方以需要之动力。譬如缫丝厂常以丝车为单位；供给 100 部丝车之动力，每月租金若干。机匠购买煤炭，有时亦采取同一方式，按丝车部数，每月付煤费若干。

因上海丝厂皆系租用，有时两组丝商合租一厂，各用一部分之丝车，而动力则由同一机器间供给。故机器间等于独立，而属于机匠管理之下。① 外埠之织布厂及织袜厂颇多以机械租与乡民，并供给原料，使在家庭从事制造，其产品仍由该厂以定价购取。亦因规模本来甚小，借此减轻负担也。

同时更多有原料由雇主供给，而只收制造费者。故在吾人调查产值之时，颇因此发生种种困难。如碾米厂中本有自行购米，加工碾制者，亦有完全代人碾米者，亦有两种兼办者，故甚难计算全业之产值，因其中有一部分仅为加工制造费也。机器业亦复如斯。颇多铁工厂平时不做机器，而仅受他人委托时，始行制造；其原料亦由顾客供给。印刷业代书店或顾主印书，或其他印刷品，以至其他工业，大半多有此种情形。仅有稍大规模之工厂完全自购原料，从事制造耳。

## 机械化的程度

上海电力供给充足，而价亦低廉，故应用电力之工业居大多数，此亦足以促进小规模之工厂。盖购买原动力机器，成本当然较高；小规模工厂如仅购买少数马达，租用电力，从事制造，自较为经济。且所有机器未必全开，在使用一部分之时，所费动力亦可随之减少，此与工厂方面便利甚多。故上海工厂适用电力占全数原动力之大部分。在 1931 年所用动力马力总数为 158,389 马力，而其

① “上海”工业讲演稿。

中90,214马力系租用电力,约占60%。在1933年,原动力总数为179,077马力,而其中108,782马力为租用之电力,亦合60%左右。[1] 此可见上海应用电力之普遍,与小规模工业所以发展之故。

由另一方面观之,则应用原动力之程度,可以工人人数与马力匹数计算比率,加以比较,并可以各种工业每厂平均所用马力匹数,代表该业机械化之程度。以后者言之,棉纺业每厂所用马力之平均数最大,计2,133.2马力,面粉业次之,计815.7马力,橡胶制品业又次之,计168.6马力,其余则皆在100匹以下。翻砂业在各业中所处地位虽颇重要,但运用动力之处较少,故平均每厂不过9.7马力而已。[2] 以马力对工人人数之比率言之,则面粉业机械化之程度最高,每一工人约用4.86匹马力。棉纺厂所用马力虽多,而因工人人数亦大,故工人对动力之比率仅为1.02。其余各种重要工业,则皆在一匹马力以下。[3]

此系指二十二年度之情形,然因该年度所查之工厂虽必须应用原动力,而填报动力有不完备者,不得不先将其除外,然后估计此种平均及比率。如以各种工业总数言之,不论其动力统计本来是否完全,则每厂平均马力数仅为151马力而已。全体工人与马力之比率则为0.83,易言之,即每一工人所用尚不及一匹马力,而每厂所用者亦仅约150匹马力也。

故由原动力之应用言之,上海工业的机械化程度固属甚低,即应用新式作业机之处亦复甚有限制。大凡能以手工替代之处,虽

① 附录甲第五表及附录乙第四表。

② 附录丁第五表。

③ 同上。

改用新式制造方法，而机器仍少应用。小规模之硝皮坊大多仍用旧式工具，而采用新式之药料，以从事制造皮革。其产品品质自不免低劣，然成本较轻，故合于低级靴鞋之用。又如纺织品及服用品业之织布机、织绸机及针织机，本可应用电力，然人力亦未尝不可适用。在上海则适用人力之处较多，所谓力织机者尚居少数。此外如制造火柴之工业在我国亦居重要地位，全国共有百余厂，而大多数亦系以人力运用此项机械，其在上海者亦复如此。印刷机器使用动力者更仅限于少数之大厂与报馆，其他则皆用人力者也。

在不得已而应用新式机械之工业中，其所用机械之型式比较工业先进国家亦远较陈旧。用最新式机械者实居极少数，可以视为例外。如棉纱业之机器大半已应用十余年。有时虽添置新锭，亦仅局部之增加，而不能为彻底之更易。大都纱线锭中尚有新型，而清花、梳棉等机则皆旧置。前此永安第二厂机械尚称较新，然现与日厂比较，已远不如，其他纱厂更无论矣。故功效率不及日厂。唯我国纱厂产品大半为粗纱，故以重量言，其产量反超过英美等先进各国。① 然如以同一纱支互相比较，则生产能力相形见绌矣。

丝厂机器因系租用，更无改良之希望，大半皆仍用意大利式之丝车。近年无锡及杭州开设一二丝厂，利用新式日本丝车，产品已有改进，而上海则反多墨守旧章者。

上海机械工业甚形发展，各种机器大半颇能仿造，故成本轻而售价低廉。不独可供给本地工业之需要，即内地各处工厂，为减轻成本起见，亦多购买上海机械厂所制之机器。唯所有产品大半仿制外国旧用之机械，其最新机械一时尚不能制造，而舶来品之价值

① 关于英日纱厂产纱量可参看 Freda Utley, *Lancashire and the Far East*, p. 202。

则又太高。工业规模既小,而经营者目光大半短浅,故应用最新式机械居极少数。

在上海从事工业者之心理大约有数种:(一)须成本甚低,俾得与国内同业竞争。盖此时既有关税,舶来品市价终较国内产品为高——除日货不计外——故国内工业大半不顾品质,只求价贱,而我国人应用工业品,亦多贪贱价,始愿购买。故应用最新之机械,制造高级货物,反与竞争不利。(二)更有一般从事工业者带投机性质,只盼于短时期内获利若干,以后即一切不顾。故资本愈少愈妙,机器原料等皆求其价贱。只须目前获利,以后随时可以收歇。故租用房屋,租用机械,租用电力,一切减轻成本之方法皆为此辈所欢迎。

此种投机心理在上海已充分表现,工商业中皆多有之。如欧战时期之棉纱业,旧厂尽量扩充,新厂纷纷设立。又如五卅惨案后,因抵制英货,国货畅销,于是卷烟厂如雨后春笋,大批成立,至今日全国卷烟业仍集中于上海一市。又如近年之橡胶业制造胶皮鞋、套鞋等,颇能获利,故同时大家争设工厂。在民国二十二年有40厂之多,近年已不如前矣。在商业中,如民国十年前后,小银行之纷纷设立,及交易所最形发达之时,一市之中多至105家,此皆属于投机性质者。[①] 工业固不免有冒险投机性质,然如此盲然竞争,恐亦以上海为最。故上海工业变迁最速,许多工厂成立一二年,即重行关闭,其改组之速更不必论矣。二十二年吾人调查上海与全国工业,曾分析上海工厂开工年度,计算得平均营业年月为八年零四个月。此尚就较大之工厂言之,小厂则“蟪蛄不知春秋”,鲜

① 《中国经济月刊》(英文)第三卷第21页及“上海”商业讲演稿。

有维持数年者。

## 原料及产品

上海工业之原料一部分自外国输入,一部分则采用本国之所产。后者因近年市价低落,故上海工业稍受其益,前章已详论之。然国内工业原料品质未能改进,而运输亦感困难,故近年上海工业颇有偏向输入品原料之趋势。以言棉花,我国本为世界上重要产棉国家之一,居于第三位,而上海邻近亦为产棉区域。惜所产之棉绒头较短,不甚合用。陕西棉花品质虽高,又因运费较巨,且在转运之时,商人惯于掺杂,致将良质毁坏,于是上海纱厂反多依赖美棉以为原料。申新纱厂用美棉40%,其他各厂纺细纱者亦大半如此。在工业发展时期中,输入原料固无不可,但我国农田广漠,农产亦复丰富,理应竭力改良,以合于工业之需要,方于农工两业皆有利益。否则如第一章所言,在工业化之过程中,农村反因此衰败矣。

上海面粉厂采用外国小麦,近年亦极有增加。江北、山东、河南等处皆为小麦产区,然因品质不佳,更经掺杂,致计算制造成本,反不如采购加拿大及澳洲之小麦为宜。近十年中,小麦进口增加,可于第六章之附表中见之。纺织及饮食品业为上海工业中之最重要者,而棉纺与面粉业又在此两业中占重要之地位,其原料则皆采输入品,实值吾人之注意。

政府为改进农业起见,竭力改良棉种,取缔掺杂,已渐收成效。至蚕种之改良收效更为显著之事实。近年江浙两省改良蚕茧收获甚多，故丝厂皆能利用此项新茧，从事制造。前此土茧之缫折每多至五担半，而改良茧则只需四担半，缫丝成本因此减轻不少。去年丝厂逐渐开工，一方面固由于海外市价渐有转机，另一方面亦因茧种改良，成本减轻，始得如此。故国内工业原料之改进不独与农业有利，亦可使工业振兴也。

卷烟业在上海饮食品业中处于第一位，其所用之原料——烟叶——大半可取给于国内。山东、安徽、河南产烟之区亦能改良烟种，供给各卷烟厂之需要。虽为制造高级之烟，尚不免输入若干美国烟叶，但此项输入，自民国二十年后，已逐渐减少。上海为全国卷烟工业集中之处，不独我国卷烟厂在此最多，而英美烟公司于此亦设厂制造。现在大部分应用我国之原料，故该业情形与纺织及面粉工业颇有不同。

此外重要工业原料应推五金及化学材料。此时重工业虽有进展，然我国铁矿砂产量为数甚微，且重要铁矿或由日人经营，或曾与订立合同，以矿砂供给日本。[①] 国内铁厂无低廉原料，而机器又已陈旧，更复负债累累，故大半久已停工。上海和兴铁厂虽经开工，然亦未必能挽狂澜于既倒。故钢、铁两项重要工业原料仍不免仰给于外国。至化学原料，因化学工业之日渐发达，酸、碱等物亦皆能自行制造，将来或可供给本国工业一部分之需要。唯化学原料种类甚多，能否一一从事仿制，则须视国内工业发展之方向及政府之有无具体计划以为断矣。

我国工资低廉，故在制造成本中，原料占最大部分。兹采取若干种工业，略加研究。计算原料对于产值之百分比，以棉织业为最

① 《第五次矿业纪要》。

高，计合 88%。其余多在百分之七八十左右，唯化学工业较少，仅 55%。机械及金属制品业，因多兼修理工作，故原料成本特小。卷烟业亦有代人卷制者，因调查时未能将此项代制费由产值内抛除，故原料之比例亦稍低于他业。橡胶制品则因原料成本轻，故获利较厚。翻砂机械等业另有甚大之燃料费，故原料百分数亦比较为少。以全体 16 大类总数言之，原料约占产值 60% 弱。①

以言产值，按各重要工业之每厂平均数计之，以面粉业为最大，计全年有 480 余万元；棉纺业次之，约 420 万元；卷烟业又次之，约 250 万元。其余各业皆在 100 万元以下，而最低者为翻砂及机械两业，皆在 50 万元以下，可谓“轻”“重”倒置矣。②

① 附录丁第六表。

② 同上。

# 第五章　上海之劳工

上海劳工总数——包含工厂工人、码头工人、东洋车夫等在内——据蔡正雅先生估计，应近40万人。其中码头工人约二万人，系根据社会局去年之调查；东洋车夫三万二三千人系蔡先生之估计。此皆与工业无直接关系者。工厂工人乃根据二十三年社会局工厂名录之调查，计5,418家工厂中有工人数记载者只3,839家，共有工人299,000余人。如总计5,000余厂之工人，当有30余万人。[①] 吾人以为该次工厂厂数不免有重复及误将手工业作坊列入之处，故当根据本所自己调查之结果，另行估计。

本所两次调查工厂皆稍有限制，已于第三章中详加说明。二十二年完全采用我国工厂法所定之范围，其所查得之工人数，就严格立论，亦可即视为上海工厂工人总数，盖不及格之厂在法律上本不视为工厂也。然吾人研究上海工业化，系按照第一章所举之定义，凡应用新式机械，从事制造者，不论其工人多少，皆可表示工业化之程度，故不以此项法律之规定为限。但按二十年所查之结果，应用原动力或有工人十人以上之工厂共1672家，其中合于工厂法者710家，约占43%。工人数则总计214,152人，其中在及格工厂中工作者192,943人，约占总数90%强。假使当时调查范围加广，

① "上海"劳工讲演稿。

而不以使用原动力或工人十人以上之厂为限，则厂数虽有增加，而工人数恐不过再多数千人而已。

二十二年及格厂数增加不少，计共得1,186家。如按二十年之比例，以此为工厂总数43%，则后者当为2,758家，工人数加一应得236,210人，所差仍复有限。如将所有应用新式机械之小厂一概加入——家庭工业及楼上制造、楼下门市售卖之手工业，虽偶用新式工具及小型机械皆应除外——则据当时调查所及，约尚有1000家。每家工人既不及十人，则所加工人数最多一万人，故工人总数不能超过25万人。但本所两次调查，皆以在华厂内工作之工人为限。人数虽略有遗漏，而上述估计已足以弥补。如将外厂工人加入，则外国纱厂工人已有七万人左右，总数或将增至35万，然工厂总数则仍不逾4,000也。

下文叙述上海劳工运动，在第二时期中，曾举参加工运之工人数为60余万人，应系包含各种工人在内，而不以工厂工人为限。且即此仍不免有虚报之处。盖当时工潮澎湃，工会不免虚报会员人数，以表示其组织之重要与力量，不能遂视为正确数字也。又近年人力车夫之人数大约仍如前述之三万二三千人。因蔡先生系按每人力车一部以两人合拉为估计之根据，此时公用人力车虽仅一万部左右，而据上海人力车夫互助会之调查，则每车以三人或四人合拉者颇多也。总之，上海劳工总数——包含工厂工人、手工业工人、家庭工业工人、码头工人及人力车夫等在内——或已超过40万人，而第一项之总数，据吾人之估计，则应在35万左右。

二十年本所调查所得之工人共为214,152人。其中71,997为男工，占总数33.6%；118,060为女工，占总数55.1%；23,048为童工，占总数10.8%；性别不详者1,047人，占总数0.5%。二十二年调查所得工人总数214,736人,其中75,693为男工,115,333为女工,18,266为童工,性别不详者5,444人。前三种工人占总数之百分数为35.3%、53.7%及8.5%。两年中男女童工所占百分数无甚变动。童工中亦以女子成分为多,盖纺织及服用品两业中之童工可认为全是女性,而饮食业及化学工业中亦有一部分如此。故二十年之女童工大约有15,000余人,二十二年则有11,000余人。以此加入女工之数,则其百分比将增至62%及61%。[①]

以各大类工业言之,则以纺织业为最多。在二十年该业工人数占全体总数为60.1%,二十二年则为56.0%;饮食品业次之,其工人人数在二十年占全体工人总数10.9%,而在二十二年则占12.7%。两年工人总数既大略相仿,则此两类之百分比一加一减,可见两类工人人数,绝对的及相对的皆消长互异也。除上述两类外,其他工人人数在二十年皆不及全体10%。服用品业、造纸印刷业与机械及金属制品业皆在5%左右,皮革及橡胶制品占4%,化学工业则仅3.5%。在二十二年则除机械及金属制品业工人稍有增加外,服用品业及造纸印刷业则皆降至5%以下,不及化学工业与皮革及橡胶制品业工人人数之多。后者因橡胶制品业之特别发展,工人人数增至占总数5.5%,尤足注意。

男工以在纺织业工作者为最多,饮食品业次之,机械及印刷二业更次之。女工集中于纺织一业更甚于男工,但除纺织、饮食两类外,仅服用品雇用女工较多。童工之集中于纺织一业与女工同,此外则多在机械及印刷两业,与男工相似,唯服役于饮食品业者殊少,与男女工之情形皆不同耳。又在纺织业工作之童工多为女子,

① 详细统计列附录丁第二表。

在机械及印刷业者则为男子此又其不同之处也。

为若干种重要工业,吾人曾计算其每厂平均工人数。工人最多者为棉纺业,在二十二年平均2,083人;厂丝业次之,平均607人;火柴业又次之,平均402人;卷烟业又次之,平均388人;橡胶业又次之,平均269人;其余各业皆在200人以下,而以翻砂业平均每厂36人为最少。二十年平均人数虽稍有出入,然各业之次序则大略相同。[①]

此外更以各重要工业之工人数除产值,可见每一工人平均每年生产能力。由所得之数字观之,则除面粉及卷烟二业外,大体皆在1,500元至2,500元之间,唯厂丝业独少,仅得241元。面粉业应用动力最多,每一工人使用4.86匹马力[②],故工人人数虽不多,而产值甚大,每一工人平均生产力为28,888元(此在二十二年。在二十年时为28,539元,相差亦复有限)。卷烟业则以产值甚高(全业产值在二十二年在100,000,000元以上,见第四章)。故工人平均生产能力亦为6,000余元。在二十年因该业包含小厂较多,生产能力较低,故每一工人每年之所产只得4,484元,然亦远在他业之上矣。二十年工人生产能力最低者亦为厂丝业,仅得761元,盖在此时期中丝业极端衰败故也。

## 工资率及工资收入

上海市社会局曾于民国十八年调查若干种工业之工资。[③] 其

① 详附录戊第一表。

② 同上。

③ 《上海特别市工资和工作时间》。该书所举者为实际工资收入,而本所两次调查之所得则皆为工资率。本节有时不免概用工资二字以代表之。

工业范围即上文所述上海十八年之各种工业,但每业中皆按照工作之不同,而将工人分别为若干类。如造船业分锯木、翻砂、打铁、打铜、船工、车工、电灯匠、机务、账务等九类工作。棉纺业则分清花部、梳棉部、粗纱部、细纱部、摇纱部、成包部、拣花部、准备部,然后每部之中更分若干种工作,多至六种,少亦二三种。其他各业亦各按照其工作之繁简,而将工人分为若干类。同时再将男、女、童工分别计算,然后以业为单位,按照男、女、童工计算其平均工资收入。

按照此项调查,男工最高工资收入为每小时一角四分六厘。此为印刷业之工资,然因该业工作时间较少,大半每日仅八九小时,故其每日平均工资为一元二角二分六厘,反居第二位。[①] 丝织业之男工每小时虽仅得一角二分之工资,而每日之平均工资则为一元二角六分,较印刷业略高。若以各种工作分别言之,则印刷业中制版工人计件之工资平均每小时为二角一分三厘,全日为一元七角七分五厘,可以推为各种工业中最高之工资。然此尚系计其平均之数。1933 年本所调查全国工业时,查得北平财政部印刷局有制版工人一人,每月工资多至 200 余元。可见在新式工业中,此种技术工人收入可谓最多。在丝织业中,最高之工资为织工,然计时工资亦远不及计件工资之高。前者每小时平均工资不过四分五厘,而后者则达一角五分九厘,故后者每日平均工资为一元六角五分五厘。该次调查丝织业男工总数 1,002 人,而其中为织工而领计件工资者 617 人,计时者不过 22 人而已。计件人数既多,故全业男工平均工资因而较高。

---

① 详附录戊第二表。

最低之工资，在男工方面，应推漂染业，亦为纺织工业之一部分。其每日平均工资不过四角六分八厘。此系因每日工作时间尚不及八小时之故，否则按每小时计之，该项工人亦有六分之工资，并非最低也。其最低之每小时工资实为棉纺业之男工，计仅四分七厘。盖棉纺业半技术工作大半反多为女子，故男工工资大半颇低，有在三分以下者。

以女工言之，大多数之女工皆在棉纺、缫丝等业工作。棉纺业女工工资每小时平均三分八厘，每日平均四角五分二厘。缫丝业女工工资每小时平均四分九厘，每日五角三分九厘，此皆非最低或最高之工资。女工工资最高者为丝织业，其每小时平均工资为八分六厘，每日平均为八角九分四厘；而最低工资为火柴业，每小时为二分七厘，每日二角四分。

童工工资最低者亦为火柴业，每小时为二分五厘，每日平均为二角零三厘。其所任工作不过装盒与刷磷两种。棉纺业童工每小时亦仅合二分五厘，但因每日工作时间较长，其平均工资可得三角。童工之最高工资，以每小时计算，为卷烟业，计四分二厘。但因工作时间较短，故每日平均工资不过四角一分六厘。印刷业之童工每小时虽仅得工资四分一厘，而因工作时间较长，故每日平均工资为四角一分八厘。

由上述之工资收入视之，印刷业之工资比较为高。不独该业工作有技术性质，更因该业工人知识较高，故所定工资及工作时间之条件，亦较为有利。至棉纺业则大半为半技术及无技术之工人，该业在上海最关重要，人数又最多，故竞争亦较烈。女工、童工甚低之工资皆在该业中。其丝织业男女工人工资之皆较高者，则完全因技术之故耳。

以上系根据社会局之研究。至本所调查工业时，亦曾调查各业之工资，但以目标注重工业本身，故对于工资一项，未能将各个工人所得之实数，一一调查，以计算其平均，遂仅能以最高最低数额代之。同时将计件工人之工资，亦按普通工人每日所能制造之件数，折成每日之工资，更由每日，按照该业普通工作日数，折成每月工资。其本系计时工资，则大多按月计算，毋须折合。

上海工业中有许多业雇用艺徒，其待遇仍照旧式手工业办法，不给工资，仅供膳宿。有时于膳宿外，每月略给数角钱，为个人零用，故最低工资率有作零数者，亦有每月仅数角者。

以本所二十二年度调查之结果言之，其最高工资在100元以上者，有造船业、铁路机厂、水电业、丝织业、榨油业、面粉业、印刷业、热水瓶业、制造经纬线业及制造铜皮业，其最高数额每月为180元。其工资甚低，最高工资尚在20元以下者，有木箱业、金属制品业、砖瓦业、轧石业、缫双宫丝业、染炼兼印花业、边带业、碾米业等。①

各业最低工资中，最高者为炼灰业，计20元。次为颜料业，计16.5元。更次为炼铜业、年红灯业、水泥业、坩埚业、制酸业，各为15元。其他在十元以上者有精盐业（14元）、淀粉业（13元）、冰蛋业（12.6元）、酒精业（12元）、废花及其他业（12元）、水电业（11元）、电气机械及电池业（10.5元）。以上各业，除水电外，每业皆仅有一厂，且大半为新式特殊工业，故工人待遇较优，其他皆在十元以下矣。（此外有炼气厂一家，亦新工业，据谓最低工资60元，应指从事制造之工人而言。该厂亦有搬运工人，其工资必低于此，故表中最低工资列为不详。）

---

① 详附录乙第五表。

上海利用艺徒之工业不少，故最低工资在一元以下者甚多，兹列举于次：锯木业、铁制家具业、翻砂业、机器制造业、金属品制造业、电气机械业、造船业、建筑材料业、火柴业、制皂业、搪瓷器皿业、油漆制造业、电玉电木业、棉织业、丝织业、毛织业、染炼业、织袜业、衫裤业、纽扣业、制革业、罐头食品业、榨油业、印刷业、饰物仪器业、制镜业、热水瓶业等。以上列举各业并非谓每业中各种工厂皆用艺徒，或一种内各厂皆是如此，不过表示此诸业中皆有若干厂利用无工资之劳工而已。大约工业稍需技术，则招收艺徒，自有应召者，而工厂亦即利用此种情形，减少工资之支出。我国工资本低，更加此种情形，故工资所占成本百分率极少也。

上海市社会局蔡正雅先生曾编工资率之指数，以十九年为基期。所已发表者虽不过五年，已可见自十九年来，工资率已逐渐低减，而以二十三年为最低。二十二年则为十九年后最高之一年。[①]此似可证明该年工业实颇兴盛，与本所调查之工业统计互相印证。上海趸售物价及生活费指数皆自二十一年起始行低降，而工资指数之下降反早一年，似与成例相反，实则此项指数所根据之工资率系每年九月二十五日所调查者。二十年九月杪之物价业已跌落，故工资随之。其未能似他国成例，落后数月或年余者，则以近年上海劳工缺少组织，对于工资之减少，无力反对，即或有数业之工人为之，然无补于总平均也。

上海生活费之指数系以十五年为基期，故表面上似高于工资指数。但如将基期移至十九年，与工资率相同，则可见二十二年为始，生活费之跌落更甚于工资率，此亦上海工人虽受工资之减低，

① 《经济统计月志》第三卷第三期。

而尚能维持生活之一原因也。

| 指　数 | 基　期 | 十九年 | 二十年 | 二十一年 |
|---|---|---|---|---|
| 工资率(一) | 十九年 | 100.00 | 96.61 | 96.61 |
| 生活费(二) | 十五年 | 121.80 | 125.90 | 119.10 |
| 生活费 | 十九年 | 100.00 | 103.40 | 97.80 |
| 指　数 | 基　期 | 二十二年 | 二十三年 | 二十四年 |
| 工资率(一) | 十九年 | 98.31 | 94.92 | |
| 生活费(二) | 十五年 | 107.20 | 106.20 | 106.60 |
| 生活费 | 十九年 | 88.00 | 87.20 | 87.50 |

再就本所所调查各重要工业中工资额对于产值之百分比而加以研究，则可见工资所占成本之百分数极低。最高者为织绸业，计占14.2%，适于上文所言该业工资最高之情形相符。其次为火柴、针织两业，而棉纺业工资之低亦可由此项百分率中见之。面粉业之百分率所以最低者盖因该业所用机械及动力特多①，故工资所占产值中之成分自少，不必即为工资率极低之证也。卷烟厂多数代人卷制，兹因此项情形特殊，将代制之厂除外，故工资之百分比率因亦甚低矣。

## 工作时间及假期

按照社会局十八年调查各业各种工人之工作时间，最长者每

① 详附录戊第一表。按该表二十二年最高之百分数为缫丝业，则因是年丝厂大半代缫故工资成分特高，此为特殊情形，不足为例，故文中只举次高之丝织业。

日有超过12小时者。棉纺、棉织两业大多如此，虽其平均工作时间在12小时以下。缫丝业中男工平均工作12小时，然据吾人前此调查该业时，得悉该业男工大半为粗作工人，任搬运原料产品及打扫厂房之事，故12小时并非甚苦。至棉纺织业之情形颇有不同，12小时自嫌太多。其他如缫丝业之女工、童工，丝织业之男、女工，面粉、针织、烟草及造纸四业之男工，造纸业之女工，及缫丝与印刷业之童工，均约在十小时以上。搪瓷、火柴、制皂、制蛋业之男工，制皂、针织两业之女工，及烟草业之童工工作皆在九小时以上。其工作九小时者为锯木、翻砂、机器、造船、制革等业之男工，搪瓷及制蛋两业之女工，及搪瓷业之童工。工作平均在八小时至九小时者为印刷，榨油两业之男工，火柴、烟草及印刷三业之女工，及火柴业之童工。玻璃业之男工及童工则仅工作八小时，其时间为最短。①

以工作种类而言，工作时间最少者为烟草业中制盒之计件女工，仅五小时半。榨油业之计件男工亦仅六小时。然既皆计件，故时间愈短，则厂方所给之工资愈少，于工人并无便宜。其工作时间最久有12小时以上者，如印刷业之童工。在铅印部担任印刷，以时计值者，最多至13小时半。在石印部图画及制版之童工亦工作在12小时以上。该业之男女工工作时间虽甚短，而其利益未及于童工。不过童工所做之工作颇为简单，无须十分耗费精力耳。

本所研究，因偏重工业方面，未能分别各厂各种工人，而加以调查，故所查得之工作时数系代表各厂开工时数。二十年对此事注意较多，故凡临时开夜工之厂家，其夜工工作时数皆另行分列，

① 详附录戊第三表。

至照例开工者则与日工合计。① 故凡工作时间在12小时以上者皆照例开夜工者也。统计表中之数字系每业中各厂之平均数。一业之中,各厂不必皆开夜工,故计算平均,夜工皆不过三五小时,唯少数工业,如棉纺,家家皆开夜工,且系固定办法,故全日夜开工时数达二十三四小时耳。

二十二年分类中之大类虽与二十年相同,但细类稍有出入,而每一细类中工厂厂数亦多不同,故其平均开工时数常有多少之差异。有时因若干工厂将开工时数增加或减少,致事实上发生差额,有时则仅为平均数计算上之差异耳。② 然大体上多有类似之处,如棉纺业之为二十三四小时,印刷业之时间特少,皆甚明显,且更与社会局所查之结果可以印证也。

上海各工厂每星期放假者尚居极少数,但大半每月给工人例假一二日。如在例假时照常工作,则多发工资一份,名曰升工。中国工人生活程度极低,但能多得少许收入,殊少愿牺牲而从事休假者。故与其视此种例假为假期,不如视为一种工资制度也。年节假则多为真正假日,然亦有虽在此时,而仍旧工作者,且休假时日之长短亦不必与规定者相符。二十年调查每年开工日数有在360日以上者,盖因年节假时仍有一部分工人继续工作——其工作时间有时稍为缩短——而例假期中则照例作工也。③

印刷业工人知识较高,故工资较多,工作时间亦较短。即以全年工作日数言之,除制版者外,亦皆在340日以下,有少至310余日

① 详附录甲第六表。

② 详附录乙第六表。

③ 详附录甲第六表。

者。同时参加罢工及劳资纠纷案件者亦以印刷工人为多,可见工人知识愈高,则对于切身之权利观念亦愈浓厚也。

## 劳工运动

上海劳工运动,根据蔡正雅先生之研究,约可分为四个时期。民国八年之五四运动为我国劳工运动之开始。其第二时期开始于十四年之五卅事件,第三时期开始于民国十六年国民军进占上海,而最后时期则开始于民国二十一年一·二八之事变。兹分别摘要叙述于后:①

第一时期　上海劳工运动虽早有酝酿,但自五四运动以来,始有具体之组织,劳资双方始成为对立之抗争。其时因抵制日货,爱国思想甚为澎湃,而工会乃应时而起。在上海一埠已有50个之多。至民国十一年于是有工会统一之运动,直至十四年春,上海工团联合会乃成立,为40个工会所组织,其会员人数据称为五万人。此联合会之分子大半属于稳健派,与国民党右派接近,但会员工会之性质复杂,故联合会尚未能指挥全体会员工会。至于罢工案件,民国初年已有发生者,但有系统之记载则以民国七年为始。在本时期中,罢工案件甚为有限,每年只十余起至30余起为止,略如下表。

| 七年 | 八年 | 九年 | 十年 | 十一年 | 十二年 | 十三年 |
|---|---|---|---|---|---|---|
| 21 | 23 | 33 | 19 | 29 | 14 | 16 |

① “上海”劳工讲演稿。

但法律承认罢工为合法行为则自民国十一年之新刑律为始,可视为劳工解放之一重要关键。

第二时期　五卅运动亦与外交有关。当时因抵制英货,英国工厂中华工相率罢工,而因人心激昂,工团联合会不能控制。于是在此时期中,急进派分子遂将其推翻,而另组上海总工会。在十四年七月,该会呈报立案之工会共117个,工人217,000余人,较工团联合会约多四倍。至九月为政府所解散,然暗中仍从事活动。在国民军北伐之时,且在沪为之响应,举行两次空前之总罢工。第一次参加之厂数约6,000家,工人40余万人;第二次工厂4,000余家,工人30万。在国民军占领上海之时,总工会之工人有参加战事者。就罢工而论,十四年已多至75起,十五年更增至257起，十六年有117起。当时急进派组织工运，以上海为重要中心，故上海工人乃有左倾之势，罢工案件因而增多。政府大半偏袒工人，故劳资争斗乃十分尖锐化矣。

第三时期　十六年四月，上海稳健派工人已夺去总工会实权，组织上海工会联合总会，以与激烈派相对抗。当时军政当局亦分两派，其稳健派者为上海临时政治委员会，激烈派则为上海特别市临时市政府。十一月间上海共有三个联合会之组织：一为工统会，一为工人总会，一为总工会。政府为取缔工运起见，在此时期中，陆续颁布劳资争议处理法、工会法及工厂法。在工会法颁布以前，上海全市工会共有429个，会员207,000余人，可谓盛极一时矣。按蔡先生之分析，认为本时期中有四个要点：（一）劳工由急进转向稳健；（二）工会联合会组织运动失败；（三）工会组织较为统一；（四）劳资争斗势力趋向平衡。

第四时期　自九一八事件发生后，上海一部分工会复于二十年十二月成立上海总工会。各个别工会依法改组后，向社会局注册，截至二十一年止亦有68个，工会会员达60,000余人。二十二年又增加至76个，会员62,000余人，二十三年增至84个，会员65,000余人。因为九·一八与一·二八事件皆与日本有关，故各地劳工运动皆集中于反抗日本，故有上海市各业工会反日救国联合会、上海市日商码头工人抗日会及海员救国会。此外报界工人更发起组织讨日军，邮务人员则组织抗日救国义勇团。劳工运动既偏重于抗日，故罢工停业事件反而减少。计二十一年仅82起，二十二年90起，二十三年70起左右。故本时期中劳工运动之目标不在与资方争斗，而为抵抗外侮。

## 罢工与劳资纠纷

上海罢工统计自民国七年至十五年，陈通夫先生曾为具体之统计。此后上海市社会局继续编制罢工停业案件，由七年至二十一年，曾加以分析。唯前九年社会局之数字与陈先生在《中国劳工问题》一书内所发表者多不相同。社会局既为上海劳工事项之主管机关，其所记录者自较为正式，陈先生则根据报纸之记载。凡大多数案件未经过市政府社会局者，报纸中亦复有之，故陈先生之数字有时多于社会局者。又陈先生只研究罢工为限，社会局则兼包括停业，按理后者应多于前者。兹将两方面之统计比较制表于附录内。由该表观之，陈先生之数字大半大于社会局也。[①]

① 陈达:《中国劳工问题》第十三表。

社会局在十六年前之统计虽或因追录而不甚完备，然此后所有大多数停业以及劳资纠纷，皆由社会局调解，否则应加以记录。该局前年发行《近十五年上海之罢工停业》一书，将十五年来之案件详加分析。本文即利用此项分析之数字，以表示上海工潮之情形。至其重要变迁，则因政府对于工会态度及劳工运动本身偏向急进或稳健，而有分别，已于劳工运动一节中详细言之矣。

民国七年至二十一年之十五年中，共有罢工停业案件 1,121 起。以业务之种类言之，以纺织工业为最多，占 399 起，约合总数三分之一①，其次则为交通运输业，再次为造纸印刷业。纺织工业在上海本最重要，工人人数亦最多，故罢工案件多于他业，原不足奇。运输交通业因有京沪、沪杭甬两路，工人甚多，然此与工业则无关系。至造纸印刷业工人人数虽不甚多，但因印刷业工人知识较高，屡次罢工及劳工运动大半为此种人所主动，即激烈派之工人亦常属于印刷业，故罢工案件因此特多。如以工业中之罢工停业为限，则十五年来之总数仅有 897 起，纺织工业所占之成分及在 40% 以上，造纸印刷业亦占 11% 以上。饮食品业在上海工业中之地位虽仅次于纺织工业，而在罢工停业案件中，则反不如造纸印刷业为多耳。

如分析罢工停业案件之原因，则与团体交涉有关者占 1,024 起，其无关者仅 97 起，尚不及十分之一。更详加分析，则为工资争议，在九年中共 488 起，约占总数之半。其因雇用或解雇而罢工停业者则为 216 起，约占 20% 。至工作时间，在外国虽甚关重

① 详附录戊第四表。

要，而我国工人则似不甚注意，故因此而发生之罢工停业案件，九年中仅 25 起。[①] 其无关团体交涉之案件有为同情的罢工，有为政治的罢工。前者较后者略多。历年罢工事件之发生虽常与政治有关，然此不过工会领袖所能了解，至其所资以号召一般工人者，则仍多为工资等经济问题也。

以言结果，则劳方要求经接受者居大多数。在 1,121 起案件内，劳方要求完全接受者占 261 起，一部分接受者又占 406 起，两者合计约占 60%。[②] 其资方要求完全接受者仅六起，一部分接受者十起。此固由于停业案件较少之故。然以罢工案件言之，如加入雇工要求未经承认者 281 起，则劳工胜利与失败约各占一半。盖要求完全接受者与完全不接受者皆二百数十起，大略相当，而其一部分接受之案件虽属甚多，但为双方让步之结果，可视为劳方既未完全失败，亦未完全胜利也。其总数中尚有 150 起案件无形停顿或结果不明，故未能完全一一分析，否则对于劳工运动之胜败更可明显矣。

此项罢工与停业统计一方面不独包含工业外之交通运输及商业等，另一方面亦包含外国工厂与商店工人之罢工。但外国厂号究属少数，故罢工案件亦比较为少。民国八年五四运动、十四年五卅运动及二十一年一二八事变所引起之工潮，皆与抵制外货有关，故外国厂号罢工案件以日英两国为多。在 1,121 起案件中，属于中国者计 720 起，属于日本者 159 起，属于英国者 136 起，

① 附录戊第五表。

② 附录戊第六表。

其他各国合计不过百起而已。[1]

因罢工停业而损失之工数及工资数，仅于民国十六年来始有统计，故仅能就此数年加以分析。以工数言，民国十六年为最多，计7,622,029日；十七年次之，达2,049,826日；其余四年皆在100万日之下。以损失工资言，亦以民国十六年为最多，计3,710,116.26元；十七年次之，计835,962.73元；其余则皆在50万元以下。[2]

关系厂号数及工人数，亦自十六年以来，社会局始有统计。计此六年中，关系厂号数共为21,089家，其中十六年最多，为11,698家；十七年次之，计5,433家；其余则皆望尘莫及。以工人人数言之，近六年中受罢工影响者共1,361,122人，其中男工803,120人，女工504,230人，童工53,772人。以年度言之，则十六年度关系职工之总数为881,289人，约合全体60%余；十七年204,563人；其余各年则皆在10万人以下。此项统计系以十六年为始；十五年罢工案件尤多，如计算其关系厂号数与职工数，及损失工数与工资数，皆当远过于十六年也。[3]

劳资纠纷统计，自民国十七年至二十一年，曾经社会局综合发表。此五年中案件总数共为1,491件，而各年度之案件数大略相同。如以关系厂号言之，则总数为11,799家。其中以十八年为最多，二十年为最少。以关系之职工数言之，共男工196,910人，女工228,934人，童工58,937人，总计484,781人。纠纷案

① 附录戊第七表。
② 附录戊第八表。
③ 同上。

件每年平均数皆过于罢工停业，但皆经调解，故情势不如罢工之严重耳。①

劳资纠纷之原因亦经社会局分析为与团体交涉有关及与团体交涉无关二类。在1,491起案件中，无关团体交涉者仅三起，其余则皆有关者也。但以各种详细项目言之，则劳资纠纷之主要原因为雇用或解雇，在五年中共有1,018起，约占总数70%。其工资问题，在罢工案件中最为重要者，在劳资纠纷案件中则仅有163起。② 大约因工资问题较为严重，故大半引起罢工，而雇用或解雇问题则多因纠纷，而接受政府之调解耳。以有关系之业务分析，则劳资纠纷案件最多数为纺织工业，计490起，占总数32.86%；次多数则不为运输交通业，而反在货品贩卖业，计在五年中有250起，占16.77%；印刷业与饮食品业仍占第三第四两位。然专就制造工业纠纷而计其总数，则仅有1,154起，其中纺织工业约占总数40%以上。③

劳资纠纷之调解方法有经双方直接磋商而解决者，有经第三者之调处而解决者，亦有未经磋商而即行解决者。其第三者或为劳资调解委员会，或为仲裁委员会，或为社会局。前二者系以前上海市政府特设之机关。在此五年中，经社会局和解或行政处分者共849起，占总数50%余。劳资调解委员会所调解者亦有394起，双方直接妥商解决者133起，其他除未经磋商而解决者两起外，皆出于第三者之调处，或仲裁之结果。④ 以结果而言，则

① 附录戊第九表。
② 同上。
③ 同上。
④ 附录戊第十二表。

1,491 起案件中，劳方完全胜利者占 335 起，完全失败者 195 起，一部分胜利者 911 起。如按上文研究罢工停业之办法，吾人可谓在劳资纠纷中，劳工胜利实占多数。唯所谓一部分胜利究竟胜利至何程度，则统计表中无由看出耳。①

上项统计按国籍加以分析，则 1,491 起中，属于中国者 1,401 起，其他各国合计不及百起，实无足道也。②

① 附录戊第十三表。
② 附录戊第十四表。

# 第六章　上海工业化的经济影响

欲研究工业化，一方面须知上海经济的背景，一方面应知工业化的间接影响。前者范围较广，而受世界及全国经济势力之所支配。然因上海为我国最重要之都市，我国与世界各国经济上之关系亦大半经由上海一市，同时上海复为我国工业化之中心，故经济背景大部分亦即为工业化之影响。如人口、贸易、金融等等，大半皆复如此。兹采取民国十五年以来各项经济统计，以表示上海都市近年之发展，而研究其所受工业化之影响。惜上述之各项统计表中，有数种尚缺二十四年度之数字，系因该项统计尚未发表或未完全之故。

各种经济统计，如稍加分析及研究，约可分为两大类。其一类表示不断的进展。其中虽经过各种激烈之变动——如在政治方面者，有首都之南迁与一·二八之战事，在经济方面者，有世界经济之衰败与近年我国之放弃银本位——皆未能改变不断进展之趋势。另一类则足以代表各年度盛衰之情形，虽用统计方法计算其趋势线时，此项趋势亦仍然向上，但在近十余年中，其可视为最兴盛之年度不必为最后之一年，且最后一年度之经济状况有远不如前数年者，前者代表一般都市发展之情形，而后者则显示近年经济盛衰之状况。

## 人口增加

人口统计在次章工业化之社会影响中，当有较详之论列，然本章既举各种经济统计以为研究之资料，则人口数字亦不能除外。次章举数十年来上海人口增加之统计，而每五年只列一个数字；本章则以近十年为限，详举每年之人口统计，以表示近十年之变动。十九年前尚无华界之数字，而二十四年法租界数字尚未发表，故全市只有五年之统计。然就五年视之，以二十三年之人口为最多，已超过 350 万以上。① 如以公共租界之人口为研究之对象，则近十年中人口继续增加甚为明显。如以统计方法计算其趋势线，则其中必有若干年度在趋势线以上，其他年度则在趋势线之下，故不能谓此项增加常维持一定之百分率，或为加速度之进展——此语同时适用于其他所谓有不断进展之事实者，即上交所云之第一类统计——然无论如何，年年人口皆有增加，则不可否认也。在近十年中，三区人口皆复如此。仅华界方面因受一·二八影响，故二十一年人口骤减，二十二年稍稍恢复，至二十三年遂高过以前之记录矣。②

都市中因人口增加及经济发展之故，地价亦自然上涨。上海市地价统计比较完全者，唯公共租界有之。工部局每三年发表一次，乃该局之估价，分别东、西、北、中四区，本所曾为之计算

① 详附录己第一表。

② 华界系指租界以外之市区，因尚无简单概括之较好名称，故仍用此名。

其平均数。[1] 其最近年度为民国二十二年，下期估价应在二十五年工部局年报中发表，此时尚无由觅得此项估计。因此近两年之地价在统计表中无由表现。[2] 自十三年来，四次之估价皆有增无减。二十二年之平均每亩地价较十三年增加一倍以上，即比较十九年亦增加20%余，而十九年较十六年则增加尤甚。此颇出于意料之外者。盖世界各国于民国十八年经济衰败已经开始，而上海在十九年之地价反特别高涨。此在一方面可以证明我国经济衰败后于各国，而同时美国经济调查团所云上海地价投机，引起后来之反动，亦不为无因。其实在极端兴盛之时，投机之风必炽。在外国多在证券市场上表现；我国因证券交易限于政府公债与库券，在政治安定之时，涨落究属有限，故投机者不得不转而从事于地产与标金两项。故虽由他方面观察，自二十一年起，我国已受世界经济衰败之影响，而在上海地价方面则仍继涨增高，至二十二年尚未停止也。[3] 于此亦可见一部分之经济发展，在二十年后，尚在继续进行，即工业本身亦复如此，于前章固已详言之矣。

地价与人口本有密切之影响，而都市中人口增加之情形，如以密度表示，最为明显。至人口增多，所需房屋自然亦必增加，故上海公共租界及法租界历年房屋数目及估价统计亦可表现近年经济状况之变迁。就公共租界之估价言之，二十三年为最高（二十四年统计尚未发表），且以历年度情形观之，皆有有增无已之现象。然其中有可注意者，即公共租界之统计中经本所分别住人

---

① 附录已第四表。

② 关于上海地价之探讨，可参看张辉：《上海地价之研究》。

③ 据一二地产经纪人谈，上海地价自二十一年起即开始降落，惟就公共租界工部局地产估价单观察，则二十一年之地价纵然低落，亦仍较十九年者为高。

房屋与未住人房屋两种，且曾计算其百分比。由此项数字观之，估价虽然增加，而空屋亦复不少，且近四年中比例较前增加，其中尤以洋式房屋为甚。在二十三年度，此种房屋之空闲者占13.7%，而华式房屋则仅占6%，其总平均为7%。洋式房屋大多租金较高，故在经济不景气之时自难寻觅房客。此项统计可表现两种情形。一方面可见一般地主为投机而上涨之地价所引诱，在经济已不景气之时，继续添造房屋，故估价得以增长。另一方面表示房客之经济力量在近年已不如前，故房屋愈多而空闲之百分比亦较前增加，且以租金较高之洋式房屋为甚。盖经济既感困难，则一般房客由租金较高之洋房，迁入租金较低之华式房屋，自在情理之中。且此种情形不独在统计数字上可以充分表现，即吾人平时在上海观察一般房屋之情形，亦可知之；盖近年招租房屋遍地皆是，不景气之情形固甚显明也。至法租界之统计则仅列华洋式房屋数目，而不及其他。①

与经济状况及工业化有更密切之关系者为新建筑——尤其新工厂建筑——之统计。在公共租界内，新建筑之数量及估价总额，除民国十四年之数量外，皆以民国十九年为最大，而在法租界则后者更大于前者。公共租界另有新工厂建筑之数字，但其最高年度不为十九年而为二十三年，次多者为二十年。在华界内则新工厂建筑数以二十年为最多，所占面积以二十一年为最大，而估价又以二十二年为最高。此与吾人调查所得之工业统计颇相符合。吾人调查结果，民国二十二年之大工厂远多于二十年。工厂建筑统计则显示二十年新厂屋虽最多，而所占面积及估价反不如

① 详附录己第五及第六表。

后二年，足见其规模较小也。二十三年三项皆见减退。[①]

如将各种建筑合并研究，则二十二年之房屋数及占地面积皆最大。估价总额以次年为最高，谅因是年多建办公房屋及高等住宅与公寓之故。二十一年因日军侵沪，华界居民多迁入租界，但嗣后则反以由租界迁入华界者为多。租界人民固有增加，然华界增加更速。租界空房甚多，盖因经济衰败，居民不得不事节省，故由租界中租金较高之房屋迁入华界也。租界中新建筑数目及估价皆见低减之后，华界反有增加，盖以此耳。

## 工业区之发展

上海工厂在华界者远多于租界，因华界地价、房租等皆贱于租界，且易得较大而合用之厂地故也。二十二年大厂增多，同时华界工厂亦增，正可见新设者多为较大之厂。华界新建筑统计亦显示在二十三年工业停止发展，与吾人在工业方面研究所得之结果相同。此虽似与社会局二十三年工厂统计相抵触，然该项统计包含小厂极多，不能与吾人所得之数字比较，而谓该年中工业继续发展也。道路之修筑为都市建设中重要之工作，上海都市之发展得力于此不少。盖我国旧式城市本无宽阔之马路，近年各地方政府虽稍稍从事于此，然国内各都市对道路之建筑及培养最为注意者，仍推上海一市。除华界道路本少，地域广阔，正修之路自属甚多外，其公共租界与法租界则因面积有限制，且已修之道路

① 附录己第七至第九表。

较多，故增加较难，然亦逐年稍有进展。[1] 上海工厂多在华界，华界道路之兴筑于工业发展殊多利益，中山、中兴、国货、中华等路工厂甚多，可见二者之系联。

近年工厂颇多由租界中地价较高之处迁往华界。虽一·二八事件曾使此种趋势暂受打击，然闸北复兴颇速，今日仍为工厂麇集之地。此本为都市自然之发展，盖工业区本应在较远之处，而中心区域则应作为商业区也。京沪及沪杭甬两路在闸北接轨，总站即在该处，故该区将来之发展未可限量。惜以江湾为市中心区之计划，因恐日人重侵淞沪之故，未能充分实现，否则上海之发展尤可加速，而居民亦应更多于此时也。

与道路有密切之关系，而可代表都市之一般经济状况者，为车辆之增加。在外国都市，言及车辆，皆指汽车而言。唯上海情形甚为特殊，于汽车之外，尚有人力车、马车、自行车、小车、卡车等。惜统计材料仅得公共租界所编制者，尚不能视为完全。由此项统计观之，汽车之辆数在二十三年已达9,300余辆，较十五年约加一倍，而自行车亦有同样之增加。其人力车虽视为极重要之代步，然因租界当局之限制，在近十年中，公共雇用者常在一万辆以下，未有增加。私人人力车则历年稍有增减，且以二十三年为最多，马车、小车则受时代之淘汰，有减无增，此可代表上海租界之现代化。至工厂之运货车是否包含在卡车之内，而所谓卡车者，是否包括应用汽油及人力、马力三项在内，则不得而知。然其辆数之增加甚多，十年以来已超过一倍以上也。[2]

---

① 附录己第十表。

② 附录己第十一表。

## 物价

以上各种统计虽皆与上海经济情形有关，而所受人口增加之影响为特巨。人口既有增无减，故各种统计之趋势亦继续向上。兹再就物价、贸易、金融等项统计，而研究近十年上海盛衰之情形。上海趸售物价指数为我国物价指数编制之最早者，原由北平财政部货价调查处主办，嗣后归国民政府财政部国定税则委员会编制。该会自民国十五年起，更编制生活费指数，嗣后将趸售物价所列项目增多，而十九年起本市社会局又编有工资率指数。然与新式工业有密切之关系者厥为纺织品、建筑材料及化学制品三种，故附录统计表中除举趸售物价总指数外，更将此三种指数一并标列。此项指数概用民国十五年为基期，其总指数在民国二十年达最高峰，纺织品及建筑材料指数亦然，唯化学品则至二十二年方登峰造极。同时纺织品在二十年后指数低落，远过其他两种。故吾人以趸售物价言之，可得数种结论。此种结论不仅以上述统计表所标列之数字为根据，更采用国定税则委员会所编之其他物价指数，加以讨论。兹分别说明于次：①

上海纺织品工业，在全体工业中，占最重要之地位，前章业已言之。纺织品及其原料市价既于二十年后暴跌，则其影响于工业者至大且巨。唯纺织工厂，尤其纺织厂，规模皆甚大，资本甚多，非在万不得已之时，不能完全停歇，与他种小工厂可以随开

① 附录已第十二表。

随闭者相比拟。故纺织品之市价虽低，而纱厂则仍竭力维持。前章研究工业统计，已见纱厂之厂数、资本额、工人数等皆未经减少。同时其他工业并未受衰败之影响，即纺织业中之棉织、丝织两业，如第三章所曾讨论者，亦颇有进展。一般人在二十二年前所得上海工业衰败之印象大半由于纺纱、缫丝两业所造成。物价指数中所采用之纺织品亦以该两业所产者为多，故指数跌落与该两业关系亦较巨。如以工业统计为研讨之根据，则除此两业外，其他工业在二十一年后仍多有发展，且即以棉纺业而论，其纱锭亦仍有增加也。

化学品物价在二十年后仍然上涨，而比较二十二年与二十年之化学工业，进展亦复甚多。二十年之化学工厂，按照该年较低之标准，只有60家，其中合于工厂法者28家，而二十二年之合于工厂法者共有78家之多。又资本额及产值皆增加50%，而所用动力之增加更多，工人亦增30%以至于40%。此尚就全体数字而言。如研究其业别，则此两年中有颇多之新式化学工业产生于上海，而其中重要者有制酸、炼汽、颜料等三业，次之则有电玉、电木业及碳酸钙镁业，皆为二十年度所未有者。其他各种化学工业亦皆有增无减，于此可见物价与工业之关系矣。

## 国际贸易

更就历年国际贸易，研究上海经济之变迁，则在进口贸易方面，以民国二十年数字为最大，此后日益缩减；出口贸易则以民国十九年为最多。如分别国外贸易与国内贸易，则前者（包含进出口两项）以二十年为大，后者则推十七年。且贸易总计数，于国外、国内两贸易外，更加复出口往通商口岸之货物，亦以十七年为最大。[①] 此项情形与趸售物价指数所表示者正复相同，多以二十年为最高峰，可见世界经济不景气之影响自二十一年始及于中国也。唯此项贸易统计以价值计算，而价值本身殊受银价跌落之影响。盖在十九、二十两年，银价正在跌落之时，所有外国货物原以外币计值者，一经合成华币，为数自较前为高，此盖为两年中贸易数字增加之原因。自二十年九月英日等国相继放弃金本位，其币价因而下跌，而由此诸国输入货价自亦随而降低[②]，我国国际贸易及物价指数遂皆于此时开始跌落。上海物价指数之编制本为修改税则之参考，其所包含货品多为国际物品，故指数与贸易之关系亦极密切。

如将上海进出口贸易编成指数，而以民国十五年为基期，则二十年后之四年中，输出贸易常在50%左右，而输入则至二十三、二十四两年始较十五年为低，然仍在80%上下。又输出贸易指数之最高峰在十八年，而输入则在二十年，足见世界经济衰败及银价跌对我国贸易之影响。[③] 同时全国输出贸易指数在二十三年跌至42.8%，输入跌至52.5%，皆较上海一埠之指数为低。如以输出入贸易合计，则是年上海之指数为68%，而全国则为48.2%。[④] 此可表示上海在全国贸易中所占之地位近年更见重要，于其所占之全国贸易百分数中更易看出。然此亦非完全由于上海

① 附录己第十三表。

② 刘大钧：《近八年我国物价之研究》。

③ 《经济统计月志》第三卷第二期表甲，已增补列为本书附录己第十四表。

④ 详附录己第十五表。

贸易相对的增加，而全国贸易相对的减少则更为重要，盖自二十一年八月以来，东三省贸易已不列入全国统计之内也。[①]

与工业化有密切关系者，尚有各种特殊货物之输出入。我国工业愈发展，则进口之工业制品应渐减少，而出口则应渐增多；同时进口之工业原料及工业机器亦应有增加之现象。但近六七年来，因有种种特殊事件之发生，故此种现象不易明显。（一）1929 年世界经济衰败开始，我国海外市场大受影响，但因此种货物需要之弹性大小不同，故所受影响亦或迟或速。（二）1930 及 1931 两年世界银价暴跌，形成我国非自动的通货膨胀，使多种工业得继续发展，而国际贸易亦未致锐减。（三）1931 年英日等国相继放弃金本位，彼等渐向复兴之路进行，而我国则受其反响，百业凋敝，其影响于输出入者至大且巨。（四）自 1934 年起，美国以人为方法抬高银价，我国通货紧缩，输出入贸易皆因此锐减，工业亦受甚大之影响。有此种种特殊之变化，故与工业有关之各种输出入贸易未能充分与我国工业化之进展为相当之系联，然即其有出人意外之发展时，亦正可表示工业发展之特种因素错综的影响。兹选择数种与工业化有关之货物，根据海关报告，标列其数字而加以研究。[②]

机制洋货进口，在本书第一章中，本已谓其有促进我国工业化之力量。及我国工业已发展至某种程度，则此种物品又受其影响，而反减少输入。其最显著者莫如棉纱一物。前此该货入口为数甚巨，然以近 11 年数字观之，则自 1925 年以来，逐渐减少。

---

① 二十一年《华洋贸易总册》上卷。

② 详附录己第十六至第十九表。

1935 年，在全国方面，输入净值仅及 1925 年之三十分之一，即以上海一埠而论，亦仅及其十二分之一。又在 1925 年，进口之数远过出口，但此后出口总值日渐增加，至 1931 年为最大，而进口方面则已无足轻重。若以进出口合计，则在本时期中，仅最初一二年尚有入超，此后则皆为出超矣。此项统计最能表示我国棉纺业发展之情形，足见 1925 年来该业发展已将进口棉纱之市场几乎完全夺去，而同时且可将国内所产之棉纱，推销国外。然在 1931 年后，因世界经济不景气，其输出乃逐渐减少。同时棉花方面进口净值亦以 1931 年为最大，此与棉纱出口统计相似，其理由亦复相同。此后两年中，其他工业虽有进展，而棉纺业受世界经济衰败之影响较早，故棉花输入及棉纱输出皆渐减少，即纺织厂所用机器及其配件亦以 1931 年为最高纪录，此后即每况愈下矣。纱厂锭子数虽仍有增加，然此为前数年各厂所订购者及目光短浅之纱厂经理勉强扩充营业之结果，而实际上纱业已经衰败也。

缫丝业亦为我国重要工业之一种，且与棉纺业相似，皆以上海为重要中心。惜丝业之产品，因国外需要之弹性较甚于棉纺业，故世界经济开始衰败，输出即时减少，而上海丝厂之停工者亦日益增多。至 1934 年，无论全国或上海，厂丝输出总价值皆不过 1929 年之十分之一，其凋敝情形概可想见。但以近年国内积极改良蚕种，缫折减少，茧价又跌，减轻丝厂成本，故 1935 年稍有恢复情势。该业原料平时皆系土产，近年始偶有采用日本蚕茧者，至生丝输入亦属绝无仅有，故此两种统计皆未经摘录。缫丝机器，在海关报告上，亦未专列一项，仅包含于纺织机器之内。近年丝业衰败，除外埠偶设一二新厂外，上海丝厂皆系旧有，而丝车亦有减无增，故此项统计亦无分析之必要也。

纺织业外,面粉工业在全国及上海皆处重要之地位。在海关统计上,1931年以前与该年以后,其产品输出之标题稍有不同。前者仅为面粉,后者则名为机制麦粉,包含麦屑在内,然事实上相差亦复有限。以近十一年数字视之,输出方面以1933年最大。此可见该项工业在世界经济衰败开始以后,尚有四年之继续进展,而是年上海输出数字几与全国输出数字相等,易言之,不啻所有输出皆发源于上海一埠也。此与吾人所知之事实颇为符合,盖近年面粉业受影响较大者多在外埠,而上海则反可支持。同时面粉进口,以全国言之,以1929年价值为最大,而就上海言之,则为1932年。前者本可代表一般之情势,因在1929年后,银价跌落,进口货物大多减少,不足为奇。至上海在1932年忽然增加者,恐因一·二八战事之故。当时上海军队甚多,而工厂暂时停业,故不免购买外国面粉。若以原料言之,则小麦之输入于上海及全国者,皆以1931年为最巨,与其他工业原料之情形完全相同。

卷烟与面粉、棉纱情形皆颇相似,其销场以国内为多,不似厂丝之恃有洋庄也。在输出方面,虽自1928年即行减少,而该业并不受甚大之影响,输入原料仍复有加无减,至1931年方达最高纪录。至输入纸烟方面,则以1930年为最多,盖国内产量虽有增加,输出虽然减少,而消费之增加更多,故输入纸烟反有增无减也。制造卷烟之机器,在海关报告中,于1932年始另列一项,故与前此各年度无由比较。然1932年数字最大,此后则日渐减少,故该项工业之发展从此已渐停顿。据本业中人言,税则之影响甚为重大。前此卷烟税共分七级,国产卷烟大部为低级物品,税率分级既多,低级物品纳税自然有限,故易与洋货竞争。近年减少税级,只分三等，华厂地位已感困难，而又禁止纸烟发行奖券，销路更受影响。[①]但英美烟公司资本雄厚，华烟销路多为该厂所夺，故输入之纸烟未见增加也。

上海在全国中之地位亦可于各种输出入数字中见之。如棉纱输入，上海常占全国三分之一左右，纸烟业大略相同，唯面粉一项，最少时仅占全国八十分之一，平常亦在百分之二三至百分之五，盖南方人消费面粉甚少故也。上海面粉厂有十余家，利用江北及国外进口之小麦，制成面粉，供给华北各省。若卷烟业则几乎全集中于上海一埠，除受英美烟公司竞争影响之外，国内他埠更无与之竞争者，故烟丝、烟叶由上海输入者亦占全国甚大部分。

我国论者常因近年小麦进口增加，视为农村破产之现象。以为我国本以农业立国，而米麦尚须仰给国外，实属最大缺憾。殊不知小麦之进口实代替前此面粉之输入，而为我国工业化之结果。面粉输入最多之时在 1929 年，全国其输入 9,800 余万元，而小麦输入，除 1931 年外，并未超过此数。同时面粉输入减少，而小麦输入加多，正可见我国面粉厂利用外国原料从事制造，与棉纺业情形正复相似。在棉纺业方面，棉纱输入减少，而棉花增多。其最多一年（1931 年），棉花输入净值 40 倍于棉纱，此亦为我国工业发展之现象。如我国农产能日益改进，合于新式工业之标准，则输入原料虽有增加，而农工两业皆可同时发展，并无妨碍。特因农产品质太劣，至国内工业大多数原料尚须仰给于外国，甚可惜耳。

如就各种统计之性质，分别加以观察，则在工业原料输入方面，大体皆以 1931 年为最高纪录。工业用机械之进口情形亦大略

① 本所尚未发表之卷烟业中文报告。

相同，但全国之最高纪录则在1930年，上海仍为1931年。在各种机械中，最关重要者如纺织业机器、推进机器（即动力机）、电气机器、农业机器、车床等，亦皆以该年度为最多。惜海关统计关于各种机器统计，在1931年以前与该年度以后，其分类方法颇多不同，比较较为困难。若就机制洋货进口统计观之，大体上海一埠输入最多之年度，如不与全国相符（如纸烟、肥皂及针织品），则常在后一年（如棉纱、面粉）。然亦有一二项反早一年者（如火柴）。但合计总数，则全国与上海皆以1929年为最多，此可见世界经济衰败及银价跌落之影响。前者使外国工业无力来远东推销，而后者则有奖劝本国工业之力量，而藉以抵制洋货之输入。此与吾人所收集之工业统计及税则委员会所编之物价指数，皆可互相证明也。

## 水陆运输

贸易数字既如此，兹复根据商船进出口吨数，觇上海商业之盛衰。就来往外洋及国内商船进出口双数吨数统计视之，前者以民国十九年为最多，后者则以二十年为最大。此外海关报告中更列有航行内港商船之统计，则在二十二年此项商船只数最多，而吨数则以二十三年为最大。其中二十一年度缺少统计，无由比较。但观其他各种统计之普遍情形，则该年数字既不能远过其他年度，吾人可以断定其虽付阙如，并无多大关系。又航行内港商船船只皆甚小，远不及往来外洋及通商口岸船只之大，吨数仅及其十分之一，故后者之代表性较为重要。在数字上此项统计显示民国二十年为最盛时期，但二十三年已有恢复之现象耳。[1]

海关贸易以由轮船进出口为限，而上海对国内他方面之贸易尚有甚多部分由铁路转运者，故更列京沪、沪杭甬两路统计数种，以资比较。[2] 以货运统计言之，京沪路延吨公里最大之数字在民国十五年，其十九、二十、二十一、二十二四年之统计皆不及十八年为高。唯二十三年又打破十八年之纪录，而与十五年之数字相近。在沪杭甬路方面，以二十三年纪录为最高，十九年次之，其二十、二十一、二十二三年皆不及十九年。故以此两路货运统计言之，则似乎所受世界经济衰败之影响较早。二十三年已有恢复情形，亦与英、美、日等国相近，而不似中国其他统计，大半以二十年为最高纪录也。各铁路货运统计本分农产、畜产、林产、矿产等类，唯一时无由觅得京沪、沪杭甬两种此项数字。且分类所列者系各种货物之价值，而非其数量及延吨公里，不足表现两路营业之情形，故亦无采用之意义。至工业产品由铁路运输者，在近十年中，究竟增减如何，更难查悉矣。

两路客运方面最高纪录皆为民国二十年，而二十三年亦有恢复之现象。前者与其他各种统计颇为相似，后者则与本路货运统计亦颇相同。如比较铁路之收入，货运、客运方面皆以民国二十年为最高，即加入他项收入，亦复如此。于此亦可表示我国经济盛衰之概况。二十三年两路皆有恢复之情势，而尤以京沪路为甚。京沪二十三年之收入且较二十年为高，沪杭甬则稍次，但除二十年外，近十年中其他各年度皆不如二十三年为高也。

---

① 详附录己第二十及二十一表。

② 附录己第二十二至第二十四表。

## 金融市场

为研究上海工业化与金融市场关系起见,有若干种统计可为参考资料。上海拆息乃钱业规定之利率,且其重要性与他国中央银行贴现率相似,故于金融市场影响甚大,但对工业发展则仅有间接之关系耳。① 近两年拆息甚高,银行皆不肯放款,故工业金融周转颇感不便。唯此种利率逐日变动甚大,故以全年或全月之平均率代表拆息之情形,颇难满意。本章所用统计数字皆系全年之平均数,若拆息仅计其全年平均,则尤难表示全年金融之变动。况拆款数额无由详查,故计算平均拆息时,亦无加权之可能。民国二十二年全年平均拆息甚低,然不能因此遂谓当时金融松懈,故工业能如此发展也。如用一年中最高最低之数,或可多得若干意义,但仍不能表示一切。至拆息之利率系按每千元每日应付之息金(在未废两改元时,系每千两之息金),故民国二十二年之五分,并非常年五分或五厘,而实为 1.825 厘也。②

银行存放款、钞券之发行、上海存银额,及票据交换、公单收解等对于上海市及其工业之发展,反多能表现。在民国十四年至二十三年间,华商银行 28 家(此系由数十家华商银行中,择其重要而有总行或分行在上海者)之放款额增进 195% ,存款额增进 251% ,

---

① 民国二十一年上海联合准备库采用公单拆款及贴现两种办法,但其重要性仍不及钱业之拆息也。

② 详附录己第二十五表。

钞券发行额增加196%，证券投资额增加635%，库存现金增加143%，资本额增加123%。此项增进趋势毫无间断，故曾将此项增加之百分数以五除之，以代表每两年平均之发展。同时更比较民国二十年及二十二年两年间银行业务之进展，而计其百分数。以此比较上述平均数，则皆较低，仅库存现金较高耳。[①] 所谓库存现金包含正金及钞票在内，但上海银底在近年亦增加甚速，二十二年曾达547,000,000元最高额[②]，比较民国十五年计增加272%。嗣以美国购买现银，上海银底大量流出，故后两年遂不如前。此项变动与工业发展殊无直接关系也。

在民国二十二年前，上海仅有钱业公会之公单收解，而新设银行反无特设之票据交换机关。该年上海票据交换所成立，新式银行乃在此机关结算互欠之余额，但此项交换额仍远不及公单收解额数量之大。如将两种数额合并，不免有重复之数字，但所得结果大体可以代表上海全体交易额。[③] 其数以民国十九年为最大，而当时上海商业亦最为兴盛。此后日益减少，至二十三年稍有恢复之趋势。其中上海票据交换所交易额虽年年增加，但因其数所占总额之成分颇小，故不足以影响总数。此项情形与他种与商业有关之统计相似，但与工业发展之关系较疏。

各种物产交易所之交易额亦表现同一之趋势。[④] 如棉花、棉纱、小麦、面粉、黄豆、豆油、豆饼等之交易皆以民国二十年为最盛；此固在情理之中。银钱业票据交换额多，因使用支票及庄票增加

---

① 详附录己第二十六及第二十七表。

② 附录己第二十八表。

③ 附录己第二十九表。

④ 附录己第三十表。

之故，不必与商业发展有直接之关系，而物产交易额则否。此项交易额近年颇有不如早年者。即以小麦一端而论，民国十七年之交易额反较二十一年或二十四年为多，而十五年面粉交易额亦与二十四年相同。棉花及棉纱交易则有逐渐增加之趋势，盖由于近十年来上海棉纺织工业尚有若干进展之故，而同时近年对于此两项之投机亦甚为盛行也。

标金交易完全属投机性质，故最多一年反在民国十五年，与其他各种经济变动皆不相同。嗣因政府取缔此项投机活动，防止其影响于货币之价值，故去年标金交易额为数甚小。此时在新货币实行之下，标金涨落殊有限制，故将来大约不致再似以前之兴盛。至政府证券之交易则逐年增加，仅民国二十一年，因上海一·二八事件，交易所竟停拍多时，而证券市价亦复大跌，故数额最少。其他年度，因逐年皆有新证券流行于市场，故交易额亦日益增加，比较十年前之数字增加达十倍以上。此项情形与银行投资有价证券之增加颇复相同。然证券及标金两项皆与工商业之发展无直接关系；如其有之，标金亦不过与外汇汇价较多系联耳。汇价对于工业之关系，除在第三章中所指出者外，本亦不甚密切也。

我国证券交易所所交易者皆政府之公债及库券，工业证券之开拍于交易所者甚少，而其交易额尤复清淡。此亦为上海工业募集资金困难之一端。至外国工厂与公司所发行证券，则另有所谓众业公所者可以开拍，而交易亦盛。附录中所列该所交易额之数字反可约略代表上海工商业之情形，而与近年工业之发展似有较密之关系。[①] 盖此项数字亦显示民国二十年与二十三年两年交易

---

① 详附录己第三十一及第三十二表。

为多也。二十四年交易极形清淡,然二十三年之活泼并非正则工商业证券之交易,而为橡皮股票之买卖,此项买卖占全额90%,而性质则完全属于投机。以证券市价指数言之,则二十年后殊有江河日下之势。

概括上述一切统计数字,表现上海之经济活动可分为两大类。第一类可表示上海市之发展,第二类则可表示上海工商业之兴盛与衰败。属于第一类者为人口之增加、银行业务之发展、地价及建筑物价之总额、道路之长度等。政府证券交易及上海存银(后者则须将近两年除外)增进亦未有间断,性质与上述各项颇为相似,但同时亦受上海以外之影响。盖他处经济凋敝,资金集中于上海一处,故有此种影响。然严格言之,即人口增加亦有此种情形。盖外省外县生活艰难,失业者众,故一般人民皆相率来申,以求解决生活问题。此种情形亦可代表上海工业之长期趋势。盖由长期言之,上海工业固日有发展也。

第二类之统计则足以表示工商业之循环。商业凋敝始于民国二十一年,较工业早两年,故此类同时又可分为两小组。其与工业有直接关系者为上海工厂建筑数目及其估价、特种工厂产品之输出额,如面粉之类及特种工业产品之市价,如化学工业是。此外则工厂总数、工人总数及产品总额等更直接可以代表工业发展之情形。至工业机械及原料之输入本与工业化有密切之关系,但同时亦受一般商业之影响,其变动之情形更与第二组数字相似。在第二组中者为一般国际贸易、沿海及海洋船只运输吨数、铁路客运、票据及公单交换额、物产交易额及一般物价。但房屋之建筑在上海与商业关系较密,因价值较大之房屋多为商业用之建筑及公寓之类。故此项发展,以其价值计之,在公共租界内以十九年达最高纪录。至公共租界各区平均地价则继续增涨至民国二十二年,虽在特别地点,地价之低落亦有较早于该年度者。所有各种统计,以全市之工商业概况言之,其变动固多在情理中也。

第二类第二组之各种经济活动目前皆似有好转之情势。如以为商业状况足以影响工业,则后者在一两年内亦可有转机。以缫丝业言之,此项关系似颇为明显。因国外经济渐渐恢复,我国国际贸易亦较有转机,故丝业亦渐有进步。但工业发展不独受经济影响,更受政治影响。即如目前日货之走私,如继续不止,则我国工业不免受甚大之打击。上海工业在全国占重要之地位,自不免受其波及也。

# 第七章　上海工业化的社会影响

工业化决非为一种单纯之过程，而为整个地方生产方式之改变，故其影响必及于整个地方上各方面之生活。吾人若欲于其中分析何者为工业化之影响，何者与其无关，实非易事。而上海一埠之所以成为重要都市，在早期虽可说完全由于商业之关系，但其后所受工业化之影响，非常重要。唯工业化与商业化亦极不易分别。若彻底言之，工业化与商业化，彼此实有密切之关系，就其影响于社会之形态上观之，若干方面亦无从划分。故吾人欲确知上海工业化及于社会之影响，实甚困难。然社会状态纯由工业化所演成者，恐不多见。故本章所述及之诸多社会事实，大体均与工业化有关，然亦不能即谓其均为工业化之结果。

上海人口据今年八月份社会局报告为 3,540,072 人，在中国为首屈一指之大都会。其增长速率，在中国固罕有其匹，即在世界，亦属鲜见。①

此种高速度之增加，原因自甚复杂，但其由于新工业之勃兴，工厂之扩大，致工人数量之需要日增，于是远近之过剩人口，因交通路线之增加而云集，实为重要原因之一。据 1927 年本所调查所得，仅就工厂工人而论，人数已达 214,152 人，至 1933 年，又增至

---

① 详附录庚第一表。

214,736 人。① 此种人口中虽颇多独身来沪者,然挈眷携属之人亦不为少。有眷属同时入工厂从事生产者,亦有仅家主一人做工,全家依之为生者。平均计算,如一工人供养亲属二人②,则劳工及其家属人口,几达六七十万人。为供养此六七十万人所需之衣食住行以及其他各方面之生活,直接间接至少又可吸引十余万人集中于上海。由此观之,工业化确为扩大上海人口数量之重要原因。

## 工业化与人口之构成

工业化于上海人口两性之分配,似亦有相当之影响。两性之分别情形,普通以"性比例"表示之(即每百女子与男子数目之比),例如性比例 105 比 100,即每 100 女子有 105 男子之意。国人习惯,在外经营商业者大多不携带妻子,故大都市之性比例极高。民国十七年六大都市之人口性比例,如下:③

| | |
|---|---|
| 上海 | 135.0 |
| 天津 | 161.9 |
| 北平 | 153.5 |
| 广州 | 141.6 |
| 汉口 | 155.1 |
| 南京 | 164.8 |

① 详附录丙第四及第五表。

② 二十二年公共租界人力车夫调查委员会发现每一车夫有 267 人,乃指依赖此业为生者。

③ 第一次《中国经济年鉴》,第 32 页。

上海人口在六大都市中为最多，而性比例反最低，此种现象与工业化亦有相当关系。上海各项工业中以纺织业为最重要，而此项工业大都雇用女工。据本所调查所得之女工数，竟达115,333人（女性童工尚不在内），而男工反仅有75,693人。在此11万余女工中，有一部分当为工人之家属，亦有一部分则为只身来沪专做厂工者。此确为一种原因，可使上海之高性比例，略略减低。且在中国都市内各种职业上，工人家庭中之性比例较之他种职业向为略低。陈华寅氏曾经调查之南京及汉口之工人家庭，性比例均在115之下，上海当然亦不能例外。工厂工人在全埠职业分配中，百分比为最高；如以华界为例，在1932年占20.74%。此一部分之性比例既较为略低，当亦可以影响全市之性比例，使之略形降低。

上述之解释，更可从另一方面作证明：根据上述之理由，凡工业化程度愈高，则性比例似易愈低。上海工业化之程度，大体上是与年俱增，而其性比例则在逐年减低；从公共租界及法租界历年之统计，亦可察知其趋势。①

工业化与都市人口年龄之分配亦有相当关系。在常态之人口中，年龄之分配酷似（金字塔）：年龄愈大，人数愈少。据许仕廉先生之估计，中国各年龄段人口所占全人口之百分比如下：②

| 年龄组（岁） | 百分比（%） |
|---|---|
| 0—19 | 42—44 |
| 20—39 | 30—32 |
| 40—59 | 19—21 |
| 60以上 | 5—7 |

① 详附录庚第二表。

② 许仕廉：《人口论纲要》，第319页。

唯在工商业发达之都市中，情形略有不同。产业工人年龄过大者早被淘汰。美国40%之工厂，雇用全国60%之劳工，其中最高之年龄限度为45岁。上海工人之年龄未尝有大规模之调查，唯据吾人之观察。大致不致与美国有大差别。如果事实如此，则20岁至39岁间之人口数目，应大为增加，百分比应较其他年龄为特高。吾人若一翻上海人口统计，即可见此种情形之存在。①

工业化之发展与交通之改进不易划分：工业化可以促进交通，交通之发达亦可使工业化更形进展。上海所处之地位，交通本甚方便，自工商业逐渐发达后，更成为中国最大之交通中心。交通便利以后，所及于人口流动之影响，自非常重要，近自四周，远自边陲，均以上海为事业发展之场所，风涌云集流向上海，或暂住或久留。唯吾人于流动之人口，向乏精确之统计，下所举之数种数字，仅指人口之流动大概情形而已。据交通部航政司之统计，1930年上海进出口轮船合计为47,529艘，其中内港行轮占23,790，经吴淞口较大之船舶占23,739，如平均每艘载客以500人计，则进出人数已超越2,300万人；若吾人再加以帆船之乘客，则为数更必可惊，上专从水上交通而言。至陆上交通，亦能同样促进大规模之社会流动。据1931年统计，京沪线载客人数，共13,181,044人。沪杭甬线共5,778,112人。② 1933年7月至1934年6月间，京沪线为10,528,087人，沪杭甬线则为5,258,690人。③ 此一千数百万人虽未必个个均以上海为起终点，如以三分之二计算，则往来上海

① 详附录庚第三表。

② 《上海市统计交通》，第19页。

③ 《上海市年鉴》，第26页。

者，为数亦当有1,200万人。近年来航空及公路之开辟，更能促成交通事业之迅速发展，对于社会人口之流动，自更能加倍促进。据1931年之统计，上海各长途汽车之载客人数如下：[①]

| | |
|---|---|
| 沪闵南柘长途汽车公司 | 180,076 |
| 沪太长途汽车公司 | 390,000 |
| 上南长途汽车公司 | 768,791 |
| 上川交通公司 | 888,703 |

最近沪杭、沪锡、沪苏等公路之次第筑成，对于上海人口之流动，当更有深切之影响。

人口之流动之剧烈已如上述，致人口组织变为非常复杂。如以市民之籍贯而论，仅就华界之情形而言，即可见上海不啻为一小型之中国，各省各市均有代表居留其中。[②]

中国在语言方面、风俗方面、礼仪方面，地方之差异性甚大，异方之人相处一地，不无隔膜，故在大城市中，每叙及同乡，辄生情感，为相互扶助、相互提携起见，同乡会或会馆等组织，故相当发达。以上海一埠而言，此种团体，登记于党部者已六七十，其非正式及未登记者，当不下数百。除此以外，同乡者往往有集中居住于同一区域之趋向，例如北四川路一带之广东人，曹家渡白利南路一带之常州人，为数较来至他处者特多；同乡者既有集中之趋势，于是若干带有地方性之茶铺菜馆、娱乐场所之开设，专以某一处人为其营业之主体。此种场所，一方固为一种非正式之集会谈论之地，藉之传达本乡之消息，促进同乡人士之联络；复为造谣滋事之巢

---

① 《上海市年鉴》，第11—12页。

② 详附录庚第四表。

窟,若干帮斗,无数冲突,均因此产生。

上海社会之流动,更可从一件小事观之,据去年公共租界工部局报告:一年内公共租界中国人之死亡人数,共15,688人,其中6,471人为暴露尸体,无人收殓者。我人素以死丧为大事,人死以后,无论如何,亲属友朋必须集资购棺,使之"入土为安"。故露尸之原因,必为流落异乡之人。现上海露尸之多,即显现流落者之众,亦即人口流动之又一证。

大都市工业化之结果,不仅产生上述横的社会流动,即纵的社会流动——职业承袭之变动——亦非常剧烈:因在工业化进展之社会,社会之层化尚未固定,如有能力与机会,均有"打条出路"之可能。故乡野佃夫,村镇小贾,插足上海后,不数年一跃而为富家翁或工商界要人,在上海发展初期中,实不遑举例。至父母目不识丁,或知识浅陋,而子女则学业深造从事于自由职业者,则为数更多,中小学教师、教会工作人员、银行公司职员、电影明星等人物,实不少具有此种来历。

## 工业化与家庭

工业化之能影响家庭,已成公认之事实。工业化之直接影响,即劳工人口之增加。劳工人口大半由农村招募而来。应募人中凡已结婚或有子女者,大多遗留其妻子于乡间,使原有家庭分散。许多青年男工既远离家乡,自易感觉性之烦闷,且与女工接触之机会既多且易,又因作客他乡,社会制裁之力量微小,苟且事件,自因之增多。至女工方面亦然:一向妇女之园地为家庭,一旦离开家庭而踏进工厂，彼等不得不由小团体生活而投入大集团生活，由密切及直接之关系而渡至广泛及间接之社会关系。因为彼等即悟旧有之道德标准，旧有之社会制裁，均不足以应付此种新环境、新境遇，在此种混乱之情状下，旧有之成训，传统之风纪，遂大受摧毁，两性关系之束缚，亦随之解脱。故上海劳工界中，姘居几变常态，诱奸已成"司空见惯"，吾人如一览报章，即可知其普遍。下举数则近闻，不过聊作一种代表而已。

泰兴人倪仲地，年20岁，居住闸北飞虹路立中里32号，业绸厂职员，早年凭媒娶同乡张德纲之表妹顾秀英为妻，顾女旋经人介绍入厂做工，遂结识一职员谢春兰，顾女性本浪漫，经谢蛊惑，遂与发生关系。……①

常州少妇李学珍，芳龄二八，姿容娟秀，家住原籍，务农为生，以频年田禾歉收，生活艰苦，偕兄李学诗、李学仁来沪，谋找工作。李女抵沪后，经人介绍在纱厂做工，旋与一河北人张文德发生关系，两情缱绻，赁屋实行同居。……②

浦东人王其林，年31岁，居住闸北香烟桥路，业工为活，有妹秀珍，年方二八，姿态秀丽，在纱厂做工，于今春受居住附近张桥路279号之无锡人朱南宝，诱惑发生肉体关系，朱遂唆使王女卷逃。王女恋奸情热，竟于7月26日卷取衣饰，悄然离家。潜赴无锡匿居朱家。……③

① 二十四年九月五日《大晚报》。
② 二十四年九月十七日《大晚报》。
③ 二十四年九月十八日《大晚报》。

第三区北桥附近吉巷浜溪南乡王家里巷第一保二甲三户居民王根全，年30岁，向在上海小沙渡日商内外第六纱厂为铜匠工头，月入颇丰，其妻朱氏，生有二男一女，惟王性好淫色，于去年11月间，又与同厂女工张氏姘识。……①

沪西麦根路永安纱厂，每至傍晚日落，男女放工之时，一般男工每调戏一般女工，甚至争风打架之事，时有所闻，该管普陀路戈登路二捕房，特于每日下午六时许，派中西探维持秩序，以免发生滋扰。昨日下午六时许，永安纱厂男女放工之际，忽有大批男工，又与一般女工嬉扰，其时该管捕房中西探捕，当即上前驱散，一时男女工友，纷纷奔逸。有一女工，因奔逃过急，致失足坠至船上，后翻入苏州河中，待船户发觉拯救，该女早已灭顶掩毙。……②

性道德之混乱虽不尽为工业化之结果，但工业化确能使性道德更为堕落。去年国际会儿童及青年保护咨询委员会，将远东贩卖妇孺调查团所造具之报告书提出审查，调查团主席发言，将报告书中所列事实及建议择要陈述，大意谓贩卖妇女，盛行于近东小亚细亚及远东，所贩卖之妇女，以远东种族为最多，其中中国妇女居第一，此种贩卖市场，当以上海为中心。③ 至拐骗之泉源，大抵来自上海相近之乡村小镇，其手段大都用同乡或亲友之名义，以介绍至上海做佣工为名，其结果大多落入娼门身染阴疾，断送终身幸福，

① 二十四年八月十五日《申报》。

② 二十四年七月二十五日《大晚报》。

③ 二十二年四月六日《时事新报》。

下举之例仅为恒河沙数中之数个代表而已。

绍兴少女陈梅贞，二九年华，姿容娟秀，于民国十五年间，因父病亡，随伊母陈王氏由原籍赴杭州寓居，其胞兄陈阿四，现在杭州新中巷开万茂鞋厂店，梅贞则于去年间，经亲友介绍至杭州城纬成厂内充翻丝女工，一家三口，生活堪以温饱。讵于去冬12月15日，忽有陈王氏相识之老妪三人到该少妇家，向梅贞之母假献殷勤，以梅贞在纬成厂做女工，仅月薪16元，何弗至上海厂家工作，可有加倍薪水之进益，并愿为陈王氏之女梅贞负责介绍等语。而陈王氏听之表示同情，一面经该三老妪又向陈梅贞用甜言蜜语引诱，卒将该少女哄骗乘沪杭车来沪，互相串通媒议，价卖于公共租界白克路郑姓所开之妓院内为娼妓，从此该少女堕落火坑，操神女生涯。①

无锡女子江为保，年21岁，姿容尚称娟秀，向住原籍乡间，其父江永嘉，因妻已故，另娶一女为继室，性颇凶悍，致江女不容于后母，会有妇人王三媛者，与江永嘉素识，乃利用机会，以介绍江女赴沪代找工作为由，将女携之来沪，住于南京路大庆里三十五号门牌，时为去年四月间。至五月初，王三媛以危词及甘言相骗，逼令江为保操淫业，女逼于淫威，只得服从，从此白璧有瑕，为俎上之肉，如此约四个月，江女受尽痛苦，且传染花柳及白带病症，生活无异地狱，爰于去年12月21日，乘隙潜自逃出，经狎客之资助，投东南医院诊治，迄今仍未痊愈。②

① 二十四年三月二十七日《大晚报》。
② 二十四年四月二十七日《申报》。

苏州女子薛三囡，现年22岁，向居原籍，早已许字与人，定本年废历五月初五日结婚，乃薛素与丹阳人匡金宝姘识，今被匡以介绍至上海佣工为由，串通友人周老三于本月7日诱领来沪，初住于武林旅馆，监视极严，匡周两人出外时，必将房门反锁，禁薛于内，前日复被送至新闸路十八号开设雉妓院之镇江人马阿福处，逼令为娼。①

常州女子周桂英，现年19岁，向居原籍，因与同乡妇人刘王氏(39岁)为邻居，故尔相识，上月间刘王氏因见周女姿色不恶，忽起歹念，当以甘言巧语引诱，谓沪地如何繁华，工厂林立，倘能入厂为女工，则月可得薪金数十元，周女究属年幼，竟受其惑，遂于上月29号向其父母声明赴沪做工，偕氏搭车先至无锡，勾留三天转车来沪。刘王氏向与同乡妇人周许氏相识，周氏则在西藏北路76号刘伯康及其姘妇刘王氏(年30岁)所开之雉妓院内为佣，遂由周氏介绍，将周桂英挈至该雉妓院内，拟迫令为娼。②

徐蕙芳、刘清于曾调查上海女犯359人，其中厂工凡107人，占总数29%以上，而厂工犯罪原因，则以拐骗罪为最多，占23%。③拐骗事件既如是之普遍，其结果即妓女与私娼之充斥。据前燕京大学教授美国人花克，考察各国娼妓制度，以各国都市娼妓与人口比较做成统计，据云伦敦每960人中有妓女一人，柏林每580人中

① 二十四年四月十二日《时事新报》。

② 二十四年七月十二日《申报》。

③ 《大陆杂志》第一卷第四期，徐蕙芳、刘清于著："上海女性犯的社会分析"。

有妓女一人，巴黎每481人中有一人，芝加哥每430人中有一人，东京每250人中有一人，北平每250人中有一人，上海每130人中有一人①，此即谓上海一埠妓女之数，约有25,000人。但尚有若干估计较之为大，仅就公共租界而言，1933年在老闸一区，拘捕街头野鸡共1,167名，次年至五月止，在同一区内共拘捕1,138名，而旅馆、游戏场及私娼均不在内。② 在未施强迫检验制度之下，偌大之淫业人口，可怕之性病自当蔓延至于无辜之市民，试阅大小各报所登载治疗各种性病之药品及医生之广告，即可见此问题之严重。据公共租界工部局报告：男子花柳诊所于1933年曾治疗38,637人，1934年治疗36,546人。最近中华医学会鉴于上海贫穷人中花柳病之充斥，特暂借西藏路时疫医院设立花柳病诊疗所，凡贫病求诊，不特不取手续费，并赠送药品。可知上海花柳病之传染，已达严重阶段。

## 住宅问题

工商业之发展，地价亦随之高涨。如以公共租界为例，除最近一二年内地价现露暴落之趋向外，在过去三十余年中地价之上升，却非常剧烈。③ 地价暴涨，无异房租之昂高。最大多数之人，既未拥有土地，又无力租地造屋，唯有使全家人物，堆塞在三四间房屋

① 二十三年十二月三日《申报》。

② 参阅二十二年六月二十五日《时事新报》。

③ 详附录庚第五表。

之内。工资较少之人，甚至在一幢一楼一底衖堂房子，竟有五六家人口同居共住在一处。一间十三四尺左右长之房间，竟有分成两家居住、煮饭、便溺、育儿、会客……种种活动都在其中举行，其喧闹嘈杂，龌龊混乱之情形，可想而知；至于疾病之传染，道德之保障，更何从说起！至彼等所出之房租，有时竟占至进款四分之一之巨！

此外尚有较前述更悲惨者，即在若干工厂附近尚有茅屋草棚，与河浜内之浮家船户。不久之前，《大晚报》记者曾将闸北青云路底之草棚及车袋角广肇公所附近一带之贫民窟作下列一段描写。凡曾在此贫民区巡礼之人，当皆认为忠实之记载。

> 在那里，你可以发现到低得和你肩膀几乎平行的构屋；破板、乱草、芦草、透了顶的铁锅，代替了这类建筑物的红瓦，狭窄而低小的门，非弯着腰侧着身体是不容易进去，窗，只是在泥砌的墙壁上开了一个斗方的洞，恶臭的气味，幽黑的光线，无论阴晴寒暑，都是这样；破旧的家具，蒙上一层污秽的泥垢，令你辨不出构造的原料，有的甚至没有一张破椅子，不但席地而坐，也是席地而卧。
>
> 狭小的路上，也常常积着一堆堆的污水。男人、女人、孩子、猪狗、鸡、鸭永久在一处骚动。猪狗的粪，鸡鸭的屎，更是星罗棋布的令你插不下足。
>
> 在夏天，那里有赤着膊的男人，半裸的女人，一丝不挂的孩子，而且苍蝇常是满天的飞着……

上海究有若干草棚，吾人向缺统计，至少当有四五千所。在此草棚地带，每年不知引起若干纠纷。在此一月内见于报纸者已有数件，例如闸北京江路支路口有空地约八亩，为阜宁、盐城等二帮贫民搭盖草棚居住。本年初，地主为欲振兴市面起见，拟建筑市房，讵该棚户等借口废历年终，不肯迁让，后经各方出为调解，商得业主每间草棚贴费洋 15 元，白米每间二斗，每户均立有笔据，言明过农历正月十五日一律搬迁，不料直至最近尚有五十九间未曾迁让，而营造厂方面则急于兴工，遂托人前经劝导搬迁，不料该棚户等仍不肯迁让，反迁怒于劝导者，于当晚九时许，聚焦男女 200 余人，哄至共和新路劝告人所开设之茶楼，意图动蛮，幸经该处派出所闻警赶至，复有沪北区保卫团赶到弹压，始未肇巨祸。① 又如沪西劳勃生路英华里对面有荒地十余亩，在十余年前，由江北来沪平民搭棚居住，共有 590 余间。近因业主欲收回自用，通知棚户拆除，以致引起各平民住户之反对，经呈请党政机关调处，未得结果，旋由曹家渡公安局从中调解，并商请业主每户津贴洋三元，住户始允于本月底迁移。②

草棚区域不仅为诸多纠纷扰乱之场所，且常易酿成火灾。此种房屋一经着火，极易燎原，因此焚毁房屋，动辄以数十数百计，至被灾后之损失及灾民之流离失所，尤为惨苦。此类火灾，于撰稿前一二月内，即已数见。浦东北草泥塘共有工民六百余户，所居房屋，均系草棚，当于 7 月 29 日夜发生火警，红光烛天，远至数十里外，亦能望见。焚烧时间达二小时以上，火场一片，广达数十亩，三千余客籍居民，遂均无家可归。③ 又如闸北广肇路广东会馆对面，靠近怡隆厂一带大批草户，于本年 10 月 5 日上午 5 时许，突然失

① 参阅二十四年九月二十八日《申报》。

② 同上。

③ 二十四年七月三十日《申报》。

慎，火势猛烈，不可收拾。事后查勘，计焚毁草屋32间，瓦屋29间，受灾者共120余户。①

草棚附近，大都污水充斥，天晴时灰尘飞扬，天雨时则泥浆淋漓。及至夏日，此种区域，尤为蚊蝇繁殖之大本营，其不卫生之状况，几致疑为非人间之住所。霍乱、伤寒、疟疾常于此蔓延传布，成为卫生当局之一重大问题。最近上海市政府成立一平民福利委员会，现在建筑大规模之平民住宅区，其目的即在解决是项问题也。

## 工业化的其他影响

吾人上曾述及我国各地方言之不同，风俗习惯亦大相径庭，来自各处之工人，因同乡帮助而解决若干问题。同乡二字，实缩短不少彼此间之"社会距离"。在包工制度盛行之上海，地方帮极易发展，但同乡人数一多，总不免受群众心理之支配，再加以少数野心家之活动，于是产生垄断某业，排挤异乡人之举动，例如：木器工人中，分温州、江西及本地三帮。温州帮以红木西式家具为大宗出品；江西帮以旧式桌椅为主体；本地帮专做白木器具。因此种包办式之支配，地方帮之工人间，不免积怨日深，偶因细故，常至演成武剧，下所举例，均数见不鲜。

> 浦东洋泾西首太古蓝烟囱码头，前日下午5时，有山东帮工人与湖北帮工人，因工资争执起衅，互相扭住殴打，旋经双

① 参阅二十四年十月五日《大晚报》。

方工头排解，始告平息。放工时山东帮工人二三十名，由该码头西门走出，而湖北帮工人30余名，则由东门走出，不料双方似为预约，竟互至益中机厂西首旷地集中，各执铁梗杠棒利刃等武器，一言不合，两帮同时动武，斗殴多时，双方受伤甚重。①

山东帮、江北帮两帮宰猪作伙，前因争购猪只，结下深仇，近来该两帮中人时起冲突，互相残杀，昨日上午11时许，又有公共租界岳州路天候里第十二号门牌某宰作伙北平人陈崔庆、华振海两人，由北市附搭电车来南，至油车码头下车，拟往该处猪行内选购猪只，不料甫行下车，行未数步，突有江北帮王贵荣等30余人，蜂拥上来，不分皂白，各出利斧铁尺，猛向两人乱击，顷刻间两人皆遍体受伤，血流如注，痛极昏倒于血泊中。②

浦东陆家嘴小南洋码头，为沪东各工厂住居在浦东之男女工人过浦的唯一渡口，每日上下5时至7时间，工人上下渡浦，异常拥挤，所有渡船，均系旧式之摇船与划船两种，摇船以上午上工时为营业时间，只许将工人自浦东载往浦西，而划船则反之，故营业时间在午后放工时，将浦西工人载回浦东，因此种办法之关系，双方如能互相遵守，则可相安无事，惟两帮首领与船夫，每易发生龃龉，积日愈久，积仇愈深。昨日上午5时三刻，双方竟相约在码头上决斗，届时互相纠集多人，手执武器，一声喝打令下，同时动武，惟划船帮邀人较多，颇占优势，于是摇船帮首领胡坤生、叶炳生、张根全三人，成为划船帮

① 二十二年五月二十二日《申报》。
② 二十二年十月三十一日《申报》。

殴击之目的，围住痛殴，致胡等三人身受重伤，其时有公安局侦缉员经过其处，亦被凶殴。①

地方帮之存在，非仅滋长格斗、扰乱治安而已，且于劳工运动之进展亦大有阻碍，因有地方色彩之工帮，工会即不易发展。在形式上工会虽能成立，但为调和排解各帮之隔膜及防止可能之冲突，必需消磨若干之精力，直接间接限制工会之活动与进展。

地方帮之流行，间接亦足以助长劳工界两性风纪之堕落及犯罪之严重。凡某乡人数在某区某业中占有地位后，往往尽力吸引同乡邻里或亲戚故旧，前往工作。在今日经济破产之农村中，一般人既感生活之万分困难，一经有人牵引，自当乐于出外谋生。彼等莫不以为偌大之都市，如许多之同乡人数，总有法位置。当工商繁荣之时，谋事固属容易；但遇经济凋落之时，终易迫于穷困，陷入歧途；男子初则变为流民乞丐，继而流为盗窃；女子因维持生活，亦唯有牺牲人格，供人蹂躏。

都市之犯罪人数比之乡镇为数颇多。至工业发达之都市中，犯罪尤为严重，因工业之区域，劳工人数特多，彼等所受教育既少，经济状况亦复不佳，故犯罪机会，自必较多。吾人如参阅上海特区地方法院民国十九年度报告，即可知言之不谬。刑事确定案件被告人，共计 5,293 人，其中属于劳工界者，竟至 1,738 人，占 32.8%。② 唯吾人如与全国犯罪之情形比较，即可见工人犯罪百分比之不同。据司法行政部统计民国十九年上半年全国各刑事被告

① 二十二年五月四日《时事新报》。

② 从《江苏上海特区地方法院第一次工作报告书》第 248 页算出。

人之案件，共计有37,771人，其中工界为5,615人，占14.8%[①]，与上海方面工界占32.8%相比，尚不及一半，由此可知工业化确能增加犯罪之人数。

工业化之影响，决不限于一区一地，上海之工业化必使中国整个社会受其影响。本章所述，仅以上海本地为限，且仅为少数社会现象，不过联以说明工业化之于社会生活之关系之密切而已。

① 参阅《司法行政公报特刊》民国十九年一月至六月《司法统计》，第338页。

# 第八章　结论

吾人由各方面研究上海工业化，既得有若干之结论，兹更合并叙述于下：

上海工业之发展曾继续进行多年，虽其间有时稍有盛衰之不同。其所受之影响甚多，如欧洲大战，如抵制洋货，如国定税则，如输出输入市价之不同等。方显廷先生曾谓有三大战争，与中国工业化有莫大之影响。三大战争者何？（一）鸦片战事、（二）中日战事、（三）欧洲大战是也。[①] 吾人在第一章中，亦曾说明国际贸易与工业化之关系，而鸦片战事实为开辟我国贸易门户者也。在1895年，因中日战事之故，我国与日本订立《马关条约》，准许外人在我国通商口岸设立工厂。此后新式工业陆续发展，尤以上海为甚。此项情形促进我国工业化不少，因我国商人见外厂获利，遂亦仿照，从事工业。在本书第二章中研究上海工业沿革时，已叙述有多种工业系由外人最初创办。

在同章中吾人曾说明欧战对于中国工业之发展，贡献极大。战事发生之后，中国工厂如雨后春笋，增加极多。其他影响工业化之因素则已于第一章及第三章中详加论列。后者对于民国二十年至二十二年工业发展之经过，特加详述。近年上海工业之衰败则

---

① 方显廷："中国之工业资本"，《南开社会经济季刊》第九卷第一期，第27页。

由于美国提高银价，我国停止抵制日货，及二十三年关税税则之修改，致进口棉货税则减低，而棉花则反而加高。

在研究民国二十年至二十二年两年中之工业发展，有若干特点，值得吾人之注意。化学工业及机械工业在此时期中发展最速，虽其所占之地位，在上海工业中，并非十分重要。其次发展最大者为制造橡胶业及针织业。服用品业与皮革橡胶业为上述两业之总类，在上海工业中亦颇为重要，但不如纺织业及饮食品业耳。在纺织业中，棉纺及缫丝两业近年殊为衰败；前者始于民国二十年，后者则始于十八年。棉织及丝织业则至二十二年尚有进展。其所以盛衰不同之原因，前此已曾详加说明矣。在饮食品工业中，最大之发展为卷烟业及面粉业。以上各类之外，造纸、印刷业亦颇为重要，但后者在近年中颇形衰败，前者则尚无甚变动耳。

由另一方面视之，吾人可谓制造最后消费品之工业发展较多，而制造生产品者则较少。此固为自然之趋势，盖工业化本由消费品而及于生产品也。上海新设之化学工业颇有从事制造工业原料者，而机械工业近年亦颇发展，可见上海工业化已进至相当程度矣。

纺织业及饮食品业之重要，以百分数表示之最为显明，纺织业在民国二十二年之资本占上海全体工业资本39.1%，工人数占56%，产值占35.5%。饮食品业所占之百分数则为资本额19.1%，工人数12.7%，产值36.8%。后者资本额及工人数虽不如前者，而产值则过之。盖由于面粉厂机械化之程度较高之故。每一工人在面粉厂中应用原动力至4.86马力，而在纱厂中则仅有1.02马力而已。但纱厂之规模较面粉厂为大，故每厂平均动力达2,000马力以上，而面粉厂则不过800马力耳。

关于原动力之性质，则大部分为租用之电力。在二十年及二十二年两次调查中，后者皆占全体动力60%。此种情形一部分系因上海工厂规模甚小，应用电力为宜，而一部分则因上海电力低廉。中国工厂规模之小，由平均每厂资本额可以见之。若以各种合并计算，则在民国二十年平均资本仅为八万元，二十二年则为14万元。然此尚为平均数，大多数工厂则尚不得如此之资本额。普通工厂之资本大概不过两三万元，但因全体工业中包含甚大之纱厂，面粉厂之资本，故平均因有上述之数耳。

上海工业因资本太小，故习惯上多租用厂房，而不自行建筑。在民国二十二年调查时，仅有15%工厂自有厂地及厂屋，另有2%则系租地造屋，余既无厂屋又无厂地者约占全体80%左右。所租用之厂屋又多非为工业用之建筑，大体为普通住宅改作工厂之用者。

全体工厂中合于我国工厂法之标准者为数甚少，于此亦可见上海工厂规模之小。工厂法之标准为应用原动力及使用工人30人以上，并非甚高，然在二十年调查1,600余工厂中，及此标准者不过40%，其余每厂工人皆不及30人。吾人当时调查范围系以工人十人或应用原动力者为限。如取消此项范围，则依吾人估计，尚有1200余厂。小厂既多，故其组织大部分为独资或合伙，股份有限公司颇居少数，仅大厂中应用此项组织耳。在民国二十年独资经营之工厂占全体35%，合伙者42%，股份有限公司18%。在民国二十二年，因所调查之工厂规模较大，故独资者23%，合伙者37%，股份有限公司28%。

上海工厂工人大多数为女性，因纺织业中大半为女工，而纺织业工人又占上海全体工人之大多数也。在民国二十年，女工占全体工人的55.1%，二十二年则为53.7%。同年度男工之百分数为33.6%及35.3%。吾人如以纺织业及服用品业之童工皆作为女工，则在二十年应加7%，二十二年应加5.5%，故两年中女工总数皆应合全体工人数60%以上。工人总数，据吾人之估计，包含男、女、童在内，应不超过35万人。

关于工资方面，吾人文中所研究者大半根据上海市社会局蔡正雅先生十八年所调查之实在工资收入，因此项调查较吾人自己之材料为详细也。按照蔡君之数字，男工最高之工资为丝织业之男工，每日得一元六角五分，其最低工资则为四角七分，则在染炼业中。女工最高工资八角九分，最低二角四分，但大多数女工从事于纺织工业，而所得之工资仅为四角五分。女工最高亦在丝织业，而次高工资，男女工皆在印刷业中。童工工资为每日最高四角二分，最低二角。

男工之工作时间最多12小时，系在缫丝业中；其最少则在染炼业中，仅7.8小时。女工最多工作时间在棉纺业中，计11.9小时，而最少时间在印刷业中，为8.1小时。至童工最长时间在纺织业，每日12小时，但在玻璃业中时间最短，只得8小时。自各方面言之，似乎印刷业中男女工皆较其他工业中之工资及工作时间待遇为优。

关于罢工及劳资纠纷，最多亦在纺织业。纺织业工人既占上海全体工人50%以上，则此固亦应有之情形。纺织业之罢工占工业罢工总数的44%，而工业罢工又占上海全体罢工总数的80%。印刷业在工业罢工中占12%，居第二位。罢工之原因大半为工资问题，占全体43%；其次则为雇用及解雇问题，几占19%。工作时间之争议引起劳资纠纷者颇多，但罢工之因此发生者甚少。劳资纠纷大半经调解或公断获得解决，故因此所引起之工资及工时损失颇少。

上海工人工资虽低，且近年更形低落，但生活费则在二十一年后跌落更大，故工人尚能维持其生活。此项情形可于工资指数及生活费指数上见之。

由工业本身而推及于一般经济状况，则吾人可见上海工业化曾有若干种之结果。上海市之人口增加，且继续不止，乃工业化重要结果之一。同时金融组织亦有不断之进展。上海工业发展，故输入之工业制品逐渐减少，而输出则逐渐增加。此在全国皆有如此趋势，而以上海为甚。同时输入之工业机械及原料则有增加。在工业方始发展之时，自不能不依赖输入原料及机械等，此后则须由本国农工矿业遂渐供给此项需要。棉花、棉纱、小麦、面粉、烟草、火柴及诸类工业所用之机械，由海关统计观之，皆足以证明上述之情形。

上海工商业之盛衰，有两类统计可以表示。其与一般商业有关者，自民国二十一年起，物价既然低落，此种统计亦表现同一之趋势，国际贸易、票据交换、物产交易及铁路运输皆直接受一般商业之影响者，故在二十年后皆形下跌。但票据交换及铁路客运统计则在二十三年稍有恢复。经济衰败对于建筑事业之影响似颇迅速。照理应稍迟一两年，然事实上在公共租界内，建筑物估价总额在十九年已达其最高点，以后即行下降。地价则在二十二年反较十九年为高，此可于上海工部局之各区每亩平均估价见之。

各种与工业化有关之经济变迁，由统计数字观之，其上涨之过程至二十二、二十三年始行停止。公共租界之工厂建筑数以十九年为最大，而在华界之工厂建筑则以二十年为最多，其估价更以二十二年为最高。面粉出口以二十二年为最多，而该年全国输出之面粉额与上海输出额相差无几，足见全体几乎皆由上海所输出者。在物价指数方面，化学物品继续上涨至民国二十二年，但纺织品及建筑材料则在二十年后已经下跌。京沪及沪杭甬铁路货运以二十三年为最高，此或由于上海工厂产品运销内地及内地原料运来上海之故。外国工业机械及原料输入上海，应与上海工业发展同时进展至二十二年为止。然因此两者受外国经济之影响及我国物价之关系，故自二十一年即已经下跌。

由各方面观之，上海在全国工业地位之重要无可比拟。在民国二十年至二十二年间，虽然本市一般商业已经衰败，而工业尚能发展，似颇出人意外，然其理由亦甚多，上文业经为之解释。至工业化之详细统计，则具载附录，兹不赘述。

# 附录甲　二十年上海工业详细统计

## 甲一表　资本组织

| 分类号码 | 业　　别 | 厂数 | 资本组织 | | | | | |
|---|---|---|---|---|---|---|---|---|
| | | | 国营 | 独资 | 合伙 | 有限公司 | 其他 | 不详 |
| | 第一大类　木材制造业 | | | | | | | |
| 1-1 | 锯木 | 8 | | 2 | 5 | | | 1 |
| 1-2 | 制木箱 | 1 | | | 1 | | | |
| 1-3 | 其他木制品 | 2 | | | 2 | | | |
| 1-4 | 软木制品 | 3 | | 3 | | | | |
| 1-5 | 竹制品 | 1 | | | 1 | | | |
| | 第一大类　总数 | 15 | | 5 | 9 | | | 1 |
| | 第二大类　家具制造业 | | | | | | | |
| 2-1 | 木制家具 | 3 | | 2 | | 1 | | |
| 2-2 | 铁制家具 | 9 | | 5 | 3 | 1 | | |
| 2-3 | 地毯 | 5 | | 4 | | 1 | | |
| | 第二大类　总数 | 17 | | 11 | 3 | 3 | | |
| | 第三大类　冶炼业 | | | | | | | |
| 3-1 | 翻砂 | | | | | | | |
| 3-1-1 | 机器 | 3 | | | 3 | | | |
| 3-1-2 | 机器零件配件等 | 22 | | 9 | 13 | | | |

续表

| 分类号码 | 业　　别 | 厂数 | 资本组织 | | | | | |
|---|---|---|---|---|---|---|---|---|
| | | | 国营 | 独资 | 合伙 | 有限公司 | 其他 | 不详 |
| 3－1－3 | 铁管 | 4 | | 2 | 2 | | | |
| 3－1－4 | 其他 | 6 | | 2 | 4 | | | |
| 3－2 | 熔炼 | 1 | 1 | | | | | |
| | 第三大类　总数 | 36 | 1 | 13 | 22 | | | |
| | 第四大类　机械及金属制品业 | | | | | | | |
| 4－1 | 机器 | | | | | | | |
| 4－1－1 | 印刷机 | | | | | | | |
| 4－1－1－1 | 印刷机 | 13 | | 9 | 2 | 1 | | 1 |
| 4－1－1－2 | 零件 | 1 | | | 1 | | | |
| 4－1－2 | 针织机 | | | | | | | |
| 4－1－2－1 | 针织机 | 23 | | 18 | 5 | | | |
| 4－1－2－2 | 零件 | 4 | | 1 | 3 | | | |
| 4－1－3 | 纺织染机 | | | | | | | |
| 4－1－3－1 | 纺织染机 | 20 | | 7 | 9 | 4 | | |
| 4－1－3－2 | 零件 | 5 | | 2 | 2 | 1 | | |
| 4－1－3－3 | 纱管 | 7 | | 3 | 1 | 2 | | 1 |
| 4－1－4 | 发动机等 | 21 | | 8 | 9 | 4 | | |
| 4－1－5 | 他种机器 | 8 | | 6 | 1 | | | 1 |
| 4－1－6 | 各种机器 | 16 | | 9 | 4 | 1 | 1 | 1 |
| 4－1－7 | 各种机器零件 | 9 | | 7 | 2 | | | |
| 4－1－8 | 制造并修理各种机器及配件 | 29 | | 9 | 16 | 2 | | 2 |
| 4－1－9 | 修理各种机器及零件 | 24 | | 12 | 11 | | | 1 |
| 4－2 | 金属制品 | | | | | | | |

续表

| 分类号码 | 业　　别 | 厂数 | 资本组织 | | | | | |
|---|---|---|---|---|---|---|---|---|
| | | | 国营 | 独资 | 合伙 | 有限公司 | 其他 | 不详 |
| 4-2-1 | 锅炉冷作 | 5 | | 5 | | | | |
| 4-2-2 | 磅秤 | 4 | | 3 | 1 | | | |
| 4-2-3 | 钉 | 6 | | 4 | 1 | 1 | | |
| 4-2-4 | 瓶罐盒匣 | 23 | | 7 | 14 | | | 2 |
| 4-2-5 | 钢精器皿 | 4 | | 3 | | | 1 | |
| 4-2-6 | 龙头 | 5 | | 2 | 3 | | | |
| 4-2-7 | 灯 | 6 | | 4 | 1 | 1 | | |
| 4-2-8 | 金属杂制品 | 8 | | 5 | 3 | | | |
| 4-3 | 电器 | | | | | | | |
| 4-3-1 | 电灯泡 | 5 | | 1 | 2 | 2 | | |
| 4-3-2 | 年红灯 | 1 | | | | | 1 | |
| 4-3-3 | 电扇电锅等 | 3 | | 1 | | 1 | | 1 |
| 4-3-4 | 电气材料 | 7 | | 2 | 2 | 2 | 1 | |
| 4-3-5 | 电筒 | 16 | | 6 | 8 | 1 | | 1 |
| 4-3-6 | 电池 | 8 | | 4 | 3 | 1 | | |
| 4-3-7 | 电镀 | 13 | | 8 | 4 | 1 | | |
| 4-3-8 | 电焊 | 1 | | | | | 1 | |
| | 第四大类　总数 | 295 | | 146 | 108 | 25 | 5 | 11 |
| | 第五大类　交通用具业 | | | | | | | |
| 5-1 | 造船 | | | | | | | |
| 5-1-1 | 制造轮船 | 4 | 1 | 1 | | 2 | | |
| 5-1-2 | 修理及零件 | 5 | | 2 | 3 | | | |
| 5-2 | 造车 | | | | | | | |
| 5-2-1 | 铁路机厂 | 1 | 1 | | | | | |

续表

| 分类号码 | 业　　别 | 厂数 | 资本组织 | | | | | |
|---|---|---|---|---|---|---|---|---|
| | | | 国营 | 独资 | 合伙 | 有限公司 | 其他 | 不详 |
| 5-2-2 | 电车(兼造船) | 1 | | 1 | | | | |
| 5-2-3 | 自行车 | 1 | | | 1 | | | |
| 5-2-4 | 人力车(车轮车轴) | 8 | | 5 | 3 | | | |
| 5-3 | 其他(救火车) | 1 | | 1 | | | | |
| | 第五大类　总数 | 21 | 2 | 10 | 7 | 2 | | |
| | 第六大类　土石制造业 | | | | | | | |
| 6-1 | 砖瓦 | 5 | | 1 | 1 | 3 | | |
| 6-2 | 玻璃 | | | | | | | |
| 6-2-1 | 热水瓶 | 2 | | 1 | | 1 | | |
| 6-2-2 | 制瓶及灯罩等 | 14 | | 7 | 5 | 2 | | |
| 6-2-3 | 玻璃车边 | 8 | | 2 | 6 | | | |
| 6-3 | 水泥 | 1 | | | | 1 | | |
| 6-4 | 石粉及石 | | | | | | | |
| 6-4-1 | 石灰 | 5 | | 2 | 3 | | | |
| 6-4-2 | 石粉及石子 | 9 | | 4 | 2 | 2 | | 1 |
| | 第六大类　总数 | 44 | | 17 | 17 | 9 | | 1 |
| | 第七大类　建筑工程业 | | | | | | | |
| 7-1 | 建筑材料 | 5 | | 2 | 1 | 2 | | |
| | 第七大类　总数 | 5 | | 2 | 1 | 2 | | |
| | 第八大类　公用事业 | | | | | | | |
| 8-1 | 水电 | 5(2) | | | | 5 | | |
| | 第八大类　总数 | 5 | | | | 5 | | |
| | 第九大类　化学工业 | | | | | | | |
| 9-1 | 火柴 | | | | | | | |

续表

| 分类号码 | 业　　别 | 厂数 | 资本组织 | | | | | |
|---|---|---|---|---|---|---|---|---|
| | | | 国营 | 独资 | 合伙 | 有限公司 | 其他 | 不详 |
| 9－1－1 | 火柴 | 3 | | | 1 | 2 | | |
| 9－1－2 | 梗片 | 1 | | | 1 | | | |
| 9－2 | 皂烛碱 | | | | | | | |
| 9－2－1 | 皂 | 11 | | 2 | 4 | 4 | 1 | |
| 9－2－2 | 碱 | 1 | | | | 1 | | |
| 9－2－3 | 皂烛碱兼制 | 2 | | 2 | | | | |
| 9－3 | 搪瓷 | | | | | | | |
| 9－3－1 | 搪瓷器皿 | 8 | | 1 | 1 | 5 | 1 | |
| 9－3－2 | 制坯 | 2 | | | 1 | | 1 | |
| 9－4 | 油漆油墨 | | | | | | | |
| 9－4－1 | 油漆 | 4 | | | | 4 | | |
| 9－4－2 | 油墨 | 5 | | 1 | 2 | 1 | 1 | |
| 9－5 | 化妆品 | 13 | | 4 | 1 | 5 | 3 | |
| 9－6 | 制药 | 2 | | | 1 | 1 | | |
| 9－7 | 冲象牙及其他合成品 | 6 | | 2 | 2 | 2 | | |
| 9－8 | 其他化学工业 | 2 | | 1 | | 1 | | |
| | 第九大类　总数 | 60 | | 13 | 14 | 26 | 7 | |
| | 第十大类　纺织工业 | | | | | | | |
| 10－1 | 棉纺织 | | | | | | | |
| 10－1－1 | 轧花 | 8 | | 4 | 4 | | | |
| 10－1－2 | 弹花 | 3 | | 2 | 1 | | | |
| 10－1－3 | 棉纺 | | | | | | | |
| 10－1－3－1 | 完全制纱 | 14 | | | 2 | 10 | 2 | |
| 10－1－3－2 | 纱线兼制 | 3 | | | | 2 | 1 | |
| 10－1－3－3 | 纺纱兼织布 | 12 | | 2 | 1 | 5 | 4 | |
| 10－1－4 | 棉织 | | | | | | | |

续表

| 分类号码 | 业别 | 厂数 | 资本组织 | | | | | |
|---|---|---|---|---|---|---|---|---|
| | | | 国营 | 独资 | 合伙 | 有限公司 | 其他 | 不详 |
| 10－1－4－1 | 完全用纱 | 23 | | 15 | 4 | 2 | 1 | 1 |
| 10－1－4－2 | 纱及线兼用 | 27 | | 9 | 15 | 3 | | |
| 10－1－4－3 | 完全用线 | 6 | | 1 | 5 | | | |
| 10－1－4－4 | 针织汗布 | 3 | | | 2 | 1 | | |
| 10－1－4－5 | 毛巾被单 | 4 | | 1 | 1 | 1 | | 1 |
| 10－1－5 | 其他棉纺织 | 2 | | 2 | | | | |
| 10－2 | 人造丝织品 | 7 | | 2 | 5 | | | |
| 10－3 | 丝及丝织 | | | | | | | |
| 10－3－1 | 缫丝 | | | | | | | |
| 10－3－1－1 | 厂丝 | 66 | | 1 | 54 | 2 | 1 | 8 |
| 10－3－1－2 | 双宫 | 4 | | | 3 | 1 | | |
| 10－3－1－3 | 其他特种 | 3 | | | 1 | 2 | | |
| 10－3－2 | 丝织 | 35 | | 9 | 22 | 2 | 1 | 1 |
| 10－4 | 毛纺织 | | | | | | | |
| 10－4－1 | 毛纺 | 1 | | | 1 | | | |
| 10－4－2 | 毛织 | 1 | | | 1 | | | |
| 10－4－3 | 毛纺织 | 1 | | | | 1 | | |
| 10－5 | 其他动物纤维 | 1 | | | 1 | | | |
| 10－6 | 交织 | | | | | | | |
| 10－6－1 | 棉人造丝交织 | 147 | | 46 | 77 | 19 | 1 | 4 |
| 10－6－2 | 棉丝交织 | 4 | | 2 | 1 | 1 | | |
| 10－6－3 | 丝人造丝交织 | 44 | | 11 | 29 | 3 | | 1 |
| 10－6－4 | 棉丝人造丝交织 | 16 | | 6 | 8 | 2 | | |
| 10－6－5 | 棉毛交织 | 12 | | | 5 | 4 | 3 | |
| 10－6－6 | 毛丝棉交织 | 5 | | 3 | 2 | | | |

续表

| 分类号码 | 业别 | 厂数 | 资本组织 | | | | | |
|---|---|---|---|---|---|---|---|---|
| | | | 国营 | 独资 | 合伙 | 有限公司 | 其他 | 不详 |
| 10－7 | 染炼 | | | | | | | |
| 10－7－1 | 丝光纱线 | 11 | | 3 | 6 | 1 | 1 | |
| 10－7－2 | 呢布 | 7 | | | 3 | 4 | | |
| 10－7－3 | 绸布 | 4 | | | 3 | 1 | | |
| 10－7－4 | 丝毛织物 | 7 | | | 4 | 2 | 1 | |
| 10－7－5 | 染机 | 1 | | 1 | | | | |
| 10－7－6 | 代客染炼 | 2 | | | 1 | 1 | | |
| 10－8 | 印花 | | | | | | | |
| 10－8－1 | 浆印 | 12 | | 5 | 5 | 2 | | |
| 10－8－2 | 水印 | 7 | | 4 | 2 | 1 | | |
| 10－9 | 造线 | | | | | | | |
| 10－9－1 | 纱线团 | 7 | | 3 | 4 | | | |
| 10－9－2 | 腊光线 | 2 | | | 1 | 1 | | |
| 10－9－3 | 各项制就经纬线 | 2 | | | 1 | 1 | | |
| 10－10 | 边带 | | | | | | | |
| 10－10－1 | 边 | | | | | | | |
| 10－10－1－1 | 完全人造丝 | 12 | | 8 | 3 | 1 | | |
| 10－10－1－2 | 棉与人造丝兼用 | 6 | | 2 | 4 | | | |
| 10－10－1－3 | 丝与人造丝兼用 | 1 | | | 1 | | | |
| 10－10－1－4 | 完全棉丝 | 1 | | 1 | | | | |
| 10－10－2 | 带 | | | | | | | |
| 10－10－2－1 | 完全棉纱 | 5 | | 4 | 1 | | | |
| 10－10－2－2 | 棉与人造丝兼用 | 1 | | | 1 | | | |

续表

| 分类号码 | 业　　别 | 厂数 | 资本组织 | | | | | |
|---|---|---|---|---|---|---|---|---|
| | | | 国营 | 独资 | 合伙 | 有限公司 | 其他 | 不详 |
| 10－10－2－3 | 棉人造丝橡皮兼用 | 3 | | 2 | 1 | | | |
| 10－11 | 绒布整理 | 2 | | | | 1 | 1 | |
| | 第十大类　总数 | 545 | | 149 | 286 | 77 | 17 | 16 |
| | 第十一大类　服用品业 | | | | | | | |
| 11－1 | 织袜 | | | | | | | |
| 11－1－1 | 纱线袜 | | | | | | | |
| 11－1－1－1 | 完全用纱 | 11 | | 5 | 4 | 2 | | |
| 11－1－1－2 | 完全用线 | 17 | | 6 | 8 | 2 | 1 | |
| 11－1－1－3 | 纱与线兼用 | 5 | | 4 | 1 | | | |
| 11－1－1－4 | 代织 | 1 | | | 1 | | | |
| 11－1－2 | 丝袜 | | | | | | | |
| 11－1－2－1 | 纯丝 | 2 | | 1 | 1 | | | |
| 11－1－2－2 | 丝与纱线兼用 | 14 | | 6 | 7 | 1 | | |
| 11－1－2－3 | 人造丝与纱线兼用 | 10 | | 8 | 2 | | | |
| 11－1－2－4 | 丝与人造丝兼用 | 1 | | 1 | | | | |
| 11－1－2－5 | 丝人造丝纱线兼用 | 10 | | 6 | 3 | 1 | | |
| 11－1－3 | 毛袜(纯毛) | 1 | | 1 | | | | |
| 11－1－4 | 纱丝毛袜 | 2 | | 1 | 1 | | | |
| 11－1－5 | 缝袜头 | 3 | | 2 | 1 | | | |
| 11－1－6 | 袜厂兼出他种服用品 | 24 | | 7 | 13 | 3 | | 1 |
| 11－2 | 制帽 | | | | | | | |
| 11－2－1 | 草帽 | 3 | | 1 | 1 | 1 | | |
| 11－2－2 | 呢帽 | 1 | | | 1 | | | |
| 11－2－3 | 便帽 | 1 | | | | | | 1 |

续表

| 分类号码 | 业　　别 | 厂数 | 资本组织 | | | | | |
|---|---|---|---|---|---|---|---|---|
| | | | 国营 | 独资 | 合伙 | 有限公司 | 其他 | 不详 |
| 11－2－4 | 草呢帽 | 6 | | 2 | 2 | 2 | | |
| 11－2－5 | 草便帽 | 1 | | 1 | | | | |
| 11－3 | 制伞 | | | | | | | |
| 11－3－1 | 阳伞杆 | 1 | | 1 | | | | |
| 11－3－2 | 阳伞 | 13 | | 7 | 6 | | | |
| 11－4 | 手帕 | | | | | | | |
| 11－4－1 | 手帕 | 6 | | 1 | | 4 | | 1 |
| 11－4－2 | 手帕及其他 | 4 | | 1 | 3 | | | |
| 11－5 | 衫裤 | | | | | | | |
| 11－5－1 | 丝制衫裤 | 3 | | 1 | 1 | 1 | | |
| 11－5－2 | 纱及线制衫裤 | 9 | | 2 | 3 | 3 | | 1 |
| 11－5－3 | 纱及毛制衫裤 | 11 | | 4 | 3 | 3 | 1 | |
| 11－5－4 | 汗布制衫裤 | 1 | | 1 | | | | |
| 11－6 | 其他服用品 | | | | | | | |
| 11－6－1 | 领带围巾手套等 | 6 | | 1 | 5 | | | |
| 11－6－2 | 纽扣 | 3 | | 2 | 1 | | | |
| 11－6－3 | 鞋 | 1 | | | 1 | | | |
| | 第十一大类　总数 | 171 | | 73 | 69 | 23 | 2 | 4 |
| | 第十二大类　皮革及橡胶品制造业 | | | | | | | |
| 12－1 | 制革 | | | | | | | |
| 12－1－1 | 各种软皮面子皮 | 4 | | 1 | 1 | 2 | | |
| 12－1－2 | 各种硬皮底皮 | 7 | | 2 | 5 | | | |
| 12－1－3 | 其他 | 7 | | 3 | 4 | | | |

续表

| 分类号码 | 业　　别 | 厂数 | 资本组织 | | | | | |
|---|---|---|---|---|---|---|---|---|
| | | | 国营 | 独资 | 合伙 | 有限公司 | 其他 | 不详 |
| 12－2 | 皮革制品 | | | | | | | |
| 12－2－1 | 军服及其他军用品 | 3 | | 1 | 2 | | | |
| 12－2－2 | 皮夹皮箱等 | 2 | | 2 | | | | |
| 12－2－3 | 皮鞋 | 4 | | 2 | 1 | 1 | | |
| 12－3 | 橡胶制品 | | | | | | | |
| 12－3－1 | 鞋 | 24 | | 1 | 11 | 8 | 2 | 2 |
| 12－3－2 | 鞋底鞋跟及他物 | 5 | | 1 | 1 | 3 | | |
| 12－4 | 他种胶 | 1 | | | | 1 | | |
| | 第十二大类　总数 | 57 | | 13 | 25 | 15 | 2 | 2 |
| | 第十三大类　饮食品业 | | | | | | | |
| 13－1 | 碾米 | 12 | | 3 | 8 | | | 1 |
| 13－2 | 面粉 | 15 | | 1 | 1 | 4 | 8 | 1 |
| 13－3 | 米粉及其他谷粉 | 4 | | 3 | 1 | | | |
| 13－4 | 制糖 | 4 | | | 4 | | | |
| 13－5 | 饼干面包糖果罐头 | | | | | | | |
| 13－5－1 | 饼干 | 9 | | 3 | 5 | 1 | | |
| 13－5－2 | 面包 | 1 | | | 1 | | | |
| 13－5－3 | 糖果及糖渍品 | 3 | | 2 | | | 1 | |
| 13－5－4 | 罐头 | 1 | | | 1 | | | |
| 13－5－5 | 其他 | 5 | | | 3 | 1 | 1 | |
| 13－6 | 榨油 | | | | | | | |
| 13－6－1 | 豆油 | 3 | | | 3 | | | |
| 13－6－2 | 花生油 | 3 | | | 3 | | | |
| 13－6－3 | 棉子油 | 5 | | 1 | 1 | 3 | | |
| 13－6－4 | 一般及其他植物油 | 2 | | 1 | | 1 | | |

续表

| 分类号码 | 业别 | 厂数 | 资本组织 | | | | | |
|---|---|---|---|---|---|---|---|---|
| | | | 国营 | 独资 | 合伙 | 有限公司 | 其他 | 不详 |
| 13-6-5 | 动物油 | 1 | | | 1 | | | |
| 13-7 | 制茶 | | | | | | | |
| 13-7-1 | 机器制茶 | 19 | | 7 | 12 | | | |
| 13-7-2 | 锅制茶 | 12 | | 4 | 7 | 1 | | |
| 13-8 | 卷烟 | | | | | | | |
| 13-8-1 | 雪茄烟 | 5 | | 1 | 1 | 3 | | |
| 13-8-2 | 纸卷烟 | 46 | | 5 | 5 | 34 | 1 | 1 |
| 13-9 | 造酒 | 1 | | | | 1 | | |
| 13-10 | 清凉饮料 | 2 | | 1 | | 1 | | |
| 13-11 | 各种调味品 | 8 | | 1 | 2 | 4 | 1 | |
| 13-12 | 牲肠 | 3 | | 3 | | | | |
| 13-13 | 食盐 | 1 | | | | 1 | | |
| 13-14 | 冰蛋 | 1 | | 1 | | | | |
| 13-15 | 其他食品 | | | | | | | |
| 13-15-1 | 面筋淀粉 | 2 | | 1 | 1 | | | |
| 13-15-2 | 豆腐制品 | 3 | | 3 | | | | |
| 13-16 | 造冰冷藏 | 4 | | | 2 | 2 | | |
| | 第十三大类　总数 | 175 | | 41 | 62 | 57 | 12 | 3 |
| | 第十四大类　造纸印刷业 | | | | | | | |
| 14-1 | 造纸 | | | | | | | |
| 14-1-1 | 纸 | 7 | | 1 | 2 | 4 | | |
| 14-1-2 | 纸版 | 1 | | | | 1 | | |
| 14-1-3 | 锡纸 | 1 | | | 1 | | | |
| 14-2 | 印刷 | | | | | | | |
| 14-2-1 | 报纸 | 5 | | 1 | 1 | 2 | 1 | |
| 14-2-2 | 图书 | 10 | | | 1 | 8 | | 1 |

续表

| 分类号码 | 业　　别 | 厂数 | 资本组织 | | | | | |
|---|---|---|---|---|---|---|---|---|
| | | | 国营 | 独资 | 合伙 | 有限公司 | 其他 | 不详 |
| 14－2－3 | 铅印(3) | | | | | | | |
| 14－2－3－1 | 全开机 | 13 | | 5 | 5 | 3 | | |
| 14－2－3－2 | 对开机 | 9 | | 4 | 5 | | | |
| 14－2－3－3 | 四开六开机 | 10 | | 3 | 4 | 2 | 1 | |
| 14－2－3－4 | 脚踏机 | 4 | | 3 | 1 | | | |
| 14－2－3－5 | (未分类) | 4 | | 2 | 1 | 1 | | |
| 14－2－4 | 橡皮印 | 7 | | 4 | 2 | 1 | | |
| 14－2－5 | 石印 | 18 | | 8 | 7 | 2 | | 1 |
| 14－2－6 | 石印兼铅印 | 4 | | 2 | 2 | | | |
| 14－2－7 | 橡皮印兼石印 | 16 | | 3 | 6 | 6 | 1 | |
| 14－2－8 | 其他 | 6 | | 2 | 1 | 3 | | |
| 14－3 | 订书 | 14 | | 12 | 1 | | | 1 |
| 14－4 | 纸制品 | | | | | | | |
| 14－4－1 | 信封纸袋 | 3 | | 2 | 1 | | | |
| 14－4－2 | 纸盒 | 20 | | 7 | 10 | 1 | 1 | 1 |
| 14－4－3 | 卡纸片 | 2 | | | | 2 | | |
| 14－5 | 制版 | 1 | | | | 1 | | |
| | 第十四大类　总数 | 155 | | 59 | 51 | 37 | 4 | 4 |
| | 第十五大类　饰物仪器业 | | | | | | | |
| 15－1 | 乐器 | | | | | | | |
| 15－1－1 | 风琴 | 9 | | 2 | 7 | | | |
| 15－1－2 | 钢琴 | 2 | | | 2 | | | |
| 15－1－3 | 唱机唱片 | 5 | | 3 | 1 | | 1 | |

续表

| 分类号码 | 业　　别 | 厂数 | 资本组织 | | | | | |
|---|---|---|---|---|---|---|---|---|
| | | | 国营 | 独资 | 合伙 | 有限公司 | 其他 | 不详 |
| 15-1-4 | 他种乐器 | 2 | | 1 | 1 | | | |
| 15-2 | 教育用品及玩具 | | | | | | | |
| 15-2-1 | 墨 | 4 | | 2 | 2 | | | |
| 15-2-2 | 文具 | 5 | | 2 | 1 | 1 | | 1 |
| 15-2-3 | 玩具 | 6 | | 2 | 1 | 3 | | |
| 15-3 | 仪器 | 5 | | 2 | | 3 | | |
| 15-4 | 钟表 | 1 | | 1 | | | | |
| | 第十五大类　总数 | 39 | | 15 | 15 | 7 | 1 | 1 |
| | 第十六大类　其他工业 | | | | | | | |
| 16-1 | 牙刷 | 6 | | 3 | 1 | 2 | | |
| 16-2 | 镜 | 4 | | | 2 | 2 | | |
| 16-3 | 煤球 | 12 | | 3 | 5 | 3 | 1 | |
| 16-4 | 草绳 | 10 | | 7 | 3 | | | |
| | 第十六大类　总数 | 32 | | 13 | 11 | 7 | 1 | |
| | 十六大类　总数 | 1,672 | 3 | 580 | 700 | 295 | 51 | 43 |

附注：

（1）本栏包括以下四种资本组织，即（一）无限公司、（二）两合公司、（三）特种组织（如党部津贴）及（四）合伙有限公司。

（2）自己不发电而代他厂售电者不作为电厂，不在此数之内。

（3）铅印业分全开机对开机等，不从谓该细类中工厂只用全开或对开机器也。不过全开机类有全开机，亦有较小之机器，而他类则无全开机耳。余仿此。

（4）上表及本书其他各表（至丁四表止）中之＊符号，除特别注明另有所指外，皆作材料未详或不完全解释。

## 甲二表　资本额及公积金额

| 分类号码 | 业　　别 | 厂数 | 资本额(元) | 公积金额(元) |
|---|---|---|---|---|
| | 第一大类　木材制造业 | | | |
| 1-1 | 锯木 | 8 | 79,333* | |
| 1-2 | 制木箱 | 1 | 5,000 | |
| 1-3 | 其他木制品 | 2 | 7,500 | |
| 1-4 | 软木制品 | 3 | 9,000 | |
| 1-5 | 竹制品 | 1 | 4,000 | |
| | 第一大类　总数 | 15 | 104,833* | |
| | 第二大类　家具制造业 | | | |
| 2-1 | 木制家具 | 3 | 420,000(1) | |
| 2-2 | 铁制家具 | 9 | 371,800 | |
| 2-3 | 地毯 | 5 | 43,700 | |
| | 第二大类　总数 | 17 | 835,500 | |
| | 第三大类　冶炼业 | | | |
| 3-1 | 翻砂 | | | |
| 3-1-1 | 机器 | 3 | 46,000 | |
| 3-1-2 | 机器零件配件等 | 22 | 95,600 | 616 |
| 3-1-3 | 铁管 | 4 | 19,600 | |
| 3-1-4 | 其他 | 6 | 14,000 | |
| 3-2 | 熔炼 | 1 | 200,000 | |
| | 第三大类　总数 | 35 | 375,200 | 616 |
| | 第四大类　机器及金属制品业 | | | |
| 4-1 | 机器 | | | |
| 4-1-1 | 印刷机 | | | |
| 4-1-1-1 | 印刷机 | 13 | 100,400* | |

续表

| 分类号码 | 业　　别 | 厂数 | 资本额(元) | 公积金额(元) |
|---|---|---|---|---|
| 4-1-1-2 | 零件 | 1 | 1,600 | |
| 4-1-2 | 针织机 | | | |
| 4-1-2-1 | 针织机 | 23 | 54,617 | 6,000 |
| 4-1-2-2 | 零件 | 4 | 7,600 | |
| 4-1-3 | 纺织染机 | | | |
| 4-1-3-1 | 纺织染机 | 20 | 435,479* | 1,667 |
| 4-1-3-2 | 零件 | 5 | 18,978 | |
| 4-1-3-3 | 纱管 | 7 | 302,309 | * |
| 4-1-4 | 发动机等 | 21 | 861,000 | 13,560 |
| 4-1-5 | 他种机器 | 8 | 72,800 | |
| 4-1-6 | 各种机器 | 16 | 63,745* | |
| 4-1-7 | 各种机器零件 | 9 | 67,800 | 400 |
| 4-1-8 | 制造并修理各种机器及配件 | 29 | 213,611 | 1,500 |
| 4-1-9 | 修理各种机器及零件 | 24 | 81,489* | |
| 4-2 | 金属制品 | | | |
| 4-2-1 | 锅炉冷作 | 5 | 18,000 | |
| 4-2-2 | 磅秤 | 4 | 12,900 | |
| 4-2-3 | 钉 | 6 | 153,700 | |
| 4-2-4 | 瓶罐盒匣 | 23 | 283,433 | 15,000 |
| 4-2-5 | 钢精器皿 | 4 | 30,000* | |
| 4-2-6 | 龙头 | 5 | 6,600* | |
| 4-2-7 | 灯 | 6 | 47,000 | |
| 4-2-8 | 金属杂制品 | 8 | 51,500 | |
| 4-3 | 电器 | | | |
| 4-3-1 | 电灯泡 | 5 | 160,000 | 30,000 |

续表

| 分类号码 | 业　　别 | 厂数 | 资本额(元) | 公积金额(元) |
|---|---|---|---|---|
| 4-3-2 | 年红灯 | 1 | 60,000 | 3,000 |
| 4-3-3 | 电扇电锅等 | 3 | 106,000(2) | |
| 4-3-4 | 电气材料 | 7 | 485,478 | 42,778 |
| 4-3-5 | 电筒 | 16 | 191,744 | |
| 4-3-6 | 电池 | 8 | 26,350 | |
| 4-3-7 | 电镀 | 13 | 24,800 | |
| 4-3-8 | 电焊 | 1 | 700 | |
| | 第四大类　总数 | 295 | 3,939,633* | 113,905* |
| | 第五大类　交通用具业 | | | |
| 5-1 | 造船 | | | |
| 5-1-1 | 制造轮船 | 4 | 340,000* | |
| 5-1-2 | 修理及零件 | 5 | 44,500 | |
| 5-2 | 造车 | | | |
| 5-2-1 | 铁路机厂 | 1 | * | |
| 5-2-2 | 电车(兼造船) | 1 | 10,000 | |
| 5-2-3 | 自行车 | 1 | 50,000 | |
| 5-2-4 | 人力车(车轮车轴) | 8 | 12,800 | |
| 5-3 | 其他(救火车) | 1 | 2,000 | |
| | 第五大类　总数 | 21 | 459,300* | |
| | 第六大类　土石制造业 | | | |
| 6-1 | 砖瓦 | 5 | 1,137,000(3) | 20,000 |
| 6-2 | 玻璃 | | | |
| 6-2-1 | 热水瓶 | 2 | 182,000 | |
| 6-2-2 | 制瓶及灯罩等 | 14 | 219,200 | |
| 6-2-3 | 玻璃车边 | 8 | 15,839 | |

续表

| 分类号码 | 业　　别 | 厂数 | 资本额(元) | 公积金额(元) |
|---|---|---|---|---|
| 6－3 | 水泥 | 1 | 1,638,600 | 56,600 |
| 6－4 | 石粉及石 | | | |
| 6－4－1 | 石灰 | 5 | 60,133 | |
| 6－4－2 | 石粉及石子 | 9 | 153,083* | |
| | 第六大类　总数 | 44 | 3,405,855* | 76,600 |
| | 第七大类　建筑工程业 | | | |
| 7－1 | 建筑材料 | 5 | 69,555* | 417 |
| | 第七大类　总数 | 5 | 69,555* | 417 |
| | 第八大类　公用事业 | | | |
| 8－1 | 水电 | 5 | 11,260,000 | 652,881 |
| | 第八大类　总数 | 5 | 11,260,000 | 652,881 |
| | 第九大类　化学工业 | | | |
| 9－1 | 火柴 | | | |
| 9－1－1 | 火柴 | 3 | 2,160,080(4) | |
| 9－1－2 | 梗片 | 1 | 80,000 | |
| 9－2 | 皂烛碱 | | | |
| 9－2－1 | 皂 | 11 | 896,667 | |
| 9－2－2 | 碱 | 1 | 40,000 | |
| 9－2－3 | 皂烛碱兼制 | 2 | 65,555 | |
| 9－3 | 搪瓷 | | | |
| 9－3－1 | 搪瓷器皿 | 8 | 784,000 | 15,073 |
| 9－3－2 | 制坯 | 2 | 30,000 | |
| 9－4 | 油漆油墨 | | | |
| 9－4－1 | 油漆 | 4 | 571,000 | 13,800 |
| 9－4－2 | 油墨 | 5 | 88,000 | 1,260 |

续表

| 分类号码 | 业　　别 | 厂数 | 资本额(元) | 公积金额(元) |
|---|---|---|---|---|
| 9－5 | 化妆品 | 13 | 3,291,000(5) | 3,096,332(6) |
| 9－6 | 制药 | 2 | 700,000 | 28,091 |
| 9－7 | 冲象牙及其他合成品 | 6 | 167,944 | |
| 9－8 | 其他化学工业 | 2 | 520,000 | 10,000 |
| | 第九大类　总数 | 60 | 9,394,246 | 3,164,556 |
| | 第十大类　纺织工业 | | | |
| 10－1 | 棉纺织 | | | |
| 10－1－1 | 轧花 | 8 | 87,000* | |
| 10－1－2 | 弹花 | 3 | 83,333 | 6,944 |
| 10－1－3 | 棉纺 | | | |
| 10－1－3－1 | 完全制纱 | 14 | 10,252,221*(7) | 523,611 |
| 10－1－3－2 | 纱线兼制 | 3 | 4,088,888 | |
| 10－1－3－3 | 纺纱兼织布 | 12 | 23,611,111*(8) | 819,444 |
| 10－1－4 | 棉织 | | | |
| 10－1－4－1 | 完全用纱 | 23 | 2,476,300*(9) | 171,927 |
| 10－1－4－2 | 纱及线兼用 | 27 | 1,867,550 | 90,305 |
| 10－1－4－3 | 完全用线 | 6 | 27,167 | |
| 10－1－4－4 | 针织汗布 | 3 | 7,778 | |
| 10－1－4－5 | 毛巾被单 | 4 | 79,278* | |
| 10－1－5 | 其他棉纺织 | 2 | 15,000 | |
| 10－2 | 人造丝织品 | 7 | 27,600 | |
| 10－3 | 丝及丝织 | | | |
| 10－3－1 | 缫丝 | | | |
| 10－3－1－1 | 厂丝 | 66 | 2,778,611 | |

续表

| 分类号码 | 业　别 | 厂数 | 资本额(元) | 公积金额(元) |
|---|---|---|---|---|
| 10-3-1-2 | 双宫 | 4 | 83,055 | |
| 10-3-1-3 | 其他特种 | 3 | 362,311 | 10,417 |
| 10-3-2 | 丝织 | 35 | 2270,722* | 500,000 |
| 10-4 | 毛纺织 | | | |
| 10-4-1 | 毛纺 | 1 | 277,778 | |
| 10-4-2 | 毛织 | 1 | 69,444 | |
| 10-4-3 | 毛纺织 | 1 | 800,000 | |
| 10-5 | 其他动物纤维 | 1 | 3,000 | |
| 10-6 | 交织 | | | |
| 10-6-1 | 棉人造丝交织 | 147 | 885,417* | |
| 10-6-2 | 棉丝交织 | 4 | 91,311 | |
| 10-6-3 | 丝人造丝交织 | 44 | 720,044*(10) | 3,294 |
| 10-6-4 | 棉丝人造丝交织 | 16 | 584,400 | |
| 10-6-5 | 棉毛交织 | 12 | 716,999 | 500 |
| 10-6-6 | 毛丝棉交织 | 5 | 214,889 | 500 |
| 10-7 | 染炼 | | | |
| 10-7-1 | 丝光纱线 | 11 | 89,778*(11) | |
| 10-7-2 | 呢布 | 7 | 1,001,889 | 10,000 |
| 10-7-3 | 绸布 | 4 | 35,000 | |
| 10-7-4 | 丝毛织物 | 7 | 228,778(12) | |
| 10-7-5 | 染袜 | 1 | 2,000 | |
| 10-7-6 | 代客染炼 | 2 | 28,889 | |
| 10-8 | 印花 | | | |
| 10-8-1 | 浆印 | 12 | 63,100 | 5,000* |

续表

| 分类号码 | 业　　别 | 厂数 | 资本额(元) | 公积金额(元) |
|---|---|---|---|---|
| 10－8－2 | 水印 | 7 | 11,300 | |
| 10－9 | 造线 | | | |
| 10－9－1 | 纱线团 | 7 | 33,000 | |
| 10－9－2 | 腊光线 | 2 | 14,000 | |
| 10－9－3 | 各项制就经纬线 | 2 | 60,000(13) | 6,000 |
| 10－10 | 边带 | | | |
| 10－10－1 | 边 | | | |
| 10－10－1－1 | 完全人造丝 | 12 | 25,000* | |
| 10－10－1－2 | 棉与人造丝兼用 | 6 | 225,955 | |
| 10－10－1－3 | 丝与人造丝兼用 | 1 | 600 | |
| 10－10－1－4 | 完全棉纱 | 1 | 1,600 | |
| 10－10－2 | 带 | | | |
| 10－10－2－1 | 完全棉纱 | 5 | 12,100 | |
| 10－10－2－2 | 棉与人造丝兼用 | 1 | 1,200 | |
| 10－10－2－3 | 棉人造丝橡皮兼用 | 3 | 22,889 | |
| 10－11 | 绒布整理 | 2 | 5,000 | |
| | 第十大类　总数 | 545 | 54,343,285* | 2,147,942* |
| | 第十一大类　服用品业 | | | |
| 11－1 | 织袜 | | | |
| 11－1－1 | 纱线袜 | | | |
| 11－1－1－1 | 完全用纱 | 11 | 210,700 | 500 |
| 11－1－1－2 | 完全用线 | 17 | 845,422* | 16,000 |
| 11－1－1－3 | 纱与线兼用 | 5 | 49,667 | |
| 11－1－1－4 | 代织 | 1 | 500 | |

续表

| 分类号码 | 业　　别 | 厂数 | 资本额(元) | 公积金额(元) |
|---|---|---|---|---|
| 11－1－2 | 丝袜 | | | |
| 11－1－2－1 | 纯丝 | 2 | 11,000 | |
| 11－1－2－2 | 丝与纱线兼用 | 14 | 1,197,772 | 2,000 |
| 11－1－2－3 | 人造丝与纱线兼用 | 10 | 29,600 | |
| 11－1－2－4 | 丝与人造丝兼用 | 1 | 200 | |
| 11－1－2－5 | 丝人造丝纱线兼用 | 10 | 427,500 | 5,000 |
| 11－1－3 | 毛袜(纯毛) | 1 | 4,167 | |
| 11－1－4 | 纱丝毛袜 | 2 | 11,944 | |
| 11－1－5 | 缝袜头 | 3 | 4,500 | |
| 11－1－6 | 袜厂兼出他种服用品 | 24 | 295,755 | 3,087 |
| 11－2 | 制帽 | | | |
| 11－2－1 | 草帽 | 3 | 106,000 | |
| 11－2－2 | 呢帽 | 1 | 27,778 | |
| 11－2－3 | 便帽 | 1 | 10,000 | |
| 11－2－4 | 草呢帽 | 6 | 175,000 | |
| 11－2－5 | 草便帽 | 1 | 5,000 | |
| 11－3 | 制伞 | | | |
| 11－3－1 | 阳伞杆 | 1 | * | |
| 11－3－2 | 阳伞 | 13 | 33,000 | 17,500 |
| 11－4 | 手帕 | | | |
| 11－4－1 | 手帕 | 6 | 112,944 | |
| 11－4－2 | 手帕及其他 | 4 | 33,500 | |
| 11－5 | 衫裤 | | | |
| 11－5－1 | 丝制衫裤 | 3 | 146,889 | |

续表

| 分类号码 | 业　别 | 厂数 | 资本额(元) | 公积金额(元) |
|---|---|---|---|---|
| 11-5-2 | 纱及线制衫裤 | 9 | 791,611 | 10,000 |
| 11-5-3 | 纱及毛制衫裤 | 11 | 198,722 | 2,000 |
| 11-5-4 | 汗布制衫裤 | 1 | 694 | |
| 11-6 | 其他服用品 | | | |
| 11-6-1 | 领带围巾手套等 | 6 | 110,222 | |
| 11-6-2 | 纽扣 | 3 | 13,500 | |
| 11-6-3 | 鞋 | 1 | 1,800 | |
| | 第十一大类　总数 | 171 | 4,855,387* | 56,087 |
| | 第十二大类　皮革及橡胶品制造业 | | | |
| 12-1 | 制革 | | | |
| 12-1-1 | 各种软皮面子皮 | 4 | 180,450 | 4,240 |
| 12-1-2 | 各种硬皮底皮 | 7 | 495,878 | |
| 12-1-3 | 其他 | 7 | 26,800 | |
| 12-2 | 皮革制品 | | | |
| 12-2-1 | 军服及其他军用品 | 3 | 53,000* | 10,000 |
| 12-2-2 | 皮夹皮箱等 | 2 | 8,000 | |
| 12-2-3 | 皮鞋 | 4 | 54,600 | 2,500 |
| 12-3 | 橡胶制品 | | | |
| 12-3-1 | 鞋 | 24 | 2,262,112 | 100,000 |
| 12-3-2 | 鞋底鞋跟及他物 | 5 | 86,000 | |
| 12-4 | 他种胶 | 1 | 60,000 | 6,500 |
| | 第十二大类　总数 | 57 | 3,226,840* | 123,240 |
| | 第十三大类　饮食品业 | | | |
| 13-1 | 碾米 | 12 | 116,722* | 4,000 |

续表

| 分类号码 | 业　　别 | 厂数 | 资本额(元) | 公积金额(元) |
|---|---|---|---|---|
| 13－2 | 面粉 | 15 | 6,463,889* | 175,000 |
| 13－3 | 米粉及其他谷粉 | 4 | 7,700 | |
| 13－4 | 制糖 | 4 | 86,778 | 2,000 |
| 13－5 | 饼干面包糖果罐头 | | | |
| 13－5－1 | 　饼干 | 9 | 18,300 | |
| 13－5－2 | 　面包 | 1 | 3,600 | |
| 13－5－3 | 　糖果及糖渍品 | 3 | 9,972 | |
| 13－5－4 | 　罐头 | 1 | 10,000 | |
| 13－5－5 | 　其他 | 5 | 503,800 | 4,875 |
| 13－6 | 榨油 | | | |
| 13－6－1 | 　豆油 | 3 | 112,500 | |
| 13－6－2 | 　花生油 | 3 | 92,500 | |
| 13－6－3 | 　棉籽油 | 5 | 587,222 | 5,000 |
| 13－6－4 | 　一般及其他植物油 | 2 | 555,556 | |
| 13－6－5 | 　动物油 | 1 | 3,000 | |
| 13－7 | 制茶 | | | |
| 13－7－1 | 　机器制茶 | 19 | 94,488 | 1,200 |
| 13－7－2 | 　锅制茶 | 12 | 44,333 | |
| 13－8 | 卷烟 | | | |
| 13－8－1 | 　雪茄烟 | 5 | 119,167 | |
| 13－8－2 | 　纸卷烟 | 46 | 21,111,705* | 438,500 |
| 13－9 | 造酒 | 1 | 150,000 | |
| 13－10 | 清凉饮料 | 2 | 310,000 | 12,500 |
| 13－11 | 各种调味品 | 8 | 541,000 | 1,790 |

续表

| 分类号码 | 业　　别 | 厂数 | 资本额(元) | 公积金额(元) |
|---|---|---|---|---|
| 13－12 | 牲肠 | 3 | 12,000 | |
| 13－13 | 食盐 | 1 | 240,000 | |
| 13－14 | 冰蛋 | 1 | 500,000 | |
| 13－15 | 其他食品 | | | |
| 13－15－1 | 面筋淀粉 | 2 | 15,000 | |
| 13－15－2 | 豆腐制品 | 3 | 5,600 | |
| 13－16 | 造冰冷藏 | 4 | 286,000 | |
| | 第十三大类　总数 | 175 | 32,000,832* | 644,865 |
| | 第十四大类　造纸印刷业 | | | |
| 14－1 | 造纸 | | | |
| 14－1－1 | 纸 | 7 | 2,072,222 | 69,444 |
| 14－1－2 | 纸版 | 1 | * | |
| 14－1－3 | 锡纸 | 1 | 7,600 | |
| 14－2 | 印刷 | | | |
| 14－2－1 | 报纸 | 5 | 3,900,000* | |
| 14－2－2 | 图书 | 10 | 8,750,000* | 1,335,611 |
| 14－2－3 | 铅印 | | | |
| 14－2－3－1 | 全开机 | 13 | 222,000 | |
| 14－2－3－2 | 对开机 | 9 | 79,600 | |
| 14－2－3－3 | 四开六开机 | 10 | 60,100 | |
| 14－2－3－4 | 脚踏机 | 4 | 10,000 | |
| 14－2－3－5 | (未分类) | 4 | 32,500 | |
| 14－2－4 | 橡皮印 | 7 | 88,000 | |
| 14－2－5 | 石印 | 18 | 146,100 | 8,011 |

续表

| 分类号码 | 业　　别 | 厂数 | 资本额(元) | 公积金额(元) |
|---|---|---|---|---|
| 14-2-6 | 石印兼铅印 | 4 | 36,000 | |
| 14-2-7 | 橡皮印兼石印 | 16 | 1,085,889 | 51,564 |
| 14-2-8 | 其他 | 6 | 186,000 | 11,863 |
| 14-3 | 订书 | 14 | 11,700 | |
| 14-4 | 纸制品 | | | |
| 14-4-1 | 信封纸袋 | 3 | 6,500 | |
| 14-4-2 | 纸盒 | 20 | 120,000 | |
| 14-4-3 | 卡纸片 | 2 | 84,400 | 22,000 |
| 14-5 | 制版 | 1 | * | |
| | 第十四大类　总数 | 155 | 16,898,611* | 1,498,493 |
| | 第十五大类　饰物仪器业 | | | |
| 15-1 | 乐器 | | | |
| 15-1-1 | 风琴 | 9 | 44,600 | 1,400 |
| 15-1-2 | 钢琴 | 2 | 8,400 | |
| 15-1-3 | 唱机唱片 | 5 | 120,167 | |
| 15-1-4 | 他种乐器 | 2 | 6,000 | |
| 15-2 | 教育用品及玩具 | | | |
| 15-2-1 | 墨 | 4 | 20,500 | 1,000 |
| 15-2-2 | 文具 | 5 | 169,800 | 3,000 |
| 15-2-3 | 玩具 | 6 | 41,300 | |
| 15-3 | 仪器 | 5 | 35,500 | 684 |
| 15-4 | 钟表 | 1 | 7,000 | |
| | 第十五大类　总数 | 39 | 453,267 | 6,084 |
| | 第十六大类　其他工业 | | | |

续表

| 分类号码 | 业　别 | 厂数 | 资本额(元) | 公积金额(元) |
|---|---|---|---|---|
| 16－1 | 牙刷 | 6 | 212,300 | 5,000 |
| 16－2 | 镜 | 4 | 60,000 | |
| 16－3 | 煤球 | 12 | 422,000* | |
| 16－4 | 草绳 | 10 | 12,850 | |
| | 第十六大类　总数 | 32 | 707,150* | 5,000 |
| | 十六大类　总数 | 1,672 | 142,329,494* | 8,490,686* |

附注:

(1)内有一厂资本300,000元,系经营该厂之公司之资本额,其事业不以该厂为限。

(2)另有一厂无单独资本,其总公司资本额100,000元,见电灯泡类。

(3)内有一厂资本1,000,000元,包括浙江联厂资本额在内。

(4)内有一厂资本1,910,000元,系总公司资本额。

(5)内有二厂资本额1,300,000元及1,200,000元,系香港总厂与上海分厂合计数。

(6)内有一厂公积金额3,000,000元,系总厂与上海分厂公积金合计数。

(7)另有一厂无单独资本,其总公司资本额12,000,000元,见纺纱兼织布类。

(8)内有联厂两家,资本共12,000,000元,系总公司资本额。

(9)内有一厂资本2,000,000元,系总公司资本额。

(10)另有一厂无单独资本,其总公司资本额2,000,000元,见丝织类。

(11)另有一厂资本10,000元,附纱线袜(完全用纱)类。

(12)同注(10)。

(13)同注(10)。

## 甲三表　厂屋所有权

| 分类号码 | 业　　别 | 厂数 | 厂屋所有权 | | | |
|---|---|---|---|---|---|---|
| | | | 自有 | 租用 | 半租半有 | 不详 |
| | 第一大类　木材制造业 | | | | | |
| 1－1 | 锯木 | 8 | 3 | 2 | 2 | 1 |
| 1－2 | 制木箱 | 1 | 1 | | | |
| 1－3 | 其他木制品 | 2 | | 2 | | |
| 1－4 | 软木制品 | 3 | | 3 | | |
| 1－5 | 竹制品 | 1 | | 1 | | |
| | 第一大类　总数 | 15 | 4 | 8 | 2 | 1 |
| | 第二大类　家具制造业 | | | | | |
| 2－1 | 木制家具 | 3 | 2 | | 1 | |
| 2－2 | 铁制家具 | 9 | | 6 | 3 | |
| 2－3 | 地毯 | 5 | | 5 | | |
| | 第二大类　总数 | 17 | 2 | 11 | 4 | |
| | 第三大类　冶炼业 | | | | | |
| 3－1 | 翻砂 | | | | | |
| 3－1－1 | 机器 | 3 | | 1 | 2 | |
| 3－1－2 | 机器零件配件等 | 22 | 2 | 18 | 2 | |
| 3－1－3 | 铁管 | 4 | | 3 | 1 | |
| 3－1－4 | 其他 | 6 | 1 | 3 | 1 | 1 |
| 3－2 | 熔炼 | 1 | 1 | | | |
| | 第三大类　总数 | 36 | 4 | 25 | 6 | 1 |
| | 第四大类　机械及金属制品业 | | | | | |
| 4－1 | 机器 | | | | | |
| 4－1－1 | 印刷机 | | | | | |

续表

| 分类号码 | 业　　别 | 厂数 | 厂屋所有权 | | | |
|---|---|---|---|---|---|---|
| | | | 自有 | 租用 | 半租半有 | 不详 |
| 4－1－1－1 | 印刷机 | 13 | 2 | 11 | | |
| 4－1－1－2 | 零件 | 1 | | 1 | | |
| 4－1－2 | 针织机 | | | | | |
| 4－1－2－1 | 针织机 | 23 | 1 | 21 | 1 | |
| 4－1－2－2 | 零件 | 4 | | 4 | | |
| 4－1－3 | 纺织染机 | | | | | |
| 4－1－3－1 | 纺织染机 | 20 | 4 | 15 | 1 | |
| 4－1－3－2 | 零件 | 5 | | 5 | | |
| 4－1－3－3 | 纱管 | 7 | 2 | 4 | 1 | |
| 4－1－4 | 发动机等 | 21 | 5 | 14 | 2 | |
| 4－1－5 | 他种机器 | 8 | 1 | 7 | | |
| 4－1－6 | 各种机器 | 16 | 2 | 13 | | 1 |
| 4－1－7 | 各种机器零件 | 9 | 4 | 6 | | 1 |
| 4－1－8 | 制造并修理各种机器及配件 | 20 | 5 | 20 | 4 | |
| 4－1－9 | 修理各种机器及零件 | 24 | 2 | 20 | 1 | 1 |
| 4－2 | 金属制品 | | | | | |
| 4－2－1 | 锅炉冷作 | 5 | 1 | 2 | 1 | 1 |
| 4－2－2 | 磅秤 | 4 | | 4 | | |
| 4－2－3 | 钉 | 6 | 2 | 4 | | |
| 4－2－4 | 瓶罐盒匣 | 23 | 1 | 20 | 1 | 1 |
| 4－2－5 | 钢精器皿 | 4 | 1 | 3 | | |
| 4－2－6 | 龙头 | 5 | | 5 | | |
| 4－2－7 | 灯 | 6 | | 6 | | |

续表

| 分类号码 | 业　　别 | 厂数 | 厂屋所有权 | | | |
| --- | --- | --- | --- | --- | --- | --- |
| | | | 自有 | 租用 | 半租半有 | 不详 |
| 4-2-8 | 金属杂制品 | 8 | | 8 | | |
| 4-3 | 电器 | | | | | |
| 4-3-1 | 电灯泡 | 5 | 1 | 4 | | |
| 4-3-2 | 年红灯 | 1 | | 1 | | |
| 4-3-3 | 电扇电锅等 | 3 | | 2 | 1 | |
| 4-3-4 | 电气材料 | 7 | 2 | 5 | | |
| 4-3-5 | 电筒 | 16 | | 16 | | |
| 4-3-6 | 电池 | 8 | | 8 | | |
| 4-3-7 | 电镀 | 13 | | 13 | | |
| 4-3-8 | 电焊 | 1 | | 1 | | |
| | 第四大类　总数 | 295 | 34 | 243 | 13 | 5 |
| | 第五大类　交通用具业 | | | | | |
| 5-1 | 造船 | | | | | |
| 5-1-1 | 制造轮船 | 4 | 1 | 1 | 2 | |
| 5-1-2 | 修理及零件 | 5 | 1 | 3 | 1 | |
| 5-2 | 造车 | | | | | |
| 5-2-1 | 铁路机厂 | 1 | 1 | | | |
| 5-2-2 | 电车（兼造船） | 1 | | | 1 | |
| 5-2-3 | 自行车 | 1 | | | 1 | |
| 5-2-4 | 人力车（车轮车轴） | 8 | | 8 | | |
| 5-3 | 其他（救火车） | 1 | | 1 | | |
| | 第五大类　总数 | 21 | 3 | 13 | 5 | |
| | 第六大类　土石制造业 | | | | | |

续表

| 分类号码 | 业　　别 | 厂数 | 厂屋所有权 | | | |
| --- | --- | --- | --- | --- | --- | --- |
| | | | 自有 | 租用 | 半租半有 | 不详 |
| 6-1 | 砖瓦 | 5 | 4 | 1 | | |
| 6-2 | 玻璃 | | | | | |
| 6-2-1 | 热水瓶 | 2 | 2 | | | |
| 6-2-2 | 制瓶及灯罩等 | 14 | 6 | 7 | 1 | |
| 6-2-3 | 玻璃车边 | 8 | | 8 | | |
| 6-3 | 水泥 | 1 | 1 | | | |
| 6-4 | 石粉及石 | | | | | |
| 6-4-1 | 石灰 | 5 | 3 | 1 | 1 | |
| 6-4-2 | 石粉及石子 | 9 | 2 | 1 | 5 | 1 |
| | 第六大类　总数 | 44 | 18 | 18 | 7 | 1 |
| | 第七大类　建筑工程业 | | | | | |
| 7-1 | 建筑材料 | 5 | 1 | 1 | 3 | |
| | 第七大类　总数 | 5 | 1 | 1 | 3 | |
| | 第八大类　公用事业 | | | | | |
| 8-1 | 水电 | 5 | 5 | | | |
| | 第八大类　总数 | 5 | 5 | | | |
| | 第九大类　化学工业 | | | | | |
| 9-1 | 火柴 | | | | | |
| 9-1-1 | 火柴 | 3 | 1 | | 2 | |
| 9-1-2 | 梗片 | 1 | 1 | | | |
| 9-2 | 皂烛碱 | | | | | |
| 9-2-1 | 皂 | 11 | 4 | 4 | 3 | |
| 9-2-2 | 碱 | 1 | | 1 | | |

续表

| 分类号码 | 业　　别 | 厂数 | 厂屋所有权 | | | |
|---|---|---|---|---|---|---|
| | | | 自有 | 租用 | 半租半有 | 不详 |
| 9－2－3 | 皂烛碱兼制 | 2 | 1 | 1 | | |
| 9－3 | 搪瓷 | | | | | |
| 9－3－1 | 搪瓷器皿 | 8 | 1 | 2 | 5 | |
| 9－3－2 | 制坯 | 2 | | 2 | | |
| 9－4 | 油漆油墨 | | | | | |
| 9－4－1 | 油漆 | 4 | 3 | 1 | | |
| 9－4－2 | 油墨 | 5 | 1 | 3 | 1 | |
| 9－5 | 化妆品 | 13 | 3 | 9 | 1 | |
| 9－6 | 制药 | 2 | 1 | 1 | | |
| 9－7 | 冲象牙及其他合成品 | 6 | | 2 | 3 | 1 |
| 9－8 | 其他化学工业 | 2 | 1 | | 1 | |
| | 第九大类　总数 | 60 | 17 | 26 | 16 | 1 |
| | 第十大类　纺织工业 | | | | | |
| 10－1 | 棉纺织 | | | | | |
| 10－1－1 | 轧花 | 8 | 1 | 1 | 1 | 5 |
| 10－1－2 | 弹花 | 3 | | 2 | 1 | |
| 10－1－3 | 棉纺 | | | | | |
| 10－1－3－1 | 完全纱 | 14 | 11 | 2 | | 1 |
| 10－1－3－2 | 纺线制 | 3 | 3 | | | |
| 10－1－3－3 | 纺纱兼织布 | 12 | 9 | 1 | 1 | 1 |
| 10－1－4 | 棉织 | | | | | |
| 10－1－4－1 | 完全用纱 | 23 | 5 | 17 | 1 | |
| 10－1－4－2 | 纱及线兼用 | 27 | 3 | 22 | 2 | |

续表

| 分类号码 | 业　　别 | 厂数 | 厂屋所有权 | | | |
|---|---|---|---|---|---|---|
| | | | 自有 | 租用 | 半租半有 | 不详 |
| 10－1－4－3 | 完全用线 | 6 | | 5 | | 1 |
| 10－1－4－4 | 针织汗布 | 3 | | 3 | | |
| 10－1－4－5 | 毛巾被单 | 4 | 1 | 2 | | 1 |
| 10－1－5 | 其他棉纺织 | 2 | | 2 | | |
| 10－2 | 人造丝织品 | 7 | | 7 | | |
| 10－3 | 丝及丝织 | | | | | |
| 10－3－1 | 缫丝 | | | | | |
| 10－3－1－1 | 厂丝 | 66 | 5 | 58 | | 3 |
| 10－3－1－2 | 双宫 | 4 | | 4 | | |
| 10－3－1－3 | 其他特种 | 3 | | 1 | 2 | |
| 10－3－2 | 丝织 | 35 | 7 | 27 | | 1 |
| 10－4 | 毛纺织 | | | | | |
| 10－4－1 | 毛纺 | 1 | | | 1 | |
| 10－4－2 | 毛织 | 1 | | 1 | | |
| 10－4－3 | 毛纺织 | 1 | 1 | | | |
| 10－5 | 其他动物纤维 | 1 | 1 | | | |
| 10－6 | 交织 | | | | | |
| 10－6－1 | 棉人造丝交织 | 147 | 2 | 144 | | 1 |
| 10－6－2 | 棉丝交织 | 4 | | 3 | 1 | |
| 10－6－3 | 丝人造丝交织 | 44 | 5 | 38 | | 1 |
| 10－6－4 | 棉丝人造丝交织 | 16 | 1 | 15 | | |
| 10－6－5 | 棉毛交织 | 12 | 2 | 8 | 2 | |
| 10－6－6 | 毛丝棉交织 | 5 | 1 | 3 | | 1 |

续表

| 分类号码 | 业　　别 | 厂数 | 厂屋所有权 | | | |
|---|---|---|---|---|---|---|
| | | | 自有 | 租用 | 半租半有 | 不详 |
| 10－7 | 染炼 | | | | | |
| 10－7－1 | 丝光纱线 | 11 | | 9 | 2 | |
| 10－7－2 | 呢布 | 7 | 3 | 3 | 1 | |
| 10－7－3 | 绸布 | 4 | | 4 | | |
| 10－7－4 | 丝毛织物 | 7 | 2 | 5 | | |
| 10－7－5 | 染袜 | 1 | | 1 | | |
| 10－7－6 | 代客染炼 | 2 | | 2 | | |
| 10－8 | 印花 | | | | | |
| 10－8－1 | 浆印 | 12 | | 12 | | |
| 10－8－2 | 水印 | 7 | | 6 | | 1 |
| 10－9 | 造线 | | | | | |
| 10－9－1 | 纱线团 | 7 | | 5 | 2 | |
| 10－9－2 | 腊光线 | 2 | | 2 | | |
| 10－9－3 | 各项制就经纬线 | 2 | | 1 | 1 | |
| 10－10 | 边带 | | | | | |
| 10－10－1 | 边 | | | | | |
| 10－10－1－1 | 完全人造丝 | 12 | 1 | 11 | | |
| 10－10－1－2 | 棉与人造丝兼用 | 6 | 1 | 5 | | |
| 10－10－1－3 | 丝与人造丝兼用 | 1 | | 1 | | |
| 10－10－1－4 | 完全棉纱 | 1 | | 1 | | |
| 10－10－2 | 带 | | | | | |
| 10－10－2－1 | 完全棉纱 | 5 | | 4 | 1 | |
| 10－10－2－2 | 棉与人造丝兼用 | 1 | | 1 | | |

续表

| 分类号码 | 业　　别 | 厂数 | 厂屋所有权 | | | |
|---|---|---|---|---|---|---|
| | | | 自有 | 租用 | 半租半有 | 不详 |
| 10－10－2－3 | 棉与人造丝橡皮兼用 | 3 | | 3 | | |
| 10－11 | 绒布整理 | 2 | | 2 | | |
| | 第十大类　总数 | 545 | 65 | 444 | 19 | 17 |
| | 第十一大类　服用品业 | | | | | |
| 11－1 | 织袜 | | | | | |
| 11－1－1 | 纱线袜 | | | | | |
| 11－1－1－1 | 完全用纱 | 11 | 1 | 10 | | |
| 11－1－1－2 | 完全用线 | 17 | 3 | 12 | 2 | |
| 11－1－1－3 | 纱与线兼用 | 5 | | 5 | | |
| 11－1－1－4 | 代织 | 1 | | 1 | | |
| 11－1－2 | 丝袜 | | | | | |
| 11－1－2－1 | 纯丝 | 2 | | 2 | | |
| 11－1－2－2 | 丝与纱线兼用 | 14 | 1 | 13 | | |
| 11－1－2－3 | 人造丝纱线兼用 | 10 | | 10 | | |
| 11－1－2－4 | 丝与人造纱兼用 | 1 | | 1 | | |
| 11－1－2－5 | 丝人造纱纱线兼用 | 10 | 1 | 8 | 1 | |
| 11－1－3 | 毛袜(纯毛) | 1 | | 1 | | |
| 11－1－4 | 纱丝毛袜 | 2 | | 2 | | |
| 11－1－5 | 缝袜头 | 3 | | 3 | | |
| 11－1－6 | 袜厂兼出他种服用品 | 24 | | 24 | | |
| 11－2 | 制帽 | | | | | |
| 11－2－1 | 草帽 | 3 | | 3 | | |
| 11－2－2 | 呢帽 | 1 | | 1 | | |

续表

| 分类号码 | 业　　别 | 厂数 | 厂屋所有权 | | | |
|---|---|---|---|---|---|---|
| | | | 自有 | 租用 | 半租半有 | 不详 |
| 11-2-3 | 　便帽 | 1 | | 1 | | |
| 11-2-4 | 　草呢帽 | 6 | 1 | 5 | | |
| 11-2-5 | 　草便帽 | 1 | | 1 | | |
| 11-3 | 制伞 | | | | | |
| 11-3-1 | 　阳伞杆 | 1 | | | | 1 |
| 11-3-2 | 　阳伞 | 13 | | 13 | | |
| 11-4 | 手帕 | | | | | |
| 11-4-1 | 　手帕 | 6 | | 6 | | |
| 11-4-2 | 　手帕及其他 | 4 | | 4 | | |
| 11-5 | 衫裤 | | | | | |
| 11-5-1 | 　丝制衫裤 | 3 | 1 | 2 | | |
| 11-5-2 | 　纱及线制衫裤 | 9 | 3 | 5 | 1 | |
| 11-5-3 | 　纱及毛制衫裤 | 11 | 1 | 10 | | |
| 11-5-4 | 　汗布制衫裤 | 1 | | 1 | | |
| 11-6 | 其他服用品 | | | | | |
| 11-6-1 | 　领带围巾手套等 | 6 | | 6 | | |
| 11-6-2 | 　纽扣 | 3 | | 3 | | |
| 11-6-3 | 　鞋 | 1 | | 1 | | |
| | 第十一大类　总数 | 171 | 12 | 154 | 4 | 1 |
| | 第十二大类　皮革及橡胶品制造业 | | | | | |
| 12-1 | 制革 | | | | | |
| 12-1-1 | 　各种软皮面子皮 | 4 | 2 | 2 | | |
| 12-1-2 | 　各种硬皮底皮 | 7 | 3 | 1 | 2 | 1 |

续表

| 分类号码 | 业　别 | 厂数 | 厂屋所有权 | | | |
|---|---|---|---|---|---|---|
| | | | 自有 | 租用 | 半租半有 | 不详 |
| 12-1-3 | 其他 | 7 | 2 | 4 | 1 | |
| 12-2 | 皮革制品 | | | | | |
| 12-2-1 | 军服及其他军用品 | 3 | | 3 | | |
| 12-2-2 | 皮夹皮箱等 | 2 | 1 | 1 | | |
| 12-2-3 | 皮鞋 | 4 | | 3 | | 1 |
| 12-3 | 橡胶制品 | | | | | |
| 12-3-1 | 鞋 | 24 | 5 | 16 | 2 | 1 |
| 12-3-2 | 鞋底鞋跟及他物 | 5 | 1 | 3 | 1 | |
| 12-4 | 他种胶 | 1 | 1 | | | |
| | 第十二大类　总数 | 57 | 15 | 33 | 6 | 3 |
| | 第十三大类　饮食品业 | | | | | |
| 13-1 | 碾米 | 12 | 1 | 11 | | |
| 13-2 | 面粉 | 15 | 10 | 4 | 1 | |
| 13-3 | 米粉及其他谷粉 | 4 | 1 | 2 | 1 | |
| 13-4 | 制糖 | 4 | | 4 | | |
| 13-5 | 饼干面包糖果罐头 | | | | | |
| 13-5-1 | 饼干 | 9 | | 9 | | |
| 13-5-2 | 面包 | 1 | | 1 | | |
| 13-5-3 | 糖果及糖渍品 | 3 | | 3 | | |
| 13-5-4 | 罐头 | 1 | | 1 | | |
| 13-5-5 | 其他 | 5 | | 3 | 2 | |
| 13-6 | 榨油 | | | | | |
| 13-6-1 | 豆油 | 3 | | 2 | 1 | |

续表

| 分类号码 | 业　　别 | 厂数 | 厂屋所有权 | | | |
|---|---|---|---|---|---|---|
| | | | 自有 | 租用 | 半租半有 | 不详 |
| 13－6－2 | 　花生油 | 3 | | 3 | | |
| 13－6－3 | 　棉籽油 | 5 | 1 | 3 | 1 | |
| 13－6－4 | 　一般及其他植物油 | 2 | 2 | | | |
| 13－6－5 | 　动物油 | 1 | | 1 | | |
| 13－7 | 制茶 | | | | | |
| 13－7－1 | 　机器制茶 | 19 | | 18 | | 1 |
| 13－7－2 | 　锅制茶 | 12 | | 12 | | |
| 13－8 | 卷烟 | | | | | |
| 13－8－1 | 　雪茄烟 | 5 | 1 | 4 | | |
| 13－8－2 | 　纸卷烟 | 46 | 6 | 33 | 6 | 1 |
| 13－9 | 造酒 | 1 | 1 | | | |
| 13－10 | 清凉饮料 | 2 | 1 | 1 | | |
| 13－11 | 各种调味品 | 8 | 2 | 2 | 4 | |
| 13－12 | 牲肠 | 3 | | 3 | | |
| 13－13 | 食盐 | 1 | | | 1 | |
| 13－14 | 冰蛋 | 1 | | 1 | | |
| 13－15 | 其他食品 | | | | | |
| 13－15－1 | 　面筋淀粉 | 2 | 1 | | 1 | |
| 13－15－2 | 　豆腐制品 | 3 | | 3 | | |
| 13－16 | 造冰冷藏 | 4 | 2 | 1 | 1 | |
| | 第十三大类　总数 | 175 | 29 | 125 | 19 | 2 |
| | 第十四大类　造纸印刷业 | | | | | |
| 14－1 | 造纸 | | | | | |

续表

| 分类号码 | 业别 | 厂数 | 厂屋所有权 | | | |
|---|---|---|---|---|---|---|
| | | | 自有 | 租用 | 半租半有 | 不详 |
| 14－1－1 | 纸 | 7 | 5 | 1 | 1 | |
| 14－1－2 | 纸版 | 1 | | 1 | | |
| 14－1－3 | 锡纸 | 1 | | 1 | | |
| 14－2 | 印刷 | | | | | |
| 14－2－1 | 报纸 | 5 | 3 | 2 | | |
| 14－2－2 | 图书 | 10 | 3 | 6 | | 1 |
| 14－2－3 | 铅印 | | | | | |
| 14－2－3－1 | 全开机 | 13 | 1 | 12 | | |
| 14－2－3－2 | 对开机 | 9 | | 9 | | |
| 14－2－3－3 | 四开六开机 | 10 | | 10 | | |
| 14－2－3－4 | 脚踏机 | 4 | | 4 | | |
| 14－2－3－5 | （未分类） | 4 | | 4 | | |
| 14－2－4 | 橡皮印 | 7 | | 7 | | |
| 14－2－5 | 石印 | 18 | 1 | 17 | | |
| 14－2－6 | 石印兼铅印 | 4 | | 4 | | |
| 14－2－7 | 橡皮印兼石印 | 16 | 4 | 11 | | 1 |
| 14－2－8 | 其他 | 6 | 1 | 5 | | |
| 14－3 | 订书 | 14 | | 14 | | |
| 14－4 | 纸制品 | | | | | |
| 14－4－1 | 信封纸袋 | 3 | | 3 | | |
| 14－4－2 | 纸盒 | 20 | 2 | 18 | | |
| 14－4－3 | 卡纸片 | 2 | 2 | | | |
| 14－5 | 制版 | 1 | | 1 | | |

续表

| 分类号码 | 业　　别 | 厂数 | 厂屋所有权 | | | |
|---|---|---|---|---|---|---|
| | | | 自有 | 租用 | 半租半有 | 不详 |
| | 第十四大类　总数 | 155 | 22 | 130 | 1 | 2 |
| | 第十五大类　饰物仪器等业 | | | | | |
| 15－1 | 乐器 | | | | | |
| 15－1－1 | 风琴 | 9 | | 7 | 2 | |
| 15－1－2 | 钢琴 | 2 | 1 | 1 | | |
| 15－1－3 | 唱机唱片 | 5 | | 5 | | |
| 15－1－4 | 他种乐器 | 2 | | 2 | | |
| 15－2 | 教育用品及玩具 | | | | | |
| 15－2－1 | 墨 | 4 | 2 | 2 | | |
| 15－2－2 | 文具 | 5 | | 5 | | |
| 15－2－3 | 玩具 | 6 | | 5 | | 1 |
| 15－3 | 仪器 | 5 | 1 | 4 | | |
| 15－4 | 钟表 | 1 | | 1 | | |
| | 第十五大类　总数 | 39 | 4 | 32 | 2 | 1 |
| | 第十六大类　其他工业 | | | | | |
| 16－1 | 牙刷 | 6 | 1 | 5 | | |
| 16－2 | 镜 | 4 | | 3 | | 1 |
| 16－3 | 煤球 | 12 | 3 | 7 | 2 | |
| 16－4 | 草绳 | 10 | 2 | 4 | 1 | 3 |
| | 第十六大类　总数 | 32 | 6 | 19 | 3 | 4 |
| | 十六大类　总数 | 1,672 | 241 | 1,282 | 110 | 39 |

# 甲四表　职工人数

| 分类号码 | 业别 | 厂数 | 职员人数 | | | 工人数 | | | | | | 工人总数 | | | 充量制造时所需工人数 |
|---|---|---|---|---|---|---|---|---|---|---|---|---|---|---|---|
| | | | 男 | 女 | 共 | 男工 | | 女工 | | 童工 | | 计时 | 计件 | 共 | |
| | | | | | | 计时 | 计件 | 计时 | 计件 | 计时 | 计件 | | | | |
| | 第一大类　木材制造业 | | | | | | | | | | | | | | |
| 1－1 | 锯木 | 8 | 60 | | 60 | 390 | | | | 2 | | 392 | | 392 | 429 |
| 1－2 | 制木箱 | 1 | 8 | | 8 | 15 | | | | | | 15 | | 15 | 15 |
| 1－3 | 其他木制品 | 2 | 5 | | 5 | 13 | | | 10 | 7 | | 20 | 10 | 30 | 37 |
| 1－4 | 软木制品 | 3 | 5 | | 5 | 34 | | | | 12 | | 46 | | 46 | 50 |
| 1－5 | 竹制品 | 1 | 0 | | 2 | 11 | 11 | 15 | | 7 | | 33 | 11 | 44 | 44 |
| | 第一大类　总数 | 15 | 80* | | 80* | 463 | 11 | 15 | 10 | 28 | | 506 | 21 | 527 | 575 |
| | 第二大类　家具制造业 | | | | | | | | | | | | | | |
| 2－1 | 木制家具 | 3 | 11 | | 11 | 358 | 321 | | | | | 368 | 321 | 689 | 803 |
| 2－2 | 铁制家具 | 9 | 66 | | 66 | 351 | 76 | | | 164 | | 515 | 76 | 591 | 546* |
| 2－3 | 地毯 | 5 | 13 | | 13 | | 163 | | | 145 | | 145 | 163 | 308 | 318 |
| | 第二大类　总数 | 17 | 90 | | 90 | 719 | 560 | | | 309 | | 1,028 | 560 | 1,588 | 1,667* |
| | 第三大类　冶炼业 | | | | | | | | | | | | | | |
| 3－1 | 翻砂 | | | | | | | | | | | | | | |
| 3－1－1 | 机器 | 3 | 8 | | 8 | 52 | | | | 32 | | 84 | | 84 | 55* |

续表

| 分类号码 | 业别 | 厂数 | 职员人数 | | | 工人数 | | | | | | 工人总数 | | | 充量制造时所需工人数 |
|---|---|---|---|---|---|---|---|---|---|---|---|---|---|---|---|
| | | | 男 | 女 | 共 | 男工 | | 女工 | | 童工 | | 计时 | 计件 | 共 | |
| | | | | | | 计时 | 计件 | 计时 | 计件 | 计时 | 计件 | | | | |
| 3－1－2 | 机器零件配件等 | 22 | 36 | | 36 | 301 | | | | 173 | | 474 | | 474 | 478* |
| 3－1－3 | 铁管 | 4 | 10 | | 10 | 74 | | | | 42 | | 116 | | 116 | 120 |
| 3－1－4 | 其他 | 6 | 9 | | 9 | 71 | | | | 28 | | 99 | | 99 | 123* |
| 3－2 | 熔炼 | 1 | 3 | | 3 | 29 | | | | 1 | | 30 | | 30 | * |
| | 第三大类　总数 | 36 | 66 | | 66 | 527 | | | | 276 | | 803 | | 803 | 776* |
| | 第四大类　机械及金属制品业 | | | | | | | | | | | | | | |
| 4－1 | 机器 | | | | | | | | | | | | | | |
| 4－1－1 | 印刷机 | | | | | | | | | | | | | | |
| 4－1－1－1 | 印刷机 | 13 | 21 | | 21 | 138 | | | | 159 | | 297 | | 297 | 249* |
| 4－1－1－2 | 零件 | 1 | 1 | | 1 | 4 | | | | 1 | | 5 | | 5 | 5 |
| 4－1－2 | 针织机 | | | | | | | | | | | | | | |
| 4－1－2－1 | 针织机 | 23 | 32 | | 32 | 194 | 12 | | | 208 | | 402 | 12 | 414 | 485 |
| 4－1－2－2 | 零件 | 4 | 7 | | 7 | 59 | 32 | 43 | 7 | 13 | 10 | 115 | 49 | 164 | 171 |
| 4－1－3 | 纺织染机 | | | | | | | | | | | | | | |
| 4－1－3－1 | 纺织染机 | 20 | 109 | | 109 | 1,110 | 15 | | | 440 | | 1,550 | 15 | 1,565 | 1,947* |

续表

| 分类号码 | 业别 | 厂数 | 职员人数 | | | 工人数 | | | | | | 工人总数 | | | 充量制造时所需工人数 |
|---|---|---|---|---|---|---|---|---|---|---|---|---|---|---|---|
| | | | 男 | 女 | 共 | 男工 | | 女工 | | 童工 | | 计时 | 计件 | 共 | |
| | | | | | | 计时 | 计件 | 计时 | 计件 | 计时 | 计件 | | | | |
| 4-1-3-2 | 零件 | 5 | 7 | | 7 | 29 | | | | 50 | | 79 | | 79 | 109 |
| 4-1-3-3 | 纱管 | 7 | 40 | | 40 | 153 | 207 | | 40 | 58 | | 211 | 247 | 458 | 571 |
| 4-1-4 | 发动机等 | 21 | 130 | | 130 | 798 | | 100 | | 358 | | 1,256 | | 1,256 | 1,713 |
| 4-1-5 | 他种机器 | 8 | 9 | | 9 | 85 | | | | 81 | | 166 | | 166 | 160* |
| 4-1-6 | 各种机器 | 16 | 37 | | 37 | 214 | 24 | | | 200 | | 414 | 24 | 438 | 560* |
| 4-1-7 | 各种机器零件 | 9 | 20 | | 20 | 137 | | | | 115 | | 252 | | 252 | 297 |
| 4-1-8 | 制造并修理各种机器及配件 | 29 | 91 | | 91 | 534 | | | | 380 | | 914 | | 914 | 817* |
| 4-1-9 | 修理各种机器及零件 | 24 | 34 | | 34 | 195 | | | | 160 | | 355 | | 355 | 371* |
| 4-2 | 金属制品 | | | | | | | | | | | | | | |
| 4-2-1 | 锅炉冷作 | 5 | 12 | | 12 | 99 | | | | 12 | | 111 | | 111 | 90* |
| 4-2-2 | 磅秤 | 4 | 11 | | 11 | 34 | | | | 16 | | 50 | | 50 | 65 |
| 4-2-3 | 钉 | 6 | 15 | | 15 | 113 | | | | 16 | | 120 | | 129 | 70* |
| 4-2-4 | 瓶罐盒匣 | 23 | 133 | | 133 | 566 | 35 | 131 | | 455 | 4 | 1,152 | 39 | 1,191 | 1,264* |
| 4-2-5 | 钢精器皿 | 4 | 10 | | 10 | 112 | | 3 | | 35 | | 150 | | 150 | 149* |

续表

| 分类号码 | 业别 | 厂数 | 职员人数 | | | 工人数 | | | | | | 工人总数 | | | 充量制造时所需工人数 |
|---|---|---|---|---|---|---|---|---|---|---|---|---|---|---|---|
| | | | 男 | 女 | 共 | 男工 | | 女工 | | 童工 | | 计时 | 计件 | 共 | |
| | | | | | | 计时 | 计件 | 计时 | 计件 | 计时 | 计件 | | | | |
| 4-2-6 | 龙头 | 5 | 6 | | 6 | 32 | | | | 32 | | 64 | | 64 | 72 |
| 4-2-7 | 灯 | 6 | 21 | | 21 | 82 | 24 | 8 | | 26 | 15 | 116 | 39 | 155 | 209 |
| 4-2-8 | 金属杂制品 | 8 | 17 | | 17 | 101 | 4 | | | 20 | | 121 | 4 | 125 | 84* |
| 4-3 | 电器 | | | | | | | | | | | | | | |
| 4-3-1 | 电灯泡 | 5 | 44 | 1 | 45 | 121 | 37 | 82 | 65 | 92 | 10 | 295 | 112 | 497 | 492 |
| 4-3-2 | 年红灯 | 1 | 10 | | 10 | 18 | | | | 14 | | 32 | | 32 | 32 |
| 4-3-3 | 电扇电锅等 | 3 | 28 | | 28 | 395(2) | | | | 33 | | 338 | | 338 | 460 |
| 4-3-4 | 电气材料 | 7 | 49 | | 49 | 327 | 39 | 149 | 3 | 79 | | 555 | 42 | 597 | 644* |
| 4-3-5 | 电筒 | 16 | 85 | | 85 | 334 | 55 | 30 | | 118 | | 482 | 55 | 537 | 503* |
| 4-3-6 | 电池 | 8 | 31 | 1 | 32 | 122 | | 31 | | 25 | | 178 | | 178 | 218 |
| 4-3-7 | 电镀 | 13 | 18 | | 18 | 117 | 3 | | | 74 | | 191 | 3 | 194 | 197* |
| 4-3-8 | 电焊 | 1 | | | | 5 | | | | 3 | | 8 | | 8 | * |
| | 第四大类　总数 | 295 | 1,028 | 2 | 1,030 | 6, 138 | 487 | 577 | 115 | 3, 273 | 39 | 9, 988 | 641 | 10, 629 | 12, 004* |
| | 第五大类　交通用具业 | | | | | | | | | | | | | | |
| 5-1 | 造船 | | | | | | | | | | | | | | |

续表

| 分类号码 | 业别 | 厂数 | 职员人数 |  |  | 工人数 |  |  |  |  |  | 工人总数 |  |  | 充量制造时所需工人数 |
|---|---|---|---|---|---|---|---|---|---|---|---|---|---|---|---|
|  |  |  | 男 | 女 | 共 | 男工 |  | 女工 |  | 童工 |  | 计时 | 计件 | 共 |  |
|  |  |  |  |  |  | 计时 | 计件 | 计时 | 计件 | 计时 | 计件 |  |  |  |  |
| 5－1－1 | 制造轮船 | 4 | 248 |  | 248 | 1,765 | 200 |  |  | 63 |  | 1,828 | 200 | 2,028[3] | 6,200* |
| 5－1－2 | 修理及零件 | 5 | 28 |  | 28 | 161 |  |  |  | 69 |  | 230 |  | 230 | 455 |
| 5－2 | 造车 |  |  |  |  |  |  |  |  |  |  |  |  |  |  |
| 5－2－1 | 铁路机厂 | 1 | 20 |  | 20 |  |  |  |  |  |  |  |  | 1,037[4] | * |
| 5－2－2 | 电车（兼造船） | 1 | 14 |  | 14 | 40 |  |  |  | 33 |  | 73 |  | 73 | 150 |
| 5－2－3 | 自行车 | 1 | 7 |  | 7 | 38 |  |  |  |  |  | 38 |  | 38 | * |
| 5－2－4 | 人力车（车轮车轴） | 8 | 9 |  | 9 | 42 | 7 |  |  | 30 |  | 72 | 7 | 79 | 68* |
| 5－3 | 其他（救火车） | 1 | 1 |  | 1 | 7 |  |  |  | 3 |  | 10 |  | 10 | 30 |
|  | 第五大类　总数 | 21 | 327 |  | 327 | 2,053 | 207 |  |  | 198 |  | 2,251 | 207 | 3,495[5] | 6,903* |
|  | 第六大类　土石制造业 |  |  |  |  |  |  |  |  |  |  |  |  |  |  |
| 6－1 | 砖瓦 | 5 | 61[6] |  | 61 | 633 | 16 | 150 | 42 | 23 |  | 806 | 58 | 864 | 902 |
| 6－2 | 玻璃 |  |  |  |  |  |  |  |  |  |  |  |  |  |  |
| 6－2－1 | 热水瓶 | 2 | 9 |  | 9 | 146 |  | 4 |  | 53 |  | 203 |  | 203 | 207 |
| 6－2－2 | 制瓶及灯罩等 | 14 | 65 |  | 65 | 535 |  | 7 |  | 589 |  | 1,131 |  | 1,131 | 1,096* |
| 6－2－3 | 玻璃车边 | 8 | 22 |  | 22 | 106 | 28 |  |  | 26 |  | 132 | 28 | 160 | 138* |

续表

| 分类号码 | 业别 | 厂数 | 职员人数 | | | 工人数 | | | | | | 工人总数 | | | 充量制造时所需工人数 |
|---|---|---|---|---|---|---|---|---|---|---|---|---|---|---|---|
| | | | 男 | 女 | 共 | 男工 | | 女工 | | 童工 | | 计时 | 计件 | 共 | |
| | | | | | | 计时 | 计件 | 计时 | 计件 | 计时 | 计件 | | | | |
| 6－3 | 水泥 | 1 | 56 | | 56 | 220 | | | | | | 220 | | 220 | 318 |
| 6－4 | 石粉及石 | | | | | | | | | | | | | | |
| 6－4－1 | 石灰 | 5 | 18 | | 18 | 133 | 25 | | | | | 133 | 25 | 158 | 212 |
| 6－4－2 | 石粉及石子 | 9 | 43 | | 43 | 111 | 19 | | 44 | | | 111 | 63 | 174 | 151* |
| | 第六大类　总数 | 44 | 274 | | 274 | 1,884 | 88 | 161 | 86 | 691 | | 2,736 | 174 | 2,910 | 3,024* |
| | 第七大类　建筑工程业 | | | | | | | | | | | | | | |
| 7－1 | 建筑材料 | 5 | 28 | | 28 | 139 | 30 | | | 26 | | 165 | 30 | 195 | 150* |
| | 第七大类　总数 | 5 | 28 | | 28 | 139 | 30 | | | 26 | | 165 | 30 | 195 | 150* |
| | 第八大类　公用事业 | | | | | | | | | | | | | | |
| 8－1 | 水电 | 5 | 360 | 1 | 361 | 1,079(7) | | | | | | 1,079 | | 1,079 | 1,111 |
| | 第八大类　总数 | 5 | 360 | 1 | 361 | 1,079 | | | | | | 1,079 | | 1,079 | 1,111 |
| | 第九大类　化学工业 | | | | | | | | | | | | | | |
| 9－1 | 火柴 | | | | | | | | | | | | | | |
| 9－1－1 | 火柴 | 3 | 82 | | 82 | 260 | 178 | 109 | 722 | 32 | 117 | 401 | 1,017 | 1,418 | 1,430 |
| 9－1－2 | 梗片 | 1 | 15 | | 15 | 50 | 266 | | 270 | | | 50 | 536 | 586 | 586 |

续表

| 分类号码 | 业别 | 厂数 | 职员人数 | | | 工人数 | | | | | | 工人总数 | | | 充量制造时所需工人数 |
|---|---|---|---|---|---|---|---|---|---|---|---|---|---|---|---|
| | | | 男 | 女 | 共 | 男工 | | 女工 | | 童工 | | 计时 | 计件 | 共 | |
| | | | | | | 计时 | 计件 | 计时 | 计件 | 计时 | 计件 | | | | |
| 9－2 | 皂烛碱 | | | | | | | | | | | | | | |
| 9－2－1 | 皂 | 11 | 123 | 1 | 124 | 347 | | 150 | 85 | 11 | | 508 | 85 | 593 | 764* |
| 9－2－2 | 碱 | 1 | 3 | | 3 | 20 | | | | | | 20 | | 20 | 20 |
| 9－2－3 | 皂烛碱兼制 | 2 | 18 | | 18 | 42 | | | | 3 | | 45 | | 45 | 62 |
| 9－3 | 搪瓷 | | | | | | | | | | | | | | |
| 9－3－1 | 搪瓷器皿 | 8 | 196 | 8 | 204 | 1,278 | 50 | 215 | 19 | 217 | | 1,710 | 69 | 1,779 | 2,445* |
| 9－3－2 | 制坯 | 2 | 10 | | 10 | 14 | 6 | | | 18 | | 32 | 6 | 38 | 49 |
| 9－4 | 油漆油墨 | | | | | | | | | | | | | | |
| 9－4－1 | 油漆 | 4 | 39 | | 39 | 183(8) | | 16 | | | | 199 | | 199 | 239* |
| 9－4－2 | 油墨 | 5 | 17 | | 17 | 48* | | | | | | 48 | | 48* | 50* |
| 9－5 | 化妆品 | 13 | 270 | 32 | 302 | 346 | 86 | 653 | 314 | 6 | | 1,005 | 400 | 1,405 | 1,886 |
| 9－6 | 制药 | 2 | 43 | | 43 | 90 | | 50 | 70 | 6 | | 146 | 70 | 216 | 320 |
| 9－7 | 冲象牙及其他合成品 | 6 | 49 | | 49 | 149 | 59 | 68 | 30 | 10 | | 227 | 89 | 316 | 317 |
| 9－8 | 其他化学工业 | 2 | 46 | 1 | 47 | 290 | 50 | 100 | 400 | 31 | 30 | 421 | 480 | 901 | 1,030 |
| | 第九大类　总数 | 60 | 911 | 42 | 953 | 3,117* | 695 | 1,361 | 1,910 | 334 | 147 | 4,812* | 2,752 | 7,564* | 9,198* |

续表

| 分类号码 | 业别 | 厂数 | 职员人数 | | | 工人数 | | | | | | 工人总数 | | | 充量制造时所需工人数 |
|---|---|---|---|---|---|---|---|---|---|---|---|---|---|---|---|
| | | | 男 | 女 | 共 | 男工 | | 女工 | | 童工 | | 计时 | 计件 | 共 | |
| | | | | | | 计时 | 计件 | 计时 | 计件 | 计时 | 计件 | | | | |
| | 第十大类　纺织工业 | | | | | | | | | | | | | | |
| 10－1 | 棉纺织 | | | | | | | | | | | | | | |
| 10－1－1 | 轧花 | 8 | 110 | | 110 | 181 | | | 331 | | 10 | 181 | 341 | 522 | * |
| 10－1－2 | 弹花 | 3 | 19 | | 19 | 130 | | 130 | | | | 260 | | 260 | 250* |
| 10－1－3 | 棉纺 | | | | | | | | | | | | | | |
| 10－1－3－1 | 完全纱 | 14 | 728 | 9 | 737 | 3, 805 | 1, 042 | 5, 862 | 10, 249 | 715 | 120 | 10, 382 | 11, 411 | 21, 793 | 21, 169 |
| 10－1－3－2 | 纱线制 | 3 | 189 | | 189 | 1, 419 | 232 | 886 | 3, 750 | 46 | 416 | 2, 351 | 4, 398 | 6, 749 | 6, 749 |
| 10－1－3－3 | 纺纱兼织布 | 12 | 1,268 | 2 | 1, 270 | 5, 249* | 1, 210 | 6, 043* | 20, 563 | 1, 088* | 29 | 12, 380* | 21, 802 | 34, 182* | 29, 407* |
| 10－1－4 | 棉织 | | | | | (9) | | | | | | | | | |
| 10－1－4－1 | 完全用纱 | 23 | 296 | 4 | 300 | 1, 969 | 193 | 185 | 745 | 109 | 20 | 2, 263 | 958 | 3, 221 | 1, 718* |
| 10－1－4－2 | 纱及线兼用 | 27 | 396 | 13 | 409 | 603 | 402 | 75 | 1, 428 | 69 | 139 | 747 | 1, 969 | 2, 716 | 2, 545* |
| 10－1－4－3 | 完全用线 | 6 | 38 | 3 | 41 | | 77 | 10 | 152 | 6 | 16 | 16 | 245 | 261 | 298 |
| 10－1－4－4 | 针织汗布 | 3 | 10 | | 10 | | 33 | | 22 | 2 | | 2 | 55 | 57 | 89 |
| 10－1－4－5 | 毛巾被单 | 4 | 48 | | 48 | 8 | 100 | | 46 | 28 | | 36 | 146 | 182 | 172* |
| 10－1－5 | 其他棉纺织 | 2 | 10 | | 10 | 21 | 45 | | 16 | 1 | 9 | 22 | 70 | 92 | 92 |

续表

| 分类号码 | 业别 | 厂数 | 职员人数 | | | 工人数 | | | | | | 工人总数 | | | 充量制造时所需工人数 |
|---|---|---|---|---|---|---|---|---|---|---|---|---|---|---|---|
| | | | 男 | 女 | 共 | 男工 | | 女工 | | 童工 | | 计时 | 计件 | 共 | |
| | | | | | | 计时 | 计件 | 计时 | 计件 | 计时 | 计件 | | | | |
| 10－2 | 人造丝织品 | 7 | 19 | | 19 | | 64 | 6 | 13 | | 17 | 6 | 94 | 100 | 117 |
| 10－3 | 丝及丝织 | | | | | | | | | | | | | | |
| 10－3－1 | 缫丝 | | | | | | | | | | | | | | |
| 10－3－1－1 | 厂丝 | 66 | 1,676 | 193 | 1,869 | 1,487 | | 24,830 | 4,879 | 8,994 | 167 | 35,311 | 5,046 | 40,357 | 38,937* |
| 10－3－1－2 | 双宫 | 4 | 116 | 11 | 127 | 22 | | 1,596 | | 107 | | 1,725 | | 1,725 | 1,725 |
| 10－3－1－3 | 其他特种 | 3 | 43 | 1 | 44 | 278 | (10) | 405 | 60 | 40 | | 723 | 60 | 783 | 130* |
| 10－3－2 | 丝织 | 35 | 318 | 2 | 320 | 124 | 1,021 | 91 | 560(11) | 389(12) | 195 | 604 | 1,776 | 2,380 | 3,303* |
| 10－4 | 毛纺织 | | | | | | | | | | | | | | |
| 10－4－1 | 毛纺 | 1 | 14 | | 14 | | | | | | | | | 10(13) | 160 |
| 10－4－2 | 毛织 | 1 | 31 | | 31 | 120 | | 56 | | 24 | | 200 | | 200 | 200 |
| 10－4－3 | 毛纺织 | 1 | 40 | | 40 | 130 | | 70 | 65 | | | 200 | 65 | 265 | 450 |
| 10－5 | 其他动物纤维 | 1 | 2 | | 2 | 5 | | * | | | | 5* | | 5* | 37 |
| 10－6 | 交织 | | | | | | | | | | | | | | |
| 10－6－1 | 棉人造丝交织 | 147 | 541 | 9 | 550 | 433 | 1,774 | 123 | 1,062 | 173 | 87 | 729 | 2,923 | 3,652 | 3,939* |
| 10－6－2 | 棉丝交织 | 4 | 23 | | 23 | 15 | 43 | 11 | 20 | 2 | | 28 | 63 | 91 | 96 |

续表

| 分类号码 | 业别 | 厂数 | 职员人数 | | | 工人数 | | | | | | 工人总数 | | | 充量制造时所需工人数 |
|---|---|---|---|---|---|---|---|---|---|---|---|---|---|---|---|
| | | | 男 | 女 | 共 | 男工 | | 女工 | | 童工 | | 计时 | 计件 | 共 | |
| | | | | | | 计时 | 计件 | 计时 | 计件 | 计时 | 计件 | | | | |
| 10－6－3 | 丝人造丝交织 | 44 | 320 | 1 | 321 | 338* | 708 | 396 | 703* | 136 | 151 | 870* | 1,562* | 2,432* | 1,882* |
| 10－6－4 | 棉丝人造丝交织 | 16 | 185 | | 185 | 61 | 623 | 52 | 303* | 29 | 11 | 142 | 937* | 1,079* | 1,416 |
| 10－6－5 | 棉毛交织 | 12 | 120 | 1 | 121 | 278 | 6 | 188 | 262 | 88 | | 554 | 268 | 822 | 756* |
| 10－6－6 | 毛丝棉交织 | 5 | 86 | 1 | 87 | 91 | 224 | 54 | 70 | 11 | | 156 | 294 | 450 | 509 |
| 10－7 | 染炼 | | | | | | | | | | | | | | |
| 10－7－1 | 丝光纱线 | 11 | 60 | | 60 | 229 | 270(14) | | | 1 | | 230 | 270 | 500 | 543* |
| 10－7－2 | 呢布 | 7 | 213 | | 213 | 715 | 34 | | 30 | 107 | | 822 | 64 | 886 | 664* |
| 10－7－3 | 绸布 | 4 | 34 | | 34 | 70 | | | | 22 | | 92 | | 92 | 75* |
| 10－7－4 | 丝毛织物 | 7 | 90 | | 90 | 297(15) | 50 | | | 47(16) | | 344 | 50 | 394 | 351* |
| 10－7－5 | 染袜 | 1 | 2 | | 2 | 10 | | | | | | 10 | | 10 | 20 |
| 10－7－6 | 代客染炼 | 2 | 20 | | 20 | 28 | 60 | | | 6 | | 34 | 60 | 94 | 96 |
| 10－8 | 印花 | | | | | | | | | | | | | | |
| 10－8－1 | 浆印 | 12 | 88 | | 88 | | 142* | | 1 | 43 | 160* | 43 | 303* | 346* | 456 |
| 10－8－2 | 水印 | 7 | 70 | | 70 | 37 | 118 | | 10 | 10 | 21 | 47 | 149 | 196 | 181* |
| 10－9 | 造线 | | | | | | | | | | | | | | |

续表

| 分类号码 | 业别 | 厂数 | 职员人数 | | | 工人数 | | | | | | 工人总数 | | | 充量制造时所需工人数 |
|---|---|---|---|---|---|---|---|---|---|---|---|---|---|---|---|
| | | | 男 | 女 | 共 | 男工 | | 女工 | | 童工 | | 计时 | 计件 | 共 | |
| | | | | | | 计时 | 计件 | 计时 | 计件 | 计时 | 计件 | | | | |
| 10－9－1 | 纱线团 | 7 | 32 | | 32 | 25 | 8 | | 151 | | 2 | 25 | 161 | 186 | 202* |
| 10－9－2 | 蜡光线 | 2 | 13 | | 13 | | 22 | | 32 | 2 | | 2 | 54 | 56 | 61 |
| 10－9－3 | 各项制就经纬线 | 2 | 54 | | 54 | 252[17] | | 148[18] | | 260[19] | | 660 | | 660 | 1,000 |
| 10－10 | 边带 | | | | | | | | | | | | | | |
| 10－10－1 | 边 | | | | | | | | | | | | | | |
| 10－10－1－1 | 完全人造丝 | 12 | 20 | | 20 | 60[20] | 26 | 4 | 6 | 20 | | 84 | 32 | 116 | 114* |
| 10－10－1－2 | 棉与人造丝兼用 | 6 | 95 | | 95 | 72 | 175 | 96 | 216 | 12 | 4 | 180 | 395 | 575 | 697 |
| 10－10－1－3 | 丝与人造丝兼用 | 1 | | | | 6 | | | | | | 6 | | 6 | * |
| 10－10－1－4 | 完全棉纱 | 1 | 1 | | 1 | | | | | 5 | | 5 | | 5 | 5 |
| 10－10－2 | 带 | | | | | | | | | | | | | | |
| 10－10－2－1 | 完全棉纱 | 5 | 11 | | 11 | 38 | 22 | 16 | 3 | 28 | | 82 | 25 | 107 | 107* |
| 10－10－2－2 | 棉与人造丝兼用 | 1 | 1 | | 1 | 2 | | | 2 | | | 2 | 2 | 4 | 4 |
| 10－10－2－3 | 棉与人造丝橡皮兼用 | 3 | 39 | | 39 | | 63 | | 14 | | 2 | | 79 | 79 | 79 |
| 10－11 | 绒布整理 | 2 | 7 | 1 | 8 | 32 | | | | 2 | | 34 | | 34 | 37 |
| | 第十大类　总数 | 545 | 7,496 | 251 | 7,747 | 18,640* | 8,787* | 41,333* | 45,764* | 12,622* | 1,576* | 72,595* | 56,127* | 128,732[21]* | 120,838* |

续表

| 分类号码 | 业别 | 厂数 | 职员人数 | | | 工人数 | | | | | | 工人总数 | | | 充量制造时所需工人数 |
|---|---|---|---|---|---|---|---|---|---|---|---|---|---|---|---|
| | | | 男 | 女 | 共 | 男工 | | 女工 | | 童工 | | 计时 | 计件 | 共 | |
| | | | | | | 计时 | 计件 | 计时 | 计件 | 计时 | 计件 | | | | |
| | 第十一大类　服用品业 | | | | | | | | | | | | | | |
| 11－1 | 织袜 | | | | | | | | | | | | | | |
| 11－1－1 | 纱线袜 | | | | | | | | | | | | | | |
| 11－1－1－1 | 完全用纱 | 11 | 76 | 1 | 77 | 73 | 49 | | 365 | 57[22] | 2 | 130 | 416 | 546 | 635* |
| 11－1－1－2 | 完全用线 | 17 | 200 | 2 | 202 | 503 | 503 | 117 | 1,916 | 184 | 78 | 804 | 2,497 | 3,301 | 2,316* |
| 11－1－1－3 | 纱与线兼用 | 5 | 23 | | 23 | 120 | 23 | | 299 | 25 | | 145 | 322 | 467 | 470 |
| 11－1－1－4 | 代织 | 1 | 3 | | 3 | | 14 | | 8 | | | | 22 | 22 | 24 |
| 11－1－2 | 丝袜 | | | | | | | | | | | | | | |
| 11－1－2－1 | 纯丝 | 2 | 17 | | 17 | | 14 | | 53 | | | | 67 | 67 | 88 |
| 11－1－2－2 | 丝与纱线兼用 | 14 | 151 | | 151 | 80 | 62 | 133 | 474 | 23 | 14 | 236 | 550 | 786 | 831* |
| 11－1－2－3 | 人造丝纱线兼用 | 10 | 49 | 2 | 51 | | 95 | | 397 | 14 | 3 | 14 | 495 | 509 | 667 |
| 11－1－2－4 | 丝与人造丝兼用 | 1 | | | | | 19 | | 13 | | | | 32 | 32 | 32 |
| 11－1－2－5 | 丝人造丝纱棉兼用 | 10 | 74 | 3 | 77 | 51 | 131 | 115 | 309 | 7 | 13 | 173 | 453 | 626 | 480* |
| 11－1－3 | 毛袜(纯毛) | 1 | 3 | | 3 | | 32 | | 8 | | 7 | | 15 | 15 | 50 |
| 11－1－4 | 纱丝毛袜 | 2 | 20 | | 20 | | | | 84 | | 15 | 2 | 131 | 131 | 174 |

续表

| 分类号码 | 业别 | 厂数 | 职员人数 | | | 工人数 | | | | | | 工人总数 | | | 充量制造时所需工人数 |
|---|---|---|---|---|---|---|---|---|---|---|---|---|---|---|---|
| | | | 男 | 女 | 共 | 男工 | | 女工 | | 童工 | | 计时 | 计件 | 共 | |
| | | | | | | 计时 | 计件 | 计时 | 计件 | 计时 | 计件 | | | | |
| 11－1－5 | 缝袜头 | 3 | 15 | | 15 | | | | 67 | 2 | 10 | | 77 | 79 | 79 |
| 11－1－6 | 袜厂兼出他种服用品 | 24 | 245 | 6 | 251 | 13 | 469 | 8 | 696 | 30 | 43 | 51 | 1, 208 | 1, 259 | 2, 336 |
| 11－2 | 制帽 | | | | | | | | | | | | | | |
| 11－2－1 | 草帽 | 3 | 9 | | 9 | 15 | 20 | 3 | 4 | 16 | | 34 | 24 | 58 | 60 |
| 11－2－2 | 呢帽 | 1 | 3 | | 3 | 10 | | | 7 | | | 10 | 7 | 17 | 20 |
| 11－2－3 | 便帽 | 1 | 2 | | 2 | | 18 | | 8[23] | 10 | | 10 | 26 | 36 | 36 |
| 11－2－4 | 草呢帽 | 6 | 44 | | 44 | 125 | 25 | 25 | 68 | 38 | | 188 | 93 | 281 | 352 |
| 11－2－5 | 草便帽 | 1 | 10 | | 10 | 25 | 20 | | 12 | 10 | | 35 | 32 | 67 | 70 |
| 11－3 | 制伞 | | | | | | | | | | | | | | |
| 11－3－1 | 阳伞杆 | 1 | | | | 12 | | | | | | 12 | | 12 | * |
| 11－3－2 | 阳伞 | 13 | 38 | | 38 | 103 | 12 | 46 | 105 | 48 | 4 | 197 | 121 | 318 | 380 |
| 11－4 | 手帕 | | | | | | | | | | | | | | |
| 11－4－1 | 手帕 | 6 | 85 | 3 | 88 | 24 | | 40 | 440 | 3 | | 67 | 440 | 507 | 621 |
| 11－4－2 | 手帕及其他 | 4 | 33 | | 33 | 17 | | | 32 | 6 | | 23 | 32 | 55 | 70 |
| 11－5 | 衫裤 | | | | | | | | | | | | | | |

续表

| 分类号码 | 业别 | 厂数 | 职员人数 | | | 工人数 | | | | | | 工人总数 | | | 充量制造时所需工人数 |
|---|---|---|---|---|---|---|---|---|---|---|---|---|---|---|---|
| | | | 男 | 女 | 共 | 男工 | | 女工 | | 童工 | | 计时 | 计件 | 共 | |
| | | | | | | 计时 | 计件 | 计时 | 计件 | 计时 | 计件 | | | | |
| 11-5-1 | 丝制衫裤 | 3 | 32 | | 32 | 55 | 34 | 3 | 188 | 34 | | 92 | 222 | 314 | 342 |
| 11-5-2 | 纱及线制衫裤 | 9 | 192 | 3 | 195 | 164 | 177 | 431 | 487 | 46 | 2 | 641 | 666 | 1,307 | 1,617* |
| 11-5-3 | 纱及毛制衫裤 | 11 | 76 | 2 | 78 | 163 | 100 | 20 | 345 | 12 | | 195 | 445 | 640 | 710* |
| 11-5-4 | 汗布制衫裤 | 1 | | | | | 4 | | 4 | | | | 8 | 8 | 10 |
| 11-6 | 其他服用品 | | | | | | | | | | | | | | |
| 11-6-1 | 领带围巾手套等 | 6 | 46 | | 46 | | 18 | 15 | 82 | 31 | | 46 | 100 | 146 | 174 |
| 11-6-2 | 钮扣 | 3 | 11 | | 11 | | 39 | | 31 | | | | 70 | 70 | 70 |
| 11-6-3 | 鞋 | 1 | 4 | | 4 | 17 | | | | | 4 | | 21 | 21 | 21 |
| | 第十一大类　总数 | 171 | 1,461 | 22 | 1,483 | 1,553 | 1,895 | 956 | 6,502 | 596 | 195 | 3,105 | 8,592 | 11,697 | 12,735* |
| | 第十二大类　皮革及橡胶品制造业 | | | | | | | | | | | | | | |
| 12-1 | 制革 | | | | | | | | | | | | | | |
| 12-1-1 | 各种软皮面子皮 | 4 | 25 | | 25 | 84 | 12 | | | 15 | | 99 | 12 | 111 | 246* |
| 12-1-2 | 各种硬皮底皮 | 7 | 43 | | 43 | 276 | | | | 20 | | 296 | | 296 | 279* |

续表

| 分类号码 | 业别 | 厂数 | 职员人数 | | | 工人数 | | | | | | 工人总数 | | | 充量制造时所需工人数 |
|---|---|---|---|---|---|---|---|---|---|---|---|---|---|---|---|
| | | | 男 | 女 | 共 | 男工 | | 女工 | | 童工 | | 计时 | 计件 | 共 | |
| | | | | | | 计时 | 计件 | 计时 | 计件 | 计时 | 计件 | | | | |
| 12－1－3 | 其他 | 7 | 10 | | 10 | 78 | 13 | | | 8 | | 86 | 13 | 99 | 113 |
| 12－2 | 皮革制品 | | | | | | | | | | | | | | |
| 12－2－1 | 军服及其他军用品 | 3 | 36 | | 36 | 800 | 8 | 60 | | 4 | | 864 | 8 | 872 | 872 |
| 12－2－2 | 皮夹皮箱等 | 2 | 4 | | 4 | 20 | 54 | | 3 | 30 | | 50 | 57 | 107 | 124 |
| 12－2－3 | 皮鞋 | 4 | 51[21] | | 51 | 32 | 130 | | | 60 | | 92 | 130 | 222 | 246 |
| 12－3 | 橡胶制品 | | | | | | | | | | | | | | |
| 12－3－1 | 鞋 | 24 | 477 | 10 | 487 | 1, 805 | 575 | 333 | 3, 869 | 60 | 6 | 2, 198 | 4, 450 | 6, 648 | 4, 970* |
| 12－3－2 | 鞋底鞋跟及他物 | 5 | 20 | | 20 | 89 | | 8 | 6 | 5 | | 102 | 6 | 108 | 131* |
| 12－4 | 他种胶 | 1 | 8 | | 8 | 78 | | 15 | | | | 93 | | 93 | 105 |
| | 第十二大类　总数 | 57 | 674 | 10 | 684 | 3, 262 | 792 | 416 | 3, 878 | 202 | 6 | 3, 880 | 4, 676 | 8, 556 | 7, 086* |
| | 第十三大类　饮食品业 | | | | | | | | | | | | | | |
| 13－1 | 碾米 | 12 | 120[25] | | 120 | 10 | 156 | | | 16 | | 26 | 156 | 182 | 215* |
| 13－2 | 面粉 | 15 | 506 | | 506 | 2, 114 | 289 | | | | | 2, 114 | 289 | 2, 403 | 2, 383* |

续表

| 分类号码 | 业别 | 厂数 | 职员人数 | | | 工人数 | | | | | | 工人总数 | | | 充量制造时所需工人数 |
|---|---|---|---|---|---|---|---|---|---|---|---|---|---|---|---|
| | | | 男 | 女 | 共 | 男工 | | 女工 | | 童工 | | 计时 | 计件 | 共 | |
| | | | | | | 计时 | 计件 | 计时 | 计件 | 计时 | 计件 | | | | |
| 13－3 | 米粉及其他谷粉 | 4 | 7 | | 7 | 19 | | | | 1 | | 20 | | 20 | 24 |
| 13－4 | 制糖 | 4 | 28 | | 28 | 138 | | 4 | | 2 | | 144 | | 144 | 157 |
| 13－5 | 饼干面包糖果罐头 | | | | | | | | | | | | | | |
| 13－5－1 | 饼干 | 9 | 26 | | 26 | 67 | | 51 | | 35 | | 153 | | 153 | 160 |
| 13－5－2 | 面包 | 1 | 4 | | 4 | 10 | | | | 4 | | 14 | | 14 | 14 |
| 13－5－3 | 糖果及糖渍品 | 3 | 18 | | 18 | 29 | | | 47 | 6 | | 35 | 47 | 82 | 104 |
| 13－5－4 | 罐头 | 1 | 3 | | 3 | 6 | | | | | | 6 | | 6 | 6 |
| 13－5－5 | 其他 | 5 | 58 | | 58 | 310 | 23 | 282 | | 69 | 1 | 661 | 24 | 685 | 459* |
| 13－6 | 榨油 | | | | | | | | | | | | | | |
| 13－6－1 | 豆油 | 3 | 23 | | 23 | 362 | 20 | | | | | 362 | 20 | 382 | 382 |
| 13－6－2 | 花生油 | 3 | 32 | | 32 | 165 | 1,320 | | | 10 | | 175 | 1,320 | 1,495 | 1,330* |
| 13－6－3 | 棉籽油 | 5 | 116 | | 116 | 390 | 81 | | | | | 390 | 81 | 471 | 516 |
| 13－6－4 | 一般及其他植物油 | 2 | 68 | | 68 | 464 | | | | | | 464 | | 464 | 864 |

续表

| 分类号码 | 业别 | 厂数 | 职员人数 | | | 工人数 | | | | | | 工人总数 | | | 充量制造时所需工人数 |
|---|---|---|---|---|---|---|---|---|---|---|---|---|---|---|---|
| | | | 男 | 女 | 共 | 男工 | | 女工 | | 童工 | | 计时 | 计件 | 共 | |
| | | | | | | 计时 | 计件 | 计时 | 计件 | 计时 | 计件 | | | | |
| 13－6－5 | 动物油 | 1 | 1 | | 1 | 12 | | | | 1 | | 13 | | 13 | 13 |
| 13－7 | 制茶 | | | | | | | | | | | | | | |
| 13－7－1 | 机器制茶 | 19 | 47 | | 47 | 267[26] | | 467[26] | | | | 734[26] | | 734[26] | 983* |
| 13－7－2 | 锅制茶 | 12 | 23 | | 23 | 238 | | 399 | | | | 637 | | 637 | 746 |
| 13－8 | 卷烟 | | | | | | | | | | | | | | |
| 13－8－1 | 雪茄烟 | 5 | 36 | | 36 | 8 | 18 | 78 | 252 | | | 86 | 270 | 356 | 363 |
| 13－8－2 | 纸卷烟 | 46 | 745 | 92 | 837 | 2,448* | 65 | 128 | 10,749* | 21 | 180 | 2,791* | 10,994* | 13,785* | 13,933* |
| 13－9 | 造酒 | 1 | 10 | | 10 | 20 | | | | | | 20 | | 20 | 100 |
| 13－10 | 清凉饮料 | 2 | 27 | | 27 | 188 | | | | 8 | | 196 | | 196 | 208 |
| 13－11 | 各种调味品 | 8 | 72 | 2 | 74 | 337 | | 103 | 20 | 6 | | 446 | 20 | 466 | 505* |
| 13－12 | 牲肠 | 3 | 11 | | 11 | 52 | | 13 | | | | 65 | | 65 | 80 |
| 13－13 | 食盐 | 1 | 18 | | 18 | 40 | | | | 2 | | 42 | | 42 | 200 |
| 13－14 | 冰蛋 | 1 | 42 | 2 | 44 | 150 | | 200 | | | | 350 | | 350 | * |

续表

| 分类号码 | 业别 | 厂数 | 职员人数 | | | 工人数 | | | | | | 工人总数 | | | 充量制造时所需工人数 |
|---|---|---|---|---|---|---|---|---|---|---|---|---|---|---|---|
| | | | 男 | 女 | 共 | 男工 | | 女工 | | 童工 | | 计时 | 计件 | 共 | |
| | | | | | | 计时 | 计件 | 计时 | 计件 | 计时 | 计件 | | | | |
| 13－15 | 其他食品 | | | | | | | | | | | | | | |
| 13－15－1 | 面筋淀粉 | 2 | 4 | | 4 | 35 | | | | | | 35 | | 35 | 45 |
| 13－15－2 | 豆腐制品 | 3 | 4 | | 4 | 50 | | | | | | 50 | | 50 | 57 |
| 13－16 | 造冰冷藏 | 4 | 28 | | 28 | 86 | | | | | | 86 | | 86 | 74* |
| | 第十三大类　总数 | 175 | 2,077 | 96 | 2,173 | 8,015* | 1,972 | 1,725 | 11,068* | 375 | 181 | 10,115* | 13,221* | 23,336* | 23,921* |
| | 第十四大类　造纸印刷业 | | | | | | | | | | | | | | |
| 14－1 | 造纸 | | | | | | | | | | | | | | |
| 14－1－1 | 纸 | 7 | 86 | | 86 | 764 | 4 | 482 | | 4 | | 1,250 | 4 | 1,254 | 1,446 |
| 14－1－2 | 纸版 | 1 | 18 | | 18 | 137 | | 28 | | 4 | | 169 | | 169 | 169 |
| 14－1－3 | 锡纸 | 1 | 7 | | 7 | | 13 | | 20 | | | | 33 | 33 | 50 |
| 14－2 | 印刷 | | | | | | | | | | | | | | |
| 14－2－1 | 报纸 | 5 | 588 | 2 | 590 | 840 | | | | | | 840 | | 840 | 230* |
| 14－2－2 | 图书 | 10 | 463 | 4 | 467 | 2,444 | 339 | 738 | | 371 | 71 | 3,553 | 410 | 3,963 | 1,221* |

续表

| 分类号码 | 业别 | 厂数 | 职员人数 | | | 工人数 | | | | | | 工人总数 | | | 充量制造时所需工人数 |
|---|---|---|---|---|---|---|---|---|---|---|---|---|---|---|---|
| | | | 男 | 女 | 共 | 男工 | | 女工 | | 童工 | | 计时 | 计件 | 共 | |
| | | | | | | 计时 | 计件 | 计时 | 计件 | 计时 | 计件 | | | | |
| 14－2－3 | 铅印 | | | | | | | | | | | | | | |
| 14－2－3－1 | 全开机 | 13 | 101 | | 101 | 344 | 113[27] | | | 276 | 15 | 620 | 128 | 748 | 565* |
| 14－2－3－2 | 封开机 | 9 | 35 | 3 | 38 | 111 | 51 | | | 91 | 18 | 202 | 69 | 271 | 289 |
| 14－2－3－3 | 四开六开机 | 10 | 34 | | 34 | 118 | | | | 78 | | 196 | | 196 | 209* |
| 14－2－3－4 | 脚踏机 | 4 | 9 | | 9 | 49 | | | | 21 | | 70 | | 70 | 74 |
| 14－2－3－5 | （未分类） | 4 | 14 | | 14 | 87 | | | | 17 | | 104 | | 104 | 104 |
| 14－2－4 | 橡皮印 | 7 | 22 | | 22 | 101 | | 6 | | 55 | | 162 | | 162 | 167 |
| 14－2－5 | 石印 | 18 | 60 | | 60 | 224 | 96 | | | 69 | 46 | 293 | 142 | 435 | 462* |
| 14－2－6 | 石印兼铅印 | 4 | 13 | | 13 | 62 | | | | 19 | | 81 | | 81 | 84 |
| 14－2－7 | 橡皮印兼石印 | 16 | 146 | | 146 | 651 | 37 | 29 | 6 | 220 | | 900 | 43 | 943 | 1,065 |
| 14－2－8 | 其他 | 6 | 69 | | 69 | 212 | 41 | 32 | | 106 | 6 | 350 | 47 | 397 | 388* |
| 14－3 | 订书 | 14 | 17 | | 17 | 34 | 136 | 19 | 129 | 49 | | 102 | 265 | 367 | 354* |
| 14－4 | 纸制品 | | | | | | | | | | | | | | |

续表

| 分类号码 | 业别 | 厂数 | 职员人数 | | | 工人数 | | | | | | 工人总数 | | | 充量制造时所需工人数 |
|---|---|---|---|---|---|---|---|---|---|---|---|---|---|---|---|
| | | | 男 | 女 | 共 | 男工 | | 女工 | | 童工 | | 计时 | 计件 | 共 | |
| | | | | | | 计时 | 计件 | 计时 | 计件 | 计时 | 计件 | | | | |
| 14－4－1 | 信封纸袋 | 3 | 7 | | 7 | 17 | 6 | | 19 | 8 | | 25 | 25 | 50 | 30* |
| 14－4－2 | 纸盒 | 20 | 66 | | 66 | 190 | 124 | 41 | 102 | 66 | 2 | 297 | 228 | 525 | 619 |
| 14－4－3 | 卡纸片 | 2 | 13 | | 13 | 48 | | 12 | | 12 | | 72 | | 72 | 72 |
| 14－5 | 制版 | 1 | 6 | | 6 | 12 | | | | | | 12 | | 12 | 15 |
| | 第十四大类　总数 | 155 | 1,774 | 9 | 1,783 | 6,445 | 960 | 1,387 | 276 | 1,466 | 158 | 9,298 | 1,394 | 10,692 | 7,613* |
| | 第十五大类　饰物仪器等业 | | | | | | | | | | | | | | |
| 15－1 | 乐器 | | | | | | | | | | | | | | |
| 15－1－1 | 风琴 | 9 | 20 | | 20 | 109 | 51 | | | 67 | | 176 | 51 | 227 | 266 |
| 15－1－2 | 钢琴 | 2 | 7 | | 7 | 8 | 49 | | | 5 | | 13 | 49 | 62 | 66 |
| 15－1－3 | 唱机唱片 | 5 | 32 | | 32 | 90 | 35 | | | 22 | | 112 | 35 | 147 | 158* |
| 15－1－4 | 其他乐器 | 2 | 1 | | 1 | 40 | | | | 15 | | 55 | | 55 | 50* |
| 15－2 | 教育用品及玩具 | | | | | | | | | | | | | | |
| 15－2－1 | 墨 | 4 | 25 | | 25 | 23 | 43 | 10 | | 3 | | 36 | 43 | 79 | 98 |

续表

| 分类号码 | 业别 | 厂数 | 职员人数 | | | 工人数 | | | | | | 工人总数 | | | 充量制造时所需工人数 |
|---|---|---|---|---|---|---|---|---|---|---|---|---|---|---|---|
| | | | 男 | 女 | 共 | 男工 | | 女工 | | 童工 | | 计时 | 计件 | 共 | |
| | | | | | | 计时 | 计件 | 计时 | 计件 | 计时 | 计件 | | | | |
| 15－2－2 | 文具 | 5 | 14 | | 14 | 50 | | | 48 | 10 | | 60 | 48 | 108 | 69* |
| 15－2－3 | 玩具 | 6 | 19 | | 19 | 162 | 24 | | | 47 | 3 | 209 | 27 | 236 | 284 |
| 15－3 | 仪器 | 5 | 13 | 2 | 15 | 60 | | 10 | | 46 | | 116 | | 116 | 130 |
| 15－4 | 钟表 | 1 | 3 | | 3 | 27 | | | | 14 | | 41 | | 41 | 41 |
| | 第十五大类　总数 | 39 | 143 | 2 | 136 | 569 | 202 | 20 | 48 | 229 | 3 | 818 | 253 | 1, 071 | 1, 162* |
| | 第十六大类　其他工业 | | | | | | | | | | | | | | |
| 16－1 | 牙刷 | 6 | 64 | 3 | 67 | 32 | 165 | 1 | 150 | 33 | 51 | 66 | 366 | 432 | 555 |
| 16－2 | 镜 | 4 | 28 | | 28 | 159 | 28 | | | 34 | | 193 | 28 | 221 | 222 |
| 16－3 | 煤球 | 12 | 84 | | 84 | 300 | 17 | | | | | 300 | 17 | 317 | 442 |
| 16－4 | 草绳 | 10 | 6 | | 6 | | 7 | | 301 | | | | 308 | 308 | 321* |
| | 第十六大类　总数 | 32 | 182 | 3 | 185 | 491 | 217 | 1 | 451 | 67 | 51 | 559 | 719 | 1, 278 | 1, 540* |
| | 十六大类　总数 | 1, 672 | 16, 962* | 438 | 17, 400* | 55, 094* | 16, 903* | 47, 952* | 70, 108* | 20, 692* | 2, 356* | 123, 738* | 80, 367* | 214, 152(28)* | 210, 303* |

附注：

(1)上表各工业充量制造时所需工人数，有时较同业之实际雇用工人数为少，其原因盖以有若干工厂未曾供给第一项材料之数字。

(2)内有一厂雇用小工 30 人，亦在此数之内。

(3)由工头雇用之包工人数未详，不在此数之内。

(4)男、女、童人数未能分列。

(5)内有 1,037 人未分性别。

(6)内有一厂之职员人数，包括浙江联厂人数在内。

(7)内有一厂雇用小工 50 人，亦在此数之内。

(8)内有一厂雇用小工 80 人，亦在此数之内。

(9)内有一厂之工人数为 1,270 人，其中计件工人数在内。

(10)内有七厂之工人数为 319 人，其中计时工人只占一部分。

(11)内有七厂之工人数为 344 人，包括计时工人只占一部分。

(12)内有八厂之工人数为 260 人，包括计件工人数在内。

(13)男、女、童人数，未能分列。

(14)内有一厂之工人数为 56 人，其中计时工人只占一部分。

(15)内有一厂之工人数为 58 人，包括计件工人数在内。

（16）内有一厂之工人数为 24 人，包括计件工人数在内。

（17）内有一厂之工人数为 230 人，包括计件工人数在内。

（18）内有一厂之工人数为 100 人，包括计件工人数在内。

（19）包括计件工人数在内。

（20）内有一厂雇用工人三人，系一半工人一半职员性质。

（21）内有 10 人未分性别。

（22）内有两厂之工人数为 17 人，包括计件工人数在内。

（23）此处所指之工人，均在厂外工作。

（24）内有三厂之职员人数，包括营业部店员在内。若干碾米厂、手帕制造厂与罐头食品制造厂，亦有类似之情形。

（25）碾米厂之职员人数，除一家为例外外，均包括计时男工人数在内。因无法将此项数字分列，故该业之职员人数反比计时工人为多。

（26）内有一厂之包工人数未详。

（27）包括包工制工人 25 人在内。

（28）内有 1,047 人未分性别。

## 甲五表　原动力

| 分类号码 | 业　　别 | 厂数 | 各种动力机马力 | 外电马力 | 共 |
|---|---|---|---|---|---|
| | 第一大类　木材制造业 | | | | |
| 1－1 | 锯木 | 8 | 35.0 | 578.0 | 613.0 |
| 1－2 | 制木箱 | 1 | | 50.0 | 50.0 |
| 1－3 | 其他木制品 | 2 | | 5.0 | 5.0 |
| 1－4 | 软木制品 | 3 | | | |
| 1－5 | 竹制品 | 1 | | 10.0 | 10.0 |
| | 第一大类　总数 | 15 | 35.0 | 634.0 | 678.0 |
| | 第二大类　家具制造业 | | | | |
| 2－1 | 木制家具 | 3 | | | |
| 2－2 | 铁制家具 | 9 | | 270.0 | 270.0 |
| 2－3 | 地毯 | 5 | | | |
| | 第二大类　总数 | 17 | | 270.0 | 270.0 |
| | 第三大类　冶炼业 | | | | |
| 3－1 | 翻砂 | | | | |
| 3－1－1 | 机器 | 3 | | 15.0 | 15.0 |
| 3－1－2 | 机器零件配件等 | 22 | | 107.5 | 107.5 |
| 3－1－3 | 铁管 | 4 | | 20.5 | 20.5 |
| 3－1－4 | 其他 | 6 | | 19.0 | 19.0 |
| 3－2 | 熔炼 | 1 | | 130.0 | 130.0 |
| | 第三大类　总数 | 36 | | 292.0 | 292.0 |
| | 第四大类 机械及金属制品业 | | | | |
| 4－1 | 机器 | | | | |
| 4－1－1 | 印刷机 | | | | |

**续表**

| 分类号码 | 业　　别 | 厂数 | 各种动力机马力 | 外电马力 | 共 |
| --- | --- | --- | --- | --- | --- |
| 4-1-1-1 | 印刷机 | 13 | 18.0 | 97.5 | 115.5 |
| 4-1-1-2 | 零件 | 1 |  | 5.0 | 5.0 |
| 4-1-2 | 针织机 |  |  |  |  |
| 4-1-2-1 | 针织机 | 23 |  | 82.0 | 82.0 |
| 4-1-2-2 | 零件 | 4 | 2.5 | 7.0 | 9.5 |
| 4-1-3 | 纺织染机 |  |  |  |  |
| 4-1-3-1 | 纺织染机 | 20 | 294.0 | 1,389.3 | 1,683.3 |
| 4-1-3-2 | 零件 | 5 |  | 26.0 | 26.0 |
| 4-1-3-3 | 纱管 | 7 | 130.0 | 86.0 | 216.0 |
| 4-1-4 | 发动机等 | 21 | 68.0 | 234.2 | 302.2 |
| 4-1-5 | 他种机器 | 8 |  | 34.5 | 34.5 |
| 4-1-6 | 各种机器 | 16 |  | 135.5 | 135.5 |
| 4-1-7 | 各种机器零件 | 9 |  | 64.0 | 64.0 |
| 4-1-8 | 制造并修理各种机器及配件 | 29 |  | 226.5 | 226.5 |
| 4-1-9 | 修理各种机器及零件 | 24 |  | 112.5 | 112.5 |
| 4-2 | 金属制品 |  |  |  |  |
| 4-2-1 | 锅炉冷作 | 5 |  | 21.0 | 21.0 |
| 4-2-2 | 磅秤 | 4 |  | 6.5 | 6.5 |
| 4-2-3 | 钉 | 6 |  | 148.0 | 148.0 |
| 4-2-4 | 瓶罐盒匣 | 23 |  | 205.0 | 205.0 |
| 4-2-5 | 钢精器皿 | 4 |  | 62.0 | 62.0 |
| 4-2-6 | 龙头 | 5 |  | 31.0 | 31.0 |
| 4-2-7 | 灯 | 6 |  | 65.0 | 65.0 |
| 4-2-8 | 金属杂制品 | 8 |  | 41.0 | 41.0 |

续表

| 分类号码 | 业　　别 | 厂数 | 各种动力机马力 | 外电马力 | 共 |
|---|---|---|---|---|---|
| 4－3 | 电器 | | | | |
| 4－3－1 | 电灯泡 | 5 | | 61.0 | 61.0 |
| 4－3－2 | 年红灯 | 1 | | 6.0 | 6.0 |
| 4－3－3 | 电扇电锅等 | 3 | | 127.0 | 127.0 |
| 4－3－4 | 电气材料 | 7 | 25.0 | 115.8 | 140.8 |
| 4－3－5 | 电筒 | 16 | | 141.5 | 141.5 |
| 4－3－6 | 电池 | 8 | | 11.0 | 11.0 |
| 4－3－7 | 电镀 | 13 | | 103.0 | 103.0 |
| 4－3－8 | 电焊 | 1 | | 2.0 | 2.0 |
| | 第四大类　总数 | 295 | 537.5 | 3,646.8 | 4,184.3 |
| | 第五大类　交通用具业 | | | | |
| 5－1 | 造船 | | | | |
| 5－1－1 | 制造轮船 | 4 | 40.0 | 2,822.3 | 2,862.3 |
| 5－1－2 | 修理及零件 | 5 | 75.0 | 60.5 | 135.5 |
| 5－2 | 造车 | | | | |
| 5－2－1 | 铁路机厂 | 1 | 400.0 | | 400.0 |
| 5－2－2 | 电车（兼造船） | 1 | | 19.5 | 19.5 |
| 5－2－3 | 自行车 | 1 | | 9.0 | 9.0 |
| 5－2－4 | 人力车 | 8 | | 22.5 | 22.5 |
| 5－3 | 其他（救火车） | 1 | | 3.0 | 3.0 |
| | 第五大类　总数 | 21 | 515.0 | 2,936.8 | 3.451.8 |
| | 第六大类　土石制造业 | | | | |
| 6－1 | 砖瓦 | 5 | 205.0 | 55.0 | 260.0 |

续表

| 分类号码 | 业　　别 | 厂数 | 各种动力机马力 | 外电马力 | 共 |
|---|---|---|---|---|---|
| 6－2 | 玻璃 | | | | |
| 6－2－1 | 热水瓶 | 2 | 24.0 | 35.0 | 59.0 |
| 6－2－2 | 制瓶及灯罩等 | 14 | | 14.0 | 14.0 |
| 6－2－3 | 玻璃车边 | 8 | | 38.5 | 38.5 |
| 6－3 | 水泥 | 1 | 2,060.0 | | 2,060.0 |
| 6－4 | 石粉及石 | | | | |
| 6－4－1 | 石灰 | 5 | | 5.0 | 5.0 |
| 6－4－2 | 石粉及石子 | 9 | | 328.0 | 328.0 |
| | 第六大类　总数 | 44 | 2,289.0 | 475.5 | 2,764.5 |
| | 第七大类　建筑工程 | | | | |
| 7－1 | 建筑材料 | 5 | 50.0 | 6.0 | 56.0 |
| | 第七大类　总数 | 5 | 50.0 | 6.0 | 56.0 |
| | 第八大类　公用事业 | | | | |
| 8－1 | 水电 | 5 | 51,581.3 | 1,512.9 | 53,094.2 |
| | 第八大类　总数 | 5 | 51,581.3 | 1,512.9 | 53,094.2 |
| | 第九大类　化学工业 | | | | |
| 9－1 | 火柴 | | | | |
| 9－1－1 | 火柴 | 3 | 84.0 | 58.0 | 142.0 |
| 9－1－2 | 梗片 | 1 | 60.0 | | 60.0 |
| 9－2 | 皂烛碱 | | | | |
| 9－2－1 | 皂 | 11 | 76.0 | 93.0 | 169.0 |
| 9－2－2 | 碱 | 1 | 5.0 | | 5.0 |
| 9－2－3 | 皂烛碱兼制 | 2 | | 5.0 | 5.0 |

续表

| 分类号码 | 业　　别 | 厂数 | 各种动力机马力 | 外电马力 | 共 |
|---|---|---|---|---|---|
| 9－3 | 搪瓷 | | | | |
| 9－3－1 | 搪瓷器皿 | 8 | 244.0 | 432.3 | 676.3 |
| 9－3－2 | 制坯 | 2 | | 28.0 | 28.0 |
| 9－4 | 油漆油墨 | | | | |
| 9－4－1 | 油漆 | 4 | | 364.0 | 364.0 |
| 9－4－2 | 油墨 | 5 | | 107.0 | 107.0 |
| 9－5 | 化妆品 | 13 | | 63.5 | 63.5 |
| 9－6 | 制药 | 2 | | 52.4 | 52.4 |
| 9－7 | 冲象牙及其合成品 | 6 | | 179.5 | 179.5 |
| 9－8 | 其他化学工业 | 2 | 50.0 | 700.0 | 750.0 |
| | 第九大类　总数 | 60 | 519.0 | 2,082.7 | 2,601.7 |
| | 第十大类　纺织工业 | | | | |
| 10－1 | 棉纺织 | | | | |
| 10－1－1 | 轧花 | 8 | 275.0 | 40.0 | 315.0 |
| 10－1－2 | 弹花 | 3 | | 468.3 | 468.3 |
| 10－1－3 | 棉纺 | | | | |
| 10－1－3－1 | 完全纱 | 14 | 3,750.0 | 16,717.3 | 20.467.3 |
| 10－1－3－2 | 纱线制 | 3 | | 4,833.3 | 4,833.3 |
| 10－1－3－3 | 纺纱兼织布 | 12 | 1,735.0 | 17,921.3 | 19,656.3 |
| 10－1－4 | 棉织 | | | | |
| 10－1－4－1 | 完全用纱 | 23 | 40.0 | 882.5 | 922.5 |
| 10－1－4－2 | 纱及线兼用 | 27 | 100.0 | 1,021.2 | 1,121.2 |
| 10－1－4－3 | 完全用线 | 6 | | 41.0 | 41.0 |

续表

| 分类号码 | 业　别 | 厂数 | 各种动力机马力 | 外电马力 | 共 |
|---|---|---|---|---|---|
| 10-1-4-4 | 针织汗布 | 3 | | 2.0 | 2.0 |
| 10-1-4-5 | 毛巾被单 | 4 | | 18.0 | 18.0 |
| 10-1-5 | 其他棉纺织 | 2 | | 11.5 | 11.5 |
| 10-2 | 人造丝织品 | 7 | | 35.5 | 35.5 |
| 10-3 | 丝及丝织 | | | | |
| 10-3-1 | 缫丝 | | | | |
| 10-3-1-1 | 厂丝 | 66 | 1,331.0 | | 1,331.0 |
| 10-3-1-2 | 双宫 | 4 | 156.0 | | 156.0 |
| 10-3-1-3 | 其他特种 | 3 | 150.0 | | 150.0 |
| 10-3-2 | 丝织 | 35 | 35.0 | 492.2 | 527.2 |
| 10-4 | 毛纺织 | | | | |
| 10-4-1 | 毛纺 | 1 | | 180.0 | 180.0 |
| 10-4-2 | 毛织 | 1 | | 50.0 | 50.0 |
| 10-4-3 | 毛纺织 | 1 | 350.0 | | 350.0 |
| 10-5 | 其他动物纤维 | 1 | | 5.0 | 5.0 |
| 10-6 | 交织 | | | | |
| 10-6-1 | 棉人造丝交织 | 147 | | 1,095.8 | 1,095.8 |
| 10-6-2 | 棉丝交织 | 4 | | 20.0 | 20.0 |
| 10-6-3 | 丝人造丝交织 | 44 | 105.0 | 711.5 | 816.5 |
| 10-6-4 | 棉丝人造丝交织 | 16 | | 221.7 | 221.7 |
| 10-6-5 | 棉毛交织 | 12 | 14.0 | 224.5 | 238.5 |
| 10-6-6 | 毛丝棉交织 | 5 | | 194.6 | 194.6 |
| 10-7 | 染炼 | | | | |

续表

| 分类号码 | 业　　别 | 厂数 | 各种动力机马力 | 外电马力 | 共 |
|---|---|---|---|---|---|
| 10-7-1 | 丝光纱线 | 11 | | 79.0 | 79.0 |
| 10-7-2 | 呢布 | 7 | 100.0 | 780.0 | 880.0 |
| 10-7-3 | 绸布 | 4 | | 13.0 | 13.0 |
| 10-7-4 | 丝毛织物 | 7 | | 167.5 | 167.5 |
| 10-7-5 | 染袜 | 1 | | 3.0 | 3.0 |
| 10-7-6 | 代客染炼 | 2 | | 31.5 | 31.5 |
| 10-8 | 印花 | | | | |
| 10-8-1 | 浆印 | 12 | | 24.0 | 24.0 |
| 10-8-2 | 水印 | 7 | | 12.0 | 12.0 |
| 10-9 | 造线 | | | | |
| 10-9-1 | 纱线团 | 7 | | 39.0 | 39.0 |
| 10-9-2 | 蜡光线 | 2 | | 55.0 | 55.0 |
| 10-9-3 | 各种制就经纬线 | 2 | 150.0 | 35.0 | 185.0 |
| 10-10 | 边带 | | | | |
| 10-10-1 | 边 | | | | |
| 10-10-1-1 | 完全人造丝 | 12 | | 50.0 | 50.0 |
| 10-10-1-2 | 棉与人造丝兼用 | 6 | | 309.5 | 309.5 |
| 10-10-1-3 | 丝与人造丝兼用 | 1 | | 3.0 | 3.0 |
| 10-10-1-4 | 完全棉纱 | 1 | | 3.5 | 3.5 |
| 10-10-2 | 带 | | | | |
| 10-10-2-1 | 完全棉纱 | 5 | | 28.0 | 28.0 |
| 10-10-2-2 | 棉与人造丝兼用 | 1 | | 2.5 | 2.5 |
| 10-10-2-3 | 棉与人造丝橡皮兼用 | 3 | | 11.0 | 11.0 |

续表

| 分类号码 | 业　别 | 厂数 | 各种动力机马力 | 外电马力 | 共 |
|---|---|---|---|---|---|
| 10－11 | 绒布整理 | 2 | | 23.0 | 23.0 |
| | 第十大类　总数 | 545 | 8,291.0 | 46,856.7 | 55,147.7 |
| | 第十一大类　服用品业 | | | | |
| 11－1 | 织袜 | | | | |
| 11－1－1 | 纱线袜 | | | | |
| 11－1－1－1 | 完全用纱 | 11 | | 79.5 | 79.5 |
| 11－1－1－2 | 完全用线 | 17 | 25.0 | 405.0 * | 430.0 * |
| 11－1－1－3 | 纱与线兼用 | 5 | | 50.0 | 50.0 |
| 11－1－1－4 | 代织 | 1 | | | |
| 11－1－2 | 丝袜 | | | | |
| 11－1－2－1 | 纯丝 | 2 | | | |
| 11－1－2－2 | 丝与纱线兼用 | 14 | | 101.5 | 101.5 |
| 11－1－2－3 | 人造丝纱线兼用 | 10 | | 10.0 | 10.0 |
| 11－1－2－4 | 丝与人造丝兼用 | 1 | | | |
| 11－1－2－5 | 丝人造丝纱线兼用 | 10 | | 24.5 | 24.5 |
| 11－1－3 | 毛袜（纯毛） | 1 | | | |
| 11－1－4 | 纱丝毛袜 | 2 | | | |
| 11－1－5 | 缝袜头 | 3 | | 2.2 | 2.2 |
| 11－1－6 | 袜厂兼出他种服用品 | 24 | | 45.7 | 45.7 |
| 11－2 | 制帽 | | | | |
| 11－2－1 | 草帽 | 3 | | 1.0 | 1.0 |
| 11－2－2 | 呢帽 | 1 | | 5.0 | 5.0 |
| 11－2－3 | 便帽 | 1 | | | |

续表

| 分类号码 | 业　　别 | 厂数 | 各种动力机马力 | 外电马力 | 共 |
|---|---|---|---|---|---|
| 11-2-4 | 草呢帽 | 6 | | 146.0 | 146.0 * |
| 11-2-5 | 草便帽 | 1 | | | |
| 11-3 | 制伞 | | | | |
| 11-3-1 | 阳伞杆 | 1 | | | |
| 11-3-2 | 阳伞 | 13 | | 30.0 | 30.0 |
| 11-4 | 手帕 | | | | |
| 11-4-1 | 手帕 | 6 | | 28.5 | 28.5 |
| 11-4-2 | 手帕及其他 | 4 | | 8.5 | 8.5 |
| 11-5 | 衫裤 | | | | |
| 11-5-1 | 丝制衫裤 | 3 | | 102.0 | 102.0 |
| 11-5-2 | 纱及线制衫裤 | 9 | | 577.0 | 577.0 |
| 11-5-3 | 纱及毛制衫裤 | 11 | | 150.5 | 150.5 |
| 11-5-4 | 汗布制衫裤 | 1 | | 1.0 | 1.0 |
| 11-6 | 其他服用品 | | | | |
| 11-6-1 | 领带围巾手套等 | 6 | | 19.0 | 19.0 |
| 11-6-2 | 纽扣 | 3 | | 8.0 | 8.0 |
| 11-6-3 | 鞋 | 1 | | | |
| | 第十一大类　总数 | 171 | 25.0 * | 1,794.9 * | 1,819.9 |
| | 第十二大类　皮革及橡胶品制造业 | | | | |
| 12-1 | 制革 | | | | |
| 12-1-1 | 各种软皮面子皮 | 4 | 70.0 | 77.5 | 147.5 |
| 12-1-2 | 各种硬皮底皮 | 7 | 107.5 | 209.0 | 316.5 |
| 12-1-3 | 其他 | 7 | | 82.0 | 82.0 |

续表

| 分类号码 | 业　　别 | 厂数 | 各种动力机马力 | 外电马力 | 共 |
|---|---|---|---|---|---|
| 12-2 | 皮革制品 | | | | |
| 12-2-1 | 军服及其他军用品 | 3 | | | |
| 12-2-2 | 皮夹皮箱等 | 2 | | | |
| 12-2-3 | 皮鞋 | 4 | | | |
| 12-3 | 橡胶制品 | | | | |
| 12-3-1 | 鞋 | 24 | 941.7 | 3,168.7 | 4,110.4 |
| 12-3-2 | 鞋底鞋跟及他物 | 5 | 35.0 | 73.0 | 108.0 |
| 12-4 | 他种胶 | 1 | 32.0 | 70.0 | 102.0 |
| | 第十二大类　总数 | 57 | 1,186.2 | 3,680.2 | 4,866.4 |
| | 第十三大类　饮食品业 | | | | |
| 13-1 | 碾米 | 12 | | 627.0* | 627.0* |
| 13-2 | 面粉 | 15 | 325.0 | 11,365.8 | 11,690.8 |
| 13-3 | 米粉及其他谷粉 | 4 | | 25.0 | 25.0 |
| 13-4 | 制糖 | 4 | | 6.0 | 6.0 |
| 13-5 | 饼干面包糖果罐头 | | | | |
| 13-5-1 | 饼干 | 9 | | 37.0 | 37.0 |
| 13-5-2 | 面包 | 1 | | | |
| 13-5-3 | 糖果及糖渍品 | 3 | | | |
| 13-5-4 | 罐头 | 1 | | 5.0 | 5.0 |
| 13-5-5 | 其他 | 5 | | 60.5 | 60.5 |
| 13-6 | 榨油 | | | | |
| 13-6-1 | 豆油 | 3 | 290.0 | | 290.0 |
| 13-6-2 | 花生油 | 3 | 60.0 | 8.0 | 68.0 |

续表

| 分类号码 | 业　别 | 厂数 | 各种动力机马力 | 外电马力 | 共 |
|---|---|---|---|---|---|
| 13-6-3 | 棉籽油 | 5 | 432.0 | 373.0 | 805.0 |
| 13-6-4 | 一般及其他植物油 | 2 | 175.0 | 543.0 | 718.0 |
| 13-6-5 | 动物油 | 1 | | | |
| 13-7 | 制茶 | | | | |
| 13-7-1 | 机器制茶 | 19 | | 107.5 | 107.5 |
| 13-7-2 | 锅制茶 | 12 | | 55.5 | 55.5 |
| 13-8 | 卷烟 | | | | |
| 13-8-1 | 雪茄烟 | 5 | | 5.0 | 5.0 |
| 13-8-2 | 纸卷烟 | 46 | | 2,721.5 | 2,721.5 |
| 13-9 | 造酒 | 1 | | | |
| 13-10 | 清凉饮料 | 2 | 3.0 | 83.0 | 86.0 |
| 13-11 | 各种调味品 | 8 | 68.0 | 95.5 | 163.5 |
| 13-12 | 牲肠 | 3 | | | |
| 13-13 | 食盐 | 1 | | * | * |
| 13-14 | 冰蛋 | 1 | | 200.0 | 200.0 |
| 13-15 | 其他食品 | | | | |
| 13-15-1 | 面筋淀粉 | 2 | | 10.5 | 10.5 |
| 13-15-2 | 豆腐制品 | 3 | | 9.5 | 9.5 |
| 13-16 | 造冰冷藏 | 4 | 200.0 | 190.0 | 390.0 |
| | 第十三大类　总数 | 175 | 1,553.0 | 16,528.3 * | 18,081.3 * |
| | 第十四大类　造纸印刷业 | | | | |
| 14-1 | 造纸 | | | | |
| 14-1-1 | 纸 | 7 | 1,337.0 | 2,641.0 | 3,978.0 |

续表

| 分类号码 | 业　　别 | 厂数 | 各种动力机马力 | 外电马力 | 共 |
|---|---|---|---|---|---|
| 14－1－2 | 纸版 | 1 | | 2,500.0 | 2,500.0 |
| 14－1－3 | 锡纸 | 1 | | 8.0 | 8.0 |
| 14－2 | 印刷 | | | | |
| 14－2－1 | 报纸 | 5 | | 887.7 | 887.7 |
| 14－2－2 | 图书 | 10 | | 1,771、8 | 1,771.8 |
| 14－2－3 | 铅印 | | | | |
| 14－2－3－1 | 全开机 | 13 | | 92.5 | 92.5 |
| 14－2－3－2 | 对开机 | 9 | | 45.5 | 45.5 |
| 14－2－3－3 | 四开六开机 | 10 | | 19.5 | 19.5 |
| 14－2－3－4 | 脚踏机 | 4 | | | |
| 14－2－3－5 | （未分类） | 4 | | 12.0 | 12.0 |
| 14－2－4 | 橡皮印 | 7 | | 85.5 | 85.5 |
| 14－2－5 | 石印 | 18 | | 147.0 | 147.0 |
| 14－2－6 | 石印兼铅印 | 4 | | 25.5 | 25.5 |
| 14－2－7 | 橡皮印兼石印 | 16 | | 425.0 | 425.0 |
| 14－2－8 | 其他 | 6 | | 100.5 | 100.5 |
| 14－3 | 订书 | 14 | | | |
| 14－4 | 纸制品 | | | | |
| 14－4－1 | 信封纸袋 | 3 | | 7.0 | 7.0 |
| 14－4－2 | 纸盒 | 20 | | 90.0 | 90.0 |
| 14－4－3 | 卡纸片 | 2 | | 15.0 | 15.0 |
| 14－5 | 制版 | 1 | | | |

续表

| 分类号码 | 业　　别 | 厂数 | 各种动力机马力 | 外电马力 | 共 |
|---|---|---|---|---|---|
| | 第十四大类　总数 | 155 | 1,337.0 | 8,873.5 | 10,210.5 |
| | 第十五大类　饰物仪器等业 | | | | |
| 15－1 | 乐器 | | | | |
| 15－1－1 | 风琴 | 9 | | 3.0 | 3.0 |
| 15－1－2 | 钢琴 | 2 | | | |
| 15－1－3 | 唱机唱片 | 5 | | 35.0 | 35.0 |
| 15－1－4 | 他种乐器 | 2 | | | |
| 15－2 | 教育用品及玩具 | | | | |
| 15－2－1 | 墨 | 4 | | 8.0 | 8.0 |
| 15－2－2 | 文具 | 5 | | 15.5 * | 15.5 * |
| 15－2－3 | 玩具 | 6 | | 9.9 | 9.9 |
| 15－3 | 仪器 | 5 | | 22.0 | 22.0 |
| 15－4 | 钟表 | 1 | | 8.0 | 8.0 |
| | 第十五大类　总数 | 39 | | 101.4 | 101.4 |
| | 第十六大类　其他工业 | | | | |
| 16－1 | 牙刷 | 6 | | 105.0 | 105.0 |
| 16－2 | 镜 | 4 | | 70.0 | 70.0 |
| 16－3 | 煤球 | 12 | 256.0 | 338.0 | 594.0 |
| 16－4 | 草绳 | 10 | | | |
| | 第十六大类　总数 | 32 | 256.0 | 513.0 | 769.0 |
| | 十六大类　总数 | 1,672 | 68,175.0 * | 90,213.7 * | 158,388.7 * |

## 甲六表　开工时日与平均营业时期

| 分类号码 | 业　　别 | 厂数 | 每日开工时数(1) | 每年开工日数(2) | 平均营业时期(3) |
|---|---|---|---|---|---|
| | 第一大类　木材制造业 | | | | |
| 1-1 | 锯木 | 8 | 10.7+2.2 | 343.7 | 9/7 |
| 1-2 | 制木箱 | 1 | 10.0+ * | 360.0 | 4/ |
| 1-3 | 其他木制品 | 2 | 10.0+4.0 | 324.0 | 8/9 |
| 1-4 | 软木制品 | 3 | 9.3+2.2 | 340.0 | 17/ |
| 1-5 | 竹制品 | 1 | 9.5+3.0 | * | 5/ |
| | 第一大类　总数 | 15 | 10.4+2.4 | 341.1 | 3/11 |
| | 第二大类　家具制造业 | | | | |
| 2-1 | 木制家具 | 3 | 9.2+4.3 | 365.0 | 36/ |
| 2-2 | 铁制家具 | 9 | 10.6+4.3 | 357.7 | 7/9 |
| 2-3 | 地毯 | 5 | 9.8+0.6 | 362.0 | 12/9 |
| | 第二大类　总数 | 17 | 10.1+3.1 | 360.2 | 14/2 |
| | 第三大类　冶炼业 | | | | |
| 3-1 | 翻砂 | | | | |
| 3-1-1 | 机器 | 3 | 9.3+3.8 | 360.0 | 7/9 |
| 3-1-2 | 机器零件配件等 | 22 | 9.9+2.4 | 352.2 | 8/2 |
| 3-1-3 | 铁管 | 4 | 9.0+3.6 | 357.0 | 9/5 |
| 3-1-4 | 其他 | 6 | 9.9+1.5 | 360.0 | 13/1 |
| 3-2 | 熔炼 | 1 | 8.0+0 | 306.0 | /7 |
| | 第三大类　总数 | 36 | 9.7+2.6 | 353.4 | 8/10 |
| | 第四大类　机械及金属制品业 | | | | |
| 4-1 | 机器 | | | | |
| 4-1-1 | 印刷机 | | | | |
| 4-1-1-1 | 印刷机 | 13 | 10.4+2.4 | 355.7 | 11/1 |

续表

| 分类号码 | 业　别 | 厂数 | 每日开工时数(1) | 每年开工日数(2) | 平均营业时期(3) |
|---|---|---|---|---|---|
| 4-1-1-2 | 零件 | 1 | 10.0+3.0 | 365.0 | 3/ |
| 4-1-2 | 针织机 | | | | |
| 4-1-2-1 | 针织机 | 23 | 9.2+2.6 | 341.2 | 11/ |
| 4-1-2-2 | 零件 | 4 | 12.6+0 | 322.0 | 1/4 |
| 4-1-3 | 纺织染机 | | | | |
| 4-1-3-1 | 纺织染机 | 20 | 9.9+3.3 | 344.1 | 7/7 |
| 4-1-3-2 | 零件 | 5 | 12.1+1.4 | 349.6 | 11/9 |
| 4-1-3-3 | 纱管 | 7 | 9.2+3.6 | 330.3 | 6/1 |
| 4-1-4 | 发动机等 | 21 | 10.2+2.5 | 352.6 | 11/7 |
| 4-1-5 | 他种机器 | 8 | 9.8+3.6 | 360.6 | 10/8 |
| 4-1-6 | 各种机器 | 16 | 9.8+2.1 | 350.2 | 10/9 |
| 4-1-7 | 各种机器零件 | 9 | 9.8+3.1 | 360.0 | 11/ |
| 4-1-8 | 制造并修理各种机器及配件 | 29 | 9.1+3.9 | 357.0 | 11/4 |
| 4-1-9 | 修理各种机器及零件 | 24 | 9.6+3.1 | 353.9 | 8/6 |
| 4-2 | 金属制品 | | | | |
| 4-2-1 | 锅炉冷作 | 5 | 8.8+1.0 | 361.0 | 18/10 |
| 4-2-2 | 磅秤 | 4 | 9.0+2.2 | 360.0 | 7/3 |
| 4-2-3 | 钉 | 6 | 11.2+2.3 | 356.5 | 4/10 |
| 4-2-4 | 瓶罐盒匣 | 23 | 10.0+3.1 | 338.7 | 5/11 |
| 4-2-5 | 钢精器皿 | 4 | 9.6+2.6 | 356.5 | 6/ |
| 4-2-6 | 龙头 | 5 | 11.0+2.8 | 362.0 | 8/3 |
| 4-2-7 | 灯 | 6 | 10.0+2.6 | 344.8 | 6/11 |
| 4-2-8 | 金属杂制品 | 8 | 10.0+3.4 | 355.2 | 7/6 |
| 4-3 | 电器 | | | | |

续表

| 分类号码 | 业　　别 | 厂数 | 每日开工时数(1) | 每年开工日数(2) | 平均营业时期(3) |
|---|---|---|---|---|---|
| 4-3-1 | 电灯泡 | 5 | 10.3+1.9 | 336.0 | 3/1 |
| 4-3-2 | 年红灯 | 1 | 8.0+3.0 | 312.0 | 1/6 |
| 4-3-3 | 电扇电锅等 | 3 | 10.3+2.3 | 348.0 | 12/ |
| 4-3-4 | 电气材料 | 7 | 9.8+4.1 | 345.3 | 14/4 |
| 4-3-5 | 电筒 | 16 | 9.7+3.2 | 351.5 | 2/11 |
| 4-3-6 | 电池 | 8 | 8.2+2.0 | 319.2 | 5/2 |
| 4-3-7 | 电镀 | 13 | 10.3+3.1 | 348.5 | 5/9 |
| 4-3-8 | 电焊 | 1 | 9.0+0 | 365.0 | 1/7 |
| | 第四大类　总数 | 295 | 9.8+2.9 | 348.7 | 8/9 |
| | 第五大类　交通用具业 | | | | |
| 5-1 | 造船 | | | | |
| 5-1-1 | 制造轮船 | 4 | 10.0+1.7 | 348.0 | 23/7 |
| 5-1-2 | 修理及零件 | 5 | 9.6+3.0 | 362.0 | 12/5 |
| 5-2 | 造车 | | | | |
| 5-2-1 | 铁路机厂 | 1 | 10.0+0 | 280.0 | 25/ |
| 5-2-2 | 电车(兼造船) | 1 | 9.0+5.0 | 360.0 | 4/5 |
| 5-2-3 | 自行车 | 1 | 8.0+0 | 260.0 | 1/ |
| 5-2-4 | 人力车(车轮车轴) | 8 | 10.5+3.9 | 351.0 | 7/1 |
| 5-3 | 其他(救火车) | 1 | 9.0+3.0 | 360.0 | 14/ |
| | 第五大类　总数 | 21 | 9.8+3.0 | 345.7 | 12/3 |
| | 第六大类　土石制造业 | | | | |
| 6-1 | 砖瓦 | 5 | 10.9+2.0 | 336.4 | 7/5 |
| 6-2 | 玻璃 | | | | |
| 6-2-1 | 热水瓶 | 2 | 9.7+0 | 348.0 | 9/6 |

续表

| 分类号码 | 业　　别 | 厂数 | 每日开工时数(1) | 每年开工日数(2) | 平均营业时期(3) |
|---|---|---|---|---|---|
| 6-2-2 | 制瓶及灯罩等 | 14 | 10.6+0 | 284.9 | 6/7 |
| 6-2-3 | 玻璃车边 | 8 | 9.3+3.4 | 328.8 | 3/7 |
| 6-3 | 水泥 | 1 | 21.0+0 | * | 8/4 |
| 6-4 | 石粉及石 | | | | |
| 6-4-1 | 石灰 | 5 | 13.1+0.7 | 285.6 | 7/2 |
| 6-4-2 | 石粉及石子 | 9 | 10.1+2.2 | 345.5 | 4/9 |
| | 第六大类　总数 | 44 | 10.8+2.3 | 314.0 | 6/1 |
| | 第七大类　建筑工程业 | | | | |
| 7-1 | 建筑材料 | 5 | 9.2+0 | 357.0 | 12/11 |
| | 第七大类　总数 | 5 | 9.2+0 | 357.0 | 12/11 |
| | 第八大类　公用事业 | | | | |
| 8-1 | 水电 | 5 | 15.2+1.0 | 345.0 | 17/6 |
| | 第八大类　总数 | 5 | 15.2+1.0 | 345.0 | 17/6 |
| | 第九大类　化学工业 | | | | |
| 9-1 | 火柴 | | | | |
| 9-1-1 | 火柴 | 3 | 10.0+* | 344.3 | 2/6 |
| 9-1-2 | 梗片 | 1 | 8.0+0 | * | 16/7 |
| 9-2 | 皂烛碱 | | | | |
| 9-2-1 | 皂 | 11 | 8.8+1.0 | 311.1 | 10/4 |
| 9-2-2 | 碱 | 1 | 24.0+0 | 336.0 | 1/9 |
| 9-2-3 | 皂烛碱兼制 | 2 | 8.5+0 | 362.5 | 18/10 |
| 9-3 | 搪瓷 | | | | |
| 9-3-1 | 搪瓷器皿 | 8 | 16.1+1.1 | 325.0 | 4/10 |
| 9-3-2 | 制坯 | 2 | 9.7+3.2 | 324.0 | 1/10 |

续表

| 分类号码 | 业　　别 | 厂数 | 每日开工时数(1) | 每年开工日数(2) | 平均营业时期(3) |
|---|---|---|---|---|---|
| 9－4 | 油漆油墨 | | | | |
| 9－4－1 | 油漆 | 4 | 12.0＋0.7 | 337.5 | 9/10 |
| 9－4－2 | 油墨 | 5 | 10.8＋0.8 | 344.0 | 5/9 |
| 9－5 | 化妆品 | 13 | 8.8＋1.6 | 307.1 | 6/11 |
| 9－6 | 制药 | 2 | 8.0＋3.7 | 324.0 | 6/ |
| 9－7 | 冲象牙及其他合成品 | 6 | 9.7＋0.4 | 350.4 | 3/5 |
| 9－8 | 其他化学工业 | 2 | 15.0＋5.0 | 315.5 | 8/4 |
| | 第九大类　总数 | 60 | 10.8＋1.6 | 325.2 | 7/2 |
| | 第十大类　纺织工业 | | | | |
| 10－1 | 棉纺织 | | | | |
| 10－1－1 | 轧花 | 8 | 11.7＋0 | 215.5 | 14/6 |
| 10－1－2 | 弹花 | 3 | 13.0＋3.3 | 344.3 | 6/3 |
| 10－1－3 | 棉纺 | | | | |
| 10－1－3－1 | 完全纱 | 14 | 22.8＋0 | 326.2 | 8/7 |
| 10－1－3－2 | 纱线制 | 3 | 23.3＋0 | 328.0 | 10/11 |
| 10－1－3－3 | 纺纱兼织布 | 12 | 22.4＋0 | 320.2 | 15/7 |
| 10－1－4 | 棉织 | | | | |
| 10－1－4－1 | 完全用纱 | 23 | 11.6＋3.5 | 344.4 | 7/5 |
| 10－1－4－2 | 纱及线兼用 | 27 | 10.4＋2.2 | 336.6 | 7/6 |
| 10－1－4－3 | 完全用线 | 6 | 10.9＋0.5 | 362.5 | 5/1 |
| 10－1－4－4 | 针织汗布 | 3 | 10.7＋10.0 | 268.0 | 2/3 |
| 10－1－4－5 | 毛巾被单 | 4 | 8.7＋1.3 | 279.3 | 7/8 |
| 10－1－5 | 其他棉纺织 | 2 | 11.5＋0 | 360.0 | 6/5 |
| 10－2 | 人造丝织品 | 7 | 14.7＋3.0 | 329.4 | 3/1 |

续表

| 分类号码 | 业　　别 | 厂数 | 每日开工时数(1) | 每年开工日数(2) | 平均营业时期(3) |
|---|---|---|---|---|---|
| 10－3 | 丝及丝织 | | | | |
| 10－3－1 | 缫丝 | | | | |
| 10－3－1－1 | 厂丝 | 66 | 10.7＋0 | 234.2 | 4/2 |
| 10－3－1－2 | 双宫 | 4 | 11.0＋0 | 307.0 | 5/4 |
| 10－3－1－3 | 其他特种 | 3 | 14.7＋0.7 | 312.7 | 6/7 |
| 10－3－2 | 丝织 | 35 | 13.7＋1.2 | 335.2 | 2/11 |
| 10－4 | 毛纺织 | | | | |
| 10－4－1 | 毛纺 | 1 | 10.0＋0 | 336.0 | /8 |
| 10－4－2 | 毛织 | 1 | 9.0＋8.0 | 336.0 | 13/ |
| 10－4－3 | 毛纺织 | 1 | 20.0＋0 | 336.0 | 2/2 |
| 10－5 | 其他动物纤维 | 1 | 10.5＋0 | 360.0 | 8/ |
| 10－6 | 交织 | | | | |
| 10－6－1 | 棉人造丝交织 | 147 | 12.9＋1.8 | 331.3 | 2/ |
| 10－6－2 | 棉丝交织 | 4 | 15.4＋1.4 | 335.0 | 2/ |
| 10－6－3 | 丝人造丝交织 | 44 | 14.6＋2.6 | 333.0 | 2/3 |
| 10－6－4 | 棉丝人造丝交织 | 16 | 14.2＋1.3 | 329.7 | 2/8 |
| 10－6－5 | 棉毛交织 | 12 | 12.9＋1.4 | 318.5 | 2/6 |
| 10－6－6 | 毛丝棉交织 | 5 | 11.1＋2.5 | 340.0 | 2/11 |
| 10－7 | 染炼 | | | | |
| 10－7－1 | 丝光纱线 | 11 | 8.9＋1.4 | 346.0 | 5/ |
| 10－7－2 | 呢布 | 7 | 13.3＋2.6 | 332.0 | 2/5 |
| 10－7－3 | 绸布 | 4 | 11.0＋3.0 | 296.0 | 8/ |
| 10－7－4 | 丝毛织物 | 7 | 10.1＋3.0 | 346.1 | 8/2 |
| 10－7－5 | 染袜 | 1 | 10.0＋0 | * | 10/ |

续表

| 分类号码 | 业　　别 | 厂数 | 每日开工时数(1) | 每年开工日数(2) | 平均营业时期(3) |
|---|---|---|---|---|---|
| 10－7－6 | 代客染炼 | 2 | 23.0＋0 | 313.5 | 3/11 |
| 10－8 | 印花 | | | | |
| 10－8－1 | 浆印 | 12 | 9.3＋2.8 | 321.4 | 3/7 |
| 10－8－2 | 水印 | 7 | 11.3＋1.7 | 318.3 | 8/5 |
| 10－9 | 造线 | | | | |
| 10－9－1 | 纱线团 | 7 | 9.8＋1.3 | 305.0 | 4/6 |
| 10－9－2 | 蜡光线 | 2 | 10.0＋3.2 | 318.0 | 10/ |
| 10－9－3 | 各项制就经纬线 | 2 | 10.5＋6.7 | 339.0 | 1/5 |
| 10－10 | 边带 | | | | |
| 10－10－1 | 边 | | | | |
| 10－10－1－1 | 完全人造丝 | 12 | 11.8＋3.8 | 307.8 | 5/9 |
| 10－10－1－2 | 棉与人造丝兼用 | 6 | 15.5＋2.0 | 331.5 | 6/6 |
| 10－10－1－3 | 丝与人造丝兼用 | 1 | 10.0＋0 | * | 5/6 |
| 10－10－1－4 | 完全棉纱 | 1 | 12.0＋0 | 360.0 | 1/2 |
| 10－10－2 | 带 | | | | |
| 10－10－2－1 | 完全棉纱 | 5 | 11.8＋0.6 | 328.2 | 8/9 |
| 10－10－2－2 | 棉与人造丝兼用 | 1 | 13.0＋0 | 308.0 | 2/6 |
| 10－10－2－3 | 棉与人造丝橡皮兼用 | 3 | 12.8＋1.5 | 353.7 | 4/6 |
| 10－11 | 绒布整理 | 2 | 15.0＋1.5 | 264.0 | /3 |
| | 第十大类　总数 | 545 | 13.1＋2.1 | 328.3 | 4/3 |
| | 第十一大类　服用品业 | | | | |
| 11－1 | 织袜 | | | | |
| 11－1－1 | 纱线袜 | | | | |
| 11－1－1－1 | 完全用纱 | 11 | 12.9＋2.2 | 290.0 | 4/3 |

续表

| 分类号码 | 业　　别 | 厂数 | 每日开工时数(1) | 每年开工日数(2) | 平均营业时期(3) |
|---|---|---|---|---|---|
| 11-1-1-2 | 完全用线 | 17 | 16.4+1.0 | 330.6 | 6/5 |
| 11-1-1-3 | 纱与线兼用 | 5 | 11.4+0 | 280.0 | 7/1 |
| 11-1-1-4 | 代织 | 1 | 8.0+2.0 | 280.0 | /9 |
| 11-1-2 | 丝袜 | | | | |
| 11-1-2-1 | 纯丝 | 2 | 11.0+0 | 324.0 | 13/ |
| 11-1-2-2 | 丝与纱线兼用 | 14 | 9.7+3.1 | 301.5 | 6/5 |
| 11-1-2-3 | 人造丝纱线兼用 | 10 | 10.0+3.2 | 327.8 | 6/5 |
| 11-1-2-4 | 丝与人造丝兼用 | 1 | 10.0+0 | 360.0 | /11 |
| 11-1-2-5 | 丝人造丝纱线兼用 | 10 | 9.8+2.0 | 300.7 | 9/ |
| 11-1-3 | 毛袜(纯毛) | 1 | 9.0+3.0 | 290.0 | 4/ |
| 11-1-4 | 纱丝毛袜 | 2 | 8.0+0 | 342.0 | 3/6 |
| 11-1-5 | 缝袜头 | 3 | 9.0+2.5 | 342.0 | 6/ |
| 11-1-6 | 机厂兼出他种服用品 | 24 | 9.8+2.6 | 316.2 | 6/4 |
| 11-2 | 制帽 | | | | |
| 11-2-1 | 草帽 | 3 | 10.0+0 | 228.7 | 3/1 |
| 11-2-2 | 呢帽 | 1 | 10.0+4.0 | 180.0 | 2/7 |
| 11-2-3 | 便帽 | 1 | 11.0+4.0 | 300.0 | 5/ |
| 11-2-4 | 草呢帽 | 6 | 10.2+1.5 | 267.0 | 6/11 |
| 11-2-5 | 草便帽 | 1 | 10.0+3.0 | 280.0 | 20/ |
| 11-3 | 制伞 | | | | |
| 11-3-1 | 阳伞杆 | 1 | * + * | * | 3/ |
| 11-3-2 | 阳伞 | 13 | 11.3+0.7 | 213.2 | 6/7 |
| 11-4 | 手帕 | | | | |
| 11-4-1 | 手帕 | 6 | 9.3+2.8 | 344.0 | 5/7 |

续表

| 分类号码 | 业　　别 | 厂数 | 每日开工时数(1) | 每年开工日数(2) | 平均营业时期(3) |
|---|---|---|---|---|---|
| 11－4－2 | 手帕及其他 | 4 | 10.0＋2.6 | 315.7 | 7/5 |
| 11－5 | 衫裤 | | | | |
| 11－5－1 | 丝制衫裤 | 3 | 9.7＋0 | 344.0 | 2/1 |
| 11－5－2 | 纱及线制衫裤 | 9 | 11.8＋2.7 | 310.0 | 6/6 |
| 11－5－3 | 纱及毛制衫裤 | 11 | 10.2＋1.8 | 290.7 | 4/3 |
| 11－5－4 | 汗布制衫裤 | 1 | (4) | 360.0 | 2/7 |
| 11－6 | 其他服用品 | | | | |
| 11－6－1 | 领带围巾手套等 | 6 | 9.3＋1.7 | 287.3 | 3/1 |
| 11－6－2 | 纽扣 | 3 | 10.0＋1.6 | 304.0 | 5/8 |
| 11－6－3 | 鞋 | 1 | 10.0＋0 | 280.0 | 2/9 |
| | 第十一大类　总数 | 171 | 10.9＋2.2 | 300.8 | 6/ |
| | 第十二大类　皮革及橡胶品制造业 | | | | |
| 12－1 | 制革 | | | | |
| 12－1－1 | 各种软皮面子皮 | 4 | 9.4＋0.9 | 337.2 | 8/4 |
| 12－1－2 | 各种硬皮底皮 | 7 | 9.3＋1.1 | 346.4 | 9/5 |
| 12－1－3 | 其他 | 7 | 10.1＋0.3 | 338.8 | 6/2 |
| 12－2 | 皮革制品 | | | | |
| 12－2－1 | 军服及其他军用品 | 3 | 15.0＋0 | 360.0 | 9/5 |
| 12－2－2 | 皮夹皮箱等 | 2 | 11.0＋2.0 | 336.0 | 8/3 |
| 12－2－3 | 皮鞋 | 4 | 9.9＋2.4 | 345.0 | 15/6 |
| 12－3 | 橡胶制品 | | | | |
| 12－3－1 | 鞋 | 24 | 12.1＋1.8 | 328.6 | 2/ |
| 12－3－2 | 鞋底鞋跟及他物 | 5 | 9.7＋3.0 | 350.4 | 4/3 |
| 12－4 | 他种胶 | 1 | 24.0＋0 | 180.0 | 11/ |

续表

| 分类号码 | 业　　别 | 厂数 | 每日开工时数(1) | 每年开工日数(2) | 平均营业时期(3) |
|---|---|---|---|---|---|
| | 第十二大类　总数 | 57 | 11.1+1.6 | 334.4 | 5/11 |
| | 第十三大类　饮食品业 | | | | |
| 13-1 | 碾米 | 12 | 9.4+1.8 | 361.7 | 8/2 |
| 13-2 | 面粉 | 15 | 20.7+1.0 | 303.1 | 15/4 |
| 13-3 | 米粉及其他谷粉 | 4 | 10.0+0 | 363.3 | 4/3 |
| 13-4 | 制糖 | 4 | 8.5+1.7 | 332.7 | 2/5 |
| 13-5 | 饼干面包糖果罐头 | | | | |
| 13-5-1 | 饼干 | 9 | 9.9+1.0 | 352.1 | 5/11 |
| 13-5-2 | 面包 | 1 | 20.0+0 | 360.0 | 3/11 |
| 13-5-3 | 糖果及糖渍品 | 3 | 9.3+0.7 | 260.0 | 3/3 |
| 13-5-4 | 罐头 | 1 | 10.0+0 | 324.0 | 7/ |
| 13-5-5 | 其他 | 5 | 12.7+2.0 | 354.0 | 10/9 |
| 13-6 | 榨油 | | | | |
| 13-6-1 | 豆油 | 3 | 11.7+6.3 | 281.7 | 3/6 |
| 13-6-2 | 花生油 | 3 | 12.0+6.0 | 340.0 | 17/ |
| 13-6-3 | 棉籽油 | 5 | 13.4+2.5 | 271.8 | 13/6 |
| 13-6-4 | 一般及其他植物油 | 2 | 19.5+0 | 294.0 | 31/ |
| 13-6-5 | 动物油 | 1 | * + * | 365.0 | 11/ |
| 13-7 | 制茶 | | | | |
| 13-7-1 | 机器制茶 | 19 | 10.0+4.4 | 180.0 | 7/7 |
| 13-7-2 | 锅制茶 | 12 | 10.0+4.6 | 166.0 | 5/10 |
| 13-8 | 卷烟 | | | | |
| 13-8-1 | 雪茄烟 | 5 | 9.2+0 | 308.8 | 10/3 |
| 13-8-2 | 纸卷烟 | 46 | 9.8+5.5 | 319.3 | 4/11 |

续表

| 分类号码 | 业　　别 | 厂数 | 每日开工时数(1) | 每年开工日数(2) | 平均营业时期(3) |
|---|---|---|---|---|---|
| 13－9 | 造酒 | 1 | 9.0＋0 | 360.0 | 8/ |
| 13－10 | 清凉饮料 | 2 | 9.0＋2.5 | 240.0 | 15/ |
| 13－11 | 各种调味品 | 8 | 16.3＋0.6 | 322.7 | 3/11 |
| 13－12 | 牲肠 | 3 | 9.3＋4.0 | 361.7 | 8/ |
| 13－13 | 食盐 | 1 | 16.0＋0 | 336.0 | 2/5 |
| 13－14 | 冰蛋 | 1 | 8.0＋＊ | ＊ | 1/ |
| 13－15 | 其他食品 | | | | |
| 13－15－1 | 面筋淀粉 | 2 | 9.5＋1.0 | 362.5 | 3/4 |
| 13－15－2 | 豆腐制品 | 3 | 13.7＋0 | 328.0 | 4/6 |
| 13－16 | 造冰冷藏 | 4 | 8.7＋0 | 353.7 | 4/8 |
| | 第十三大类　总数 | 175 | 11.4＋3.5 | 319.0 | 7/5 |
| | 第十四大类　造纸印刷业 | | | | |
| 14－1 | 造纸 | | | | |
| 14－1－1 | 纸 | 7 | 20.8＋0 | 321.7 | 9/1 |
| 14－1－2 | 纸版 | 1 | 20.0＋0 | 336.0 | 9/7 |
| 14－1－3 | 锡纸 | 1 | ＊＋＊ | 360.0 | 7/6 |
| 14－2 | 印刷 | | | | |
| 14－2－1 | 报纸 | 5 | 12.3＋＊ | 321.6 | 33/6 |
| 14－2－2 | 图书 | 10 | 8.3＋3.7 | 316.0 | 11/11 |
| 14－2－3 | 铅印 | | | | |
| 14－2－3－1 | 全开机 | 13 | 9.3＋2.7 | 324.0 | 7/4 |
| 14－2－3－2 | 对开机 | 9 | 9.0＋4.0 | 329.3 | 10/4 |
| 14－2－3－3 | 四开六开机 | 10 | 9.0＋4.1 | 308.9 | 11/3 |
| 14－2－3－4 | 脚踏机 | 4 | 9.0＋4.0 | 318.0 | 15/9 |

续表

| 分类号码 | 业　　别 | 厂数 | 每日开工时数(1) | 每年开工日数(2) | 平均营业时期(3) |
|---|---|---|---|---|---|
| 14－2－3－5 | （未分类） | 4 | 9.7＋2.2 | 318.0 | 11/1 |
| 14－2－4 | 橡皮印 | 7 | 9.0＋3.7 | 315.4 | 4/10 |
| 14－2－5 | 石印 | 18 | 8.8＋4.0 | 321.9 | 7/6 |
| 14－2－6 | 石印兼铅印 | 4 | 8.7＋4.9 | 318.0 | 5/5 |
| 14－2－7 | 橡皮印兼石印 | 16 | 9.6＋3.8 | 320.2 | 9/1 |
| 14－2－8 | 其他 | 6 | 8.7＋2.7 | 328.0 | 7/2 |
| 14－3 | 订书 | 14 | 9.7＋2.1 | 339.4 | 12/1 |
| 14－4 | 纸制品 | | | | |
| 14－4－1 | 信封纸袋 | 3 | 9.7＋2.7 | 344.0 | 1/5 |
| 14－4－2 | 纸盒 | 20 | 9.7＋2.6 | 332.2 | 5/11 |
| 14－4－3 | 卡纸片 | 2 | 9.5＋3.2 | 322.0 | 12/9 |
| 14－5 | 制版 | 1 | 11.0＋3.5 | 360.0 | 2/ |
| | 第十四大类　总数 | 155 | 9.9＋3.3 | 325.6 | 9/7 |
| | 第十五大类　饰物仪器等业 | | | | |
| 15－1 | 乐器 | | | | |
| 15－1－1 | 风琴 | 9 | 9.7＋2.8 | 347.8 | 12/2 |
| 15－1－2 | 钢琴 | 2 | 10.0＋3.2 | 348.0 | 8/6 |
| 15－1－3 | 唱机唱片 | 5 | 9.0＋3.3 | 336.0 | 9/11 |
| 15－1－4 | 他种乐器 | 2 | 9.7＋4.0 | 365.0 | 4/4 |
| 15－2 | 教育用品及玩具 | | | | |
| 15－2－1 | 墨 | 4 | 9.7＋1.6 | 346.2 | 14/9 |
| 15－2－2 | 文具 | 5 | 9.8＋1.2 | 339.4 | 5/7 |
| 15－2－3 | 玩具 | 6 | 9.7＋2.8 | 348.2 | 5/3 |
| 15－3 | 仪器 | 5 | 9.6＋2.6 | 355.2 | 10/1 |

续表

| 分类号码 | 业　　别 | 厂数 | 每日开工时数(1) | 每年开工日数(2) | 平均营业时期(3) |
|---|---|---|---|---|---|
| 15－4 | 钟表 | 1 | 9.5＋3.0 | 308.0 | 1/1 |
| | 第十五大类　总数 | 39 | 9.6＋2.6 | 346.2 | 9/ |
| | 第十六大类　其他工业 | | | | |
| 16－1 | 牙刷 | 6 | 10.7＋0.5 | 314.7 | 10/11 |
| 16－2 | 镜 | 4 | 9.6＋1.6 | 321.0 | 4/2 |
| 16－3 | 煤球 | 12 | 11.0＋2.5 | 310.6 | 3/11 |
| 16－4 | 草绳 | 10 | 9.8＋0 | 304.1 | 0/6 |
| | 第十六大类　总数 | 32 | 10.5＋1.6 | 311.4 | 7/4 |
| | 十六大类　总数 | 1,672 | 11.2＋2.5 | 329.4 | 6/10 |

附注：

(1)本栏加号(＋)以前数字,指每日平均固定或习惯工作时数,加号以后数字,指固定工作时间以外,因临时之需要,每日平均额外加添之工作时数。

(2)各工业每年开工日数,系由每厂每月工作日数乘每年工作月数算出。在此开工期内全体雇工并不必一概到厂工作。

(3)平均营业时期系指自各厂开工年月起至二十年十二月止之平均时期而言。所谓开工年月多系各厂成立之年月,但有时则为改组之年月。

(4)因包工制关系,工作时数无定。

## 甲七表　上年统计

| 分类号码 | 业　　别 | 厂数 | 十九年薪资额（元） | 十九年工资额（元） | 十九年产额（元） |
|---|---|---|---|---|---|
| | 第一大类　木材制造业 | | | | |
| 1－1 | 锯木 | 8 | 12,887.00* | 52,230.00* | 1,605,555.55* |
| 1－2 | 制木箱 | 1 | 940.00 | 1,800.00 | 69,750.00 |
| 1－3 | 其他木制品 | 2 | 1,030.00 | 1,803.00 | 18,064.00 |
| 1－4 | 软木制品 | 3 | 984.00 | 4,380.00 | 60,000.00 |
| 1－5 | 竹制品 | 1 | 156.00 | 4,500.00 | 20,000.00 |
| | 第一大类　总数 | 15 | 15,997.00* | 64,713.00* | 1,773,369.55* |
| | 第二大类　家具制造业 | | | | |
| 2－1 | 木制家具 | 3 | 2,160.00* | 23,328.00 | 1,150,000.00 |
| 2－2 | 铁制家具 | 9 | 20,308.00 | 53,719.00 | 535,800.00* |
| 2－3 | 地毯 | 5 | 2,388.00 | 18,185.20* | 151,343.95* |
| | 第二大类　总数 | 17 | 24,856.00* | 95,232.20* | 1,837,143.95* |
| | 第三大类　冶炼业 | | | | |
| 3－1 | 翻砂 | | | | |
| 3－1－1 | 机器 | 3 | 1,704.00 | 12,560.00 | 52,830.00 |
| 3－1－2 | 机器零件配件等 | 22 | 8,168.00* | 74,661.00* | 553,700.00* |
| 3－1－3 | 铁管 | 4 | 2,906.00 | 17,971.00 | 152,000.00 |

续表

| 分类号码 | 业别 | 厂数 | 十九年薪资额（元） | 十九年工资额（元） | 十九年产额（元） |
|---|---|---|---|---|---|
| 3－1－4 | 其他 | 6 | 920.00 * | 5,576.00 * | 31,000.00 * |
| 3－2 | 熔炼 | 1 | （1） | （1） | （1） |
|  | 第三大类　总数 | 36 | 13,698.00 * | 110,768.00 * | 789,530.00 * |
|  | 第四大类　机械及金属制品业 |  |  |  |  |
| 4－1 | 机器 |  |  |  |  |
| 4－1－1 | 印刷机 |  |  |  |  |
| 4－1－1－1 | 印刷机 | 13 | 1,740.00(2) * | 11,750.00(2) * | 229,580.00 * |
| 4－1－1－2 | 零件 | 1 | 48.00 | 670.00 | 4,000.00 |
| 4－1－2 | 针织机 |  |  |  |  |
| 4－1－2－1 | 针织机 | 23 | 6,886.00 * | 35,372.00 * | 164,653.15 * |
| 4－1－2－2 | 零件 | 4 | 530.00 | 3,750.00 | 9,934.00 |
| 4－1－3 | 纺织染机 |  |  |  |  |
| 4－1－3－1 | 纺织染机 | 20 | 40,976.00 * | 245,600.00 * | 995,133.33 * |
| 4－1－3－2 | 零件 | 5 | 2,180.00 | 5,402.00 | 59,450.00 |
| 4－1－3－3 | 纱管 | 7 | 7,218.00 | 65,224.67 | 430,077.77 * |
| 4－1－4 | 发动机等 | 21 | 41,009.50 * | 176,913.51 * | 1,192,980.00 * |
| 4－1－5 | 他动机器 | 8 | 2,700.00 * | 24,204.00 * | 134,800.00 * |

续表

| 分类号码 | 业　　别 | 厂数 | 十九年薪资额（元） | 十九年工资额（元） | 十九年产额（元） |
|---|---|---|---|---|---|
| 4－1－6 | 各种机器 | 16 | 21,011.00 | 73,042.00 | 439,088.89* |
| 4－1－7 | 各种机器零件 | 9 | 8,292.00 | 48,530.00 | 283,000.00 |
| 4－1－8 | 制造并修理各种机器及配件 | 29 | 39,792.00(3)* | 149,564.00(3)* | 1,110,750.00 |
| 4－1－9 | 修理各种机器及零件 | 24 | 14,055.00 | 51,727.54* | 313,777.27* |
| 4－2 | 金属制品 | | | | |
| 4－2－1 | 锅炉冷作 | 5 | 2,424.00 | 18,500.00 | 134,611.11 |
| 4－2－2 | 磅秤 | 4 | 3,480.00 | 8,160.00 | 52,000.00 |
| 4－2－3 | 钉 | 6 | 6,544.00 | 20,680.00 | 303,507.78* |
| 4－2－4 | 瓶罐盒匣 | 23 | 49,115.53* | 130,103.99 | 1,747,822.22 |
| 4－2－5 | 钢精器皿 | 4 | 1,596.00 | 22,986.00 | 293,555.56 |
| 4－2－6 | 龙头 | 5 | 1,606.00 | 6,792.00 | 50,000.00* |
| 4－2－7 | 灯 | 6 | 3,258.00 | 13,420.00 | 87,500.00* |
| 4－2－8 | 金属杂制品 | 8 | 3,240.00 | 17,044.00 | 209,917.77 |
| 4－3 | 电器 | | | | |
| 4－3－1 | 电灯泡 | 5 | 14,376.00* | 71,800.00* | 754,000.00* |
| 4－3－2 | 年红灯 | 1 | 4,900.00 | 7,700.00 | 105,000.00 |
| 4－3－3 | 电扇电锅等 | 3 | 8,033.33* | 85,500.00 | 660,666.67 |

续表

| 分类号码 | 业　　别 | 厂数 | 十九年薪资额（元） | 十九年工资额（元） | 十九年产额（元） |
|---|---|---|---|---|---|
| 4－3－4 | 电气材料 | 7 | 41,050.00 | 202,523.00 | 898,102.22 |
| 4－3－5 | 电筒 | 16 | 10,036.00 * | 65,900.00 * | 356,159.96 |
| 4－3－6 | 电池 | 8 | 4,908.00 | 11,400.00 * | 281,000.00 |
| 4－3－7 | 电镀 | 13 | 3,310.00 | 18,624.00 * | 118,502.00 |
| | 第四大类　总数 | 295 | 344,314.36 * | 1,592,882.71 * | 11,419,569.70 * |
| | 第五大类　交通用具业 | | | | |
| 5－1 | 造船 | | | | |
| 5－1－1 | 制造轮船 | 4 | 330,442.63 | 1,637,087.88 | 5,752,012.84 |
| 5－1－2 | 修理及零件 | 5 | 15,793.00 | 43,773.44 * | 317,200.00 |
| 5－2 | 造车 | | | | |
| 5－2－1 | 筑路机厂 | 1 | 36,960.00 | 558,748.56 | 1,065,416.18 |
| 5－2－2 | 电车（兼造船） | 1 | 5,304.00 | 24,000.00 | 190,000.00 |
| 5－2－3 | 自行车 | 1 | * | * | * |
| 5－2－4 | 人力车（车轮车轴） | 8 | 324.00 | 4,372.00 * | 51,060.00 * |
| 5－3 | 其他（救火车） | 1 | 192.00 | 1,102.40 | 14,777.78 |
| | 第五大类　总数 | 21 | 389,015.63 * | 2,269,084.28 * | 7,390,466.80 * |

续表

| 分类号码 | 业　　别 | 厂数 | 十九年薪资额（元） | 十九年工资额（元） | 十九年产额（元） |
|---|---|---|---|---|---|
| | 第六大类　土石制造业 | | | | |
| 6－1 | 砖瓦 | 5 | 20,205.00 * | 66,359.00 * | 631,411.10(4) |
| 6－2 | 玻璃 | | | | |
| 6－2－1 | 热水瓶 | 2 | 1,945.15 | 18,754.20 * | 200,000.00(5) * |
| 6－2－2 | 制瓶及灯罩等 | 14 | 17,842.00 | 82,452.60 * | 613,614.00 * |
| 6－2－3 | 玻璃车边 | 8 | 3,760.00 * | 19,228.00 * | 73,044.00 |
| 6－3 | 水泥 | 1 | 86,145.88 | 73,919.18 | 1,804,320.42 |
| 6－4 | 石粉及石 | | | | |
| 6－4－1 | 石灰 | 5 | 3,824.00 | 35,022.00 | 370,806.40 |
| 6－4－2 | 石粉及石子 | 9 | 7,759.00 | 17,765.32 * | 322,500.00 * |
| | 第六大类　总数 | 44 | 141,481,03 * | 313,500.30 * | 4,015,695.92 * |
| | 第七大类　建筑工程业 | | | | |
| 7－1 | 建筑材料 | 5 | 13,240.00 | 43,507.78 | 425,555.55 * |
| | 第七大类　总数 | 5 | 13,240.00 | 43,507.78 | 425,555.55 * |
| | 第八大类　公用事业 | | | | |
| 8－1 | 水电 | 5 | 293,834.07 * | 491,301.72 * | 6,778,300.24 |
| | 第八大类　总数 | 5 | 293,834.07 * | 491,301.72 * | 6,778,300.24 |

续表

| 分类号码 | 业　　别 | 厂数 | 十九年薪资额（元） | 十九年工资额（元） | 十九年产额（元） |
|---|---|---|---|---|---|
| | 第九大类　化学工业 | | | | |
| 9－1 | 火柴 | | | | |
| 9－1－1 | 火柴 | 3 | 27,600.00 * | 254,952.00 * | 2,160,000.00 |
| 9－1－2 | 梗片 | 1 | 5,400.00 | 60,000.00 | 429,861,11 |
| 9－2 | 皂烛碱 | | | | |
| 9－2－1 | 皂 | 11 | 45,784.03 * | 75,282.74 * | 3,763,166.55 |
| 9－2－2 | 碱 | 1 | 2,400.00 | 4,800.00 | 144,000.00 |
| 9－2－3 | 皂烛碱兼制 | | 5,501.00 | 6,352.00 | 310,833.33 |
| 9－3 | 搪瓷 | | | | |
| 9－3－1 | 搪瓷器皿 | 8 | 69,327.87 (6) * | 282,046.79 (6) * | 2,746,666.67 |
| 9－3－2 | 制坯 | 2 | 450.00 | 1,200.00 | 30,000.00 |
| 9－4 | 油漆油墨 | | | | |
| 9－4－1 | 油漆 | 4 | 7,949.00 * | 29,242.26 * | 1,050,000.00 * |
| 9－4－2 | 油墨 | 5 | 5,580.00 | 6,386.00 * | 246,180.00 |
| 9－5 | 化妆品 | 13 | 33,686.00 * | 83,045.00 * | 3,103,154.97 |
| 9－6 | 制药 | 2 | 21,480.00 | 24,540.00 | 942,080.00 |
| 9－7 | 冲象牙及其他合成品 | 6 | 4,220.00 * | 26,650.00 * | 425,555.56 |
| 9－8 | 其他化学工业 | 2 | 46,000.00 | 47,600.00 | 1,000,000.00 * |

续表

| 分类号码 | 业　　别 | 厂数 | 十九年薪资额（元） | 十九年工资额（元） | 十九年产额（元） |
|---|---|---|---|---|---|
| | 第九大类　总数 | 60 | 275, 377. 90 * | 902, 096, 79 * | 16, 351, 498. 19 * |
| | 第十大类　纺织工业 | | | | |
| 10－1 | 棉纺织 | | | | |
| 10－1－1 | 轧花 | 8 | 17, 992. 00 | 37, 349. 00 | 5, 543, 585. 00 |
| 10－1－2 | 弹花 | 3 | 5, 170. 00 | 40, 850. 00 | 814, 868. 89 |
| 10－1－3 | 棉纺 | | | | |
| 10－1－3－1 | 完全制纱 | 14 | 277, 625. 17 * | 2, 417, 187. 31 * | 38, 550, 837. 50 * |
| 10－1－3－2 | 纱线兼制 | 3 | 82, 600. 00 * | 1, 035, 000. 00 * | 8, 538, 266. 67 |
| 10－1－3－3 | 纺纱兼织布 | 12 | 369, 782. 17 * | 3, 851, 628. 42 | 70, 032, 226. 89 |
| 10－1－4 | 棉织 | | | | |
| 10－1－4－1 | 完全用纱 | 22 | 105, 624. 52 * | 454, 741. 43 * | 6, 037, 825. 45 * |
| 10－1－4－2 | 纱及线兼用 | 7 | 76, 908. 25 * | 451, 363. 29 * | 6, 000, 232. 78 * |
| 10－1－4－3 | 完全用线 | 6 | 4, 700. 00 * | 14, 800. 00 * | 140, 555. 55 * |
| 10－1－4－4 | 针织汗布 | 3 | 1, 100. 00 | 3, 800. 00 | 85, 666. 67 |
| 10－1－4－5 | 毛巾被单 | 4 | 12, 800. 00 * | 22, 500. 00 * | 366, 911. 11 * |
| 10－1－5 | 其他棉纺织 | 2 | 1, 100. 00 | 2, 611. 00 * | 42, 480. 00 |
| 10－2 | 人造丝织品 | 7 | 4, 588. 00 | 81, 350. 00 | 268, 694. 45 |

续表

| 分类号码 | 业　　别 | 厂数 | 十九年薪资额（元） | 十九年工资额（元） | 十九年产额（元） |
|---|---|---|---|---|---|
| 10－3 | 丝及丝织 | | | | |
| 10－3－1 | 缫丝 | | | | |
| 10－3－1－1 | 厂丝 | 66 | 278, 461. 40(7) * | 1, 574, 076. 50(7) * | 29, 129, 307. 78 * |
| 10－3－1－2 | 双宫 | 4 | 20, 700. 00 * | 189, 333. 33 * | 1, 369, 298. 36 |
| 10－3－1－3 | 其他特种 | 3 | 30, 091. 00 | 79, 440. 20 | 665, 403. 01 |
| 10－3－2 | 丝织 | 35 | 133, 317. 67 * | 493, 818. 55 * | 5, 390, 095. 12 * |
| 10－4 | 毛纺织 | | | | |
| 10－4－1 | 毛纺 | 1 | (8) | (8) | (8) |
| 10－4－2 | 毛织 | 1 | 7, 800. 00 | 30, 000. 00 | 440, 277. 78 |
| 10－4－3 | 毛纺织 | 1 | 19, 974. 53 | 25, 252. 51 | 244, 444. 44 |
| 10－5 | 其他动物纤维 | 1 | 600. 00 | 548. 00 | 8, 333. 33 |
| 10－6 | 交织 | | | | |
| 10－6－1 | 棉人造丝交织 | 147 | 65, 360. 90 * | 413, 833. 80 * | 4, 628, 672. 40 * |
| 10－6－2 | 棉丝交织 | 4 | 3, 332. 00 * | 15, 800. 00 * | 130, 327. 76 * |
| 10－6－3 | 丝人造丝交织 | 44 | 88, 659. 00(9) * | 415, 502. 00(9) * | 6, 311, 911. 68 * |
| 10－6－4 | 棉丝人造丝交织 | 10 | 60, 135. 00 | 103, 999. 60 | 2, 155, 991. 44 |
| 10－6－5 | 棉毛交织 | 12 | 20, 710. 00 * | 35, 684. 00 * | 1, 686, 111. 10 * |

续表

| 分类号码 | 业　　别 | 厂数 | 十九年薪资额（元） | 十九年工资额（元） | 十九年产额（元） |
|---|---|---|---|---|---|
| 10－6－6 | 毛丝棉交织 | 5 | 29,200.00 | 185,000.00 | 705,555.55 * |
| 10－7 | 染织 | | | | |
| 10－7－1 | 丝光纱线 | 11 | 7,618.00 * | 71,940.00 * | 829,305.55(10) * |
| 10－7－2 | 呢布 | 7 | 101,228.00 * | 136,470.00 * | 4,121,388.89 * |
| 10－7－3 | 绸布 | 4 | 4,570.00 | 10,440.00 | 109,600.00 |
| 10－7－4 | 丝毛织物 | 7 | 31,263.00 * | 51,186.00 * | 722,000.00(11) |
| 10－7－5 | 染袜 | 1 | * | * | 9,000.00 |
| 10－7－6 | 代客染炼 | 2 | * | * | 131,000.00 |
| 10－8 | 印花 | | | | |
| 10－8－1 | 浆印 | 12 | 12,590.00 * | 22,300.00 * | 134,210.00 * |
| 10－8－2 | 水印 | 7 | 12,696.00 | 17,688.00 * | 95,000.00 |
| 10－9 | 造线 | | | | |
| 10－9－1 | 纱线团 | 7 | 2,686.00 * | 11,976.00 * | 144,140.00 * |
| 10－9－2 | 腊光线 | 2 | 1,960.00 | 9,356.00 | 216,000.00 |
| 10－9－3 | 各项制就经纬线 | 2 | 6,000.00 * | 14,600.00 * | 555,555.55(12) |
| 10－10 | 边带 | | | | |
| 10－10－1 | 边 | | | | |

续表

| 分类号码 | 业　　别 | 厂数 | 十九年薪资额（元） | 十九年工资额（元） | 十九年产额（元） |
|---|---|---|---|---|---|
| 10－10－1－1 | 完全人造丝 | 12 | 3,376.00 | 12,424.00* | 287,100.93* |
| 10－10－1－2 | 棉与人造丝兼用 | 6 | 32,697.76* | 87,435.47* | 1,035,221.76 |
| 10－10－1－3 | 丝与人造丝兼用 | 1 | | 540.00 | 2,600.00 |
| 10－10－1－4 | 完全棉纱 | 1 | 40.00 | * | * |
| 10－10－2 | 带 | | | | |
| 10－10－2－1 | 完全棉纱 | 5 | 2,400.00 | 6,924.00 | 123,302.22 |
| 10－10－2－2 | 棉与人造丝兼用 | 1 | 120.00 | * | * |
| 10－10－2－3 | 棉与人造丝橡皮兼用 | 3 | 6,600.00 | 22,900.00 | 99,999.99* |
| 10－11 | 绒布整理 | 2 | （13） | （13） | （13） |
| | 第十大类　总数 | 545 | 1,944,247.47* | 12,401,628.41* | 197,903,305.60* |
| | 第十一大类　服用品业 | | | | |
| 11－1 | 织袜 | | | | |
| 11－1－1 | 纱线袜 | | | | |
| 11－1－1－1 | 完全用纱 | 11 | 15,820.00* | 95,949.22* | 1,152,361.06* |
| 11－1－1－2 | 完全用线 | 17 | 36,982.24* | 269,779.45* | 3,294,106.68* |
| 11－1－1－3 | 纱与线兼用 | 5 | 720.00* | 5,360.00* | 365,002.78* |
| 11－1－1－4 | 代织 | 1 | （14） | （14） | （14） |

续表

| 分类号码 | 业　　别 | 厂数 | 十九年薪资额（元） | 十九年工资额（元） | 十九年产额（元） |
|---|---|---|---|---|---|
| 11－1－2 | 丝袜 | | | | |
| 11－1－2－1 | 纯丝 | 2 | 3,316.00 | 13,700.00 | 89,222.22 |
| 11－1－2－2 | 丝与纱线兼用 | 14 | 28,039.50* | 86,128.71* | 1,210,620.84* |
| 11－1－2－3 | 人造丝纱线兼用 | 10 | 10,268.00* | 91,860.00* | 472,730.00 |
| 11－1－2－4 | 丝与人造丝兼用 | 1 | （15） | （15） | （15） |
| 11－1－2－5 | 丝人造丝纱线兼用 | 10 | 32,738.00 | 114,700.00 | 693,736.11 |
| 11－1－3 | 毛袜（纯毛） | 1 | 852.00 | 6,000.00 | * |
| 11－1－4 | 纱丝毛袜 | 2 | 3,202.00 | 23,400.00 | 291,666.67 |
| 11－1－5 | 缝袜头 | 3 | 1,260.00 | 5,000.00 | 6,860.00* |
| 11－1－6 | 袜厂兼出他种服用品 | 24 | 42,432.00* | 194,790.60* | 1,460,134.75* |
| 11－2 | 制帽 | | | | |
| 11－2－1 | 草帽 | 3 | 2,976.00 | 2,248.00 | 45,650.00 |
| 11－2－2 | 呢帽 | 1 | * | * | 69,444.44 |
| 11－2－3 | 便帽 | 1 | 480.00 | 3,600.00 | 45,000.00 |
| 11－2－4 | 草呢帽 | 6 | 16,200.00 | 54,588.00 | 801,888.89 |
| 11－2－5 | 草便帽 | 1 | 2,400.00 | 12,390.990 | 105,000.00 |
| 11－3 | 制伞 | | | | |

续表

| 分类号码 | 业　　别 | 厂数 | 十九年薪资额（元） | 十九年工资额（元） | 十九年产额（元） |
|---|---|---|---|---|---|
| 11－3－1 | 阳伞杆 | 1 | | * | 1,008.00 |
| 11－3－2 | 阳伞 | 13 | 5,948.00 | 16,712.00* | 530,900.00 |
| 11－4 | 手帕 | | | | |
| 11－4－1 | 手帕 | 6 | 17,770.00* | 39,103.33 | 1,043,333.32 |
| 11－4－2 | 手帕及其他 | 4 | 4,296.00* | 11,400.00* | 654,600.00 |
| 11－5 | 衫裤 | | | | |
| 11－5－1 | 丝制衫裤 | 3 | 11,111.11* | 47,222.22* | 574,995.55 |
| 11－5－2 | 纱及线制衫裤 | 9 | 36,544.00(16)* | 118,200.00(16)* | 1,579,124.44 |
| 11－5－3 | 纱及毛制衬裤 | 11 | 16,155.30 | 85,395.67* | 1,278,800.00 |
| 11－5－4 | 汗布制衫裤 | 1 | | 1,500.00 | 72,000.00 |
| 11－6 | 其他服用品 | | | | |
| 11－6－1 | 领带围巾手套等 | 6 | 3,540.00 | 7,970.00 | 131,500.00 |
| 11－6－2 | 钮扣 | 3 | 1,720.00 | 3,880.00 | 31,520.00 |
| 11－6－3 | 鞋 | 1 | 624.00 | 3,300.00 | 36,000.00 |
| | 第十一大类　总数 | 171 | 295,484.15* | 1,314,177.20* | 16,037,205.75* |
| | 第十二大类　皮革及橡胶品制造业 | | | | |
| 12－1 | 制革 | | | | |

续表

| 分类号码 | 业别 | 厂数 | 十九年薪资额（元） | 十九年工资额（元） | 十九年产额（元） |
|---|---|---|---|---|---|
| 12－1－1 | 各种软皮面子皮 | 4 | 12,648.00 | 15,915.30 | 334,300.00 |
| 12－1－2 | 各种硬皮底皮 | 7 | 16,398.00 | 42,458.00 * | 1,510,723.67 |
| 12－1－3 | 其他 | 7 | 1,044.00 * | 8,100.00 * | 505,600.00 * |
| 12－2 | 皮革制品 | | | | |
| 12－2－1 | 军服及其他军用品 | 3 | 14,600.00 | 163,400.00 | 1,960,000.00 |
| 12－2－2 | 皮夹及箱等 | 2 | 792.00 | 17,700.00 | 120,100.00 |
| 12－2－3 | 皮鞋 | 4 | 15,888.00 | 63,700.00 | 325,000.00 |
| 12－3 | 橡胶制品 | | | | |
| 12－3－1 | 鞋 | 24 | 108,834.00 * | 679,251.70 * | 4,506,149.99 * |
| 12－3－2 | 鞋底鞋跟及他物 | 5 | 3,968.00 * | 7,755.49 * | 162,000.00 |
| 12－4 | 他种胶 | 1 | 3,600.00 | 1,570.00 | 120,000.00 |
| | 第十二大类　总数 | 57 | 177,772.00 * | 999,850.49 * | 9,543,873.66 * |
| | 第十三大类　饮食品业 | | | | |
| 13－1 | 碾米 | 12 | 9,468.00 * | 7,080.00 * | 977,400.00 * |
| 13－2 | 面粉 | 15 | 137,189.78 * | 338,979.00 * | 62,728,355.33 * |
| 13－3 | 米粉及其他谷粉 | 4 | 80.00 | 549.00 | 12,060.00 |
| 13－4 | 制糖 | 4 | 4,500.00 * | 17,800.00 * | 838,888.88 |

续表

| 分类号码 | 业别 | 厂数 | 十九年薪资额（元） | 十九年工资额（元） | 十九年产额（元） |
|---|---|---|---|---|---|
| 13 - 5 | 饼干面包糖果罐头 | | | | |
| 13 - 5 - 1 | 饼干 | 9 | 5, 566. 00 * | 13, 830. 00 * | 166, 466. 67 * |
| 13 - 5 - 2 | 面包 | 1 | 1, 104. 00 | 1, 798. 00 | 54, 000. 00 |
| 13 - 5 - 3 | 糖果及糖渍品 | 3 | 2, 980. 00 | 5, 290. 00 | 71, 000. 00 |
| 13 - 5 - 4 | 罐头 | 1 | 600. 00 | 360. 00 | 20, 000. 00 |
| 13 - 5 - 5 | 其他 | 5 | 12, 828. 00[17] * | 56, 955. 60[17] * | 1, 030, 000. 00 * |
| 13 - 6 | 榨油 | | | | |
| 13 - 6 - 1 | 豆油 | 3 | 7, 182. 00 | 75, 834. 00 | 5, 062, 500. 00 |
| 13 - 6 - 2 | 花生油 | 3 | 3, 040. 00 | 76, 896. 00 * | 3, 024, 222. 22 |
| 13 - 6 - 3 | 棉籽油 | 5 | 29, 696. 67 | 69, 929. 67 | 2, 974, 191. 65 |
| 13 - 6 - 4 | 一般及其他植物油 | 2 | 10, 000. 00 * | 70, 000. 00 * | 2, 800, 000. 00 * |
| 13 - 6 - 5 | 动物油 | 1 | | 2, 160. 00 | 80, 000. 00 |
| 13 - 7 | 制茶 | | | | |
| 13 - 7 - 1 | 机器制茶 | 19 | 5, 670. 22 * | 25, 315. 55 * | 621, 737. 50 * |
| 13 - 7 - 2 | 锅制茶 | 12 | 2, 830. 00 * | 13, 735. 95 * | 227, 116. 10 * |
| 13 - 8 | 卷烟 | | | | |
| 13 - 8 - 1 | 雪茄烟 | 5 | 17, 700. 00 | 76, 060. 00 | 269, 200. 00 |

续表

| 分类号码 | 业　　别 | 厂数 | 十九年薪资额（元） | 十九年工资额（元） | 十九年产额（元） |
|---|---|---|---|---|---|
| 13－8－2 | 纸卷烟 | 46 | 291,135.00(18)* | 1,698,211.00(18)* | 46,575,769.00* |
| 13－9 | 造酒 | 1 | 3,000.00 | 4,000.00 | 50,00.00 |
| 13－10 | 清凉饮料 | 2 | 20,150.00 | 21,440.00 | 421,000.00 |
| 13－11 | 各种调味品 | 8 | 32,280.00 | 94,496.00 | 3,811,840.00 |
| 13－12 | 牲肠 | 3 | 1,088.00 | 4,560.00* | 118,756.00 |
| 13－13 | 食盐 | 1 | 10,080.00 | 9,200.00 | 300,000.00 |
| 13－14 | 冰蛋 | 1 | (19) | (19) | (19) |
| 13－15 | 其他食品 | | | | |
| 13－15－1 | 面筋淀粉 | 2 | 288.00 | 3,000.00 | 64,180.00 |
| 13－15－2 | 豆腐制品 | 3 | 360.00 | 4,444.00 | 86,000.00 |
| 13－16 | 造冰冷藏 | 4 | 12,900.00 | 17,527.00 | 72,200.00 |
| | 第十三大类　总数 | 175 | 621,715.67* | 2,709,450.77* | 132,456,883.35* |
| | 第十四大数　造纸印刷业 | | | | |
| 14－1 | 造纸 | | | | |
| 14－1－1 | 纸 | 7 | 68,176.44 | 280,076.44 | 3,509,583.34 |
| 14－1－2 | 纸版 | 1 | 8,760.00 | 39,600.00 | 651,388.89 |
| 14－1－3 | 锡纸 | 1 | 1,250.00 | 2,040.00 | 24,000.00 |

续表

| 分类号码 | 业别 | 厂数 | 十九年薪资额（元） | 十九年工资额（元） | 十九年产额（元） |
|---|---|---|---|---|---|
| 14－2 | 印刷 | | | | |
| 14－2－1 | 报纸 | 5 | 425,000.00* | 384,000.00* | 4,468,000.00* |
| 14－2－2 | 图书 | 10 | 65,490.08* | 388,435.51* | 15,001,395.75* |
| 14－2－3 | 铅印 | | | | |
| 14－2－3－1 | 全开机 | 13 | 32,364.00* | 117,680.00* | 498,400.00 |
| 14－2－3－2 | 对开机 | 9 | 11,232.00 | 34,028.00 | 185,635.00 |
| 14－2－3－3 | 四开六开机 | 10 | 13,000.00 | 21,672.00 | 207,000.00 |
| 14－2－3－4 | 脚踏机 | 4 | 3,768.00 | 13,233.00 | 58,000.00 |
| 14－2－3－5 | （未分类） | 4 | 1,370.00* | 5,150.00* | 69,145.00 |
| 14－2－4 | 橡皮印 | 7 | 10,280.00* | 49,770.00* | 695,000.00* |
| 14－2－5 | 石印 | 18 | 13,206.75* | 72,181.01* | 324,231.57* |
| 14－2－6 | 石印兼铅印 | 4 | 3,888.00 | 17,467.20 | 140,000.00 |
| 14－2－7 | 橡皮印兼石印 | 16 | 45,584.00* | 171,726.00* | 1,866,000.00* |
| 14－2－8 | 其他 | 6 | 4,080.00* | 20,941.00* | 99,000.00* |
| 14－3 | 订书 | 14 | 1,892.00 | 27,332.00 | 56,909.00 |
| 14－4 | 纸制品 | | | | |
| 14－4－1 | 信封纸袋 | 3 | 450.00 | 1,150.00* | 12,923.00 |

续表

| 分类号码 | 业　　别 | 厂数 | 十九年薪资额（元） | 十九年工资额（元） | 十九年产额（元） |
|---|---|---|---|---|---|
| 14 – 4 – 2 | 纸盒 | 20 | 16, 244. 00 * | 67, 721. 50 * | 447, 892. 00 |
| 14 – 4 – 3 | 卡纸片 | 2 | 2, 912. 00 | 6, 550. 00 * | 141, 000. 00 |
| 14 – 5 | 制版 | 1 | | | 5, 000. 00 |
| | 第十四大类　总数 | 155 | 728, 927. 27 * | 1, 722, 553. 66 * | 28, 461, 403. 55 * |
| | 第十五大类　饰物仪器业 | | | | |
| 15 – 1 | 乐器 | | | | |
| 15 – 1 – 1 | 风琴 | 9 | 6, 900. 00 | 45, 299. 77 | 204, 225. 00 |
| 15 – 1 – 2 | 钢琴 | 2 | 3, 216. 00 | 21, 500. 00 | 123, 000. 00 |
| 15 – 1 – 3 | 唱机唱片 | 5 | 46, 540. 00 | 29, 920. 00 | 407, 500. 00 |
| 15 – 1 – 4 | 他种乐器 | 2 | * | 3, 600. 00 | 30, 000. 00 |
| 15 – 2 | 教育用品及玩具 | | | | |
| 15 – 2 – 1 | 墨 | 4 | 3, 984. 00 | 9, 327. 00 | 242, 000. 00 |
| 15 – 2 – 2 | 文具 | 5 | 6, 252. 00 | 15, 422. 00 | 246, 220. 00 |
| 15 – 2 – 3 | 玩具 | 6 | 567. 00 | 9, 150. 00 | 53, 000. 00 * |
| 15 – 3 | 仪器 | 5 | 4, 050. 00 * | 15, 660. 00 * | 84, 000. 00 |
| 15 – 4 | 钟表 | 1 | * | * | * |
| | 第十五大类　总数 | 39 | 71, 509. 00 * | 149, 878. 77 * | 1, 389, 945. 00 * |

续表

| 分类号码 | 业别 | 厂数 | 十九年薪资额（元） | 十九年工资额（元） | 十九年产额（元） |
|---|---|---|---|---|---|
| | 第十六大类　其他工业 | | | | |
| 16－1 | 牙刷 | 6 | 17,600,00 * | 55,540.00 * | 398,800.00 |
| 16－2 | 镜 | 4 | 6,635.00 | 30,340.00 | 281,500.00 |
| 16－3 | 煤球 | 12 | 23,862.00 * | 41,225.00 * | 2,023,800.00 * |
| 16－4 | 草绳 | 10 | 348.00 * | 13,804.00 * | 50,980.00 * |
| | 第十六大类　总数 | 32 | 48,445.00 * | 140,909.00 * | 2,755,080.00 * |
| | 十六大类　总数 | 1,672 | 5,399,914.55 * | 25,321,535.08 * | 439,328,826.81 * |

附注：

（1）二十年五月成立，故无上年统计。

（2）另有一厂工薪资额合并为20,800元，无由分别计算，故未列入。

（3）另有一厂工薪资额合并为15,000元，未列。

（4）内有一厂产值500,000元，包括浙江联厂产值在内，无由分计。

（5）另有一厂产值附列瓶罐盒匣类。

（6）另有一厂工薪资额合并为45,346元，未列。

（7）另有三十厂工薪资额合并为2,370,623.35元，未列。

(8)二十年四月成立,故无上年统计。

(9)另有一厂工薪资额合并为25,700元,未列。

(10)另有某针织厂丝光部产值约64,000元,因已包括于纱线袜(完全用纱)类中该针织厂整个产值之内,故本类未再计入。

(11)另有一厂产值约240,000元,因已包括于丝织与丝人造丝交织两类产值之内,故本类未再计入。

(12)另有一厂产值约10,000,000元,因已包括于丝织与丝人造丝交织两类产值之内,故本类不再计入。

(13)二厂均系二十年开办,故无上年统计。

(14)二十年三月成立,故无上年统计。

(15)二十年一月成立,故无上年统计。

(16)另有一厂工薪资额合并为9,840元,未列。

(17)另有一厂工薪资额合并为44,500元,未列。

(18)另有一厂工薪资额合并为6,000元,未列。

(19)二十年成立,故无上年统计。

# 附录乙　二十二年上海工业详细统计

## 乙一表　资本组织及资本额

| 分类号码 | 业　别 | 厂数 | 资本组织 | | | | | | 资本额（元） |
|---|---|---|---|---|---|---|---|---|---|
| | | | 国营 | 独资 | 合伙 | 有限公司 | 其他 | 不详 | |
| | 第一大类　木材制造业 | | | | | | | | |
| 1－1 | 锯木 | 4 | | 2 | 1 | 1 | | | 345, 914 |
| 1－2 | 木制品 | | | | | | | | |
| 1－2－1 | 木箱 | 1 | | 1 | | | | | 30, 000 |
| 1－2－2 | 纱管 | 5 | | 2 | | 2 | 1 | | 236, 531 |
| | 第一大类　总数 | 10 | | 5 | 1 | 3 | 1 | | 612, 475 |
| | 第二大类　家具制造业 | | | | | | | | |
| 2－1 | 铁制家具 | 6 | | | 4 | 2 | | | 368, 500 |
| 2－2 | 地毯 | 1 | | 1 | | | | | 10, 000 |
| | 第二大类　总数 | 7 | | 1 | 4 | 2 | | | 378, 500 |
| | 第三大类　冶炼业 | | | | | | | | |
| 3－1 | 翻砂 | | | | | | | | |
| 3－1－1 | 机器及零件 | 17 | | 7 | 10 | | | | 113, 000 |
| 3－1－2 | 铁管 | 4 | | 2 | 1 | 1 | | | 48, 000 |
| 3－2 | 熔炼 | 1 | 1 | | | | | | 200, 000 |
| | 第三大类　总数 | 22 | 1 | 9 | 11 | 1 | | | 361, 000 |
| | 第四大类　机械及金属制品业 | | | | | | | | |
| 4－1 | 机器制造兼修理 | | | | | | | | |

续表

| 分类号码 | 业别 | 厂数 | 资本组织 | | | | | | 资本额（元） |
|---|---|---|---|---|---|---|---|---|---|
| | | | 国营 | 独资 | 合伙 | 有限公司 | 其他 | 不详 | |
| 4-1-1 | 印刷机 | 6 | | 4 | 1 | 1 | | | 88,000 |
| 4-1-2 | 针织机 | 6 | | 3 | 3 | | | | 62,000 |
| 4-1-3 | 纺织业机 | 13 | | 8 | 2 | 3 | | | 387,000* |
| 4-1-4 | 动力机 | 13 | | 5 | 4 | 4 | | | 397,000 |
| 4-1-5 | 各种机器 | 22 | | 9 | 9 | 4 | | | 1,022,880* |
| 4-1-6 | 机器零件 | | | | | | | | |
| 4-1-6-1 | 地轴宕柱 | 1 | | 1 | | | | | 9,500 |
| 4-1-6-2 | 袜针 | 7 | | 2 | 5 | | | | 19,600 |
| 4-1-6-3 | 气门龙头 | 2 | | 1 | 1 | | | | 55,000 |
| 4-1-7 | 修理机器及零件 | 11 | | 5 | 6 | | | | 81,500* |
| 4-2 | 金属品制造 | | | | | | | | |
| 4-2-1 | 锅炉水箱 | 1 | | 1 | | | | | 25,000 |
| 4-2-2 | 制罐 | | | | | | | | |
| 4-2-2-1 | 制罐 | 5 | | 1 | 3 | | | 1 | 72,000 |
| 4-2-2-2 | 印刷兼制罐 | 4 | | 1 | 2 | 1 | | | 140,000 |
| 4-2-2-3 | 制罐及其他 | 4 | | 1 | 2 | 1 | | | 470,000 |
| 4-2-3 | 钢精片及器皿 | 4 | | 1 | 3 | | | | 100,000 |
| 4-2-4 | 制钉 | | | | | | | | |
| 4-2-4-1 | 制钉 | 4 | | 2 | 2 | | | | 200,902 |
| 4-2-4-2 | 钉及其他 | 2 | | | | 2 | | | 320,000 |
| 4-2-5 | 制灯 | 3 | | 3 | | | | | 25,000 |
| 4-2-6 | 铜皮 | 4 | | 1 | 1 | 1 | 1 | | 330,000 |
| 4-2-7 | 铁条 | 1 | | | 1 | | | | 41,958 |
| 4-2-8 | 其他金属制品 | 5 | | | 3 | 1 | | 1 | 98,000 |
| 4-3 | 电气机械及用具 | | | | | | | | |
| 4-3-1 | 电气机械及电器 | 3 | | | 2 | 1 | | | 114,790 |

续表

| 分类号码 | 业　别 | 厂数 | 资本组织 | | | | | | 资本额 |
|---|---|---|---|---|---|---|---|---|---|
| | | | 国营 | 独资 | 合伙 | 有限公司 | 其他 | 不详 | （元） |
| 4-3-2 | 电气机械及电池 | 1 | 1 | | | | | | 500,000 |
| 4-3-3 | 电气用具 | 5 | | 1 | 1 | 3 | | | 1,880,000[(1)] |
| 4-3-4 | 电料 | 4 | | 2 | 1 | 1 | | | 92,000 |
| 4-3-5 | 电料及其他 | 2 | | 1 | 1 | | | | 13,000 |
| 4-3-6 | 电灯泡 | 13 | | 2 | 5 | 4 | | 2 | 667,986* |
| 4-3-7 | 年红灯 | 1 | | | | | 1 | | 60,000 |
| 4-3-8 | 电池 | 3 | | 1 | 1 | 1 | | | 120,000 |
| 4-3-9 | 电池电筒 | 1 | | | 1 | | | | * |
| 4-3-10 | 电筒 | 8 | | 2 | 5 | 1 | | | 177,244 |
| 4-3-11 | 电焊 | 1 | | | | 1 | | | 30,000 |
| 4-4 | 翻砂矿工 | | | | | | | | |
| 4-4-1 | 纺织业机 | 3 | | 1 | 2 | | | | 70,000 |
| 4-4-2 | 各种机器 | 3 | | 1 | 1 | 1 | | | 50,000* |
| 4-4-3 | 金属制品 | 1 | | | 1 | | | | 4,000 |
| | 第四大类　总数 | 167 | 1 | 60 | 69 | 31 | 2 | 4 | 7,724,369* |
| | 第五大类　交通用具业 | | | | | | | | |
| 5-1 | 造船 | | | | | | | | |
| 5-1-1 | 造船 | 1 | 1 | | | | | | * |
| 5-1-2 | 造船及其他 | 5 | | 3 | 1 | 1 | | | 380,000 |
| 5-1-3 | 修理轮船 | 7 | | 4 | 2 | | | 1 | 73,000* |
| 5-2 | 造车 | | | | | | | | |
| 5-2-1 | 铁路机厂 | 1 | 1 | | | | | | * |
| 5-2-2 | 自行车 | 1 | | | | | | 1 | 50,000 |
| 5-2-3 | 煤气车 | 1 | | | 1 | | | | 20,000 |
| | 第五大类　总数 | 16 | 2 | 7 | 4 | 1 | | 2 | 523,000* |
| | 第六大类　土石制造业 | | | | | | | | |

续表

| 分类号码 | 业别 | 厂数 | 资本组织 | | | | | | 资本额（元） |
|---|---|---|---|---|---|---|---|---|---|
| | | | 国营 | 独资 | 合伙 | 有限公司 | 其他 | 不详 | |
| 6－1 | 砖瓦 | | | | | | | | |
| 6－1－1 | 砖瓦 | 2 | | | | 2 | | | 1,040,000[2] |
| 6－1－2 | 瓷砖 | 2 | | | | 2 | | | 180,000 |
| 6－2 | 玻璃 | | | | | | | | |
| 6－2－1 | 玻璃器皿 | 21 | | 7 | 5 | 7 | · | 2 | 431,000* |
| 6－2－2 | 玻璃车边 | 3 | | 2 | 1 | | | | 12,500 |
| 6－3 | 水泥 | 1 | | | | 1 | | | 1,638,600 |
| 6－4 | 石、石灰、石粉 | | | | | | | | |
| 6－4－1 | 炼灰 | 1 | | | 1 | | | | 20,000 |
| 6－4－2 | 石粉 | 3 | | 1 | 1 | 1 | | | 203,000 |
| 6－4－3 | 轧石 | 1 | | 1 | | | | | 3,000 |
| 6－5 | 坩埚 | | | | | | | | |
| 6－5－1 | 坩埚 | 1 | | | | | 1 | | 100,000 |
| 6－5－2 | 坩埚火砖 | 2 | | | | 2 | | | 150,000 |
| 6－5－3 | 坩埚玻璃火砖 | 1 | | | | 1 | | | 100,000 |
| 6－6 | 煤球 | 6 | | | 2 | 3 | | 1 | 390,000* |
| | 第六大类　总数 | 44 | | 11 | 10 | 19 | 1 | 3 | 4,268,100* |
| | 第七大类　建筑工程业 | | | | | | | | |
| 7－1 | 建筑材料 | 7 | | 5 | 1 | 1 | | | 165,000* |
| | 第七大类　总数 | 7 | | 5 | 1 | 1 | | | 165,000* |
| | 第八大类　公用事业 | | | | | | | | |
| 8－1 | 水电 | 3[3] | | | | 3 | | | 11,290,000 |
| | 第八大类　总数 | 3 | | | | 3 | | | 11,290,000 |
| | 第九大类　化学工业 | | | | | | | | |
| 9－1 | 火柴 | | | | | | | | |
| 9－1－1 | 火柴 | 4 | | | 1 | 3 | | | 3,320,000[4] |

续表

| 分类号码 | 业　　别 | 厂数 | 资本组织 | | | | | | 资本额（元） |
|---|---|---|---|---|---|---|---|---|---|
| | | | 国营 | 独资 | 合伙 | 有限公司 | 其他 | 不详 | |
| 9-1-2 | 　梗片 | 3 | | | | 3 | | | 216,900 |
| 9-2 | 皂 | | | | | | | | |
| 9-2-1 | 　皂 | 4 | | 2 | | 1 | | 1 | 145,000 |
| 9-2-2 | 　皂、碱、烛 | 1 | | 1 | | | | | 10,000 |
| 9-3 | 搪瓷 | | | | | | | | |
| 9-3-1 | 　搪瓷器皿 | 13 | | 3 | 1 | 7 | 1 | 1 | 1,032,500 |
| 9-3-2 | 　搪瓷器皿及他种物品 | 4 | | 1 | | 3 | | | 280,000 |
| 9-3-3 | 　制坯 | 2 | | 1 | | 1 | | | 15,000 |
| 9-4 | 油漆墨颜料等 | | | | | | | | |
| 9-4-1 | 　油漆 | 3 | | | | 3 | | | 570,000 |
| 9-4-2 | 　油墨 | 2 | | 1 | | 1 | | | 150,000 |
| 9-4-3 | 　颜料 | 1 | | | | 1 | | | 100,000 |
| 9-5 | 化妆品 | 13 | | 1 | 2 | 7 | 2 | 1 | 5,213,916[5] |
| 9-6 | 药品 | | | | | | | | |
| 9-6-1 | 一般药品 | 6 | | | 1 | 5 | | | 1,070,000 |
| 9-6-2 | 药及皂 | 1 | | | | 1 | | | 500,000 |
| 9-7 | 入造脂 | | | | | | | | |
| 9-7-1 | 　赛璐珞 | 6 | | 3 | 1 | 2 | | | 260,000 |
| 9-7-2 | 　电玉电木 | 7 | | 1 | 1 | 4 | | 1 | 229,000 |
| 9-8 | 制酸 | | | | | | | | |
| 9-8-1 | 　制酸 | 1 | | | | 1 | | | 750,000 |
| 9-8-2 | 　碱酸及漂粉 | 1 | | | | 1 | | | 400,000 |
| 9-9 | 碳酸钙镁 | 3 | | | | 2 | | 1 | 650,000 |
| 9-10 | 炼气 | 1 | | | | 1 | | | 250,000 |
| 9-11 | 其他化学工业 | 2 | | | 2 | | | | 37,778 |
| | 第九大类　总数 | 78 | | 14 | 9 | 47 | 3 | 5 | 15,200,094 |

续表

| 分类号码 | 业别 | 厂数 | 资本组织 | | | | | | 资本额（元） |
|---|---|---|---|---|---|---|---|---|---|
| | | | 国营 | 独资 | 合伙 | 有限公司 | 其他 | 不详 | |
| | 第十大类　纺织工业 | | | | | | | | |
| 10－1 | 棉纺织 | | | | | | | | |
| 10－1－1 | 轧花 | 5 | | 3 | 2 | | | | 43,000* |
| 10－1－2 | 弹废花 | | | | | | | | |
| 10－1－2－1 | 弹废花 | 7 | | 5 | 1 | 1 | | | 83,889*[6] |
| 10－1－2－2 | 废花及其他 | 1 | | | 1 | | | | 5,000 |
| 10－1－3 | 棉纺 | | | | | | | | |
| 10－1－3－1 | 纺纱 | 12 | | | 1 | 8 | 2 | 1 | 15,583,562[7] |
| 10－1－3－2 | 纺纱兼织布 | 16 | | | | 11 | 5 | | 33,254,192[8] |
| 10－1－3－3 | 纺纱兼织毯 | 1 | | 1 | | | | | 279,720 |
| 10－1－4 | 棉织 | | | | | | | | |
| 10－1－4－1 | 棉织 | 69 | | 15 | 31 | 18 | 2 | 3 | 3,976,898* |
| 10－1－4－2 | 棉织兼铁工 | 1 | | | | 1 | | | 300,000 |
| 10－1－5 | 纱布药棉 | 3 | | 1 | 1 | 1 | | | 68,000 |
| 10－2 | 丝及丝织 | | | | | | | | |
| 10－2－1 | 缫丝 | | | | | | | | |
| 10－2－1－1 | 厂丝 | 49 | | | 6 | 1 | | 42 | 214,930* |
| 10－2－1－2 | 双宫 | 2 | | 1 | | | | 1 | 37,000 |
| 10－2－1－3 | 绢丝 | 1 | | | | 1 | | | 347,225 |
| 10－2－2 | 织绸 | 122 | | 24 | 62 | 24 | 3 | 9 | 4,026,855* |
| 10－3 | 毛纺织 | | | | | | | | |
| 10－3－1 | 毛织 | 21 | | 2 | 13 | 5 | 1 | | 906,675* |
| 10－3－2 | 毛纺织 | 2 | | | | 2 | | | 1,100,000 |
| 10－3－3 | 弹毛 | 1 | | 1 | | | | | 2,000 |
| 10－4 | 废丝棉毛纺织 | 3 | | 1 | 1 | 1 | | | 1,430,000 |
| 10－5 | 染炼 | | | | | | | | |

续表

| 分类号码 | 业　别 | 厂数 | 资本组织 | | | | | | 资本额（元） |
|---|---|---|---|---|---|---|---|---|---|
| | | | 国营 | 独资 | 合伙 | 有限公司 | 其他 | 不详 | |
| 10－5－1 | 丝光纱 | 16 | | 4 | 11 | 1 | | | 128,000 |
| 10－5－2 | 染炼 | 30 | | 3 | 20 | 4 | | 3 | 623,000* |
| 10－5－3 | 染炼兼印花 | 1 | | | | 1 | | | 600,000 |
| 10－6 | 印花 | 6 | | 3 | 2 | 1 | | | 42,000 |
| 10－7 | 制线 | | | | | | | | |
| 10－7－1 | 经纬线 | 4 | | | 1 | 2 | | 1 | 140,000 |
| 10－7－2 | 纱线团 | 3 | | 1 | 2 | | | | 16,000 |
| 10－7－3 | 他种线 | 3 | | 1 | 2 | | | | 11,000 |
| 10－8 | 边带 | | | | | | | | |
| 10－8－1 | 制带 | 2 | | 1 | 1 | | | | 60,000 |
| 10－8－2 | 宽紧带 | 3 | | 2 | 1 | | | | 38,000 |
| 10－8－3 | 边带 | 2 | | 1 | 1 | | | | 16,000 |
| 10－8－4 | 边带兼制筷 | 1 | | | 1 | | | | 200,000 |
| 10－9 | 绒布整理 | | | | | | | | |
| 10－9－1 | 拉绒 | 2 | | 1 | 1 | | | | 60,000 |
| 10－9－2 | 拉绒兼漂染印花 | 2 | | | 2 | | | | 31,000 |
| | 第十大类　总数 | 391 | | 71 | 164 | 83 | 13 | 60 | 63,623,946* |
| | 第十一大类　服用品业 | | | | | | | | |
| 11－1 | 织袜 | | | | | | | | |
| 11－1－1 | 织袜 | 38 | | 10 | 22 | 3 | 1 | 2 | 1,960,749 |
| 11－1－2 | 织袜兼衫裤及其他 | 14 | | 5 | 5 | 4 | | | 1,466,710 |
| 11－2 | 草呢帽 | 7 | | 2 | 4 | 1 | | | 238,000 |
| 11－3 | 阳伞 | 2 | | | 2 | | | | 61,500 |
| 11－4 | 手帕 | 7 | | 2 | 2 | 2 | | 1 | 113,000 |
| 11－5 | 衫裤 | 16 | | 4 | 6 | 5 | | 1 | 1,013,167 |
| 11－6 | 毛线毯 | 1 | | | 1 | | | | 5,000 |

续表

| 分类号码 | 业　　别 | 厂数 | 资本组织 | | | | | | 资本额（元） |
|---|---|---|---|---|---|---|---|---|---|
| | | | 国营 | 独资 | 合伙 | 有限公司 | 其他 | 不详 | |
| 11－7 | 其他服用品 | | | | | | | | |
| 11－7－1 | 纽扣 | 3 | | 1 | 2 | | | | 33,000 |
| 11－7－2 | 手套围巾等 | 1 | | | 1 | | | | 83,333 |
| | 第十一大类　总数 | 89 | | 24 | 45 | 15 | 1 | 4 | 4,974,459 |
| | 第十二大类　皮革及橡胶制造业 | | | | | | | | |
| 12－1 | 制革 | | | | | | | | |
| 12－1－1 | 制革 | 9 | | 2 | 5 | 2 | | | 965,000 |
| 12－1－2 | 制革兼制胶 | 1 | | | 1 | | | | 15,000 |
| 12－2 | 橡胶制品 | 44 | | 4 | 16 | 11 | 9 | 4 | 4,023,888* |
| 12－3 | 制胶 | 1 | | | | 1 | | | 60,000 |
| | 第十二大类　总数 | 55 | | 6 | 22 | 14 | 9 | 4 | 5,063,888* |
| | 第十三大类　饮食品业 | | | | | | | | |
| 13－1 | 碾米 | 1 | | | 1 | | | | 10,000 |
| 13－2 | 面粉 | 15 | | | | 8 | 7 | | 6,249,650 |
| 13－3 | 制糖 | 4 | | | 3 | | | 1 | 256,000 |
| 13－4 | 制备食品 | | | | | | | | |
| 13－4－1 | 罐头食品 | 7 | | | 2 | 4 | 1 | | 1,473,600 |
| 13－4－2 | 豆腐制品 | 1 | | 1 | | | | | 4,000 |
| 13－4－3 | 糖果 | 2 | | 2 | | | | | 24,000 |
| 13－5 | 榨油 | 10 | | 1 | 5 | 4 | | | 1,271,056 |
| 13－6 | 制茶 | 44 | | 14 | 29 | 1 | | | 248,200 |
| 13－7 | 卷烟 | 46 | | 4 | 9 | 29 | 2 | 2 | 19,002,667* |
| 13－8 | 酒精 | 1 | | | | 1 | | | 70,000 |
| 13－9 | 清凉饮料 | | | | | | | | |
| 13－9－1 | 汽水 | 1 | | | 1 | | | | 50,000 |
| 13－9－2 | 冰及汽水 | 1 | | | | 1 | | | 300,000 |

续表

| 分类号码 | 业　　别 | 厂数 | 资本组织 | | | | | | 资本额（元） |
|---|---|---|---|---|---|---|---|---|---|
| | | | 国营 | 独资 | 合伙 | 有限公司 | 其他 | 不详 | |
| 13－10 | 调味品 | 5 | | 2 | | 1 | 1 | 1 | 870,000 |
| 13－11 | 淀粉 | 1 | | | | 1 | | | 100,000 |
| 13－12 | 精盐 | 1 | | | | 1 | | | 240,000 |
| 13－13 | 冰蛋 | 1 | | 1 | | | | | 500,000 |
| 13－14 | 造冰冷藏 | 2 | | | | 2 | | | 424,000 |
| | 第十三大类　总数 | 143 | | 25 | 50 | 53 | 11 | 4 | 31,093,173* |
| | 第十四大类　造纸印刷业 | | | | | | | | |
| 14－1 | 制纸 | | | | | | | | |
| 14－1－1 | 纸 | 7 | | 1 | 1 | 5 | | | 2,306,389 |
| 14－1－2 | 纸版 | 1 | | | | 1 | | | 400,000 |
| 14－1－3 | 锡纸 | 1 | | | 1 | | | | 7,600 |
| 14－2 | 印刷 | | | | | | | | |
| 14－2－1 | 印刷 | 85 | | 19 | 33 | 39 | | 3 | 9,494,000* |
| 14－2－2 | 印刷镕铸 | 7 | | 2 | | 5 | | | 3,655,000* |
| 14－3 | 纸制品 | | | | | | | | |
| 14－3－1 | 纸盒 | 10 | | 3 | 4 | 3 | | | 134,000 |
| 14－3－2 | 卡纸片等 | 3 | | | 1 | 2 | | | 76,400 |
| | 第十四大类　总数 | 114 | | 25 | 40 | 46 | | 3 | 16,073,389* |
| | 第十五大类　饰物仪器业 | | | | | | | | |
| 15－1 | 乐器 | 2 | | 1 | | | 1 | | 105,000 |
| 15－2 | 教育用品 | 6 | | 2 | 1 | 3 | | | 261,000 |
| 15－3 | 仪器 | 5 | | | 1 | 2 | 1 | 1 | 148,500 |
| 15－4 | 钟及电筒 | 1 | | | | 1 | | | 50,000 |
| 15－5 | 玩具 | 4 | | | 1 | 3 | | | 60,000 |
| | 第十五大类　总数 | 18 | | 3 | 3 | 9 | 2 | 1 | 624,500 |
| | 第十六大类　其他工业 | | | | | | | | |

续表

| 分类号码 | 业　别 | 厂数 | 资本组织 | | | | | | 资本额（元） |
|---|---|---|---|---|---|---|---|---|---|
| | | | 国营 | 独资 | 合伙 | 有限公司 | 其他 | 不详 | |
| 16－1 | 牙刷 | | | | | | | | |
| 16－1－1 | 牙刷 | 5 | | 2 | 1 | 1 | | 1 | 100,000 |
| 16－1－2 | 牙刷兼牙粉 | 1 | | | | 1 | | | 160,000 |
| 16－2 | 制镜 | 4 | | | 3 | 1 | | | 54,000 |
| 16－3 | 热水瓶 | | | | | | | | |
| 16－3－1 | 自制瓶胆 | 2 | | 1 | | 1 | | | 170,000 |
| 16－3－2 | 购用瓶胆 | 7 | | 1 | 4 | | | 2 | 66,000 |
| 16－3－3 | 专制瓶胆 | 3 | | 1 | 2 | | | | 160,000 |
| | 第十六大类　总数 | 22 | | 5 | 10 | 4 | | 3 | 710,000 |
| | 十六大类　总数 | 1,186 | 4 | 271 | 443 | 332 | 43 | 93 | 162,685,893* |

附注：

(1)另有一厂资本额300,000元，见电灯泡类。

(2)内有一厂资本1,000,000元，包括浙江联厂资本额在内。

(3)自己不发电而代他厂售电者，不作为电厂，不在此数之内。

(4)内有一厂资本额3,000,000元，系总公司之资本额。

(5)内有两厂资本额2,400,000元及1,300,000元，系香港总厂与上海分厂合计之资本额。

(6)另有一厂之资本额699,300元，列入纺纱兼织布类。

(7)另有一厂无单独资本，其总公司资本额12,000,000元，见纺纱兼织布类。

(8)内有联厂两家，资本额共12,000,000元，系总公司之资本额。

## 乙二表　厂地面积与所有权

| 分类号码 | 业　　别 | 厂数 | 平均厂地面积 | 厂地所有权 | | | |
|---|---|---|---|---|---|---|---|
| | | | | 自有 | 租用 | 半租半有 | 不详 |
| | 第一大类　木材制造业 | | | | | | |
| 1－1 | 锯木 | 4 | 6.20 | 2 | 1 | | 1 |
| 1－2 | 木制品 | | | | | | |
| 1－2－1 | 木箱 | 1 | 3.00 | 1 | | | |
| 1－2－2 | 纱管 | 5 | 3.00 | 1 | 3 | | 1 |
| | 第一大类　总数及平均 | 10 | 4.62 | 4 | 4 | | 2 |
| | 第二大类　家具制造业 | | | | | | |
| 2－1 | 铁制家具 | 6 | 2.10 | | 6 | | |
| 2－2 | 地毯 | 1 | * | | 1 | | |
| | 第二大类　总数及平均 | 7 | 2.10 | | 7 | | |
| | 第三大类　冶炼业 | | | | | | |
| 3－1 | 翻砂 | | | | | | |
| 3－1－1 | 机器及零件 | 17 | 0.62 | 1 | 16 | | |
| 3－1－2 | 铁管 | 4 | 2.12 | 1 | 3 | | |
| 3－2 | 熔炼 | 1 | 2.12 | 1 | | | |
| | 第三大类　总数及平均 | 22 | 1.00 | 3 | 19 | | |
| | 第四大类　机械及金属制品业 | | | | | | |
| 4－1 | 机器制造兼修理 | | | | | | |
| 4－1－1 | 印刷机 | 6 | 1.43 | 1 | 4 | | 1 |
| 4－1－2 | 针织机 | 6 | 0.55 | | 6 | | |
| 4－1－3 | 纺织业机 | 13 | 5.27 | 3 | 9 | | 1 |
| 4－1－4 | 动力机 | 13 | 2.37 | 4 | 8 | 1 | |
| 4－1－5 | 各种机器 | 22 | 1.52 | 3 | 19 | | |
| 4－1－6 | 机器零件 | | | | | | |
| 4－1－6－1 | 地轴宕柱 | 1 | 2.00 | | 1 | | |
| 4－1－6－2 | 袜针 | 7 | 0.10 | | 5 | | 2 |
| 4－1－6－3 | 气门龙头 | 2 | * | | 1 | | 1 |

续表

| 分类号码 | 业　　别 | 厂数 | 平均厂地面　　积 | 厂地所有权 | | | |
|---|---|---|---|---|---|---|---|
| | | | | 自有 | 租用 | 半租半有 | 不详 |
| 4－1－7 | 修理机器及零件 | 11 | 1.00 | | 8 | | 3 |
| 4－2 | 金属品制造 | | | | | | |
| 4－2－1 | 锅炉水箱 | 1 | 4.00 | | | 1 | |
| 4－2－2 | 制罐 | | | | | | |
| 4－2－2－1 | 制罐 | 5 | 0.20 | | 4 | | 1 |
| 4－2－2－2 | 印刷兼制罐 | 4 | 1.50 | | 3 | 1 | |
| 4－2－2－3 | 制罐及其他 | 4 | 5.67 | 1 | 3 | | |
| 4－2－3 | 钢精片及器皿 | 4 | 4.00 | | 4 | | |
| 4－2－4 | 制钉 | | | | | | |
| 4－2－4－1 | 制钉 | 4 | 3.85 | 1 | 3 | | |
| 4－2－4－2 | 钉及其他 | 2 | 4.50 | 1 | 1 | | |
| 4－2－5 | 制灯 | 3 | 0.95 | | 3 | | |
| 4－2－6 | 铜皮 | 4 | 2.25 | 1 | 3 | | |
| 4－2－7 | 铁条 | 1 | 4.00 | | 1 | | |
| 4－2－8 | 其他金属制品 | 5 | 0.85 | 1 | 3 | | 1 |
| 4－3 | 电气机械及用具 | | | | | | |
| 4－3－1 | 电气机械及电器 | 3 | 0.25 | 1 | 2 | | |
| 4－3－2 | 电气机械及电池 | 1 | 10.00 | | | | 1 |
| 4－3－3 | 电气用具 | 5 | 3.47 | 4 | 1 | | |
| 4－3－4 | 电料 | 4 | 0.63 | | 4 | | |
| 4－3－5 | 电料及其他 | 2 | 0.50 | 1 | 1 | | |
| 4－3－6 | 电灯泡 | 13 | 3.19 | 1 | 10 | | 2 |
| 4－3－7 | 年红灯 | 1 | * | | 1 | | |
| 4－3－8 | 电池 | 3 | 3.17 | 1 | 2 | | |
| 4－3－9 | 电池电筒 | 1 | 0.40 | | 1 | | |
| 4－3－10 | 电筒 | 8 | 1.87 | 1 | 7 | | |
| 4－3－11 | 电焊 | 1 | 3.50 | 1 | | | |

续表

| 分类号码 | 业　　别 | 厂数 | 平均厂地面　　积 | 厂地所有权 | | | |
|---|---|---|---|---|---|---|---|
| | | | | 自有 | 租用 | 半租半有 | 不详 |
| 4-4 | 翻砂铁工 | | | | | | |
| 4-4-1 | 纺织业机 | 3 | 0.90 | | 3 | | |
| 4-4-2 | 各种机器 | 3 | 5.45 | | 3 | | |
| 4-4-3 | 金属制品 | 1 | 1.50 | | 1 | | |
| | 第四大类　总数及平均 | 167 | 2.56 | 26 | 125 | 3 | 13 |
| | 第五大类　交通用具业 | | | | | | |
| 5-1 | 造船 | | | | | | |
| 5-1-1 | 造船 | 1 | * | 1 | | | |
| 5-1-2 | 造船及其他 | 5 | 11.25 | 1 | 4 | | |
| 5-1-3 | 修理轮船 | 7 | 2.75 | 2 | 4 | 1 | |
| 5-2 | 造车 | | | | | | |
| 5-2-1 | 铁路机厂 | 1 | 118.00 | 1 | | | |
| 5-2-2 | 自行车 | 1 | * | | 1 | | |
| 5-2-3 | 煤气车 | 1 | 1.00 | | 1 | | |
| | 第五大类　总数及平均 | 16 | 17.50 | 5 | 10 | 1 | |
| | 第六大类　土石制造业 | | | | | | |
| 6-1 | 砖瓦 | | | | | | |
| 6-1-1 | 砖瓦 | 2 | 104.00 | 2 | | | |
| 6-1-2 | 瓷砖 | 2 | 8.33 | 1 | 1 | | |
| 6-2 | 玻璃 | | | | | | |
| 6-2-1 | 玻璃器皿 | 21 | 2.83 | 7 | 11 | | 3 |
| 6-2-3 | 玻璃车边 | 3 | 0.30 | | 3 | | |
| 6-3 | 水泥 | 1 | 100.00 | 1 | | | |
| 6-4 | 石、石灰、石粉 | | | | | | |
| 6-4-1 | 炼灰 | 1 | * | 1 | | | |
| 6-4-2 | 石粉 | 3 | 10.00 | 1 | 1 | | 1 |
| 6-4-3 | 轧石 | 1 | 1.00 | | 1 | | |

续表

| 分类号码 | 业　　别 | 厂数 | 平均厂地面　　积 | 厂地所有权 | | | |
|---|---|---|---|---|---|---|---|
| | | | | 自有 | 租用 | 半租半有 | 不详 |
| 6－5 | 坩埚 | | | | | | |
| 6－5－1 | 坩埚 | 1 | 2.30 | | 1 | | |
| 6－5－2 | 坩埚火砖 | 2 | 4.90 | | 2 | | |
| 6－5－3 | 坩埚玻璃火砖 | 1 | 14.00 | | 1 | | |
| 6－6 | 煤球 | 6 | 2.63 | | 5 | | 1 |
| | 第六大类　总数及平均 | 44 | 12.60 | 13 | 26 | | 5 |
| | 第七大类　建筑工程业 | | | | | | |
| 7－1 | 建筑材料 | 7 | 1.56 | | 4 | | 3 |
| | 第七大类　总数及平均 | 7 | 1.56 | | 4 | | 3 |
| | 第八大类　公用事业 | | | | | | |
| 8－1 | 水电 | 3 | * | | | | 3 |
| | 第八大类　总数及平均 | 3 | * | | | | 3 |
| | 第九大类　化学工业 | | | | | | |
| 9－1 | 火柴 | | | | | | |
| 9－1－1 | 火柴 | 4 | 20.27 | 1 | 1 | 1 | 1 |
| 9－1－2 | 梗片 | 3 | 26.25 | | 1 | 1 | 1 |
| 9－2 | 皂 | | | | | | |
| 9－2－1 | 皂 | 4 | 2.13 | 1 | 1 | | 2 |
| 9－2－2 | 皂碱烛 | 1 | 2.00 | | 1 | | |
| 9－3 | 搪瓷 | | | | | | |
| 9－3－1 | 搪瓷器皿 | 13 | 4.57 | 2 | 8 | | 3 |
| 9－3－2 | 搪瓷器皿及他种物品 | 4 | 4.67 | 1 | 3 | | |
| 9－3－3 | 制坯 | 2 | 2.50 | | 2 | | |
| 9－4 | 油漆墨颜料等 | | | | | | |
| 9－4－1 | 油漆 | 3 | 20.00 | | | | 3 |
| 9－4－2 | 油墨 | 2 | 1.00 | | 1 | | 1 |
| 9－4－3 | 颜料 | 1 | 6.00 | 1 | | | |

续表

| 分类号码 | 业　　别 | 厂数 | 平均厂地面　　积 | 厂地所有权 | | | |
|---|---|---|---|---|---|---|---|
| | | | | 自有 | 租用 | 半租半有 | 不详 |
| 9－5 | 化妆品 | 13 | 8.68 | 2 | 3 | 4 | 4 |
| 9－6 | 药品 | | | | | | |
| 9－6－1 | 一般药品 | 6 | 5.10 | | 3 | | 3 |
| 9－6－2 | 药及皂 | 1 | * | | 1 | | |
| 9－7 | 人造脂 | | | | | | |
| 9－7－1 | 赛璐珞 | 6 | 2.62 | 1 | 5 | | |
| 9－7－2 | 电玉电木 | 7 | 0.40 | | 6 | | 1 |
| 9－8 | 制酸 | | | | | | |
| 9－8－1 | 制酸 | 1 | 46.00 | 1 | | | |
| 9－8－2 | 碱酸及漂粉 | 1 | * | | | | 1 |
| 9－9 | 碳酸钙镁 | 3 | 14.00 | | 2 | | 1 |
| 9－10 | 炼气 | 1 | 2.77 | 1 | | | |
| 9－11 | 其他化学工业 | 2 | 2.00 | | 2 | | |
| | 第九大类　总数及平均 | 78 | 8.06 | 11 | 40 | 6 | 21 |
| | 第十大类　纺织工业 | | | | | | |
| 10－1 | 棉纺织 | | | | | | |
| 10－1－1 | 轧花 | 5 | 2.83 | 1 | 2 | | 2 |
| 10－1－2 | 弹废花 | | | | | | |
| 10－1－2－1 | 弹废花 | 7 | 1.42 | 1 | 6 | | |
| 10－1－2－2 | 废花及其他 | 1 | 12.00 | | 1 | | |
| 10－1－3 | 棉纺 | | | | | | |
| 10－1－3－1 | 纺纱 | 12 | 39.67 | 7 | 2 | | 3 |
| 10－1－3－2 | 纺纱兼织布 | 16 | 39.19 | 15 | 1 | | |
| 10－1－3－3 | 纺纱兼织毯 | 1 | 21.00 | 1 | | | |
| 10－1－4 | 棉织 | | | | | | |
| 10－1－4－1 | 棉织 | 69 | 3.53 | 3 | 52 | 6 | 8 |
| 10－1－4－2 | 棉织兼铁工 | 1 | 14.75 | | | 1 | |

续表

| 分类号码 | 业　　别 | 厂数 | 平均厂地面　　积 | 厂地所有权 | | | |
|---|---|---|---|---|---|---|---|
| | | | | 自有 | 租用 | 半租半有 | 不详 |
| 10－1－5 | 纱布药棉 | 3 | 1.50 | | 3 | | |
| 10－2 | 丝及丝织 | | | | | | |
| 10－2－1 | 缫丝 | | | | | | |
| 10－2－1－1 | 厂丝 | 49 | 2.50 | | 47 | | 2 |
| 10－2－1－2 | 双宫 | 2 | 7.00 | | 2 | | |
| 10－2－1－3 | 绢丝 | 1 | * | 1 | | | |
| 10－2－2 | 织绸 | 122 | 1.77 | 3 | 94 | | 25 |
| 10－3 | 毛纺织 | | | | | | |
| 10－3－1 | 毛织 | 21 | 0.87 | | 19 | | 2 |
| 10－3－2 | 毛纺织 | 2 | * | | | | 2 |
| 10－3－3 | 弹毛 | 1 | * | | 1 | | |
| 10－4 | 废丝棉毛纺织 | 3 | 11.10 | 1 | 2 | | |
| 10－5 | 染炼 | | | | | | |
| 10－5－1 | 丝光纱 | 16 | 1.35 | 1 | 15 | | |
| 10－5－2 | 染炼 | 30 | 1.66 | 3 | 23 | 1 | 3 |
| 10－5－3 | 染炼兼印花 | 1 | * | | | | 1 |
| 10－6 | 印花 | 6 | 0.67 | | 5 | | 1 |
| 10－7 | 制线 | | | | | | |
| 10－7－1 | 经纬线 | 4 | 0.60 | | 3 | | 1 |
| 10－7－2 | 纱线团 | 3 | 1.80 | | 3 | | |
| 10－7－3 | 他种线 | 3 | 0.29 | | 3 | | |
| 10－8 | 边带 | | | | | | |
| 10－8－1 | 制带 | 2 | 2.00 | | 1 | | 1 |
| 10－8－2 | 宽紧带 | 3 | 1.25 | | 3 | | |
| 10－8－3 | 边带 | 2 | * | | 1 | | 1 |
| 10－8－4 | 边带兼牙筷 | 1 | 11.00 | 1 | | | |
| 10－9 | 绒布整理 | | | | | | |

续表

| 分类号码 | 业　　别 | 厂数 | 平均厂地面　　积 | 厂地所有权 | | | |
|---|---|---|---|---|---|---|---|
| | | | | 自有 | 租用 | 半租半有 | 不详 |
| 10-9-1 | 拉绒 | 2 | 0.65 | | 2 | | |
| 10-9-2 | 拉绒兼漂染印花 | 2 | 1.00 | | 2 | | |
| | 第十大类　总数及平均 | 391 | 5.37 | 38 | 293 | 8 | 52 |
| | 第十一大类　服用品业 | | | | | | |
| 11-1 | 织袜 | | | | | | |
| 11-1-1 | 织袜 | 38 | 1.39 | 4 | 32 | | 2 |
| 11-1-2 | 织袜兼衫裤及其他 | 14 | 2.94 | 3 | 10 | | 1 |
| 11-2 | 草呢帽 | 7 | 2.35 | 3 | 2 | | 2 |
| 11-3 | 阳伞 | 2 | 0.70 | | 2 | | |
| 11-4 | 手帕 | 7 | 0.54 | | 7 | | |
| 11-5 | 衫裤 | 16 | 2.25 | 4 | 11 | * | 1 |
| 11-6 | 毛线毯 | 1 | 0.40 | | 1 | | |
| 11-7 | 其他服用品 | | | | | | |
| 11-7-1 | 纽扣 | 3 | 1.20 | | 3 | | |
| 11-7-2 | 手套围巾等 | 1 | * | | 1 | | |
| | 第十一大类　总数及平均 | 89 | 1.69 | 14 | 69 | | 6 |
| | 第十二大类　皮革及橡胶品制造业 | | | | | | |
| 12-1 | 制革 | | | | | | |
| 12-1-1 | 制革 | 9 | 6.00 | 6 | 3 | | |
| 12-1-2 | 制革兼制胶 | 1 | 2.00 | | 1 | | |
| 12-2 | 橡胶制品 | 44 | 2.66 | 8 | 21 | | 15 |
| 12-3 | 制胶 | 1 | * | | | | 1 |
| | 第十二大类　总数及平均 | 55 | 3.36 | 14 | 25 | | 16 |
| | 第十三大类　饮食品业 | | | | | | |
| 13-1 | 碾米 | 1 | 2.00 | | 1 | | |
| 13-2 | 面粉 | 15 | 17.67 | 10 | 4 | 1 | |

续表

| 分类号码 | 业　别 | 厂数 | 平均厂地面　积 | 厂地所有权 | | | |
|---|---|---|---|---|---|---|---|
| | | | | 自有 | 租用 | 半租半有 | 不详 |
| 13-3 | 制糖 | 4 | 2.70 | | 3 | | 1 |
| 13-4 | 制备食品 | | | | | | |
| 13-4-1 | 罐头食品 | 7 | 3.95 | 1 | 6 | | |
| 13-4-2 | 豆腐制品 | 1 | * | | 1 | | |
| 13-4-3 | 糖果 | 2 | 1.00 | 1 | | | 1 |
| 13-5 | 榨油 | 10 | 11.33 | 1 | 8 | | 1 |
| 13-6 | 制茶 | 44 | 0.45 | 2 | 42 | | |
| 13-7 | 卷烟 | 46 | 2.30 | 8 | 35 | | 3 |
| 13-8 | 酒精 | 1 | 7.20 | | 1 | | |
| 13-9 | 清凉饮料 | | | | | | |
| 13-9-1 | 汽水 | 1 | 5.00 | | 1 | | |
| 13-9-2 | 冰及汽水 | 1 | * | | | | 1 |
| 13-10 | 调味品 | 5 | 7.49 | 2 | 2 | | 1 |
| 13-11 | 淀粉 | 1 | 10.00 | | 1 | | |
| 13-12 | 精盐 | 1 | 30.00 | 1 | | | |
| 13-13 | 冰蛋 | 1 | * | | 1 | | |
| 13-14 | 造冰冷藏 | 2 | * | 1 | | | 1 |
| | 第十三大类　总数及平均 | 143 | 4.41 | 27 | 106 | 1 | 9 |
| | 第十四大类　造纸印刷类 | | | | | | |
| 14-1 | 制纸 | | | | | | |
| 14-1-1 | 纸 | 7 | 18.00 | 4 | 1 | | 2 |
| 14-1-2 | 纸版 | 1 | 5.50 | 1 | | | |
| 14-1-3 | 锡纸 | 1 | * | | 1 | | |
| 14-2 | 印刷 | | | | | | |
| 14-2-1 | 印刷 | 85 | 0.67 | 2 | 76 | | 7 |
| 14-2-2 | 印刷镕铸 | 7 | 4.55 | | 6 | | 1 |
| 14-3 | 纸制品 | | | | | | |

续表

| 分类号码 | 业　　别 | 厂数 | 平均厂地面　积 | 厂地所有权 | | | |
|---|---|---|---|---|---|---|---|
| | | | | 自有 | 租用 | 半租半有 | 不详 |
| 14－3－1 | 纸盒 | 10 | 1.30 | | 8 | | 2 |
| 14－3－2 | 卡纸片等 | 3 | 1.80 | 2 | 1 | | |
| | 第十四大类　总数及平均 | 114 | 1.52 | 9 | 93 | | 12 |
| | 第十五大类　饰物仪器业 | | | | | | |
| 15－1 | 乐器 | 2 | 0.60 | | 2 | | |
| 15－2 | 教育用品 | 6 | 0.83 | | 5 | | 1 |
| 15－3 | 仪器 | 5 | 2.50 | 1 | 3 | | 1 |
| 15－4 | 钟及电筒 | 1 | 1.50 | | 1 | | |
| 15－5 | 玩具 | 4 | 0.45 | | 3 | | 1 |
| | 第十五大类　总数及平均 | 18 | 1.17 | 1 | 14 | | 3 |
| | 第十六大类　其他工业 | | | | | | |
| 16－1 | 牙刷 | | | | | | |
| 16－1－1 | 牙刷 | 5 | 1.35 | | 4 | | 1 |
| 16－1－2 | 牙刷兼牙粉 | 1 | 2.70 | 1 | | | |
| 16－2 | 制镜 | 4 | 0.45 | | 3 | | 1 |
| 16－3 | 热水瓶 | | | | | | |
| 16－3－1 | 自制瓶胆 | 2 | 2.50 | 1 | 1 | | |
| 16－3－2 | 购用瓶胆 | 7 | 0.60 | | 5 | | 2 |
| 16－3－3 | 专制瓶胆 | 3 | 0.70 | | 3 | | |
| | 第十六大类　总数及平均 | 22 | 1.03 | 2 | 16 | | 4 |
| | 十六大类　总数及平均 | 1,186 | 4.55 | 167 | 851 | 19 | 149 |

## 乙三表　职工人数

| 分类号码 | 业　　别 | 厂数 | 管理员或工头人数 | | | 工人数 | | | |
|---|---|---|---|---|---|---|---|---|---|
| | | | 男 | 女 | 共 | 男 | 女 | 童 | 共 |
| | 第一大类　木材制造业 | | | | | | | | |
| 1－1 | 锯木 | 4 | 30 | | 30 | 376 | | 2 | 378 |
| 1－2 | 木制品 | | | | | | | | |
| 1－2－1 | 木箱 | 1 | 7 | | 7 | 70 | | | 70 |
| 1－2－2 | 纱管 | 5 | 28 | | 28 | 296 | 17 | 28 | 341 |
| | 第一大类　总数 | 10 | 65 | | 65 | 742 | 17 | 30 | 739 |
| | 第二大类　家具制造业 | | | | | | | | |
| 2－1 | 铁制家具 | 6 | 69 | | 69 | 403 | | 141 | 541 |
| 2－2 | 地毯 | 1 | 8 | | 8 | 75 | 300 | 75 | 450 |
| | 第二大类　总数 | 7 | 77 | | 77 | 478 | 300 | 216 | 994 |
| | 第三大类　冶炼业 | | | | | | | | |
| 3－1 | 翻砂 | | | | | | | | |
| 3－1－1 | 机器及零件 | 17 | 40 | | 40 | 328 | | 219 | 547 |
| 3－1－2 | 铁管 | 4 | 19 | | 19 | 156 | | 49 | 205 |
| 3－2 | 熔炼 | 1 | 5 | | 5 | 33 | | 2 | 35 |
| | 第三大类　总数 | 22 | 64 | | 64 | 517 | | 270 | 787 |

续表

| 分类号码 | 业　　别 | 厂数 | 管理员或工头人数 | | | 工人数 | | | |
|---|---|---|---|---|---|---|---|---|---|
| | | | 男 | 女 | 共 | 男 | 女 | 童 | 共 |
| | 第四大类　机械及金属制品业 | | | | | | | | |
| 4－1 | 机器制造兼修理 | | | | | | | | |
| 4－1－1 | 印刷机 | 6 | 36 | | 36 | 124 | | 79 | 203 |
| 4－1－2 | 针织机 | 6 | 35 | | 35 | 136 | | 100 | 236 |
| 4－1－3 | 纺织业机 | 13 | 76 | | 76 | 464 | | 264 | 748 |
| 4－1－4 | 动力机 | 13 | 86 | | 86 | 412 | | 272 | 684 |
| 4－1－5 | 各种机器 | 22 | 166 | | 166 | 1, 302 | | 405 | 1, 767 |
| 4－1－6 | 机器零件 | | | | | | | | |
| 4－1－6－1 | 地轴宕柱 | 1 | 5 | | 5 | 15 | | 20 | 35 |
| 4－1－6－2 | 袜针 | 7 | 15 | | 15 | 150 | | 65 | 297 |
| 4－1－6－3 | 汽门龙头 | 2 | 11 | | 11 | 36 | | 34 | 70 |
| 4－1－7 | 修理机器及零件 | 11 | 38 | | 38 | 324 | | 232 | 556 |
| 4－2 | 金属品制造 | | | | | | | | |
| 4－2－1 | 锅炉水箱 | 1 | 3 | | 3 | 65 | | 5 | 70 |
| 4－2－2 | 制罐 | | | | | | | | |
| 4－2－2－1 | 制罐 | 5 | 19 | | 19 | 150 | 33 | 55 | 238 |

续表

| 分类号码 | 业别 | 厂数 | 管理员或工头人数 | | | 工人数 | | | |
|---|---|---|---|---|---|---|---|---|---|
| | | | 男 | 女 | 共 | 男 | 女 | 童 | 共 |
| 4－2－2－2 | 印刷兼制罐 | 4 | 39 | | 39 | 221 | 96 | 50 | 367 |
| 4－2－2－3 | 制罐及其他 | 4 | 77 | | 77 | 531 | 112 | 130 | 773 |
| 4－2－3 | 钢精片及器皿 | 4 | 33 | | 33 | 194 | 24 | 25 | 243 |
| 4－2－4 | 制钉 | | | | | | | | |
| 4－2－4－1 | 制钉 | 4 | 18 | | 18 | 78 | | 24 | 102 |
| 4－2－4－2 | 钉及其他 | 2 | 34 | | 34 | 260 | | 7 | 267 |
| 4－2－5 | 制灯 | 3 | 10 | | 10 | 73 | 60 | 15 | 148 |
| 4－2－6 | 铜皮 | 4 | 46 | | 46 | 255 | | | 255 |
| 4－2－7 | 铁条 | 1 | 9 | | 9 | 40 | | 6 | 46 |
| 4－2－8 | 其他金属制品 | 3 | 32 | | 32 | 132 | 10 | 112 | 254 |
| 4－3 | 电气机械及用具 | | | | | | | | |
| 4－3－1 | 电气机械及电器 | 3 | 59 | | 59 | 316 | | 80 | 396 |
| 4－3－2 | 电气机械及电池 | 1 | 1 | | 1 | 143 | | | 143 |
| 4－3－3 | 电气用具 | 5 | 81 | | 81 | 675 | 99 | 123 | 897 |
| 4－3－4 | 电料 | 4 | 26 | 1 | 27 | 124 | 40 | 58 | 222 |
| 4－3－5 | 电料及其他 | 2 | 11 | | 11 | 78 | 44 | 24 | 146 |

续表

| 分类号码 | 业别 | 厂数 | 管理员或工头人数 | | | 工人数 | | | |
|---|---|---|---|---|---|---|---|---|---|
| | | | 男 | 女 | 共 | 男 | 女 | 童 | 共 |
| 4－3－6 | 电灯泡 | 13 | 151 | 6 | 157 | 578 | 364 | 186 | 1,128 |
| 4－3－7 | 年红灯 | 1 | 26 | | 26 | 40 | | | 40 |
| 4－3－8 | 电池 | 3 | 24 | | 24 | 83 | 65 | 8 | 156 |
| 4－3－9 | 电池电筒 | 1 | 6 | | 6 | 30 | 10 | | 40 |
| 4－3－10 | 电筒 | 8 | 68 | | 68 | 314 | 22 | 85 | 421 |
| 4－3－11 | 电焊 | 1 | 7 | | 7 | 25 | | 9 | 34 |
| 4－4 | 翻砂铁工 | | | | | | | | |
| 4－4－1 | 纺织业机 | 3 | 20 | | 20 | 73 | | 70 | 143 |
| 4－4－2 | 各种机器 | 3 | 22 | | 22 | 164 | | 38 | 202 |
| 4－4－3 | 金属制品 | 1 | 4 | | 4 | 26 | | 26 | 52 |
| | 第四大类　总数 | 167 | 1,294 | 7 | 1,301 | 7,637 | 1,055 | 2,687 | 1,1379 |
| | 第五大类　交通用具业 | | | | | | | | |
| 5－1 | 造船 | | | | | | | | |
| 5－1－1 | 造船 | 1 | 202 | | 202 | 1,378 | | | 1,378 |
| 5－1－2 | 造船及其他 | 5 | 75 | | 75 | 561 | | 153 | 714 |
| 5－1－3 | 修理轮船 | 7 | 33 | | 33 | 365 | | 122 | 487 |

续表

| 分类号码 | 业　　别 | 厂数 | 管理员或工头人数 | | | 工人数 | | | |
|---|---|---|---|---|---|---|---|---|---|
| | | | 男 | 女 | 共 | 男 | 女 | 童 | 共 |
| 5－2 | 造车 | | | | | | | | |
| 5－2－1 | 铁路机厂 | 1 | 10 | | 10 | 956 | | 42 | 998 |
| 5－2－2 | 自行车 | 1 | 5 | | 5 | 26 | | | 26 |
| 5－2－3 | 煤气车 | 1 | 5 | | 5 | 46 | 4 | 50 | |
| | 第五大类　总数 | 16 | 330 | | 330 | 3,332 | | 321 | 3,653 |
| | 第六大类　土石制造业 | | | | | | | | |
| 6－1 | 砖瓦 | | | | | | | | |
| 6－1－1 | 砖瓦 | 2 | 55 | | 55 | 430 | 130 | 22 | 582 |
| 6－1－2 | 瓷砖 | 2 | 25 | | 25 | 134 | 118 | 3 | 255 |
| 6－2 | 玻璃 | | | | | | | | |
| 6－2－1 | 玻璃器皿 | 21 | 157 | | 157 | 1,032 | 3 | 755 | 1,790 |
| 6－2－2 | 玻璃车边 | 3 | 13 | | 13 | 102 | | 7 | 109 |
| 6－3 | 水泥 | 1 | 58 | | 58 | 215 | | | 215 |
| 6－4 | 石,石灰,石粉 | | | | | | | | |
| 6－4－1 | 炼灰 | 1 | 5 | | 5 | 70 | | | 70 |
| 6－4－2 | 石粉 | 3 | 37 | | 27 | 84 | 8 | | 92 |

续表

| 分类号码 | 业别 | 厂数 | 管理员或工头人数 | | | 工人数 | | | |
| --- | --- | --- | --- | --- | --- | --- | --- | --- | --- |
| | | | 男 | 女 | 共 | 男 | 女 | 童 | 共 |
| 6－4－3 | 轧石 | 1 | 5 | | 5 | 20 | | | 20 |
| 6－5 | 坩埚 | | | | | | | | |
| 6－5－1 | 坩埚 | 1 | 5 | | 5 | 30 | | | 30 |
| 6－5－2 | 坩埚火砖 | 2 | 10 | | 10 | 48 | | 10 | 58 |
| 6－5－3 | 坩埚玻璃火砖 | 1 | 40 | | 40 | 300 | | | 300 |
| 6－6 | 煤球 | 6 | 84 | | 84 | 386 | | | 386 |
| | 第六大类　总数 | 44 | 494 | | 494 | 2, 851 | 259 | 797 | 3, 907 |
| | 第七大类　建筑工程业 | | | | | | | | |
| 7－1 | 建筑材料 | 7 | 34 | | 34 | 336 | | 102 | 438 |
| | 第七大类　总数 | 7 | 34 | | 34 | 336 | | 102 | 438 |
| | 第八大类　公用事业 | | | | | | | | |
| 8－1 | 水电 | 3 | 321 | | 321 | 1, 020 | | | 1, 020 |
| | 第八大类　总数 | 3 | 321 | | 321 | 1, 020 | | | 1, 020 |
| | 第九大类　化学工业 | | | | | | | | |
| 9－1 | 火柴 | | | | | | | | |
| 9－1－1 | 火柴 | 4 | 88 | | 88 | 494 | 1, 011 | 105 | 1, 610 |

续表

| 分类号码 | 业　　别 | 厂数 | 管理员或工头人数 | | | 工人数 | | | |
|---|---|---|---|---|---|---|---|---|---|
| | | | 男 | 女 | 共 | 男 | 女 | 童 | 共 |
| 9－1－2 | 梗片 | 3 | 31 | | 31 | 237 | 334 | 107 | 678 |
| 9－2 | 皂 | | | | | | | | |
| 9－2－1 | 皂 | 4 | 29 | | 29 | 63 | 75 | 3 | 141 |
| 9－2－2 | 皂碱烛 | 1 | 15 | | 15 | 24 | 12 | | 36 |
| 9－3 | 搪瓷 | | | | | | | | |
| 9－3－1 | 搪瓷器皿 | 13 | 211 | 2 | 213 | 1,120 | 297 | 202 | 1,619 |
| 9－3－2 | 搪瓷器皿及他种物品 | 4 | 58 | | 58 | 594 | 88 | 48 | 730 |
| 9－3－3 | 制坯 | 2 | 5 | | 5 | 70 | | 6 | 76 |
| 9－4 | 油漆墨颜料等 | | | | | | | | |
| 9－4－1 | 油漆 | 3 | 53 | | 53 | 364 | 16 | 16 | 396 |
| 9－4－2 | 油墨 | 2 | 15 | | 15 | 60 | | 4 | 64 |
| 9－4－3 | 颜料 | 1 | 18 | 1 | 19 | 34 | | | 34 |
| 9－5 | 化妆品 | 12 | 274 | 25 | 299 | 632 | 1,039 | 10 | 1,681 |
| 9－6 | 药品 | | | | | | | | |
| 9－6－1 | 一般药品 | 6 | 159 | 2 | 161 | 187 | 195 | 6 | 388 |
| 9－6－2 | 药及皂 | 1 | 84 | | 84 | 280 | 166 | 5 | 451 |

续表

| 分类号码 | 业　　别 | 厂数 | 管理员或工头人数 | | | 工人数 | | | |
|---|---|---|---|---|---|---|---|---|---|
| | | | 男 | 女 | 共 | 男 | 女 | 童 | 共 |
| 9－7 | 人造脂 | | | | | | | | |
| 9－7－1 | 赛璐珞 | 6 | 123 | | 123 | 324 | 160 | 8 | 492 |
| 9－7－2 | 电玉电木 | 7 | 52 | | 52 | 305 | 22 | 54 | 381 |
| 9－8 | 制酸 | | | | | | | | |
| 9－8－1 | 制酸 | 1 | 10 | | 10 | 53 | | | 53 |
| 9－8－2 | 碱酸及漂粉 | 1 | 21 | | 21 | 99 | | 6 | 105 |
| 9－9 | 碳酸钙镁 | 3 | 30 | | 30 | 238 | 2 | | 240 |
| 9－10 | 炼气 | 1 | 1 | | 1 | 22 | | | 22 |
| 9－11 | 其他化学工业 | 2 | 12 | | 12 | 57 | | 1 | 58 |
| | 第九大类　总数 | 78 | 1, 289 | 30 | 1, 319 | 5, 248 | 3, 417 | 581 | 9, 246 |
| | 第十大类　纺织工业 | | | | | | | | |
| 10－1 | 棉纺织 | | | | | | | | |
| 10－1－1 | 轧花 | 5 | 73 | | 73 | 129 | 130 | 42 | 301 |
| 10－1－2 | 弹废花 | | | | | | | | |
| 10－1－2－1 | 弹废花 | 7 | 43 | | 43 | 363 | 112 | | 475 |
| 10－1－2－2 | 废花及其他 | 1 | 5 | | 5 | 15 | | | 15 |
| 10－1－3 | 棉纺 | | | | | | | | |

续表

| 分类号码 | 业　别 | 厂数 | 管理员或工头人数 | | | 工人数 | | | |
|---|---|---|---|---|---|---|---|---|---|
| | | | 男 | 女 | 共 | 男 | 女 | 童 | 共 |
| 10－1－3－1 | 纺纱 | 12 | 384 | 316 | 700 | 4, 705 | 16, 918 | 650 | 23, 177[1] |
| 10－1－3－2 | 纺纱兼织布 | 16 | 481 | 437 | 918 | 6, 226 | 26, 335 | 458 | 36, 579[2] |
| 10－1－3－3 | 纺纱兼织毯 | 1 | 52 | 1 | 53 | 200 | 440 | 10 | 650 |
| 10－1－4 | 棉织 | | | | | | | | |
| 10－1－4－1 | 棉织 | 69 | 1, 278 | 9 | 1, 287 | 3, 002 | 5, 484 | 241 | 8, 727 |
| 10－1－4－2 | 棉织兼铁工 | 1 | 54 | | 54 | 247 | | 56 | 303 |
| 10－1－5 | 纱布药棉 | 3 | 26 | | 26 | 91 | 36 | 16 | 143 |
| 10－2 | 丝及丝织 | | | | | | | | |
| 10－2－1 | 缫丝 | | | | | | | | |
| 10－2－1－1 | 废丝 | 49 | 1, 167 | 116 | 1, 283 | 953 | 22, 606 | 6, 160 | 29, 728 |
| 10－2－1－2 | 双宫 | 2 | 27 | | 27 | 31 | 812 | 40 | 883 |
| 10－2－1－3 | 绢丝 | 1 | 120 | | 120 | | | | 900[3] |
| 10－2－2 | 织绸 | 122 | 1, 367 | 3 | 1, 370 | 5, 100 | 3, 380 | 1, 913 | 10, 393 |
| 10－3 | 毛纺织 | | | | | | | | |
| 10－3－1 | 毛织 | 21 | 266 | | 266 | 709 | 687 | 153 | 1, 549 |
| 10－3－2 | 毛纺织 | 2 | 143 | | 143 | 310 | 400 | 30 | 740 |
| 10－3－3 | 弹毛 | 1 | 1 | | 1 | 6 | 26 | | 32 |

续表

| 分类号码 | 业别 | 厂数 | 管理员或工头人数 | | | 工人数 | | | |
|---|---|---|---|---|---|---|---|---|---|
| | | | 男 | 女 | 共 | 男 | 女 | 童 | 共 |
| 10－4 | 废丝棉毛纺织 | 3 | 50 | | 50 | 530 | 540 | 67 | 1,137 |
| 10－5 | 染炼 | | | | | | | | |
| 10－5－1 | 丝光纱 | 16 | 80 | | 80 | 679 | | 2 | 681 |
| 10－5－2 | 染炼 | 30 | 328 | | 328 | 1,241 | 5 | 125 | 1,371 |
| 10－5－3 | 染炼兼印花 | 1 | 50 | | 50 | 220 | 30 | 60 | 310 |
| 10－6 | 印花 | 6 | 66 | | 66 | 220 | 10 | 170 | 400 |
| 10－7 | 制线 | | | | | | | | |
| 10－7－1 | 经纬线 | 4 | 48 | | 48 | 46 | 318 | 4 | 368 |
| 10－7－2 | 纱线团 | 3 | 31 | | 31 | 63 | 150 | 6 | 219 |
| 10－7－3 | 他种线 | 3 | 16 | | 16 | 46 | 56 | | 102 |
| 10－8 | 边带 | | | | | | | | |
| 10－8－1 | 制带 | 2 | 21 | | 21 | 60 | 64 | | 124 |
| 10－8－2 | 宽紧带 | 3 | 50 | | 50 | 88 | 51 | 6 | 145 |
| 10－8－3 | 边带 | 2 | 14 | | 14 | 42 | 18 | | 60 |
| 10－8－4 | 边带兼牙筷 | 1 | 70 | | 70 | 380 | 130 | | 510 |
| 10－9 | 绒布整理 | | | | | | | | |
| 10－9－1 | 拉绒 | 2 | 11 | | 11 | 65 | | | 65 |

续表

| 分类号码 | 业　别 | 厂数 | 管理员或工头人数 | | | 工人数 | | | |
|---|---|---|---|---|---|---|---|---|---|
| | | | 男 | 女 | 共 | 男 | 女 | 童 | 共 |
| 10-9-2 | 拉绒兼漂染印花 | 2 | 8 | | 8 | 78 | | | 78 |
| | 第十大类　总数 | 391 | 6, 330 | 882 | 7, 212 | 25, 845 | 78, 738 | 10, 218 | 120, 165[4] |
| | 第十一大类　服用品业 | | | | | | | | |
| 11-1 | 织袜 | | | | | | | | |
| 11-1-1 | 织袜 | 38 | 634 | 9 | 643 | 1, 600 | 3, 551 | 180 | 5, 331 |
| 11-1-2 | 织袜兼衫裤及其他 | 14 | 313 | 3 | 316 | 488 | 1, 185 | 44 | 1, 727 |
| 11-2 | 草呢帽 | 7 | 57 | | 57 | 272 | 116 | 76 | 464 |
| 11-3 | 阳伞 | 2 | 12 | | 12 | 200 | 15 | 47 | 262 |
| 11-4 | 手帕 | 7 | 77 | | 77 | 115 | 346 | 5 | 466 |
| 11-5 | 衫裤 | 16 | 310 | 2 | 312 | 684 | 1, 381 | 107 | 2, 172 |
| 11-6 | 毛线毯 | 1 | 10 | | 10 | 3 | 3 | | 6 |
| 11-7 | 其他服用品 | | | | | | | | |
| 11-7-1 | 钮扣 | 3 | 20 | | 20 | 99 | 30 | 6 | 135 |
| 11-7-2 | 手套围巾等 | 1 | 14 | | 14 | | 18 | 24 | 42 |
| | 第十一大类　总数 | 89 | 1, 447 | 14 | 1, 461 | 3, 461 | 6, 655 | 489 | 10, 605 |
| | 第十二大类　皮革及橡胶品制造业 | | | | | | | | |
| 12-1 | 制革 | | | | | | | | |

续表

| 分类号码 | 业别 | 厂数 | 管理员或工头人数 | | | 工人数 | | | |
|---|---|---|---|---|---|---|---|---|---|
| | | | 男 | 女 | 共 | 男 | 女 | 童 | 共 |
| 12－1－1 | 制革 | 9 | 58 | | 58 | 393 | | 21 | 414 |
| 12－1－2 | 制革兼制胶 | 1 | 5 | | 5 | 4 | 30 | 3 | 37 |
| 12－2 | 橡胶制品 | 44 | 895 | 34 | 929 | 4, 514 * | 6, 638 * | 134 * | 11, 286 * |
| 12－3 | 制胶 | 1 | 11 | | 11 | 80 | 15 | | 95 |
| | 第十二大类　总数 | 55 | 969 | 34 | 1, 003 | 4, 991 * | 6, 683 * | 158 * | 11, 832 * |
| | 第十三大类　饮食品业 | | | | | | | | |
| 13－1 | 碾米 | 1 | 20 | | 20 | 32 | | | 32 |
| 13－2 | 面粉 | 15 | 457 | | 457 | 2, 516 | | | 2, 516 |
| 13－3 | 制糖 | 4 | 24 | | 24 | 104 | 46 | | 150 |
| 13－4 | 制备食品 | | | | | | | | |
| 13－4－1 | 罐头食品 | 7 | 97 | | 97 | 492 | 442 | 89 | 1, 023 |
| 13－4－2 | 豆腐制品 | 1 | 2 | | 2 | 39 | | | 39 |
| 13－4－3 | 糖果 | 2 | 14 | | 14 | 41 | 30 | 11 | 82 |
| 13－5 | 榨油 | 10 | 212 | | 212 | 2, 020 | | 6 | 2, 026 |
| 13－6 | 制茶 | 44 | 126 | | 126 | 1, 010 | 1, 776 | | 2, 786 |
| 13－7 | 卷烟 | 46 | 951 | 48 | 999 | 3, 067 * | 14, 052 * | 326 | 17, 445 * |
| 13－8 | 酒精 | 1 | 6 | | 6 | 31 | | | 31 |

续表

| 分类号码 | 业别 | 厂数 | 管理员或工头人数 | | | 工人数 | | | |
|---|---|---|---|---|---|---|---|---|---|
| | | | 男 | 女 | 共 | 男 | 女 | 童 | 共 |
| 13－9 | 清凉饮料 | | | | | | | | |
| 13－9－1 | 汽水 | 1 | 10 | | 10 | 30 | | 2 | 32 |
| 13－9－2 | 冰及汽水 | 1 | 24 | | 24 | 180 | | 8 | 188 |
| 13－10 | 调味品 | 5 | 96 | 3 | 99 | 288 | 144 | 3 | 435 |
| 13－11 | 淀粉 | 1 | 6 | | 6 | 60 | | | 60 |
| 13－12 | 精盐 | 1 | 9 | | 9 | 100 | | | 100 |
| 13－13 | 冰蛋 | 1 | 56 | 2 | 58 | 150 | 200 | | 350 |
| 13－14 | 造冰冷藏 | 2 | 32 | | 32 | 80 | | | 80 |
| | 第十三大类　总数 | 143 | 2, 142 | 53 | 2, 195 | 10, 240 * | 16, 690 * | 445 | 27, 375 * |
| | 第十四大类　造纸印刷业 | | | | | | | | |
| 14－1 | 制纸 | | | | | | | | |
| 14－1－1 | 纸 | 7 | 103 | | 103 | 829 | 506 | | 1, 415 (5) |
| 14－1－2 | 纸版 | 1 | 25 | | 25 | 120 | 25 | 1 | 146 |
| 14－1－3 | 锡纸 | 1 | 7 | | 7 | 13 | 20 | | 33 |
| 14－2 | 印刷 | | | | | | | | |
| 14－2－1 | 印刷 | 85 | 1, 366 | 9 | 1, 375 | 4, 848 | 215 | 1, 281 | 6, 344 |
| 14－2－2 | 印刷熔铸 | 7 | 86 | 1 | 87 | 1, 015 | 63 | 175 | 1, 253 |

续表

| 分类号码 | 业　　别 | 厂数 | 管理员或工头人数 | | | 工人数 | | | |
|---|---|---|---|---|---|---|---|---|---|
| | | | 男 | 女 | 共 | 男 | 女 | 童 | 共 |
| 14－3 | 纸制品 | | | | | | | | |
| 14－3－1 | 纸盒 | 10 | 49 | | 49 | 328 | 137 | 33 | 498 |
| 14－3－2 | 卡纸片等 | 3 | 28 | | 28 | 73 | 8 | 16 | 97 |
| | 第十四大类　总数 | 114 | 1,664 | 10 | 1,674 | 7,226 | 974 | 1,506 | 9,786(6) |
| | 第十五大类　饰物仪器业 | | | | | | | | |
| 15－1 | 乐器 | 2 | 32 | | 32 | 51 | | 10 | 61 |
| 15－2 | 教育用品 | 6 | 32 | | 32 | 174 | 56 | 48 | 278 |
| 15－3 | 仪器 | 5 | 52 | | 52 | 227 | 19 | 72 | 318 |
| 15－4 | 钟及电筒 | 1 | 15 | | 15 | 160 | | | 160 |
| 15－5 | 玩具 | 4 | 30 | 1 | 31 | 125 | 78 | 42 | 245 |
| | 第十五大类　总数 | 18 | 161 | 1 | 162 | 737 | 153 | 172 | 1,062 |
| | 第十六大类　其他工业 | | | | | | | | |
| 16－1 | 牙刷 | | | | | | | | |
| 16－1－1 | 牙刷 | 5 | 79 | 1 | 80 | 219 | 349 | 7 | 575 |
| 16－1－2 | 牙刷兼牙粉 | 1 | 6 | | 6 | 40 | 20 | | 60 |
| 16－2 | 制镜 | 4 | 23 | | 23 | 164 | | 73 | 237 |
| 16－3 | 热水瓶 | | | | | | | | |

续表

| 分类号码 | 业　别 | 厂数 | 管理员或工头人数 | | | 工人数 | | | |
|---|---|---|---|---|---|---|---|---|---|
| | | | 男 | 女 | 共 | 男 | 女 | 童 | 共 |
| 16-3-1 | 自制瓶胆 | 2 | 50 | | 50 | 142 | 22 | 98 | 262 |
| 16-3-2 | 购用瓶胆 | 7 | 69 | | 69 | 371 | 1 | 22 | 394 |
| 16-3-3 | 专制瓶胆 | 3 | 12 | | 12 | 96 | | 74 | 170 |
| | 第十六大类　总数 | 22 | 239 | 1 | 240 | 1,032 | 392 | 274 | 1,698 |
| | 十六大类　总数 | 1,186 | 16,920 | 1,032 | 17,952 | 75,693 * | 115,333 * | 18,266 * | 214,736 * (7) |

附注：

(1)内有904人未分性别。

(2)内有3,560人未分性别。

(3)男、女、童人数未分列。

(4)内有5,364人未分性别。

(5)内有80人未分性别。

(6)同注(5)。

(7)内有5,444人未分性别。

## 乙四表　原动力

| 分类号码 | 业　　别 | 厂数 | 各种动力机马力 | 外电马力 | 共 |
|---|---|---|---|---|---|
| | 第一大类　木材制造业 | | | | |
| 1－1 | 锯木 | 4 | 100.0 | 475.0 | 575.0 |
| 1－2 | 木制品 | | | | |
| 1－2－1 | 木箱 | 1 | | 7.0 | 7.0 |
| 1－2－2 | 纱管 | 5 | 105.0 | 55.5 | 160.5 |
| | 第一大类　总数 | 10 | 205.0 | 537.5 | 742.5 |
| | 第二大类　家具制造业 | | | | |
| 2－1 | 铁制家具 | 6 | | 205.0 | 205.0 |
| 2－2 | 地毯 | 1 | | 5.5 | 5.5 |
| | 第二大类　总数 | 7 | | 210.5 | 210.5 |
| | 第三大类　冶炼业 | | | | |
| 3－1 | 翻砂 | | | | |
| 3－1－1 | 机器及零件 | 17 | | 92.5 | 92.5 |
| 3－1－2 | 铁管 | 4 | | 111.0 | 111.0 |
| 3－2 | 熔炼 | 1 | | 130.0 | 130.0 |
| | 第三大类　总数 | 22 | | 333.5 | 333.5 |
| | 第四大类　机械及金属制品业 | | | | |
| 4－1 | 机器制造兼修理 | | | | |
| 4－1－1 | 印刷机 | 6 | | 64.5 | 64.5 |
| 4－1－2 | 针织机 | 6 | | 30.0 | 30.0 |
| 4－1－3 | 纺织业机 | 13 | | 249.5 | 249.5 |
| 4－1－4 | 动力机 | 13 | 100.0 | 151.0 | 251.0 |
| 4－1－5 | 各种机器 | 22 | | 328.5 | 328.5 |
| 4－1－6 | 机器零件 | | | | |

续表

| 分类号码 | 业　　别 | 厂数 | 各种动力机马力 | 外电马力 | 共 |
|---|---|---|---|---|---|
| 4-1-6-1 | 地轴宕柱 | 1 | | 5.0 | 5.0 |
| 4-1-6-2 | 袜针 | 7 | 2.5 | 14.5 | 17.0 |
| 4-1-6-3 | 气门龙头 | 2 | | 13.0 | 13.0 |
| 4-1-7 | 修理机器及零件 | 11 | | 77.0 | 77.0 |
| 4-2 | 金属品制造 | | | | |
| 4-2-1 | 锅炉水箱 | 1 | | 15.0 | 15.0 |
| 4-2-2 | 制罐 | | | | |
| 4-2-2-1 | 制罐 | 5 | | 3.0 | 43.0 |
| 4-2-2-2 | 印刷兼制罐 | 4 | | 65.0 | 65.0 |
| 4-2-2-3 | 制罐及其他 | 4 | | 115.5 | 115.5 |
| 4-2-3 | 钢精片及器皿 | 4 | | 338.5 | 338.5 |
| 4-2-4 | 制钉 | | | | |
| 4-2-4-1 | 制钉 | 4 | | 95.0 | 95.0 |
| 4-2-4-2 | 钉及其他 | 2 | | 375.0 | 375.0 |
| 4-2-5 | 制灯 | 3 | | 38.0 | 38.0 |
| 4-2-6 | 铜皮 | 4 | | 726.0 | 726.0 |
| 4-2-7 | 铁条 | 1 | | 160.0 | 160.0 |
| 4-2-8 | 其他金属制品 | 5 | | 47.5 | 47.5 |
| 4-3 | 电气机械及用具 | | | | |
| 4-3-1 | 电气机械及电器 | 3 | | 111.0 | 111.0 |
| 4-3-2 | 电气机械及电池 | 1 | | 8.0 | 8.0 |
| 4-3-3 | 电气用具 | 5 | 25.0 | 602.5 | 627.5 |
| 4-3-4 | 电料 | 4 | | 41.5 | 41.5 |
| 4-3-5 | 电料及其他 | 2 | | 36.0 | 36.0 |
| 4-3-6 | 电灯泡 | 13 | | 190.5 | 190.5 |

续表

| 分类号码 | 业　　别 | 厂数 | 各种动力机马力 | 外电马力 | 共 |
|---|---|---|---|---|---|
| 4-3-7 | 年红灯 | 1 | | 5.0 | 5.0 |
| 4-3-8 | 电池 | 3 | | 35.0 | 35.0 |
| 4-3-9 | 电池电筒 | 1 | | 10.0 | 10.0 |
| 4-3-10 | 电筒 | 8 | | 109.5 | 109.5 |
| 4-3-11 | 电焊 | 1 | | 20.0 | 20.0 |
| 4-4 | 翻砂铁工 | | | | |
| 4-4-1 | 纺织业机 | 3 | | 40.0 | 40.0 |
| 4-4-2 | 各种机器 | 3 | | 45.0 | 45.0 |
| 4-4-3 | 金属制品 | 1 | | 5.0 | 5.0 |
| | 第四大类　总数 | 167 | 127.5 | 4,210.5 | 4,338.0 |
| | 第五大类　交通用具业 | | | | |
| 5-1 | 造船 | | | | |
| 5-1-1 | 造船 | 1 | 900.0 | 1,230.0 | 2,130.0 |
| 5-1-2 | 造船及其他 | 5 | 69.0 | 211.0 | 280.0 |
| 5-1-3 | 修理轮船 | 7 | 135.0 | 111.0 | 246.0 |
| 5-2 | 造车 | | | | |
| 5-2-1 | 铁路机厂 | 1 | 400.0 | * | 400.0* |
| 5-2-2 | 自行车 | 1 | | 9.0 | 9.0 |
| 5-2-3 | 煤气车 | 1 | 10.0 | | 10.0 |
| | 第五大类　总数 | 16 | 1,514.0 | 1,561.0* | 3,075.0* |
| | 第六大类　土石制造业 | | | | |
| 6-1 | 砖瓦 | | | | |
| 6-1-1 | 砖瓦 | 2 | 235.0 | | 235.0 |
| 6-1-2 | 瓷砖 | 2 | | 105.0 | 105.0 |

续表

| 分类号码 | 业　　别 | 厂数 | 各种动力机马力 | 外电马力 | 共 |
|---|---|---|---|---|---|
| 6-2 | 玻璃 | | | | |
| 6-2-1 | 玻璃器皿 | 21 | 0.5 | 114.0* | 114.5* |
| 6-2-2 | 玻璃车边 | 2 | | 25.0 | 25.0 |
| 6-3 | 水泥 | 1 | 2,060.0 | | 2,060.0 |
| 6-4 | 石石灰石粉 | | | | |
| 6-4-1 | 炼灰 | 1 | | 5.0 | 5.0 |
| 6-4-2 | 石粉 | 3 | | 340.0 | 340.0 |
| 6-4-3 | 轧石 | 1 | | 10.0 | 10.0 |
| 6-5 | 坩埚 | | | | |
| 6-5-1 | 坩埚 | 1 | | 15.0 | 15.0 |
| 6-5-2 | 坩埚火砖 | 2 | | 44.0 | 44.0 |
| 6-5-3 | 坩埚玻璃火砖 | 1 | | 150.0 | 150.0 |
| 6-6 | 煤球 | 6 | 256.0 | 234.5 | 490.5 |
| | 第六大类　总数 | 44 | 2,551.5 | 1,042.5* | 3,594.0* |
| | 第七大类　建筑工程业 | | | | |
| 7-1 | 建筑材料 | 7 | | 58.0* | 58.0* |
| | 第七大类　总数 | 7 | | 58.0* | 58.0* |
| | 第八大类　公用事业 | | | | |
| 8-1 | 水电 | 3 | 48,666.7 | 1,512.9 | 50,179.6 |
| | 第八大类　总数 | 3 | 48,666.7 | 1,512.9 | 50,179.6 |
| | 第九大类　化学工业 | | | | |
| 9-1 | 火柴 | | | | |
| 9-1-1 | 火柴 | 4 | 84.0 | 167.5 | 251.5 |
| 9-1-2 | 梗片 | 3 | 134.0 | 80.5 | 214.5 |

续表

| 分类号码 | 业　　别 | 厂数 | 各种动力机马力 | 外电马力 | 共 |
|---|---|---|---|---|---|
| 9-2 | 皂 | | | | |
| 9-2-1 | 皂 | 4 | 40.0 | 42.0 | 82.0 |
| 9-2-2 | 皂碱烛 | 1 | | 5.0 | 5.0 |
| 9-3 | 搪瓷 | | | | |
| 9-3-1 | 搪瓷器皿 | 13 | 70.0 | 404.0 | 474.0 |
| 9-3-2 | 搪瓷器皿及他种物品 | 4 | 130.0 | 260.0 | 390.0 |
| 9-3-3 | 制坯 | 2 | | 63.0 | 63.0 |
| 9-4 | 油漆墨颜料等 | | | | |
| 9-4-1 | 油漆 | 3 | | 982.0 | 982.0 |
| 9-4-2 | 油墨 | 2 | | 115.0 | 115.0 |
| 9-4-3 | 颜料 | 1 | | 35.0 | 35.0 |
| 9-5 | 化妆品 | 13 | | 615.0 | 615.0 |
| 9-6 | 药品 | | | | |
| 9-6-1 | 一般药品 | 6 | 30.0 | 98.2 | 128.2 |
| 9-6-2 | 药及皂 | 1 | 50.0 | 200.0 | 250.0 |
| 9-7 | 人造脂 | | | | |
| 9-7-1 | 赛璐珞 | 6 | 300.0 | 303.0 | 603.0 |
| 9-7-2 | 电玉电木 | 7 | | 61.5 | 61.5 |
| 9-8 | 制酸 | | | | |
| 9-8-1 | 制酸 | 1 | 24.0 | 57.0 | 81.0 |
| 9-8-2 | 碱酸及漂粉 | 1 | | * | * |
| 9-9 | 碳酸钙镁 | 3 | | 267.0 | 267.0 |
| 9-10 | 炼气 | 1 | | 90.0 | 90.0 |
| 9-11 | 其他化学工业 | 2 | | 30.0 | 30.0 |

续表

| 分类号码 | 业　　别 | 厂数 | 各种动力机马力 | 外电马力 | 共 |
|---|---|---|---|---|---|
| | 第九大类　总数 | 78 | 862.0 | 3,875.7 * | 4,737.7 * |
| | 第十大类　纺织工业 | | | | |
| 10－1 | 棉纺织 | | | | |
| 10－1－1 | 轧花 | 5 | 275.0 | 40.0 | 315.0 |
| 10－1－2 | 弹废花 | | | | |
| 10－1－2－1 | 弹废花 | 7 | 60.0 | 600.0 | 660.0 |
| 10－1－2－2 | 废花及其他 | 1 | | 36.0 | 36.0 |
| 10－1－3 | 棉纺 | | | | |
| 10－1－3－1 | 纺纱 | 12 | 7,270.0 | 21,193.5 | 28,463.5 |
| 10－1－3－2 | 纺纱兼织布 | 16 | 2,332.0 | 30,518.2 | 32,850.2 |
| 10－1－3－3 | 纺纱兼织毯 | 1 | | 550.0 | 550.0 |
| 10－1－4 | 棉织 | | | | |
| 10－1－4－1 | 棉织 | 69 | 165.0 | 4,157.8 | 4,322.8 |
| 10－1－4－2 | 棉织兼铁工 | 1 | | 70.0 | 70.0 |
| 10－1－5 | 纱布药棉 | 3 | | 50.5 | 50.5 |
| 10－2 | 丝及丝织 | | | | |
| 10－2－1 | 缫丝 | | | | |
| 10－2－1－1 | 废丝 | 49 | 983.5 | 165.5 | 1,149.0 |
| 10－2－1－2 | 双宫 | 2 | 140.0 | | 140.0 |
| 10－2－1－3 | 绢丝 | 1 | 150.0 | | 150.0 |
| 10－2－2 | 织绸 | 122 | 290.0 | 2,641.5 | 2,931.5 |
| 10－3 | 毛纺织 | | | | |
| 10－3－1 | 毛织 | 21 | | 491.5 * | 491.5 * |
| 10－3－2 | 毛纺织 | 2 | 250.0 | 380.0 | 630.0 |

续表

| 分类号码 | 业　　别 | 厂数 | 各种动力机马力 | 外电马力 | 共 |
|---|---|---|---|---|---|
| 10-3-3 | 弹毛 | 1 | | 15.0 | 15.0 |
| 10-4 | 废丝棉毛纺织 | 3 | | 670.0 | 670.0 |
| 10-5 | 染炼 | | | | |
| 10-5-1 | 丝光纱 | 16 | | 116.0 | 116.0 |
| 10-5-2 | 染炼 | 30 | | 662.5 | 662.5 |
| 10-5-3 | 染炼兼印花 | 1 | | 300.0 | 300.0 |
| 10-6 | 印花 | 6 | 140.0 | 18.5 | 158.5 |
| 10-7 | 制线 | | | | |
| 10-7-1 | 经纬线 | 4 | | 183.0 | 183.0 |
| 10-7-2 | 纱线团 | 3 | | 72.0 | 72.0 |
| 10-7-3 | 他种线 | 3 | | 53.0 | 53.0 |
| 10-8 | 边带 | | | | |
| 10-8-1 | 制带 | 2 | | 48.0 | 48.0 |
| 10-8-2 | 宽紧带 | 3 | | 24.0 | 24.0 |
| 10-8-3 | 边带 | 2 | | 16.0 | 16.0 |
| 10-8-4 | 边带兼牙筷 | 1 | | 200.0 | 200.0 |
| 10-9 | 绒布整理 | | | | |
| 10-9-1 | 拉绒 | 2 | | 85.0 | 85.0 |
| 10-9-2 | 拉绒兼漂染印花 | 2 | | 48.0 | 48.0 |
| | 第十大类　总数 | 391 | 12,055.5 | 63,405.5* | 75,461.0* |
| | 第十一大类　服用品业 | | | | |
| 11-1 | 织袜 | | | | |
| 11-1-1 | 织袜 | 38 | | 714.0* | 714.0* |
| 11-1-2 | 织袜兼衫裤及其他 | 14 | | 107.7* | 107.7* |

续表

| 分类号码 | 业　　别 | 厂数 | 各种动力机马力 | 外电马力 | 共 |
|---|---|---|---|---|---|
| 11-2 | 草呢帽 | 7 | | 197.0 | 197.0 |
| 11-3 | 阳伞 | 2 | | 52.5 | 52.5 |
| 11-4 | 手帕 | 7 | | 34.5 | 34.5 |
| 11-5 | 衫裤 | 16 | 1.5 | 568.5 | 570.0 |
| 11-6 | 毛线毯 | 1 | | 3.0 | 3.0 |
| 11-7 | 其他服用品 | | | | |
| 11-7-1 | 纽扣 | 3 | | 26.0 | 26.0 |
| 11-7-2 | 手套围巾等 | 1 | | 7.5 | 7.5 |
| | 第十一大类　总数 | 89 | 1.5 | 1,710.7* | 1,712.2* |
| | 第十二大类　皮革及橡胶品制造业 | | | | |
| 12-1 | 制革 | | | | |
| 12-1-1 | 制革 | 9 | 110.0 | 284.0 | 394.0 |
| 12-1-2 | 制革兼制胶 | 1 | 47.0 | 23.0 | 70.0 |
| 12-2 | 橡胶制品 | 44 | 415.0 | 6,498.2* | 6,913.2* |
| 12-3 | 制胶 | 1 | 32.0 | 70.0 | 102.0 |
| | 第十二大类　总数 | 55 | 604.0 | 6,875.2* | 7,479.2* |
| | 第十三大类　饮食品业 | | | | |
| 13-1 | 碾米 | 1 | | 60.0 | 60.0 |
| 13-2 | 面粉 | 15 | | 12,235.0 | 12,235.0 |
| 13-3 | 制糖 | 4 | | 326.5 | 326.5 |
| 13-4 | 制备食品 | | | | |
| 13-4-1 | 罐头食品 | 7 | 60.0 | 262.0 | 322.0 |
| 13-4-2 | 豆腐制品 | 1 | | 6.0 | 6.0 |
| 13-4-3 | 糖果 | 2 | | 25.0 | 25.0 |

续表

| 分类号码 | 业　别 | 厂数 | 各种动力机马力 | 外电马力 | 共 |
|---|---|---|---|---|---|
| 13－5 | 榨油 | 10 | 881.0 | 896.4 | 1,777.4 |
| 13－6 | 制茶 | 44 | | 204.0 | 204.0 |
| 13－7 | 卷烟 | 46 | 25.0 | 2,898.5 | 2,923.5 |
| 13－8 | 酒精 | 1 | 7.0 | 23.0 | 30.0 |
| 13－9 | 清凉饮料 | | | | |
| 13－9－1 | 汽水 | 1 | | 8.0 | 8.0 |
| 13－9－2 | 冰及汽水 | 1 | 3.0 | 80.0 | 83.0 |
| 13－10 | 调味品 | 5 | 30.0 | 155.0 | 185.0 |
| 13－11 | 淀粉 | 1 | | 90.0 | 90.0 |
| 13－12 | 精盐 | 1 | | 15.0 | 15.0 |
| 13－13 | 冰蛋 | 1 | | 200.0 | 200.0 |
| 13－14 | 造冰冷藏 | 2 | | 80.0 * | 80.0 * |
| | 第十三大类　总数 | 143 | 1,006.0 | 17,564.4 * | 18,570.4 * |
| | 第十四大类　造纸印刷业 | | | | |
| 14－1 | 制纸 | | | | |
| 14－1－1 | 纸 | 7 | 2,677.0 | 1,757.0 | 4,434.0 |
| 14－1－2 | 纸版 | 1 | | 600.0 | 600.0 |
| 14－1－3 | 锡纸 | 1 | | 8.0 | 8.0 |
| 14－2 | 印刷 | | | | |
| 14－2－1 | 印刷 | 85 | | 2,396.7 * | 2,396.7 * |
| 14－2－2 | 印刷熔铸 | 7 | | 503.5 | 503.5 |
| 14－3 | 纸制品 | | | | |
| 14－3－1 | 纸盒 | 10 | | 63.0 | 63.0 |
| 14－3－2 | 卡纸片等 | 3 | | 34.0 | 34.0 |

续表

| 分类号码 | 业　　别 | 厂数 | 各种动力机马力 | 外电马力 | 共 |
| --- | --- | --- | --- | --- | --- |
| | 第十四大类　总数 | 114 | 2, 677. 0 | 5, 362, 2 * | 8, 039. 2 * |
| | 第十五大类　饰物仪器业 | | | | |
| 15 – 1 | 乐器 | 2 | | 20. 0 | 20. 0 |
| 15 – 2 | 教育用品 | 6 | | 53. 0 | 53. 0 |
| 15 – 3 | 仪器 | 5 | | 45. 5 | 45. 5 |
| 15 – 4 | 钟及电筒 | 1 | | 15. 0 | 15. 0 |
| 15 – 5 | 玩具 | 4 | | 22. 4 | 22. 4 |
| | 第十五大类　总数 | 18 | | 155. 9 | 155. 9 |
| | 第十六大类　其他工业 | | | | |
| 16 – 1 | 牙刷 | | | | |
| 16 – 1 – 1 | 牙刷 | 5 | | 113. 5 | 113. 5 |
| 16 – 1 – 2 | 牙刷兼牙粉 | 1 | | 35. 0 | 35. 0 |
| 16 – 2 | 制镜 | 4 | | 73. 0 | 73. 0 |
| 16 – 3 | 热水瓶 | | | | |
| 16 – 3 – 1 | 自制瓶胆 | 2 | 24. 0 | 55. 0 | 79. 0 |
| 16 – 3 – 2 | 购用瓶胆 | 7 | | 78. 0 | 78. 0 |
| 16 – 3 – 3 | 专制瓶胆 | 3 | | 12. 0 | 12. 0 |
| | 第十六大类　总数 | 22 | 24. 0 | 366. 5 | 390. 5 |
| | 十六大类　总数 | 1, 186 | 70, 294. 7 | 108, 782. 5 * | 179, 077. 2 * |

## 乙五表　月计最高最低工薪资率

| 分类号码 | 业　别 | 厂数 | 薪资率(元) | | 工资率(元) | |
|---|---|---|---|---|---|---|
| | | | 最高 | 最低 | 最高 | 最低 |
| | 第一大类　木材制造业 | | | | | |
| 1-1 | 锯木 | 4 | 45.00 | 8.0 | 51.00 | 0 |
| 1-2 | 木制品 | | | | | |
| 1-2-1 | 木箱 | 1 | 40.00 | 15.00 | 15.00 | 8.00 |
| 1-2-2 | 纱管 | 5 | 60.00 | 10.00 | 48.00 | 1.00 |
| | 第一大类　总数及最高最低数 | 10 | 60.00 | 8.00 | 51.00 | 0 |
| | 第二大类　家具制造业 | | | | | |
| 2-1 | 铁制家具 | 6 | 80.00 | 0.40 | 60.00 | 0 |
| 2-2 | 地毯 | 1 | 26.00 | 5.00 | 26.00 | 2.00 |
| | 第二大类　总数及最高最低数 | 7 | 80.00 | 0.40 | 60.00 | 0 |
| | 第三大类　冶炼业 | | | | | |
| 3-1 | 翻砂 | | | | | |
| 3-1-1 | 机器及零件 | 17 | 60.00 | 2.00 | 50.00 | 0.40 |
| 3-1-2 | 铁管 | 4 | 60.00 | 10.00 | 36.00 | 0.40 |
| 3-2 | 熔炼 | 1 | 80.00 | 50.00 | 50.00 | 15.00 |
| | 第三大类　总数及最高最低数 | 22 | 80.00 | 2.00 | 50.00 | 0.40 |
| | 第四大类　机械及金属制品业 | | | | | |
| 4-1 | 机器制造兼修理 | | | | | |
| 4-1-1 | 印刷机 | 6 | 120.00 | 1.50 | 60.00 | 0 |
| 4-1-2 | 针织机 | 6 | 50.00 | 0 | 80.00 | 0 |
| 4-1-3 | 纺织业机 | 13 | 80.00 | 0 | 60.00 | 0 |
| 4-1-4 | 动力机 | 13 | 132.00 | 9.00 | 70.00 | 0 |
| 4-1-5 | 各种机器 | 22 | 140.00 | 7.00 | 70.00 | 0 |
| 4-1-6 | 机器零件 | | | | | |

续表

| 分类号码 | 业　　别 | 厂数 | 薪资率(元) | | 工资率(元) | |
|---|---|---|---|---|---|---|
| | | | 最高 | 最低 | 最高 | 最低 |
| 4-1-6-1 | 地轴宕柱 | 1 | 45.00 | 10.00 | 45.00 | 0.50 |
| 4-1-6-2 | 袜针 | 7 | 40.00 | 10.00 | 58.00 | 0.60 |
| 4-1-6-3 | 气门龙头 | 2 | 18.00 | 12.00 | 30.00 | 0.20 |
| 4-1-7 | 修理机器及零件 | 11 | 130.00 | 10.00 | 60.00 | 0 |
| 4-2 | 金属品制造 | | | | | |
| 4-2-1 | 锅炉水箱 | 1 | 45.00 | 15.00 | 60.00 | 0 |
| 4-2-2 | 制罐 | | | | | |
| 4-2-2-1 | 制罐 | 5 | 50.00 | 10.00 | 35.00 | 0 |
| 4-2-2-2 | 印刷兼制罐 | 4 | 60.00 | 2.00 | 80.00 | 0 |
| 4-2-2-3 | 制罐及其他 | 4 | 45.00 | 0 | 80.00 | 0.40 |
| 4-2-3 | 钢精片及器皿 | 4 | 60.00 | 0 | 65.00 | 1.00 |
| 4-2-4 | 制钉 | | | | | |
| 4-2-4-1 | 制钉 | 4 | 90.00 | 0.40 | 70.00 | 0 |
| 4-2-4-2 | 钉及其他 | 2 | 65.00 | 4.00 | 65.00 | 3.00 |
| 4-2-5 | 制灯 | 3 | 20.00 | 0 | 50.00 | 0 |
| 4-2-6 | 铜皮 | 4 | 80.00 | 20.00 | 120.00 | 0.50 |
| 4-2-7 | 铁条 | 1 | 60.00 | 5.00 | 40.00 | 10.00 |
| 4-2-8 | 其他金属制品 | 5 | 50.00 | 2.00 | 70.00 | 0.60 |
| 4-3 | 电气机械及用具 | | | | | |
| 4-3-1 | 电气机械及电器 | 3 | 150.00 | 12.00 | 45.00 | 0 |
| 4-3-2 | 电气机械及电池 | 1 | 66.60 | 66.60 | 66.60 | 10.50 |
| 4-3-3 | 电气用具 | 5 | 200.00 | 15.00 | 50.00 | 0.40 |
| 4-3-4 | 电料 | 4 | 100.00 | 1.00 | 60.00 | 1.00 |
| 4-3-5 | 电料及其他 | 2 | 50.00 | 1.00 | 45.00 | 0.40 |

续表

| 分类号码 | 业　别 | 厂数 | 薪资率(元) | | 工资率(元) | |
|---|---|---|---|---|---|---|
| | | | 最高 | 最低 | 最高 | 最低 |
| 4－3－6 | 电灯泡 | 13 | 200.00 | 2.50 | 65.00 | 0 |
| 4－3－7 | 年红灯 | 1 | 70.00 | 10.00 | 85.00 | 15.00 |
| 4－3－8 | 电池 | 3 | 40.00 | 8.00 | 30.00 | 1.00 |
| 4－3－9 | 电池电筒 | 1 | 60.00 | 20.00 | 40.00 | 6.00 |
| 4－3－10 | 电筒 | 8 | 80.00 | 10.00 | 80.00 | 0.50 |
| 4－3－11 | 电焊 | 1 | 70.00 | 15.00 | 90.00 | 9.00 |
| 4－4 | 翻砂铁工 | | | | | |
| 4－4－1 | 纺织业机 | 3 | 100.00 | 1.00 | 40.00 | 0.40 |
| 4－4－2 | 各种机器 | 3 | 100.00 | 18.00 | 45.00 | 0 |
| 4－4－3 | 金属制品 | 1 | 10.00 | 0 | 8.00 | 0 |
| | 第四大类　总数及最高最低数 | 167 | 200.00 | 0 | 120.00 | 0 |
| | 第五大类　交通用具业 | | | | | |
| 5－1 | 造船 | | | | | |
| 5－1－1 | 造船 | 1 | * | 20.00 | 100.00 | 9.00 |
| 5－1－2 | 造船及其他 | 5 | 100.00 | 1.00 | 60.00 | 1.00 |
| 5－1－3 | 修理轮船 | 7 | 150.00 | 5.00 | 70.00 | 0 |
| 5－2 | 造车 | | | | | |
| 5－2－1 | 铁路机厂 | 1 | 124.00 | 62.00 | 100.00 | 6.00 |
| 5－2－2 | 自行车 | 1 | 50.00 | 8.00 | 40.00 | 6.00 |
| 5－2－3 | 煤气车 | 1 | 50.0 | 25.00 | 60.00 | 9.00 |
| | 第五大类　总数及最高最低数 | 16 | 150.00 | 1.00 | 100.00 | 0 |
| | 第六大类　土石制造业 | | | | | |
| 6－1 | 砖瓦 | | | | | |
| 6－1－1 | 砖瓦 | 2 | 80.0 | 10.00 | 18.00 | 2.00 |

续表

| 分类号码 | 业　　别 | 厂数 | 薪资率(元) | | 工资率(元) | |
|---|---|---|---|---|---|---|
| | | | 最高 | 最低 | 最高 | 最低 |
| 6-1-2 | 瓷砖 | 2 | 40.00 | 3.0 | 40.00 | 6.00 |
| 6-2 | 玻璃 | | | | | |
| 6-2-1 | 玻璃器皿 | 21 | 120.00 | 0 | 80.00 | 1.00 |
| 6-2-2 | 玻璃车边 | 3 | 60.00 | 10.00 | 59.00 | 1.00 |
| 6-3 | 水泥 | 1 | * | 18.00 | 65.00 | 15.00 |
| 6-4 | 石,石灰,石粉 | | | | | |
| 6-4-1 | 炼灰 | 1 | 30.00 | 7.00 | 24.00 | 20.00 |
| 6-4-2 | 石粉 | 3 | 50.00 | 14.00 | 24.00 | 7.00 |
| 6-4-3 | 轧石 | 1 | 15.00 | 1.00 | 8.00 | 3.00 |
| 6-5 | 坩埚 | | | | | |
| 6-5-1 | 坩埚 | 1 | 40.00 | 15.00 | 40.00 | 15.00 |
| 6-5-2 | 坩埚火砖 | 2 | 80.00 | 2.00 | 45.00 | 1.00 |
| 6-5-3 | 坩埚玻璃火砖 | 1 | 100.00 | 8.00 | 60.00 | 2.00 |
| 6-6 | 煤球 | 6 | 120.00 | 2.00 | 54.00 | 8.00 |
| | 第六大类　总数及最高最低数 | 44 | 120.00 | 0 | 80.00 | 1.00 |
| | 第七大类　建筑工程业 | | | | | |
| 7-1 | 建筑材料 | 7 | 60.00 | 0 | 60.00 | 0 |
| | 第七大类　总数及最高最低数 | 7 | 60.00 | 0 | 60.00 | 0 |
| | 第八大类　公用事业 | | | | | |
| 8-1 | 水电 | 3 | 210.00 | 14.00 | 107.0 | 11.00 |
| | 第八大类　总数及最高最低数 | 3 | 210.00 | 14.00 | 107.00 | 11.00 |
| | 第九大类　化学工业 | | | | | |
| 9-1 | 火柴 | | | | | |
| 9-1-1 | 火柴 | 4 | 150.00 | 3.00 | 45.00 | 0 |

续表

| 分类号码 | 业　　别 | 厂数 | 薪资率(元) | | 工资率(元) | |
|---|---|---|---|---|---|---|
| | | | 最高 | 最低 | 最高 | 最低 |
| 9－1－2 | 梗片 | 3 | 60.00 | 10.00 | 60.00 | 4.00 |
| 9－2 | 皂 | | | | | |
| 9－2－1 | 皂 | 4 | 100.00 | 0.50 | 30.00 | 0 |
| 9－2－2 | 皂碱烛 | 1 | 60.00 | 1.00 | 20.00 | 6.00 |
| 9－3 | 搪瓷 | | | | | |
| 9－3－1 | 搪瓷器皿 | 13 | 160.00 | 0 | 54.00 | 0 |
| 9－3－2 | 搪瓷器皿及他种物品 | 4 | 100.00 | 2.00 | 60.00 | 1.00 |
| 9－3－3 | 制坯 | 2 | 45.00 | 12.00 | 40.0 | 0.70 |
| 9－4 | 油漆墨颜料等 | | | | | |
| 9－4－1 | 油漆 | 3 | 180.00 | 5.00 | 50.00 | 0 |
| 9－4－2 | 油墨 | 2 | 160.00 | 10.00 | 25.00 | 1.00 |
| 9－4－3 | 颜料 | 1 | 45.00 | 2.00 | 33.00 | 16.50 |
| 9－5 | 化妆品 | 13 | 100.0 | 1.00 | 80.00 | 5.00 |
| 9－6 | 药品 | | | | | |
| 9－6－1 | 一般药品 | 6 | 55.00 | 1.00 | 30.00 | 6.00 |
| 9－6－2 | 药及皂 | 1 | * | 15.00 | 45.0 | 6.00 |
| 9－7 | 人造脂 | | | | | |
| 9－7－1 | 赛璐珞 | 6 | 120.00 | 0 | 40.00 | 7.00 |
| 9－7－2 | 电玉电木 | 7 | 100.00 | 1.00 | 60.00 | 0.40 |
| 9－8 | 制酸 | | | | | |
| 9－8－1 | 制酸 | 1 | * | 50.00 | 35.0 | 15.00 |
| 9－8－2 | 碱酸及漂粉 | 1 | * | 40.00 | 65.00 | 2.00 |
| 9－9 | 碳酸钙镁 | 3 | 80.00 | 12.00 | 36.00 | 10.00 |
| 9－10 | 炼气 | 1 | 450.00 | 450.00 | 70.00 | 60.00 |

续表

| 分类号码 | 业　别 | 厂数 | 薪资率(元) | | 工资率(元) | |
|---|---|---|---|---|---|---|
| | | | 最高 | 最低 | 最高 | 最低 |
| 9－11 | 其他化学工业 | 2 | 40.00 | 14.00 | 20.00 | 1.00 |
| | 第九大类　总数及最高最低数 | 78 | 450.00 | 0 | 80.00 | 0 |
| | 第十大类　纺织工业 | | | | | |
| 10－1 | 棉纺织 | | | | | |
| 10－1－1 | 轧花 | 5 | 24.00 | 1.00 | 36.00 | 5.00 |
| 10－1－2 | 弹废花 | | | | | |
| 10－1－2－1 | 弹废花 | 7 | 60.00 | 0.40 | 24.00 | 4.50 |
| 10－1－2－2 | 废花及其他 | 1 | 20.00 | 8.00 | 12.00 | 12.00 |
| 10－1－3 | 棉纺 | | | | | |
| 10－1－3－1 | 纺纱 | 12 | 280.00 | 4.00 | 70.00 | 2.24 |
| 10－1－3－2 | 纺纱兼织布 | 16 | 150.00 | 6.00 | 65.00 | 5.60 |
| 10－1－3－3 | 纺纱兼织毯 | 1 | 140.00 | 6.00 | 40.00 | 8.00 |
| 10－1－4 | 棉织 | | | | | |
| 10－1－4－1 | 棉织 | 69 | 200.00 | 0 | 70.00 | 0 |
| 10－1－4－2 | 棉织兼铁工 | 1 | 200.00 | 0 | 60.00 | 2.00 |
| 10－1－5 | 纱布药棉 | 3 | 50.00 | 1.00 | 30.00 | 4.00 |
| 10－2 | 丝及丝织 | | | | | |
| 10－2－1 | 缫丝 | | | | | |
| 10－2－1－1 | 废丝 | 49 | 52.00 | 4.00 | 32.00 | 4.00 |
| 10－2－1－2 | 双宫 | 2 | 36.00 | 4.00 | 16.00 | 4.50 |
| 10－2－1－3 | 绢丝 | 1 | 200.00 | 20.00 | 60.00 | 9.00 |
| 10－2－2 | 织绸 | 122 | 150.00 | 0 | 140.00 | 0 |
| 10－3 | 毛纺织 | | | | | |
| 10－3－1 | 毛织 | 21 | 100.00 | 0 | 60.00 | 0 |

续表

| 分类号码 | 业　　别 | 厂数 | 薪资率(元) | | 工资率(元) | |
|---|---|---|---|---|---|---|
| | | | 最高 | 最低 | 最高 | 最低 |
| 10－3－2 | 毛纺织 | 2 | 50.00 | 5.00 | 60.00 | 9.00 |
| 10－3－3 | 弹毛 | 1 | 12.00 | 12.00 | 30.00 | 6.00 |
| 10－4 | 废丝棉毛纺织 | 3 | 150.00 | 12.0 | 60.00 | 6.00 |
| 10－5 | 染炼 | | | | | |
| 10－5－1 | 丝光纱 | 16 | 65.00 | 1.00 | 30.00 | 0 |
| 10－5－2 | 染炼 | 30 | 120.00 | 2.00 | 60.00 | 0 |
| 10－5－3 | 染炼兼印花 | 1 | * | 12.00 | 18.00 | 3.00 |
| 10－6 | 印花 | 6 | 60.00 | 5.00 | 80.00 | 2.00 |
| 10－7 | 制线 | | | | | |
| 10－7－1 | 经纬线 | 4 | 100.00 | 2.00 | 25.00 | 1.00 |
| 10－7－2 | 纱线团 | 3 | 30.00 | 1.00 | 30.00 | 1.00 |
| 10－7－3 | 他种线 | 3 | 30.00 | 0.80 | 16.00 | 5.00 |
| 10－8 | 边带 | | | | | |
| 10－8－1 | 制带 | 2 | 40.00 | 14.00 | 25.00 | 3.00 |
| 10－8－2 | 宽紧带 | 3 | 30.00 | 4.00 | 46.00 | 1.00 |
| 10－8－3 | 边带 | 2 | 30.00 | 8.00 | 16.00 | 3.00 |
| 10－8－4 | 边带兼牙筷 | 1 | 130.00 | 12.00 | 60.00 | 10.00 |
| 10－9 | 绒布整理 | | | | | |
| 10－9－1 | 拉绒 | 2 | 40.00 | 1.00 | 24.00 | 10.00 |
| 10－9－2 | 拉绒兼漂染印花 | 2 | 30.00 | 1.00 | 30.00 | 5.00 |
| | 第十大类　总数及最高最低数 | 391 | 280.00 | 0 | 140.00 | 0 |
| | 第十一大类　服用品业 | | | | | |
| 11－1 | 织袜 | | | | | |
| 11－1－1 | 织袜 | 38 | 120.00 | 0.50 | 80.00 | 0 |

续表

| 分类号码 | 业　　别 | 厂数 | 薪资率(元) | | 工资率(元) | |
|---|---|---|---|---|---|---|
| | | | 最高 | 最低 | 最高 | 最低 |
| 11－1－2 | 织袜兼衫裤及其他 | 14 | 100.00 | 0 | 60.00 | 0 |
| 11－2 | 草呢帽 | 7 | 60.00 | 1.00 | 40.00 | 0 |
| 11－3 | 阳伞 | 2 | 40.00 | 2.00 | 60.00 | 1.00 |
| 11－4 | 手帕 | 7 | 80.00 | 3.00 | 40.00 | 1.00 |
| 11－5 | 衫裤 | 16 | 150.00 | 1.00 | 60.00 | 0.40 |
| 11－6 | 毛线毯 | 1 | 45.00 | 2.00 | 35.00 | 6.00 |
| 11－7 | 其他服用品 | | | | | |
| 11－7－1 | 纽扣 | 3 | 20.00 | 3.00 | 36.00 | 0 |
| 11－7－2 | 手套围巾等 | 1 | 60.00 | 10.00 | 30.00 | 7.50 |
| | 第十一大类　总数及最高最低数 | 89 | 150.0 | 0 | 80.00 | 0 |
| | 第十二大类　皮革及橡胶品制造业 | | | | | |
| 12－1 | 制革 | | | | | |
| 12－1－1 | 制革 | 9 | 150.00 | 6.00 | 60.00 | 0 |
| 12－1－2 | 制革兼制胶 | 1 | 50.00 | 20.00 | 55.00 | 4.00 |
| 12－2 | 橡胶制品 | 44 | 150.00 | 0 | 60.00 | 1.00 |
| 12－3 | 制胶 | 1 | 150.00 | 14.0 | 33.00 | 5.00 |
| | 第十二大类　总数及最高最低数 | 55 | 150.00 | 0 | 60.00 | 0 |
| | 第十三大类　饮食品业 | | | | | |
| 13－1 | 碾米 | 1 | 30.00 | 1.00 | 16.00 | 10.00 |
| 13－2 | 面粉 | 15 | 100.00 | 1.00 | 120.0 | 6.00 |
| 13－3 | 制糖 | 4 | 80.00 | 15.0 | 30.00 | 6.50 |
| 13－4 | 制备食品 | | | | | |
| 13－4－1 | 罐头食品 | 7 | 100.00 | 6.00 | 60.00 | 0 |
| 13－4－2 | 豆腐制品 | 1 | 16.00 | 14.00 | 9.00 | 7.5 |

续表

| 分类号码 | 业　别 | 厂数 | 薪资率(元) | | 工资率(元) | |
|---|---|---|---|---|---|---|
| | | | 最高 | 最低 | 最高 | 最低 |
| 13－4－3 | 糖果 | 2 | 40.00 | 1.00 | 30.00 | 1.00 |
| 13－5 | 榨油 | 10 | 130.00 | 1.00 | 100.00 | 0 |
| 13－6 | 制茶 | 44 | 34.50 | 4.00 | 37.50 | 2.81 |
| 13－7 | 卷烟 | 46 | 100.00 | 0 | 70.00 | 1.00 |
| 13－8 | 酒精 | 1 | 30.00 | 12.00 | 12.00 | 12.00 |
| 13－9 | 清凉饮料 | | | | | |
| 13－9－1 | 汽水 | 1 | 100.00 | 30.00 | 50.00 | 10.00 |
| 13－9－2 | 冰及汽水 | 1 | * | 18.00 | 50.00 | 10.00 |
| 13－10 | 调味品 | 5 | 120.00 | 16.00 | 45.00 | 6.00 |
| 13－11 | 淀粉 | 1 | 100.00 | 10.00 | 40.00 | 13.00 |
| 13－12 | 精盐 | 1 | 100.00 | 30.00 | 20.00 | 14.00 |
| 13－13 | 冰蛋 | 1 | * | 12.00 | 23.80 | 12.60 |
| 13－14 | 造冰冷藏 | 2 | 80.00 | 14.00 | 64.00 | 10.00 |
| | 第十三大类　总数及最高最低数 | 143 | 120.00 | 0 | 120.00 | 0 |
| | 第十四大类　造纸印刷业 | | | | | |
| 14－1 | 制纸 | | | | | |
| 14－1－1 | 纸 | 7 | 160.00 | 3.00 | 70.00 | 8.00 |
| 14－1－2 | 纸版 | 1 | 120.00 | 18.00 | 60.00 | 9.00 |
| 14－1－3 | 锡纸 | 1 | 20.00 | 6.00 | 30.00 | 5.00 |
| 14－2 | 印刷 | | | | | |
| 14－2－1 | 印刷 | 85 | 200.00 | 0 | 180.00 | 0 |
| 14－2－2 | 印刷熔铸 | 7 | 170.00 | 10.00 | 100.00 | 0.50 |
| 14－3 | 纸制品 | | | | | |
| 14－3－1 | 纸盒 | 10 | 50.00 | 5.00 | 42.00 | 0.40 |

续表

| 分类号码 | 业　　别 | 厂数 | 薪资率(元) |  | 工资率(元) |  |
|---|---|---|---|---|---|---|
|  |  |  | 最高 | 最低 | 最高 | 最低 |
| 14－3－2 | 卡纸片等 | 3 | 100.00 | 6.00 | 40.00 | 1.00 |
|  | 第十四大类　总数及最高最低数 | 114 | 200.00 | 0 | 180.00 | 0 |
|  | 第十五大类　饰物仪器业 |  |  |  |  |  |
| 15－1 | 乐器 | 2 | 25.00 | 10.00 | 63.00 | 0.40 |
| 15－2 | 教育用品 | 6 | 170.00 | 8.00 | 64.00 | 0 |
| 15－3 | 仪器 | 5 | 120.00 | 8.00 | 50.00 | 0 |
| 15－4 | 钟及电筒 | 1 | 120.00 | 10.00 | 80.00 | 10.00 |
| 15－5 | 玩具 | 4 | 80.00 | 0 | 40.00 | 0.60 |
|  | 第十五大类　总数及最高最低数 | 18 | 170.00 | 0 | 80.00 | 0 |
|  | 第十六大类　其他工业 |  |  |  |  |  |
| 16－1 | 牙刷 |  |  |  |  |  |
| 16－1－1 | 牙刷 | 5 | 100.00 | 1.00 | 76.00 | 1.00 |
| 16－1－2 | 牙刷兼牙粉 | 1 | 60.00 | 12.00 | 40.00 | 8.00 |
| 16－2 | 制镜 | 4 | 60.00 | 6.0 | 36.00 | 0 |
| 16－3 | 热水瓶 |  |  |  |  |  |
| 16－3－1 | 自制瓶胆 | 2 | 125.00 | 2.00 | 55.00 | 2.00 |
| 16－3－2 | 购用瓶胆 | 7 | 80.00 | 0 | 45.00 | 0.40 |
| 16－3－3 | 专制瓶胆 | 3 | 50.00 | 5.00 | 130.00 | 1.00 |
|  | 第十六大类　总数及最高最低数 | 22 | 125.00 | 0 | 130.00 | 0 |
|  | 十六大类　总数及最高最低数 | 1,186 | 450.00 | 0 | 180.00 | 0 |

## 乙六表　开工时日与平均营业时期

| 分类号码 | 业　　别 | 厂数 | 每日开工时数 | 每月例假日数(1) | 每年年节假与纪念节假日数 | 平均营业时期(2) |
|---|---|---|---|---|---|---|
| | 第一大类　木材制造业 | | | | | |
| 1－1 | 锯木 | 4 | 9.9 | 2.0 | 12.5 | 15年9月 |
| 1－2 | 木制品 | | | | | |
| 1－2－1 | 木箱 | 1 | 10.0 | 0 | 9.0 | 6年 |
| 1－2－2 | 纱管 | 5 | 12.0 | 2.2 | 9.0 | 8年9月 |
| | 第一大类　总数及平均 | 10 | 10.9 | 1.9 | 10.7 | 11年4月 |
| | 第二大类　家具制造业 | | | | | |
| 2－1 | 铁制家具 | 6 | 10.3 | 0.6 | 15.0 | 8年10月 |
| 2－2 | 地毯 | 1 | 10.0 | * | 7.0 | 36年 |
| | 第二大类　总数及平均 | 7 | 10.3 | 0.6 | 11.0 | 12年9月 |
| | 第三大类　冶炼业 | | | | | |
| 3－1 | 翻砂 | | | | | |
| 3－1－1 | 机器及零件 | 17 | 10.6 | 0 | 10.1 | 10年4月 |
| 3－1－2 | 铁管 | 4 | 8.9 | 0 | 7.6 | 12年8月 |
| 3－2 | 熔炼 | 1 | 8.0 | 4.0 | 7.0 | 2年7月 |
| | 第三大类　总数及平均 | 22 | 10.1 | 0.2 | 9.2 | 10年4月 |
| | 第四大类　机械及金属制品业 | | | | | |
| 4－1 | 机器制造兼修理 | | | | | |
| 4－1－1 | 印刷机 | 6 | 10.3 | 1.3 | 8.7 | 17年4月 |
| 4－1－2 | 针织机 | 6 | 10.2 | 0.3 | 9.0 | 20年3月 |
| 4－1－3 | 纺织业机 | 13 | 10.8 | 1.0 | 8.1 | 18年4月 |
| 4－1－4 | 动力机 | 13 | 10.0 | 0.5 | 9.3 | 14年3月 |

续表

| 分类号码 | 业　　别 | 厂数 | 每日开工时数 | 每月例假日数(1) | 每年年节假与纪念节假日数 | 平均营业时期(2) |
|---|---|---|---|---|---|---|
| 4-1-5 | 各种机器 | 22 | 10.3 | 0.4 | 9.9 | 11年5月 |
| 4-1-6 | 机器零件 | | | | | |
| 4-1-6-1 | 地轴宕柱 | 1 | 10.0 | 0 | * | 30年 |
| 4-1-6-2 | 袜针 | 7 | 11.1 | 2.0 | 15.0 | 2年8月 |
| 4-1-6-3 | 汽门龙头 | 2 | 9.5 | 0 | * | 6年10月 |
| 4-1-7 | 修理机器及零件 | 11 | 10.9 | 0.6 | 9.0 | 15年5月 |
| 4-2 | 金属品制造 | | | | | |
| 4-2-1 | 锅炉水箱 | 1 | 9.0 | 0 | 6.0 | 14年2月 |
| 4-2-2 | 制罐 | | | | | |
| 4-2-2-1 | 制罐 | 5 | 11.7 | 1.3 | 10.0 | 11年7月 |
| 4-2-2-2 | 印刷兼制罐 | 4 | 10.6 | 2.0 | 9.7 | 7年9月 |
| 4-2-2-3 | 制罐及其他 | 4 | 9.9 | 2.5 | 10.0 | 5年10月 |
| 4-2-3 | 钢精片及器皿 | 4 | 9.5 | 1.0 | 10.0 | 5年11月 |
| 4-2-4 | 制钉 | | | | | |
| 4-2-4-1 | 制钉 | 4 | 12.2 | 1.5 | 6.2 | 5年5月 |
| 4-2-4-2 | 钉及其他 | 2 | 19.0 | 3.0 | 7.5 | 6年7月 |
| 4-2-5 | 制灯 | 3 | 11.0 | 1.3 | 10.0 | 14年 |
| 4-2-6 | 铜皮 | 4 | 9.5 | 2.0 | 11.6 | 2年3月 |
| 4-2-7 | 铁条 | 1 | 12.0 | 0 | 30.0 | 1年4月 |
| 4-2-8 | 其他金属制品 | 5 | 9.9 | 1.5 | 15.0 | 1年11月 |
| 4-3 | 电气机械及用具 | | | | | |
| 4-3-1 | 电气机械及电器 | 3 | 9.5 | 1.3 | 8.0 | 9年4月 |
| 4-3-2 | 电气机械及电池 | 1 | 8.0 | 4.0 | 7.0 | 7年 |

续表

| 分类号码 | 业　　别 | 厂数 | 每日开工时数 | 每月例假日数(1) | 每年年节假与纪念节假日数 | 平均营业时期(2) |
|---|---|---|---|---|---|---|
| 4-3-3 | 电气用具 | 5 | 10.0 | 1.5 | 10.7 | 12年3月 |
| 4-3-4 | 电料 | 4 | 10.2 | 1.5 | 7.5 | 3年9月 |
| 4-3-5 | 电料及其他 | 2 | 9.5 | 0 | 12.5 | 6年 |
| 4-3-6 | 电灯泡 | 13 | 10.1 | 2.2 | 8.2 | 2年1月 |
| 4-3-7 | 年红灯 | 1 | 8.0 | 4.0 | 7.0 | 3年6月 |
| 4-3-8 | 电池 | 3 | 9.8 | 0.7 | 13.3 | 4年4月 |
| 4-3-9 | 电池电筒 | 1 | 8.0 | 2.0 | 20.0 | 5年 |
| 4-3-10 | 电筒 | 8 | 10.8 | 0.6 | 16.7 | 4年2月 |
| 4-3-11 | 电焊 | 1 | * | * | * | 15年3月 |
| 4-4 | 翻砂铁工 | | | | | |
| 4-4-1 | 纺织业机 | 3 | 9.8 | 0 | 12.0 | 22年5月 |
| 4-4-2 | 各种机器 | 3 | 9.3 | 1.0 | 7.0 | 7年10月 |
| 4-4-3 | 金属制品 | 1 | 10.0 | 0 | 10.0 | 5年 |
| | 第四大类　总数及平均 | 167 | 10.4 | 1.1 | 10.0 | 10年1月 |
| | 第五大类　交通用具业 | | | | | |
| 5-1 | 造船 | | | | | |
| 5-1-1 | 造船 | 1 | 13.0 | 4.0 | * | 69年 |
| 5-1-2 | 造船及其他 | 5 | 9.8 | 0 | 10.0 | 12年 |
| 5-1-3 | 修理轮船 | 7 | 10.2 | 0 | 5.5 | 19年6月 |
| 5-2 | 造车 | | | | | |
| 5-2-1 | 铁路机厂 | 1 | 10.0 | 4.0 | 7.0 | 27年 |
| 5-2-2 | 自行车 | 1 | 8.0 | 4.0 | * | 3年2月 |
| 5-2-3 | 煤气车 | 1 | 10.0 | 2.0 | 15.0 | 5月 |

续表

| 分类号码 | 业　　别 | 厂数 | 每日开工时数 | 每月例假日数(1) | 每年年节假与纪念节假日数 | 平均营业时期(2) |
|---|---|---|---|---|---|---|
| | 第五大类　总数及平均 | 16 | 10.1 | 0.9 | 8.4 | 18年5月 |
| | 第六大类　土石制造业 | | | | | |
| 6-1 | 砖瓦 | | | | | |
| 6-1-1 | 砖瓦 | 2 | 9.7 | 1.0 | * | 8年4月 |
| 6-1-2 | 瓷砖 | 2 | 12.0 | 4.0 | 3.0 | 2年4月 |
| 6-2 | 玻璃 | | | | | |
| 6-2-1 | 玻璃器皿 | 21 | 9.7 | 0.6 | 13.7 | 6年4月 |
| 6-2-2 | 玻璃车边 | 3 | 9.5 | 2.0 | 8.5 | 5年8月 |
| 6-3 | 水泥 | 1 | 21.0 | 4.0 | 7.0 | 10年4月 |
| 6-4 | 石,石灰,石粉 | | | | | |
| 6-4-1 | 炼灰 | 1 | 24.0 | 6.0 | * | 12年 |
| 6-4-2 | 石粉 | 3 | 11.5 | 2.3 | 8.0 | 7年5月 |
| 6-4-3 | 轧石 | 1 | 10.0 | 0 | * | 71年 |
| 6-5 | 坩埚 | | | | | |
| 6-5-1 | 坩埚 | 1 | 10.0 | 2.0 | 10.0 | 11月 |
| 6-5-2 | 坩埚火砖 | 2 | 8.5 | 2.0 | 19.5 | 1年3月 |
| 6-5-3 | 坩埚玻璃火砖 | 1 | 10.0 | 0 | 8.0 | 1年3月 |
| 6-6 | 煤球 | 6 | 14.3 | 1.5 | 7.5 | 5年9月 |
| | 第六大类　总数及平均 | 44 | 11.1 | 1.4 | 11.8 | 7年7月 |
| | 第七大类　建筑工程业 | | | | | |
| 7-1 | 建筑材料 | 7 | 9.6 | 0 | 8.2 | 12年2月 |
| | 第七大类　总数及平均 | 7 | 9.6 | 0 | 8.2 | 12年2月 |
| | 第八大类　公用事业 | | | | | |

续表

| 分类号码 | 业　别 | 厂数 | 每日开工时数 | 每月例假日数(1) | 每年年节假与纪念节假日数 | 平均营业时期(2) |
|---|---|---|---|---|---|---|
| 8-1 | 水电 | 3 | 24 | 1 | * | 23年 |
| | 第八大类　总数及平均 | 3 | 24 | 1 | * | 23年 |
| | 第九大类　化学工业 | | | | | |
| 9-1 | 火柴 | | | | | |
| 9-1-1 | 火柴 | 4 | 9.7 | 1.0 | 15.0 | 3年11月 |
| 9-1-2 | 梗片 | 3 | 9.3 | 0.7 | 8.3 | 12年4月 |
| 9-2 | 皂 | | | | | |
| 9-2-1 | 皂 | 4 | 8.7 | 1.3 | 10.0 | 11年 |
| 9-2-2 | 皂碱烛 | 1 | 10.0 | 0 | 7.0 | 20年8月 |
| 9-3 | 搪瓷 | | | | | |
| 9-3-1 | 搪瓷器皿 | 13 | 11.7 | 1.9 | 13.1 | 4年8月 |
| 9-3-2 | 搪瓷器皿及他种物品 | 4 | 9.2 | 2.0 | 11.5 | 14年 |
| 9-3-3 | 制坯 | 2 | 9.0 | 1.0 | 26.5 | 10年9月 |
| 9-4 | 油漆墨颜料等 | | | | | |
| 9-4-1 | 油漆 | 3 | 9.3 | 2.0 | 20.0 | 14年4月 |
| 9-4-2 | 油墨 | 2 | 14.5 | 2.5 | 10.0 | 9年 |
| 9-4-3 | 颜料 | 1 | 10.0 | 2.0 | 30.0 | 10月 |
| 9-5 | 化妆品 | 13 | 10.5 | 2.2 | 11.3 | 9年1月 |
| 9-6 | 药品 | | | | | |
| 9-6-1 | 一般药品 | 6 | 9.3 | 2.5 | 10.0 | 9年11月 |
| 9-6-2 | 药及皂 | 1 | 9.0 | 4.0 | * | 12年6月 |
| 9-7 | 人造脂 | | | | | |
| 9-7-1 | 赛璐珞 | 6 | 9.2 | 1.5 | 16.7 | 4年10月 |

续表

| 分类号码 | 业　　别 | 厂数 | 每日开工时数 | 每月例假日数(1) | 每年年节假与纪念节假日数 | 平均营业时期(2) |
|---|---|---|---|---|---|---|
| 9－7－2 | 电玉电木 | 7 | 9.4 | 2.7 | 7.2 | 1年10月 |
| 9－8 | 制酸 | | | | | |
| 9－8－1 | 制酸 | 1 | 12.0 | 4.0 | 8.0 | 2年3月 |
| 9－8－2 | 碱酸及漂粉 | 1 | 20.0 | 4.0 | * | 4年7月 |
| 9－9 | 碳酸钙镁 | 3 | 19.3 | 1.0 | 8.0 | 3年 |
| 9－10 | 炼气 | 1 | 24.0 | 0 | 0 | 2月 |
| 9－11 | 其他化学工业 | 2 | 14.0 | 0 | 32.0 | 1年9月 |
| | 第九大类　总数及平均 | 78 | 11.1 | 1.8 | 12.6 | 7年4月 |
| | 第十大类　纺织工业 | | | | | |
| 10－1 | 棉纺织 | | | | | |
| 10－1－1 | 轧花 | 5 | 11.6 | 0 | 7.0 | 16年6月 |
| 10－1－2 | 弹废花 | | | | | |
| 10－1－2－1 | 弹废花 | 7 | 15.3 | 1.0 | 9.5 | 9年1月 |
| 10－1－2－2 | 废花及其他 | 1 | 12.0 | * | * | 3年 |
| 10－1－3 | 棉纺 | | | | | |
| 10－1－3－1 | 纺纱 | 12 | 22.5 | 3.7 | 5.0 | 14年2月 |
| 10－1－3－2 | 纺纱兼织布 | 16 | 22.3 | 3.9 | 7.6 | 15年8月 |
| 10－1－3－3 | 纺纱兼织毯 | 1 | 24.0 | 4.0 | 5.0 | 9年9月 |
| 10－1－4 | 棉织 | | | | | |
| 10－1－4－1 | 棉织 | 69 | 12.2 | 1.3 | 12.3 | 6年7月 |
| 10－1－4－2 | 棉织兼铁工 | 1 | 10.0 | 2.0 | 21.0 | 14年5月 |
| 10－1－5 | 纱布药棉 | 3 | 9.0 | 1.0 | 9.5 | 6年6月 |
| 10－2 | 丝及丝织 | | | | | |

续表

| 分类号码 | 业　别 | 厂数 | 每日开工时数 | 每月例假日数(1) | 每年年节假与纪念节假日数 | 平均营业时期(2) |
|---|---|---|---|---|---|---|
| 10-2-1 | 缫丝 | | | | | |
| 10-2-1-1 | 废丝 | 49 | 10.7 | 2.6 | 8.0 | 8年4月 |
| 10-2-1-2 | 双宫 | 2 | 10.5 | 5.0 | 20.0 | 8年 |
| 10-2-1-3 | 绢丝 | 1 | 22.0 | 4.0 | 2.0 | 11年 |
| 10-2-2 | 织绸 | 122 | 15.8 | 1.9 | 17.1 | 4年 |
| 10-3 | 毛纺织 | | | | | |
| 10-3-1 | 毛织 | 21 | 13.5 | 2.0 | 14.5 | 3年8月 |
| 10-3-2 | 毛纺织 | 2 | 9.0 | * | 7.0 | 3年11月 |
| 10-3-3 | 弹毛 | 1 | 9.0 | 0 | * | 1月 |
| 10-4 | 废丝棉毛纺织 | 3 | 19.3 | 3.3 | 7.3 | 1年9月 |
| 10-5 | 染炼 | | | | | |
| 10-5-1 | 丝光纱 | 16 | 9.3 | 1.1 | 15.8 | 5年7月 |
| 10-5-2 | 染炼 | 30 | 10.5 | 0.8 | 16.9 | 7年1月 |
| 10-5-3 | 染炼兼印花 | 1 | 20.0 | 4.0 | * | * |
| 10-6 | 印花 | 6 | 9.7 | 1.5 | 7.0 | 9年4月 |
| 10-7 | 制线 | | | | | |
| 10-7-1 | 经纬线 | 4 | 12.5 | 2.0 | 25.0 | 3年5月 |
| 10-7-2 | 纱线团 | 3 | 10.0 | 1.0 | 11.3 | 10年5月 |
| 10-7-3 | 他种线 | 3 | 8.8 | 1.3 | 18.0 | 10年4月 |
| 10-8 | 边带 | | | | | |
| 10-8-1 | 制带 | 2 | 15.0 | 3.0 | 9.0 | 14年4月 |
| 10-8-2 | 宽紧带 | 3 | 10.8 | 1.3 | 10.0 | 10年 |
| 10-8-3 | 边带 | 2 | 10.5 | 2.0 | * | 5年6月 |

续表

| 分类号码 | 业　别 | 厂数 | 每日开工时数 | 每月例假日数(1) | 每年年节假与纪念节假日数 | 平均营业时期(2) |
|---|---|---|---|---|---|---|
| 10－8－4 | 边带兼牙筷 | 1 | 8.0 | 4.0 | 11.0 | 19年6月 |
| 10－9 | 绒布整理 | | | | | |
| 10－9－1 | 拉绒 | 2 | 24.0 | 3.0 | * | 9月 |
| 10－9－2 | 拉绒兼漂染印花 | 2 | 11.5 | 0 | 9.0 | 2年6月 |
| | 第十大类　总数及平均 | 391 | 13.7 | 1.9 | 14.2 | 6年8月 |
| | 第十一大类　服用品业 | | | | | |
| 11－1 | 织袜 | | | | | |
| 11－1－1 | 织袜 | 38 | 13.0 | 1.9 | 16.4 | 8年6月 |
| 11－1－2 | 织袜兼衫裤及其他 | 14 | 11.3 | 1.4 | 12.8 | 9年5月 |
| 11－2 | 草呢帽 | 7 | 9.5 | 1.7 | 21.7 | 10年7月 |
| 11－3 | 阳伞 | 2 | 9.7 | 1.5 | 5.5 | 6年1月 |
| 11－4 | 手帕 | 7 | 11.3 | 1.7 | 12.3 | 7年7月 |
| 11－5 | 衫裤 | 16 | 10.2 | 1.8 | 18.6 | 8年1月 |
| 11－6 | 毛线毯 | 1 | 9.0 | 2.0 | 30.0 | 15年 |
| 11－7 | 其他服用品 | | | | | |
| 11－7－1 | 纽扣 | 3 | 9.3 | 0.7 | 6.0 | 5年7月 |
| 11－7－2 | 手套围巾等 | 1 | 10.0 | 3.0 | * | 2年8月 |
| | 第十一大类　总数及平均 | 89 | 11.5 | 1.7 | 16.1 | 8年6月 |
| | 第十二大类　皮革及橡胶品制造业 | | | | | |
| 12－1 | 制革 | | | | | |
| 12－1－1 | 制革 | 9 | 9.2 | 1.5 | 11.8 | 11年4月 |
| 12－1－2 | 制革兼制胶 | 1 | 8.0 | 2.0 | 14.0 | 12年 |
| 12－2 | 橡胶制品 | 44 | 11.6 | 2.4 | 9.3 | 3年6月 |

续表

| 分类号码 | 业　别 | 厂数 | 每日开工时数 | 每月例假日数[1] | 每年年节假与纪念节假日数 | 平均营业时期[2] |
|---|---|---|---|---|---|---|
| 12－3 | 制胶 | 1 | 24.0 | 0 | * | 13 年 |
| | 第十二大类　总数及平均 | 55 | 11.4 | 2.2 | 10.3 | 5 年 1 月 |
| | 第十三大类　饮食品业 | | | | | |
| 13－1 | 碾米 | 1 | 10.0 | 0 | 4.0 | 9 年 |
| 13－2 | 面粉 | 15 | 22.5 | 3.1 | 7.4 | 19 年 |
| 13－3 | 制糖 | 4 | 9.4 | 2.3 | 4.0 | 3 年 2 月 |
| 13－4 | 制备食品 | | | | | |
| 13－4－1 | 罐头食品 | 7 | 10.7 | 0.7 | 11.0 | 10 年 1 月 |
| 13－4－2 | 豆腐制品 | 1 | 20.0 | 6.0 | * | 11 年 |
| 13－4－3 | 糖果 | 2 | 11.0 | 0 | 8.0 | 5 年 6 月 |
| 13－5 | 榨油 | 10 | 12.9 | 1.4 | 17.5 | 17 年 11 月 |
| 13－6 | 制茶 | 44 | 10.3 | 0 | 10.2 | 5 年 2 月 |
| 13－7 | 卷烟 | 46 | 12.0 | 1.8 | 11.1 | 6 年 3 月 |
| 13－8 | 酒精 | 1 | * | 4.3 | 7.0 | 5 月 |
| 13－9 | 清凉饮料 | | | | | |
| 13－9－1 | 汽水 | 1 | 8.0 | 4.0 | * | |
| 13－9－2 | 冰及汽水 | 1 | 10.5 | 5.0 | * | 15 年 |
| 13－10 | 调味品 | 5 | 9.5 | 1.3 | 12.5 | 6 年 7 月 |
| 13－11 | 淀粉 | 1 | 10.0 | 2.0 | 18.0 | 3 年 |
| 13－12 | 精盐 | 1 | 24.0 | 0 | 5.0 | 5 年 |
| 13－13 | 冰蛋 | 1 | 8.0 | 2.0 | * | 3 年 |
| 13－14 | 造冰冷藏 | 2 | 16.0 | 0 | 1.0 | 2 年 10 月 |
| | 第十三大类　总数及平均 | 143 | 12.2 | 1.4 | 10.1 | 7 年 11 月 |

续表

| 分类号码 | 业　　别 | 厂数 | 每日开工时数 | 每月例假日数[1] | 每年年节假与纪念节假日数 | 平均营业时期[2] |
|---|---|---|---|---|---|---|
| | 第十四大类　造纸印刷业 | | | | | |
| 14－1 | 制纸 | | | | | |
| 14－1－1 | 纸 | 7 | 19.2 | 2.3 | * | 9年10月 |
| 14－1－2 | 纸版 | 1 | 24.0 | 2.0 | 12.0 | 11年7月 |
| 14－1－3 | 锡纸 | 1 | * | * | * | 9年6月 |
| 14－2 | 印刷 | | | | | |
| 14－2－1 | 印刷 | 85 | 11.0 | 2.0 | 10.6 | 11年8月 |
| 14－2－2 | 印刷熔铸 | 7 | 8.6 | 2.6 | 10.0 | 16年6月 |
| 14－3 | 纸制品 | | | | | |
| 14－3－1 | 纸盒 | 10 | 10.8 | 2.4 | 5.7 | 7年2月 |
| 14－3－2 | 卡纸片等 | 3 | 10.0 | 2.7 | 9.0 | 15年6月 |
| | 第十四大类　总数及平均 | 114 | 11.4 | 2.8 | 10.2 | 11年7月 |
| | 第十五大类　饰物仪器业 | | | | | |
| 15－1 | 乐器 | 2 | 9.5 | 2.0 | * | 9年2月 |
| 15－2 | 教育用品 | 6 | 9.8 | 1.8 | 8.4 | 5年10月 |
| 15－3 | 仪器 | 5 | 11.0 | 1.1 | 8.5 | 8年11月 |
| 15－4 | 钟及电筒 | 1 | 10.0 | 2.0 | 10.0 | 3年8月 |
| 15－5 | 玩具 | 4 | 11.1 | 1.5 | 14.5 | 5年2月 |
| | 第十五大类　总数及平均 | 18 | 10.4 | 1.6 | 9.8 | 6年10月 |
| | 第十六大类　其他工业 | | | | | |
| 16－1 | 牙刷 | | | | | |
| 16－1－1 | 牙刷 | 5 | 8.6 | 4.0 | 20.0 | 10年5月 |
| 16－1－2 | 牙刷兼牙粉 | 1 | 9.0 | 4.0 | 10.0 | 12年8月 |

续表

| 分类号码 | 业　别 | 厂数 | 每日开工时数 | 每月例假日数(1) | 每年年节假与纪念节假日数 | 平均营业时期(2) |
|---|---|---|---|---|---|---|
| 16－2 | 制镜 | 4 | 10.2 | 1.0 | 11.5 | 5年1月 |
| 16－3 | 热水瓶 | | | | | |
| 16－3－1 | 自制瓶胆 | 2 | 11.0 | 2.0 | 16.0 | 11年6月 |
| 16－3－2 | 购用瓶胆 | 7 | 9.8 | 0.7 | 11.7 | 1年7月 |
| 16－3－3 | 专制瓶胆 | 3 | 9.7 | 1.5 | 14.5 | 1年 |
| | 第十六大类　总数及平均 | 22 | 9.7 | 1.9 | 13.3 | 5年9月 |
| | 十六大类　总数及平均 | 1,186 | 12.0 | 1.7 | 12.1 | 8年4月 |

附注：

(1)每月例假日数系按本业或本厂习惯而定者。在例假期中，如工人照常作厂，例得升工。

(2)平均营业时期系自各厂开工年月起计算至二十二年十二月为止。

## 乙七表　上年统计

| 分类号码 | 业　别 | 厂　数 | 二十一年薪资额（元） | 二十一年工资额（元） | 二十一年原料值（元） | 二十一年销售值[1]（元） |
|---|---|---|---|---|---|---|
| | 第一大类　木材制造业 | | | | | |
| 1－1 | 锯木 | 4 | 5,607.00 | 62,900.00 | 1,326,666.60* | 1,529,200.00 |
| 1－2 | 木制品 | | | | | |
| 1－2－1 | 木箱 | 1 | 3,600.00 | 9,360.00 | 240,000.00 | 250,000.00 |
| 1－2－2 | 纱管 | 5 | 7,742.00* | 79,086.00 | 302,420.00* | 361,333.33* |
| | 第一大类　总数 | 10 | 16,949.00* | 151,346.00 | 1,869,086.00* | 2,140,533.33* |
| | 第二大类　家具制造业 | | | | | |
| 2－1 | 铁制家具 | 6 | 25,274.00 | 90,759.00 | 367,441.60 | 760,350.00 |
| 2－2 | 地毯 | 1 | * | * | 24,000.00 | 105,000.00 |
| | 第二大类　总数 | 7 | 25,274.00 | 90,759.00 | 391,441.60 | 865,350.00 |
| | 第三大类　冶炼业 | | | | | |
| 3－1 | 翻砂 | | | | | |
| 3－1－1 | 机器及零件 | 17 | 12,228.00 | 78,504.00 | 240,040.60 | 575,000.00* |
| 3－1－2 | 铁管 | 4 | 5,424.00 | 34,022.40 | 196,560.00 | 375,000.00 |

续表

| 分类号码 | 业　　别 | 厂　数 | 二十一年薪资额（元） | 二十一年工资额（元） | 二十一年原料值（元） | 二十一年销售值[1]（元） |
|---|---|---|---|---|---|---|
| 3－2 | 熔炼 | 1 | 7,200.00 | 15,000.00 | 14,000.00 | 36,000.00 |
| | 第三大类　总数 | 22 | 24,852.00 | 127,526.40 | 450,600.60 | 986,000.00* |
| | 第四大类　机械及金属制品业 | | | | | |
| 4－1 | 机器制造兼修理 | | | | | |
| 4－1－1 | 印刷机 | 6 | 9,240.00 | 29,184.00 | 92,680.00* | 225,000.00 |
| 4－1－2 | 针织机 | 6 | 5,302.00 | 22,772.80 | 42,600.00 | 120,648.00 |
| 4－1－3 | 纺织业机 | 13 | 49,901.00 | 158,285.00 | 512,795.96* | 1,074,750.00 |
| 4－1－4 | 动力机 | 13 | 59,304.00 | 143,888.00 | 343,193.20* | 1,401,445.00 |
| 4－1－5 | 各种机器 | 22 | 91,890.00 | 298,086.00 | 712,300.80* | 1,891,800.00* |
| 4－1－6 | 机器零件 | | | | | |
| 4－1－6－1 | 地轴宕柱 | 1 | 1,200.00 | 3,600.00 | 28,800.00 | 70,000.00 |
| 4－1－6－2 | 袜针 | 7 | 2,018.00* | 34,308.00 | 15,144.00 | 81,454.00 |
| 4－1－6－3 | 汽门龙头 | 2 | 1,800.00* | 8,474.40 | 429,600.00 | 610,000.00 |
| 4－1－7 | 修理机器及零件 | 11 | 16,697.00 | 94,997.84 | 150,884.00* | 505,750.00 |

续表

| 分类号码 | 业　　别 | 厂　数 | 二十一年薪资额（元） | 二十一年工资额（元） | 二十一年原料值（元） | 二十一年销售值[1]（元） |
|---|---|---|---|---|---|---|
| 4－2 | 金属品制造 | | | | | |
| 4－2－1 | 锅炉水箱 | 1 | 2,160.00 | 25,344.00 | | 60,000.00 |
| 4－2－2 | 制罐 | | | | | |
| 4－2－2－1 | 制罐 | 5 | 4,284.00 | 15,724.00* | 81,000.00* | 446,000.00 |
| 4－2－2－2 | 印刷兼制罐 | 4 | 13,128.00 | 57,500.00 | 350,160.00 | 600,000.00 |
| 4－2－2－3 | 制罐及其他 | 4 | 49,608.00 | 78,811.20 | 678,720.00 | 1,559,000.00 |
| 4－2－3 | 钢精片及器皿 | 4 | 6,240.00 | 41,832.00 | 674,400.00 | 626,000.00 |
| 4－2－4 | 制钉 | | | | | |
| 4－2－4－1 | 制钉 | 4 | 3,010.00* | 9,000.00* | 275,356.80 | 428,800.00 |
| 4－2－4－2 | 钉及其他 | 2 | 15,600.00 | 76,800.00 | 1,297,800.00 | 2,373,000.00 |
| 4－2－5 | 制灯 | 3 | 4,080.00 | 15,480.00 | 129,996.00 | 164,000.00 |
| 4－2－6 | 铜皮 | 4 | 22,440.00* | 40,800.00 | 495,986.02 | 612,587.37 |
| 4－2－7 | 铁条 | 1 | 1,750.00 | 6,500.00 | 65,187.50 | 113,940.00 |
| 4－2－8 | 其他金属制品 | 5 | 5,076.00 | 20,672.40 | 23,364.00 | 199,880.00 |

续表

| 分类号码 | 业　别 | 厂　数 | 二十一年薪资额（元） | 二十一年工资额（元） | 二十一年原料值（元） | 二十一年销售值[1]（元） |
|---|---|---|---|---|---|---|
| 4－3 | 电气机械及用具 | | | | | |
| 4－3－1 | 电气机械及电器 | 3 | 42,480.00 | 113,400.00 | 230,400.00 | 496,000.00 |
| 4－3－2 | 电气机械及电池 | 1 | 36,000.00 | 20,000.00 | 100,000.00 | 180,000.00 |
| 4－3－3 | 电气用具 | 5 | 32,100.00 | 160,023.00 | 638,400.00 | 2,648,000.00 |
| 4－3－4 | 电料 | 4 | 12,180.00 | 32,544.00 | 32,850.00* | 141,400.00 |
| 4－3－5 | 电料及其他 | 2 | 3,360.00 | 14,400.00 | 50,042.52 | 154,080.00 |
| 4－3－6 | 电灯泡 | 13 | 45,049.52 | 123,176.48 | 806,720.00 | 2,657,400.00 |
| 4－3－7 | 年红灯 | 1 | 8,400.00 | 9,600.00 | 94,800.00 | 150,000.00 |
| 4－3－8 | 电池 | 3 | 1,570.00 | 9,988.00 | 99,240.00 | 213,466.67 |
| 4－3－9 | 电池电筒 | 1 | 2,880.00 | 9,840.00 | 72,000.00 | 101,000.00 |
| 4－3－10 | 电筒 | 8 | 21,110.00 | 73,110.00 | 454,673.00 | 1,161,920.00 |
| 4－3－11 | 电焊 | 1 | 1,800.00 | 7,800.00 | 24,000.00 | 60,000.00 |
| 4－4 | 翻砂铁工 | | | | | |
| 4－4－1 | 纺织业机 | 3 | 10,200.00 | 15,900.00 | 26,497.50 | 306,553.20 |

续表

| 分类号码 | 业　别 | 厂　数 | 二十一年薪资额（元） | 二十一年工资额（元） | 二十一年原料值（元） | 二十一年销售值[1]（元） |
|---|---|---|---|---|---|---|
| 4－4－2 | 各种机器 | 3 | 14,880.00 | 54,360.00 | 244,800.00 | 385,930.00 |
| 4－4－3 | 金属制品 | 1 | 600.00 | 3,000.00 | 15,096.00 | 18,000.00 |
| | 第四大类　总数 | 167 | 597,343.52* | 1,820,207.12 | 9,295,487.66* | 21,898,704.24* |
| | 第五大类　交通用具业 | | | | | |
| 5－1 | 造船 | | | | | |
| 5－1－1 | 造船 | 1 | 297,514.63 | 1,455,417.88 | 2,183,824.00 | 4,232,013.84 |
| 5－1－2 | 造船及其他 | 5 | 49,700.00 | 268,600.00 | 1,379,340.00 | 2,270,000.00 |
| 5－1－3 | 修理轮船 | 7 | 17,098.00 | 138,946.00 | 176,522.50* | 692,000.00 |
| 5－2 | 造车 | | | | | |
| 5－2－1 | 铁路机厂 | 1 | 51,903.31 | 567,785.81 | 401,903.51 | 1,089,396.74[2] |
| 5－2－2 | 自行车 | 1 | 2,000.00 | 6,500.00 | 33,600.00 | * |
| 5－2－3 | 煤气车 | 1 | (3) | (3) | (3) | (3) |
| | 第五大类　总数 | 16 | 418,215.94 | 2,437,249.69 | 4,175,190.01* | 8,283,409.58* |
| | 第六大类　土石制造业 | | | | | |

续表

| 分类号码 | 业　　别 | 厂　数 | 二十一年薪资额（元） | 二十一年工资额（元） | 二十一年原料值（元） | 二十一年销售值[1]（元） |
|---|---|---|---|---|---|---|
| 6－1 | 砖瓦 | | | | | |
| 6－1－1 | 砖瓦 | 2 | 27,000.00 | 63,600.00 | 33,600.00 | 553,000.00 |
| 6－1－2 | 瓷砖 | 2 | 5,784.00 | 62,766.00 | 67,921.20 | 352,049.96 |
| 6－2 | 玻璃 | | | | | |
| 6－2－1 | 玻璃器皿 | 21 | 46,737.00 | 223,826.60 | 406,000.75 | 1,258,764.00* |
| 6－2－2 | 玻璃车边 | 3 | 3,600.00 | 21,000.00 | * | 70,000.00 |
| 6－3 | 水泥 | 1 | 62,655.70 | 83,086.99 | 388,800.00 | 2,821,632.00 |
| 6－4 | 石,石灰,石粉 | | | | | |
| 6－4－1 | 炼灰 | 1 | 1,524.00 | 19,200.00 | 20,040.00 | 60,000.00 |
| 6－4－2 | 石粉 | 3 | 15,259.00 | 11,795.32 | 264,840.00 | 400,000.00 |
| 6－4－3 | 轧石 | 1 | 960.00 | 1,680.00 | 1,920.00 | 10,000.00 |
| 6－5 | 坩埚 | | | | | |
| 6－5－1 | 坩埚 | 1 | （4） | （4） | （4） | （4） |
| 6－5－2 | 坩埚火砖 | 2 | 4,800.00 | 20,000.00 | 13,250.00 | 80,000.00 |

续表

| 分类号码 | 业别 | 厂数 | 二十一年薪资额（元） | 二十一年工资额（元） | 二十一年原料值（元） | 二十一年销售值[1]（元） |
|---|---|---|---|---|---|---|
| 6-5-3 | 坩埚玻璃火砖 | 1 | 6,000.00 | 26,000.00 | 41,380.00 | 133,333.33 |
| 6-6 | 煤球 | 6 | 21,712.00 | 69,000.00 | 1,308,000.00 | 2,287,000.00 |
| | 第六大类　总数 | 44 | 196,031.70 | 601,954.91 | 2,545,751.95* | 8,025,779.29* |
| | 第七大类　建筑工程业 | | | | | |
| 7-1 | 建筑材料 | 7 | 11,124.00 | 110,120.00 | 171,320.00* | 1,111,800.00* |
| | 第七大类　总数 | 7 | 11,124.00 | 110,120.00 | 171,320.00* | 1,111,800.00* |
| | 第八大类　公用事业 | | | | | |
| 8-1 | 水电 | 3 | 277,552.19 | 468,433.24 | | 7,930,813.24 |
| | 第八大类　总数 | 3 | 277,552.19 | 468,433.24 | | 7,930,813.24 |
| | 第九大类　化学工业 | | | | | |
| 9-1 | 火柴 | | | | | |
| 9-1-1 | 火柴 | 4 | 35,995.20 | 377,325.60 | 1,835,414.64 | 2,694,250.00 |
| 9-1-2 | 梗片 | 3 | 17,678.14 | 78,119.03 | 658,650.19 | 878,677.50 |
| 9-2 | 皂 | | | | | |

续表

| 分类号码 | 业别 | 厂数 | 二十一年薪资额（元） | 二十一年工资额（元） | 二十一年原料值（元） | 二十一年销售值[1]（元） |
|---|---|---|---|---|---|---|
| 9-2-1 | 皂 | 4 | 7,464.00 | 14,304.00 | 300,496.00* | 238,975.00 |
| 9-2-2 | 皂碱烛 | 1 | 4,800.00 | 4,080.00 | 11,940.00 | 57,800.00 |
| 9-3 | 搪瓷 | | | | | |
| 9-3-1 | 搪瓷器皿 | 13 | 138,500.16 | 209,545.68 | 2,050,977.00 | 3,698,000.00 |
| 9-3-2 | 搪瓷器皿及其他种物品 | 4 | 17,760.00 | 127,320.00 | 483,120.00 | 730,000.00 |
| 9-3-3 | 制坯 | 2 | 1,440.00 | 14,713.20 | 18,000.00 | 36,000.00 |
| 9-4 | 油漆墨颜料等 | | | | | |
| 9-4-1 | 油漆 | 3 | 46,716.00 | 130,992.00 | 1,420,540.00 | 2,925,000.00 |
| 9-4-2 | 油墨 | 2 | 15,900.00 | 12,468.00 | 341,683.20 | 1,135,000.00 |
| 9-4-3 | 颜料 | 1 | (5) | (5) | (5) | (5) |
| 9-5 | 化妆品 | 13 | 88,458.00* | 371,200.00 | 3,015,886.07* | 6,517,326.57 |
| 9-6 | 药品 | | | | | |
| 9-6-1 | 一般药品 | 6 | 25,120.00* | 38,400.00* | 708,000.00* | 1,506,080.00* |
| 9-6-2 | 药及皂 | 1 | 51,936.00 | 41,160.00 | 2,001,140.00 | 2,800,000.00 |

续表

| 分类号码 | 业　别 | 厂　数 | 二十一年薪资额（元） | 二十一年工资额（元） | 二十一年原料值（元） | 二十一年销售值[1]（元） |
|---|---|---|---|---|---|---|
| 9－7 | 人造脂 | | | | | |
| 9－7－1 | 赛璐珞 | 6 | 44,772.00 | 92,160.00 | 294,519.16 | 566,920.00 |
| 9－7－2 | 电玉电木 | 7 | 15,600.00* | 48,000.00* | 394,800.00* | 620,000.00 |
| 9－8 | 制酸 | | | | | |
| 9－8－1 | 制酸 | 1 | (6) | (6) | (6) | (6) |
| 9－8－2 | 碱酸及漂粉 | 1 | 26,000.00 | 16,800.00 | 41,280.00 | 599,400.00 |
| 9－9 | 碳酸钙镁 | 3 | 7,830.00* | 54,096.00 | 55,200.00 | 764,304.00 |
| 9－10 | 炼气 | 1 | (7) | (7) | (7) | (7) |
| 9－11 | 其他化学工业 | 2 | 1,944.00 | 6,930.00 | 100,699.32 | 100,000.00 |
| | 第九大类　总数 | 78 | 547,913.50* | 1,637,703.51* | 13,732,347.58* | 25,867,733.07* |
| | 第十大类　纺织工业 | | | | | |
| 10－1 | 棉纺织 | | | | | |
| 10－1－1 | 轧花 | 5 | 18,000.00 | 23,431.00 | 5,532,200.00 | 5,745,812.00 |
| 10－1－2 | 弹废花 | | | | | |

续表

| 分类号码 | 业　别 | 厂　数 | 二十一年薪资额（元） | 二十一年工资额（元） | 二十一年原料值（元） | 二十一年销售值[1]（元） |
|---|---|---|---|---|---|---|
| 10－1－2－1 | 弹废花 | 7 | 13,564.00 | 73,900.00 | 963,706.68 | 1,266,933.33 |
| 10－1－2－2 | 废花及其他 | 1 | 960.00 | 2,400.00 | 32,000.00 | 47,080.00 |
| 10－1－3 | 棉纺 | | | | | |
| 10－1－3－1 | 纺纱 | 12 | 279,939.00* | 4,728,185.84* | 34,790,455.00 | 41,283,840.00 |
| 10－1－3－2 | 纺纱兼织布 | 16 | 264,257.86 | 6,329,342.56 | 55,789,662.00 | 78,199,693.90 |
| 10－1－3－3 | 纺纱兼织毯 | 1 | 24,000.00 | 72,000.00 | 384,000.00 | 2,000,000.00 |
| 10－1－4 | 棉织 | | | | | |
| 10－1－4－1 | 棉织 | 69 | 296,327.60* | 1,245,840.50 | 17,659,782.93* | 21,826,641.25* |
| 10－1－4－2 | 棉织兼铁工 | 1 | 14,400.00 | 24,000.00 | 123,114.00 | 645,044.10 |
| 10－1－5 | 纱布药棉 | 3 | 6,912.00 | 20,004.00 | 93,888.00 | 121,000.00 |
| 10－2 | 丝及丝织 | | | | | |
| 10－2－1 | 缫丝 | | | | | |
| 10－2－1－1 | 废丝 | 49 | 234,918.00 | 1,427,400.00 | 5,732,224.00* | 7,017,108.00(8)* |
| 10－2－1－2 | 双宫 | 2 | 6,072.00 | 52,577.50 | 301,770.00 | 348,600.00 |

续表

| 分类号码 | 业　别 | 厂　数 | 二十一年薪资额（元） | 二十一年工资额（元） | 二十一年原料值（元） | 二十一年销售值[1]（元） |
| --- | --- | --- | --- | --- | --- | --- |
| 10－2－1－3 | 绢丝 | 1 | 28,660.00 | 72,700.00 | 300,000.00 | 705,600.00 |
| 10－2－2 | 织绸 | 122 | 493,293.67* | 2,990,564.78* | 12,651,100.29* | 20,211,577.25* |
| 10－3 | 毛纺织 | | | | | |
| 10－3－1 | 毛织 | 21 | 57,400.00 | 173,321.30 | 3,279,546.13 | 4,048,318.11* |
| 10－3－2 | 毛纺织 | 2 | 63,600.00 | 230,100.00 | 510,000.00 | 1,800,000.00 |
| 10－3－3 | 弹毛 | 1 | （9） | （9） | （9） | （9） |
| 10－4 | 废丝棉毛纺织 | 3 | 9,700.00 | 77,100.00 | 315,000.00 | 675,000.00 |
| 10－5 | 染炼 | | | | | |
| 10－5－1 | 丝光纱 | 16 | 12,418.00 | 90,025.25 | 1,238,354.63 | 1,745,161.44 |
| 10－5－2 | 染炼 | 30 | 64,400.00 | 195,992.00 | 3,449,932.59* | 5,173,100.00* |
| 10－5－3 | 染炼兼印花 | 1 | 60,000.00 | 38,500.00 | 1,210,000.00 | 1,666,666.67 |
| 10－6 | 印花 | 6 | 22,650.00 | 49,116.00 | 111,090.00 | 318,000.00 |
| 10－7 | 制线 | | | | | |
| 10－7－1 | 经纬线 | 4 | 15,360.00 | 77,552.00 | 1,160,189.28 | 1,065,555.55 |

续表

| 分类号码 | 业　别 | 厂　数 | 二十一年薪资额（元） | 二十一年工资额（元） | 二十一年原料值（元） | 二十一年销售值[1]（元） |
|---|---|---|---|---|---|---|
| 10－7－2 | 纱线团 | 3 | 5,736.00 | 24,774.00 | 263,989.32 | 455,910.00 |
| 10－7－3 | 他种线 | 3 | 2,541.60 | 7,910.00 | 44,957.50 | 52,500.00 |
| 10－8 | 边带 | | | | | |
| 10－8－1 | 制带 | 2 | 6,048.00 | 20,408.00 | 106,200.00 | 217,742.22 |
| 10－8－2 | 宽紧带 | 3 | 9,388.00 | 45,400.00 | 210,285.84 | 330,000.04 |
| 10－8－3 | 边带 | 2 | 1,608.00 | 26,808.00 | 140,400.00* | 194,944.00 |
| 10－8－4 | 边带兼牙筷 | 1 | 60,480.00 | 199,260.00 | 33,029.40 | 1,000,000.00 |
| 10－9 | 绒布整理 | | | | | |
| 10－9－1 | 拉绒 | 2 | 10 | 10 | 10 | 10 |
| 10－9－2 | 拉绒兼漂染印花 | 2 | 1,980.00 | 12,600.00 | 5,646.00 | 57,930.00 |
| | 第十大类　总数 | 391 | 2,074,613.73* | 18,331,212.73* | 146,431,623.59* | 198,219,757.86* |
| | 第十一大类　服用品业 | | | | | |
| 11－1 | 织袜 | | | | | |
| 11－1－1 | 织袜 | 38 | 147,598.44 | 1,176,595.61 | 6,934,565.24 | 9,040,588.96 |

续表

| 分类号码 | 业　　别 | 厂　数 | 二十一年薪资额（元） | 二十一年工资额（元） | 二十一年原料值（元） | 二十一年销售值[1]（元） |
|---|---|---|---|---|---|---|
| 11-1-2 | 织袜兼衫裤及其他 | 14 | 62,638.40 | 373,062.00 | 1,597,446.64* | 1,796,841.33* |
| 11-2 | 草呢帽 | 7 | 14,166.00* | 108,790.00* | 655,604.48 | 1,059,600.00 |
| 11-3 | 阳伞 | 2 | 3,000.00 | 77,460.00 | 94,320.00 | 422,000.00 |
| 11-4 | 手帕 | 7 | 23,644.00* | 63,221.00 | 613,780.00* | 1,530,400.00* |
| 11-5 | 衫裤 | 16 | 94,934.00 | 456,416.00 | 3,959,753.90 | 5,338,383.33* |
| 11-6 | 毛线毯 | 1 | 2,754.00 | 426.00 | 8,000.00 | 10,000.00 |
| 11-7 | 其他服用品 | | | | | |
| 11-7-1 | 钮扣 | 3 | 2,890.00 | 16,110.00 | 74,100.00 | 93,300.00 |
| 11-7-2 | 手套围巾等 | 1 | 10,800.00 | 6,912.00 | 171,000.00 | 178,200.00 |
| | 第十一大类　总数 | 89 | 361,524.84* | 2,278,992.61* | 13,208,570.26* | 19,469,313.62* |
| | 第十二大类　皮革及橡胶品制造业 | | | | | |
| 12-1 | 制革 | | | | | |
| 12-1-1 | 制革 | 9 | 40,308.00 | 61,087.00 | 1,326,099.96 | 1,508,857.00 |

续表

| 分类号码 | 业别 | 厂数 | 二十一年薪资额（元） | 二十一年工资额（元） | 二十一年原料值（元） | 二十一年销售值[1]（元） |
|---|---|---|---|---|---|---|
| 12－1－2 | 制革兼制胶 | 1 | （11） | （11） | （11） | （11） |
| 12－2 | 橡胶制品 | 44 | 374,138.00 | 2,143,374.00* | 6,639,648.72* | 19,349,394.13* |
| 12－3 | 制胶 | 1 | 9,942.00 | 15,307.00 | 100,699.32 | 130,400.00 |
| | 第十二大类　总数 | 55 | 424,388.00 | 2,219,768.00* | 8,066,448.00* | 20,988,651.13* |
| | 第十三大类　饮食品业 | | | | | |
| 13－1 | 碾米 | 1 | 4,111.00 | 4,999.00 | 132,000.00 | 148,000.00 |
| 13－2 | 面粉 | 15 | 158,354.00 | 634,000.00 | 60,374,762.00 | 72,683,247.00 |
| 13－3 | 制糖 | 4 | 17,682.00 | 31,445.50 | 4,228,728.40 | 4,329,920.00 |
| 13－4 | 制备食品 | | | | | |
| 13－4－1 | 罐头食品 | 7 | 28,260.00 | 172,016.00 | 1,330,447.48 | 3,690,000.00 |
| 13－4－2 | 豆腐制品 | 1 | 360.00 | 4,000.00 | 37,536.00 | 76,000.00 |
| 13－4－3 | 糖果 | 2 | 3,246.00 | 9,162.00 | 95,040.00 | 318,800.00 |
| 13－5 | 榨油 | 10 | 59,836.67 | 253,196.67 | 14,293,373.30 | 13,114,083.33 |
| 13－6 | 制茶 | 44 | 19,111.50 | 114,810.50 | 620,122.50 | 1,026,723.66 |

续表

| 分类号码 | 业别 | 厂数 | 二十一年薪资额（元） | 二十一年工资额（元） | 二十一年原料值（元） | 二十一年销售值[1]（元） |
|---|---|---|---|---|---|---|
| 13－7 | 卷烟 | 46 | 296,240.00 | 3,170,768.40 | 41,358,187.08 | 101,979,760.00* |
| 13－8 | 酒精 | 1 | (12) | (12) | (12) | (12) |
| 13－9 | 清凉饮料 | | | | | |
| 13－9－1 | 汽水 | 1 | 5,000.00 | 10,000.00 | 25,800.00 | 90,000.00 |
| 13－9－2 | 冰及汽水 | 1 | 20,000.00 | 20,000.00 | 165,822.23 | 414,000.00 |
| 13－10 | 调味品 | 5 | 53,088.00 | 118,512.00 | 1,978,920.00 | 3,970,000.00 |
| 13－11 | 淀粉 | 1 | 2,640.00 | 12,000.00 | 240,000.00 | 393,600.00 |
| 13－12 | 精盐 | 1 | 6,000.00 | 7,500.00 | 55,000.00 | 504,000.00 |
| 13－13 | 冰蛋 | 1 | 30,000.00 | 72,000.00 | 1,902,666.12 | 2,660,000.00 |
| 13－14 | 造冰冷藏 | 2 | 6,600.00 | 6,000.00 | 1,666.68 | 17,000.00* |
| | 第十三大类　总数 | 143 | 710,547.17* | 4,660,410.07* | 126,840,071.79* | 205,415,133.99* |
| | 第十四大类　造纸印刷业 | | | | | |
| 14－1 | 制纸 | | | | | |
| 14－1－1 | 纸 | 7 | 63,010.44 | 306,911.84 | 2,591,078.36 | 4,905,000.00 |

续表

| 分类号码 | 业　别 | 厂　数 | 二十一年薪资额（元） | 二十一年工资额（元） | 二十一年原料值（元） | 二十一年销售值[1]（元） |
|---|---|---|---|---|---|---|
| 14－1－2 | 纸版 | 1 | 12,000.00 | 48,000.00 | 172,800.00 | 600,000.00 |
| 14－1－3 | 锡纸 | 1 | 1,250.00 | 2,040.00 | 25,883.28 | 24,000.00 |
| 14－2 | 印刷 | | | | | |
| 14－2－1 | 印刷 | 85 | 1,328.492.08 | 1,618,048.93 | 10,586,216.77* | 16,880,995.75* |
| 14－2－2 | 印刷熔铸 | 7 | 55,788.00 | 408,195.28 | 2,442,058.46 | 9,023,427.49 |
| 14－3 | 纸制品 | | | | | |
| 14－3－1 | 纸盒 | 10 | 11,828.00* | 63,576.00 | 264,916.80* | 482,600.00* |
| 14－3－2 | 卡纸片等 | 3 | 7,592.00 | 10,824.00 | 113,520.00 | 221,000.00 |
| | 第十四大类　总数 | 114 | 1,479,960.52* | 2,457,596.05 | 16,196,473.67* | 32,137,023.24* |
| | 第十五大类　饰物仪器业 | | | | | |
| 15－1 | 乐器 | 2 | 14,900.00 | 9,650.00 | 3,960.00* | 125,000.00 |
| 15－2 | 教育用品 | 6 | 18,216.00 | 47,595.20 | 315,000.00 | 1,062,041.00 |
| 15－3 | 仪器 | 5 | 12,384.00 | 46,820.00 | 87,400.00 | 165,000.00 |
| 15－4 | 钟及电筒 | 1 | 11,700.00 | 79,200.00 | 68,400.00 | 200,000.00 |

续表

| 分类号码 | 业　别 | 厂　数 | 二十一年薪资额（元） | 二十一年工资额（元） | 二十一年原料值（元） | 二十一年销售值[1]（元） |
| --- | --- | --- | --- | --- | --- | --- |
| 15－5 | 玩具 | 4 | 7,390.00 | 23,351.40 | 60,733.32 | 167,111.11 |
| | 第十五大类　总数 | 18 | 64,590.00 | 206,616.60 | 541,493.32* | 1,719,152.11 |
| | 第十六大类　其他工业 | | | | | |
| 16－1 | 牙刷 | | | | | |
| 16－1－1 | 牙刷 | 5 | 26,916.00 | 76,620.00 | 327,640.00 | 1,050,499.84 |
| 16－1－2 | 牙刷兼牙粉 | 1 | 2,592.00 | 15,840.00 | 125,040.00 | 300,000.00 |
| 16－2 | 制镜 | 4 | 4,940.00 | 26,380.00 | 182,635.80 | 240,800.00 |
| 16－3 | 热水瓶 | | | | | |
| 16－3－1 | 自制瓶胆 | 2 | 6,025.15 | 31,754.20 | 143,484.40* | 798,000.00 |
| 16－3－2 | 购用瓶胆 | 7 | 4,220.00 | 26,720.00 | 43,894.00* | 231,100.00 |
| 16－3－3 | 专制瓶胆 | 3 | 180.00 | 1,415.00 | 2,665.95 | 11,200.00 |
| | 第十六大类　总数 | 22 | 44,873.15 | 178,729.20 | 824,760.15* | 2,631,599.84 |
| | 十六大类　总数 | 1,186 | 7,275,753.26* | 37,787,625.13* | 344,740,666.78* | 557,690,754.54* |

附注:

(1)此次调查上年产值,因恐厂方随意估计,故特查填上年销售产品价值,俾可根据账册,确实报告。销售值与产值本不相同,因年初年终皆可有存货之故,但我国工厂规模大都甚小,存货有限,故二者事实上相差有限也。

(2)系费用总值。

(3)二十二年七月成立,故无上年统计。

(4)二十二年一月成立,故无上年统计。

(5)二十二年二月成立,故无上年统计。

(6)二十一年未出货。

(7)二十二年十月成立,故无上年统计。

(8)不包括副产品价值在内。

(9)二十二年十一月成立,故无上年统计。

(10)二十二年三月成立,故无上年统计。

(11)二十一年因战事停工。

(12)二十二年七月成立,故无上年统计。

# 附录丙　十七年至二十三年上海工业统计

## 丙一表　资本额及工人数，十七年[1]

| 类　别 | 厂数 | 资本额 | | | 工人数 | | | |
|---|---|---|---|---|---|---|---|---|
| | | 华资(元) | 外资(元) | 共计(元) | 男 | 女 | 童 | 共 |
| 纺织工业 | | | | | | | | |
| 棉纺业 | 55 | 37,230,000 | 152,350,800 | 189,580,800 | 28,760 | 62,584 | 2,998 | 94,342 |
| 棉织业 | 99 | 2,243,650 | | 2,243,650 | 4,323 | 4,493 | 511 | 9,327 |
| 缫丝业 | 90 | 2,425,950 | 76,000 | 2,501,900* | 2,148 | 39,484 | 10,831 | 52,463 |
| 丝织业 | 46 | 1,279,00 | | 1,279,000 | 3,644 | 2,190 | 428 | 6,262 |
| 毛织业 | 7 | 213,700 | | 213,700 | 417 | 255 | 156 | 828 |
| 针织业 | 110 | 1,325,600 | 250,000 | 1,575,600 | 2,224 | 4,127 | 185 | 6,536 |

续表

| 类别 | 厂数 | 资本额 | | | 工人数 | | | |
|---|---|---|---|---|---|---|---|---|
| | | 华资(元) | 外资(元) | 共计(元) | 男 | 女 | 童 | 共 |
| 其他 | 13 | 369,400 | | 369,400 | 312 | 417 | 45 | 774△ |
| 纺织工业共计 | 420 | 45,087,250 | 152,676,800 | 197,764,050△ | 41,828 | 113,550 | 15,154 | 170,532 |
| 化学工业 | | | | | | | | |
| 漂染印花业 | 81[2] | 601,450 | | 601,450 | 2,675 | 421 | 94 | 3,190 |
| 制革业 | 18 | 1,132,430 | 943,000 | 2,075,430 | 552 | 1 | 1 | 554 |
| 化妆品业 | 20 | 615,600 | | 615,600 | 212 | 381 | 37 | 630△ |
| 烛皂业 | 23 | 633,900 | | 633,900 | 372 | 174 | 9 | 555 |
| 玻璃业 | 16 | 511,500 | 393,000 | 904,500 | 745 | 12 | 486 | 1,243 |
| 制药业 | 14 | 313,100 | 640,900 | 954,000 | 121 | 96 | 2 | 219 |
| 制纸业 | 13 | 1,975,700 | | 1,975,700 | 1,044 | 1,118 | 31 | 2,193 |
| 火柴业 | 7 | 880,800 | | 880,800 | 910 | 1,498 | 329 | 2,737 |
| 搪瓷业 | 8 | 258,400 | | 258,400 | 517 | 50 | 85 | 652 |
| 油漆业 | 3 | 275,000 | | 275,000 | 120 | 6 | 5 | 131 |
| 其他 | 9 | 187,800 | | 187,800 | 160 | 88 | 6 | 254 |

续表

| 类别 | 厂数 | 资本额 | | | 工人数 | | | |
|---|---|---|---|---|---|---|---|---|
| | | 华资(元) | 外资(元) | 共计(元) | 男 | 女 | 童 | 共 |
| 化学工业共计 | 212 | 7,394,680 | 1,976,900 | 9,371,580 | 7,428 | 3,845 | 1,085 | 12,358 |
| 食品工业 | | | | | | | | |
| 面粉业 | 12 | 5,835,500 | | 5,835,500 | 1,871 | | | 1,871 |
| 碾米业 | 46 | 312,350 | | 312,350 | 399 | | | 399 |
| 榨油业 | 12 | 962,100 | 361,100 | 1,323,200 | 1,501 | | | 1,501 |
| 汽水冷饮业 | 6 | 367,000 | | 367,000 | 71 | | | 71 |
| 制蛋业 | 1 | | 111,100 | 111,100 | 125 | 155 | 7 | 287 |
| 调味食品业 | 5 | 252,000 | | 252,000 | 106 | 43 | 2 | 151 |
| 卷烟业 | 69 | 17,390,110 | 23,350,000 | 40,740,110 | 3,147 | 5,857 | 474 | 9,478 |
| 糖果罐头业 | 47 | 748,100 | | 748,100 | 780 | 415 | 56 | 1,251 |
| 其他 | 4 | 25,600 | | 25,600 | 46 | 5 | | 51 |
| 食品工业共计 | 202 | 25,892,760 | 23,822,200 | 49,714,960△ | 8,046 | 6,475 | 539 | 15,060 |
| 印刷工业 | | | | | | | | |
| 印刷业 | 210 | 10,457,100 | 615,791 | 11,072,891 | 6,542 | 596 | 1,110 | 8,248 |

续表

| 类别 | 厂数 | 资本额 | | | 工人数 | | | |
|---|---|---|---|---|---|---|---|---|
| | | 华资(元) | 外资(元) | 共计(元) | 男 | 女 | 童 | 共 |
| 油墨业 | 2 | * | | * | * | | * | * |
| 印刷工业共计 | 212 | 10,457,100* | 615,791 | 11,072,891* | 6,542* | 596 | 1,110* | 8,248* |
| 机器工业 | | | | | | | | |
| 机器业 | 163 | 1,765,450 | | 1,765,450 | 3,607 | 81 | 1,434 | 5,122 |
| 电器业 | 21 | 517,300 | | 517,300 | 941 | 418 | 86 | 1,445 |
| 翻砂业 | 47 | 120,700 | | 120,700 | 653 | | 277 | 930 |
| 造船业 | 2 | 38,000 | | 38,000 | 65 | | 72 | 137 |
| 其他 | 1 | * | | * | 12 | | | 12 |
| 机器工业共计 | 234 | 2,441,450* | | 2,441,450* | 5,278 | 499 | 1,869 | 7,646 |
| 器具工业 | | | | | | | | |
| 五金器具业 | 57 | 616,550 | 125,000 | 741,550 | 964 | 111 | 443 | 1,518 |
| 藤竹木器业 | 13 | 57,350 | | 57,350 | 279 | 100 | 12 | 391△ |
| 乐器玩具业 | 11 | 149,800 | 20,000 | 169,800 | 113 | 6 | 27 | 146 |
| 科学仪器业 | 3 | 80,300 | | 80,300 | 73 | | 11 | 84 |

续表

| 类别 | 厂数 | 资本额 | | | 工人数 | | | |
| --- | --- | --- | --- | --- | --- | --- | --- | --- |
| | | 华资(元) | 外资(元) | 共计(元) | 男 | 女 | 童 | 共 |
| 其他 | 5 | 68,000 | | 68,000 | 94 | 3 | 9 | 106 |
| 器具工业共计 | 89 | 972,000 | 145,000 | 1,117,000 | 1,523 | 220 | 502 | 2,245 |
| 日用品工业 | | | | | | | | |
| 帽业 | 8 | 156,500 | 43,000 | 199,500 | 186 | 82 | 8 | 276 |
| 伞业 | 9 | 62,200 | | 62,200 | 90 | 53 | 21 | 164 |
| 毛刷业 | 6 | 80,500 | 700,000 | 780,500 | 116 | 292 | 23 | 431 |
| 文具业 | 4 | 23,000 | | 23,000 | 50 | 19 | 9 | 78 |
| 眼镜业 | 5 | 22,900 | | 22,900 | 36 | | 1 | 37 |
| 衣服业 | 3 | 40,000 | | 40,000 | 550 | 400 | 100 | 1,050 |
| 其他 | 6 | 34,000 | | 34,000 | 225 | 61 | 12 | 298 |
| 日用品工业共计 | 41 | 419,100 | 743,000 | 1,162,100 | 1,253 | 907 | 174 | 2,334 |
| 其他工业 | | | | | | | | |
| 建筑材料业(3) | 21 | 1,532,000 | | 1,532,000 | 872 | 70 | 26 | 968 |
| 煤球业 | 8 | 197,300 | | 197,300 | 162 | 2 | 9 | 173 |

续表

| 类别 | 厂数 | 资本额 | | | 工人数 | | | |
|---|---|---|---|---|---|---|---|---|
| | | 华资(元) | 外资(元) | 共计(元) | 男 | 女 | 童 | 共 |
| 水电业 | 8 | 8,930,000 | 10,000,000 | 18,930,000 | 1,774 | | 7 | 1,781 |
| 绳带业 | 23 | 26,300 | | 26,300 | 148 | 222 | 70 | 440 |
| 纸盒业 | 15 | 76,700 | | 76,700 | 464 | 105 | 32 | 601△ |
| 轧花业 | 5 | 150,160 | | 150,160 | 416 | 300 | 23 | 739 |
| 其他 | 10 | 46,000 | | 46,000 | 514 | 15 | 37 | 566 |
| 其他工业共计 | 90 | 10,958,460 | 10,000,000 | 20,058,460△ | 4,350 | 714 | 204 | 5,268 |
| 总计 | 1,500 | 103,622,800* | 189,979,691 | 293,602,491* | 76,248* | 126,806 | 20,637* | 223,691* |

附注：

(1)本表以及以下一表材料系录自上海市社会局出版之《上海之工业》。

(2)疑有染坊在内。

(3)按此类系指水泥业及砖瓦业而言。

(4)上表总数后之△符号指原来总数与分项数目不符,曾经根据各分项数目,将总数修正。

## 丙二表　工作时数及工资率，十七年

| 类　别 | 厂数 | 男工每日工资率 | | 女工每日工资率 | | 童工每日工资率 | | 每日工作时数 | | |
|---|---|---|---|---|---|---|---|---|---|---|
| | | 最高 | 最低 | 最高 | 最低 | 最高 | 最低 | 最长 | 最普通 | 最短 |
| 纺织工业 | | | | | | | | | | |
| 棉纺业 | 55 | 2.88 | 0.32 | 1.86 | 0.18 | 0.65 | 0.22 | 12 | 12 | 10.5 |
| 棉织业 | 99 | 2.04 | 0.13 | 2.00 | 0.10 | 0.60 | 0.06 | 12 | 10 | 8 |
| 缫丝业 | 90 | 0.80 | 0.33 | 0.70 | 0.34 | 0.46 | 0.25 | 12 | 10 | 10 |
| 丝织业 | 46 | 3.00 | 0.30 | 3.00 | 0.17 | 1.00 | 0.23 | 12 | 10.5 | 8 |
| 毛织业 | 7 | 1.33 | 0.33 | 1.06 | 0.23 | 0.33 | 0.03 | 10 | 10 | 9 |
| 针织业 | 110 | 2.00 | 0.17 | 1.50 | 0.10 | * | 0.10 | 12 | 10 | 8 |
| 其他 | 13 | 0.92 | 0.12 | 0.78 | 0.13 | 0.23 | 0.19 | 12 | 10 | 8 |
| 化学工业 | | | | | | | | | | |
| 漂染印花业 | 81 | 2.70 | 0.07 | 1.30 | 0.17 | 0.70 | 0.03 | 13 | 8,10 | 8 |
| 制革业 | 18 | 2.00 | 0.13 | | | | | 10 | 9 | 7.5 |
| 化妆品业 | 20 | * | 0.13 | 0.82 | 0.10 | 0.70 | 0.20 | 10 | 8,10 | 8 |
| 烛皂业 | 23 | 1.50 | 0.10 | 0.74 | 0.20 | 0.33 | 0.13 | 10 | 10 | 8 |
| 玻璃业 | 16 | 4.00 | 0.10 | 0.50 | 0.17 | 0.63 | 0.06 | 12 | 8,10,12 | 8 |
| 制药业 | 14 | 1.00 | 0.10 | 0.57 | 0.32 | | | 10 | 8 | 8 |
| 制纸业 | 13 | 4.17 | 0.33 | 1.07 | 0.13 | 0.50 | 0.23 | 12 | 11,12 | 8 |
| 火柴业 | 7 | 1.40 | 0.33 | 0.54 | 0.17 | 0.53 | 0.10 | 10 | 9,10 | 9 |
| 搪瓷业 | 8 | 3.00 | 0.17 | 0.67 | 0.20 | * | 0.07 | 10 | 9 | 8 |
| 油漆业 | 3 | 2.00 | 0.33 | 0.47 | 0.33 | 0.47 | 0.33 | 9 | 9 | 8,5 |
| 其他 | 0 | 1.07 | 0.17 | 0.67 | 0.13 | | | 10 | 10 | 8 |
| 食品工业 | | | | | | | | | | |
| 面粉业 | 12 | 4.00 | 0.40 | | | | | 12 | 12 | 12 |
| 碾米业 | 46 | 0.80 | 0.18 | | | | | 12 | 8 | 8 |
| 榨油业 | 12 | 1.90 | 0.17 | | | | | 12 | 10 | 8 |

续表

| 类　　别 | 厂数 | 男工每日工资率 | | 女工每日工资率 | | 童工每日工资率 | | 每日工作时数 | | |
|---|---|---|---|---|---|---|---|---|---|---|
| | | 最高 | 最低 | 最高 | 最低 | 最高 | 最低 | 最长 | 最普通 | 最短 |
| 汽水冷饮业 | 6 | 1.60 | 0.20 | | | | | 10 | 8 | 8 |
| 制蛋业 | 1 | * | 0.50 | 0.60 | 0.40 | 0.40 | 0.40 | 9 | * | 9 |
| 调味食品业 | 5 | 1.47 | 0.20 | 0.80 | 0.30 | 0.10 | 0.07 | 10 | 8,10 | 8 |
| 卷烟业 | 60 | 2.67 | 0.07 | 1.50 | 0.13 | 1.00 | 0.07 | 12 | 10 | 8 |
| 糖果罐食业 | 47 | 2.80 | 0.07 | 0.67 | 0.10 | 0.27 | 0.07 | 14 | 10 | 7 |
| 其他 | 4 | 2.00 | 0.20 | | | | | 9 | * | 6 |
| 印刷工业 | | | | | | | | | | |
| 印刷业 | 210 | 4.00 | 0.10 | 1.45 | 0.10 | 0.50 | 0.05 | 12 | 9,10 | 8 |
| 油墨业 | 2 | * | * | | | * | * | * | * | * |
| 机器工业 | | | | | | | | | | |
| 机器业 | 163 | 2.40 | 0.10 | 0.57 | 0.30 | 0.60 | 0.06 | 12 | 9,10 | 8 |
| 电器业 | 21 | 3.00 | 0.10 | 0.70 | 0.20 | 0.33 | 0.20 | 12 | 8 | 8 |
| 翻砂业 | 47 | 1.67 | 0.20 | | | 0.40 | 0.17 | 11 | 9,10 | 8 |
| 造船业 | 2 | 1.67 | 0.50 | | | | | 9 | 9 | 9 |
| 其他 | 1 | * | * | | | | | * | * | * |
| 器具工业 | | | | | | | | | | |
| 五金器具业 | 57 | 2.00 | 0.10 | 0.50 | 0.13 | 0.47 | 0.07 | 12 | 10 | 8 |
| 藤竹木器业 | 13 | 2.10 | 0.17 | 0.60 | 0.35 | 0.45 | 0.35 | 15 | 9,10 | 8 |
| 乐器玩具业 | 11 | 1.67 | 0.23 | 0.40 | 0.30 | | | 12 | 10 | 8 |
| 科学仪器业 | 3 | 1.67 | 0.13 | | | | | 9 | 8 | 8 |
| 其他 | 5 | 1.00 | 0.20 | 0.43 | 0.40 | | | 10 | 9 | 8 |
| 日用品工业 | | | | | | | | | | |
| 帽业 | 8 | 1.67 | 0.20 | 0.70 | 0.20 | | | 11 | 9 | 8 |
| 伞业 | 9 | 1.00 | 0.10 | 0.84 | 0.40 | | | 12 | 10 | 8 |
| 毛刷业 | 6 | 1.50 | 0.40 | 0.60 | 0.10 | 0.40 | 0.30 | 10 | 9 | 9 |

续表

| 类别 | 厂数 | 男工每日工资率 | | 女工每日工资率 | | 童工每日工资率 | | 每日工作时数 | | |
|---|---|---|---|---|---|---|---|---|---|---|
| | | 最高 | 最低 | 最高 | 最低 | 最高 | 最低 | 最长 | 最普通 | 最短 |
| 文具业 | 4 | 1.00 | 0.27 | 0.50 | 0.24 | | | 10 | 10 | 9 |
| 眼镜业 | 5 | 2.67 | 0.10 | | | | | 10 | 10 | 8 |
| 衣服业 | 3 | 1.00 | 0.80 | 0.50 | 0.30 | | | 10 | * | 8 |
| 其他 | 6 | 1.00 | 0.17 | 0.67 | 0.50 | | | 9 | 8,9 | 8 |
| 其他工业 | | | | | | | | | | |
| 建筑材料业 | 21 | 3.33 | 0.20 | 0.28 | 0.20 | 0.30 | 0.22 | 10 | 9,10 | 8 |
| 煤球业 | 8 | 2.00 | 0.20 | | | 0.50 | 0.27 | 11 | 10 | 7 |
| 水电业 | 8 | 3.47 | 0.48 | | | | | 12 | 8 | 6 |
| 绳带业 | 23 | 0.83 | 0.10 | 0.40 | 0.17 | 0.40 | 0.27 | 12 | 10 | 6 |
| 纸匣业 | 15 | 1.67 | 0.10 | 1.10 | 0.10 | 0.33 | 0.12 | 12 | 9,10 | 8 |
| 轧花业 | 5 | 0.73 | 0.20 | * | 0.25 | 0.40 | 0.07 | 11 | 11 | 9 |
| 其他 | 10 | 2.40 | 0.10 | 1.00 | 0.60 | 0.50 | * | 10 | 9 | 7,5 |

附注：

（1）原书本分工资率为极端最高、平均最高与极端最低、平均最低四种，但本表所采用者，则仅以一、三两种为限。

（2）原书中所列最普通工作时数，有时一业不止一数，且显系众数mode不便合并，故仍旧。

## 丙三表　工人人数，十八年[1]

| 类　别 | 厂数 | 工　人　数 | | | |
|---|---|---|---|---|---|
| | | 男 | 女 | 童 | 共 |
| 木材制造目 | | | | | |
| 　锯木业 | 23[2] | 1,886[3] | | | 1,886[3] |
| 木材制造目总数 | 23 | 1,886 | | | 1,886 |
| 冶炼工业目 | | | | | |
| 　翻砂业 | 100 | 997 | | 452 | 1,449 |
| 冶炼工业目总数 | 100 | 997 | | 452 | 1,449 |
| 机器及金属制品目 | | | | | |
| 　机器业 | 418 | 5,834 | | 2,978 | 8,812 |
| 机器及金属制品目总数 | 418 | 5,834 | | 2,978 | 8,812 |
| 交通用具目 | | | | | |
| 　造船业 | 13 | 5,994[4] | | 254[4] | 6,248[4] |
| 交通用具目总数 | 13 | 5,994 | | 254 | 6,248 |
| 土石制造目 | | | | | |
| 玻璃业 | 30 | 1,588 | | 1,455 | 3,043 |
| 土石制造目总数 | 30 | 1,588 | | 1,455 | 3,043 |
| 化学工业目 | | | | | |
| 制皂业 | 36 | 800 | 305 | | 1,105 |
| 火柴业 | 7 | 911 | 1,232 | 553 | 2,696 |
| 搪瓷业 | 16 | 1,857 | 353 | 90 | 2,300 |
| 化学工业目总数 | 59 | 3,568 | 1,890 | 643 | 6,101 |
| 纺织工业目 | | | | | |
| 　缫丝业 | 107 | 1,712[5] | 37,211[5] | 12,453[5] | 51,376[5] |

续表

| 类别 | 厂数 | 工人数 | | | |
|---|---|---|---|---|---|
| | | 男 | 女 | 童 | 共 |
| 棉纺业 | 61 | * | * | * | 127,604 |
| | (33) | | | | (71,029) |
| 丝织业 | 48 | 2,283 | 1,109 | | 3,392 |
| 棉织业 | 105 | 3,547 | 4,172 | 303 | 8,022 |
| 针织业 | 102 | 2,236 | 6,261 | 128 | 8,625 |
| 漂染业 | 48 | 2,914 | | | 2,914 |
| 纺织工业目总数 | 471 | 12,692 | 48,753 | 12,884 | 201,933[6] |
| | (33) | | | | (71,029) |
| 革制品目 | | | | | |
| 制革业 | 150[7] | 1,552 | 2 | 296 | 1,850 |
| 革制品目总数 | 150 | 1,552 | 2 | 296 | 1,850 |
| 饮食品目 | | | | | |
| 面粉业 | 13 | 2,112 | | | 2,112 |
| 榨油业 | 11 | 1,951 | | | 1,951 |
| 制蛋业 | 7 | 1,399 | 2,186 | | 3,585 |
| | (7) | (1,399) | (2,186) | | (3,586) |
| 烟草业 | 72 | 7,206 | 15,612 | 1,259 | 24,167 |
| | (2) | (4,487) | (4,411) | (1,259) | (10,367) |
| 饮食品目总数 | 103 | 12,758 | 17,708 | 1,250 | 31,815 |
| | (9) | (5,886) | (6,597) | (1,259) | (13,742) |
| 造纸印刷目 | | | | | |
| 造纸业 | 7 | 872 | 681 | | 1,553 |

续表

| 类　别 | 厂数 | 工　人　数 | | | |
| --- | --- | --- | --- | --- | --- |
| | | 男 | 女 | 童 | 共 |
| 印刷业 | 219 | 7,455 | 430 | 2,452 | 10,337 |
| | (6) | (467) | (19) | (146) | (632) |
| 造纸印刷目总数 | 226 | 8,327 | 1,111 | 2,452 | 11,890 |
| | (6) | (467) | (19) | (146) | (632) |
| 总　计 | 1,593 | 55,196 | 69,554 | 22,673 | 275,027(6) |
| | (48) | (6,353) | (6,616) | (1,405) | (85,403) |

附注：

(1)上表材料及注(4)注(5)系录自上海市社会局出版之《工资和工作时间》，惟其中估计数字，除缫丝业外，皆未采用。右同表右下角括弧内数字系本所所能查明该年各业中之外厂厂数或外厂工人数，但此项厂数及工人数仍包含于总数之内。

(2)内有一厂名野村，该系日厂。

(3)单指机器锯木的工人人数。

(4)单指长日工，不包含包工人数在内。

(5)一部分系由丝车数推算得来，非实际调查所得之工人数。

(6)内有127,604人未分性别。

(7)恐多系作坊性质。

## 丙四表　二十年上海工业统计

| 类　　别 | 厂　　数 | | 资　本　额 | | 男工人数 | | 女工人数 | |
|---|---|---|---|---|---|---|---|---|
| | 实数 | 百分数 | 实数(元) | 百分数 | 实数 | 百分数 | 实数 | 百分数 |
| 1. 木材制造业 | 15 | 0. 9 | 104,833 | 0. 1 | 474 | 0. 7 | 25 | * |
| 2. 家具制造业 | 17 | 1. 0 | 835,500 | 0. 6 | 1,279 | 1. 8 | | |
| 3. 冶炼业 | 36 | 2. 2 | 375,200 | 0. 2 | 527 | 0. 7 | | |
| 4. 机械及金属制品业 | 295 | 17. 6 | 3,939,633 | 2. 8 | 6,625 | 9. 2 | 692 | 0. 8 |
| 5. 交通用具业 | 21 | 1. 3 | 459,300 | 0. 3 | 2,260 | 3. 1 | | |
| 6. 土石制造业 | 44 | 2. 6 | 3,405,855 | 2. 4 | 1,072 | 2. 7 | 247 | 0. 2 |
| 7. 建筑工程业 | 5 | 0. 3 | 69,555 | * | 169 | 0. 2 | | |
| 8. 公用事业 | 5 | 0. 3 | 11,260,000 | 7. 0 | 1,079 | 1. 5 | | |
| 9. 化学工业 | 60 | 3. 6 | 9,394,246 | 6. 6 | 3,812 | 5. 3 | 3,271 | 2. 8 |
| 10. 纺织工业 | 545 | 32. 6 | 54,343,285 | 38. 2 | 27,427 | 38. 1 | 87,097 | 73. 8 |
| 11. 服用品业 | 171 | 10. 2 | 4,855,387 | 3. 4 | 3,448 | 4. 8 | 7,458 | 6. 3 |
| 12. 皮革及橡胶品制造业 | 57 | 3. 4 | 3,226,810 | 2. 3 | 4,054 | 5. 6 | 4,294 | 3. 6 |
| 13. 饮食品业 | 175 | 10. 5 | 32,000,832 | 22. 5 | 9,987 | 13. 0 | 12,793 | 10. 8 |
| 14. 造纸印刷业 | 155 | 9. 3 | 16,898,611 | 11. 9 | 7,405 | 10. 3 | 1,663 | 1. 4 |
| 15. 饰物仪器业 | 39 | 2. 3 | 453,267 | 0. 3 | 771 | 1. 1 | 68 | 0. 1 |
| 16. 其他工业 | 32 | 1. 9 | 707,150 | 0. 5 | 708 | 1. 0 | 452 | 0. 4 |
| 十六大类总数 | 1,672 | 100. 0 | 142,329,494 | 100. 0 | 71,997 | 100. 0 | 118,060 | 100. 0 |

附注：

* 不及 0. 1%；

+ 内有性别不详之工人 1,947 人。

## 中之重要项目及其百分数

| 童工人数 | | 工人总数 | | 外电马力 | | 各种动力机马力 | | 产　值 | |
|---|---|---|---|---|---|---|---|---|---|
| 实数 | 百分数 | 实数 | 百分数 | 实数(匹) | 百分数 | 实数(匹) | 百分数 | 实数(元) | 百分数 |
| 28 | 0.1 | 527 | 0.2 | 643.0 | 0.7 | 35.0 | * | 1,773,369.55 | 0.4 |
| 309 | 1.3 | 1,588 | 0.7 | 270.0 | 0.3 | | | 1,837,143.95 | 0.4 |
| 276 | 1.2 | 803 | 0.4 | 292.0 | 0.3 | | | 789,539.00 | 0.2 |
| 3,312 | 14.4 | 10,620 | 5.0 | 3,646.8 | 4.1 | 537.5 | 0.8 | 11,419,569.70 | 2.6 |
| 198 | 0.9 | 3,495 | 1.6 | 2,936.8 | 3.3 | 515.0 | 0.7 | 7,390,466.80 | 1.7 |
| 691 | 3.0 | 2,910 | 1.4 | 475.5 | 0.5 | 2,289.0 | 3.3 | 4,015,695.92 | 0.9 |
| 26 | 0.1 | 195 | 0.1 | 6.0 | * | 50.0 | 0.1 | 425,555.55 | 0.1 |
| | | 1,079 | 0.5 | 1,512.9 | 1.7 | 51,581.3 | 75.7 | 6,778,300.24 | 1.5 |
| 481 | 2.1 | 7,564 | 3.5 | 2,082.7 | 2.3 | 519.0 | 0.8 | 16,351,498.19 | 3.7 |
| 14,918 | 61.6 | 128,732 | 60.1 | 46,856.7 | 51.9 | 8,291.0 | 12.2 | 197,903,305.60 | 45.0 |
| 791 | 3.4 | 11,697 | 5.5 | 1,794.9 | 2.0 | 25.0 | * | 16,037,205.75 | 3.7 |
| 208 | 0.9 | 8,556 | 4.0 | 3,680.2 | 4.1 | 1,186.2 | 1.7 | 9,543,873.66 | 2.2 |
| 556 | 2.4 | 23,336 | 10.9 | 16,528.3 | 18.3 | 1,553.0 | 2.3 | 132,456,993.35 | 30.2 |
| 1,624 | 7.1 | 10,692 | 5.0 | 8,873.5 | 9.8 | 1.337.0 | 2.0 | 28,461,403.55 | 6.5 |
| 232 | 1.0 | 1,071 | 0.5 | 101.4 | 0.1 | | | 1,389,945.00 | 0.3 |
| 118 | 0.5 | 1,278 | 0.6 | 513.0 | 0.6 | 256.0 | 0.4 | 2,755,080.00 | 0.6 |
| 23,048 | 100.0 | 214,152 + | 100.0 | 90,213,7 | 100.0 | 68,175.0 | 100.0 | 439,328,826.81 | 100.0 |

### 丙五表　二十二年上海工业统计

| 类　别 | 厂　数 | | 资　本　额 | | 男工人数 | | 女工人数 | |
|---|---|---|---|---|---|---|---|---|
| | 实数 | 百分数 | 实数(元) | 百分数 | 实数 | 百分数 | 实数 | 百分数 |
| 1. 木材制造业 | 10 | 0.8 | 612,475 | 0.4 | 742 | 1.0 | 17 | * |
| 2. 家具制造业 | 7 | 0.6 | 378,500 | 0.2 | 478 | 0.6 | 300 | 0.3 |
| 3. 冶炼业 | 22 | 1.0 | 361,000 | 0.2 | 517 | 0.7 | | |
| 4. 机械及金属制品业 | 167 | 14.1 | 7,724,369 | 4.8 | 7,637 | 10.1 | 1,055 | 0.9 |
| 5. 交通用具业 | 16 | 1.3 | 523,000 | 0.3 | 3,332 | 4.4 | | |
| 6. 土石制造业 | 44 | 3.7 | 4,268,100 | 2.6 | 2,851 | 3.8 | 259 | 0.2 |
| 7. 建筑工程业 | 7 | 0.6 | 165,000 | 0.1 | 336 | 0.4 | | |
| 8. 公用事业 | 3 | 0.2 | 11,290,000 | 6.9 | 1,020 | 1.4 | | |
| 9. 化学工业 | 78 | 6.6 | 15,200,094 | 9.4 | 5,248 | 6.9 | 3,417 | 3.0 |
| 10. 纺织工业 | 391 | 33.0 | 63,623,946 | 39.1 | 25,845 | 34.1 | 78,738 | 68.3 |
| 11. 服用品业 | 80 | 7.5 | 4,974,450 | 3.1 | 4,991 | 6.6 | 6,655 | 5.8 |
| 12. 皮革及橡胶品制造业 | 55 | 4.6 | 5,063,888 | 3.1 | 4,991 | 6.6 | 6,683 | 5.8 |
| 13. 饮食品业 | 143 | 12.1 | 31,093,173 | 19.1 | 10,240 | 13.5 | 16,690 | 14.5 |
| 14. 造纸印刷业 | 114 | 9.6 | 16,073,389 | 9.9 | 7,226 | 9.5 | 974 | 0.8 |
| 15. 饰物仪器业 | 18 | 1.5 | 624,500 | 0.4 | 737 | 1.0 | 153 | 0.1 |
| 16. 其他工业 | 22 | 1.9 | 710,000 | 0.4 | 1,032 | 1.4 | 392 | 0.3 |
| 十六大类总数 | 1,186 | 100.0 | 162,685,893 | 100.0 | 75,693 | 100.0 | 15.333 | 100.0 |

附注：

* 不及0.1%；

+ 内有性别不详之工人5,444人。

## 中之重要项目及其百分数

| 童工人数 | | 工人总数 | | 外电马力 | | 各种动力机马力 | | 产　值 | |
|---|---|---|---|---|---|---|---|---|---|
| 实数 | 百分数 | 实数 | 百分数 | 实数(匹) | 百分数 | 实数(匹) | 百分数 | 实数(元) | 百分数 |
| 30 | 0.2 | 789 | 0.4 | 537.5 | 0.5 | 205.0 | 0.3 | 2,140,333.33 | 0.4 |
| 216 | 1.2 | 994 | 0.5 | 210.5 | 0.2 | | | 865,350.00 | 0.2 |
| 270 | 1.5 | 787 | 0.4 | 333.5 | 0.3 | | | 986,000.00 | 0.2 |
| 2,687 | 14.7 | 11,379 | 5.3 | 4,210.5 | 3.9 | 127.5 | 0.2 | 21,898,704.24 | 3.9 |
| 321 | 1.7 | 3,653 | 1.7 | 1,561.0 | 1.4 | 1,514.0 | 2.2 | 8,283,409.58 | 1.5 |
| 797 | 4.4 | 3,907 | 1.8 | 1,042.5 | 1.0 | 2,551.5 | 3.6 | 8,025,779.29 | 1.4 |
| 102 | 0.6 | 438 | 0.2 | 58.0 | 0.1 | | | 1,111,800.00 | 0.2 |
| | | 1,020 | 0.5 | 1,512.9 | 1.4 | 48,666.7 | 69.2 | 7,930,813.24 | 1.4 |
| 581 | 3.2 | 9,264 | 4.3 | 3,875.7 | 3.6 | 862.0 | 1.2 | 25,867,733.07 | 4.6 |
| 10,218 | 55.9 | 120,165 | 56.0 | 63,405.5 | 58.3 | 12,055.5 | 17.2 | 198,219,757.86 | 35.5 |
| 489 | 2.7 | 10,605 | 4.9 | 1,710.7 | 1.6 | 1.5 | * | 19,469,313.62 | 3.5 |
| 158 | 0.9 | 11,832 | 5.5 | 6,875.2 | 6.3 | 604.0 | 0.9 | 20,988,651.13 | 3.8 |
| 445 | 2.4 | 27,375 | 12.7 | 17,564.4 | 16.1 | 1,006.0 | 1.4 | 205,415,133.99 | 36.8 |
| 1,506 | 8.2 | 9,786 | 4.5 | 5,362.2 | 4.9 | 2,677.0 | 3.8 | 32,137,023.24 | 5.8 |
| 172 | 0.9 | 1,062 | 0.5 | 155.9 | 0.1 | | | 1,719,152.11 | 0.3 |
| 274 | 1.5 | 1,698 | 0.8 | 366.5 | 0.3 | 24.0 | * | 2,631,599.84 | 0.5 |
| 18,266 | 100.0 | 214,1736 + | 100.0 | 198,782.5 | 100.0 | 70,294.7 | 100.0 | 557,690,754.54 | 100.0 |

## 丙六表　二十三年上海之工厂与工人统计

| 类别 | 厂数 | | | | 工人数 | | | | |
|---|---|---|---|---|---|---|---|---|---|
| | 使用原动力者 | 使用人力者 | 不明者 | 总计 | 男 | 女 | 童 | 学徒 | 总计 |
| 第一大类　动力工业 | | | | | | | | | |
| 电气业 | 5 | | | 5 | 3,808 | | | 20 | 3,828[1] |
| 自来水业 | 4 | | | 4 | 1,146 | | | | 1,146[2] |
| 燃气业 | 4 | | | 4 | 281 | | | 3 | 284[3] |
| 第一大类总数 | 13 | | | 13 | 5,235 | | | 23 | 5,258 |
| 第二大类　机器制造业 | | | | | | | | | |
| 柴油引擎制造业 | 6 | | | 6 | 749 | | | 136 | 885 |
| 锅炉制造业 | 4 | 10 | | 14[4] | 168 | | | 77 | 245 |
| 纺机制造兼修理业 | 14 | 1 | | 15 | 412 | | | 361 | 773 |
| 织机制造业 | 12 | 5 | 1 | 18 | 270 | | | 125 | 395 |
| 漂染机制造业 | 6 | | | 6 | 101 | | | 116 | 217 |
| 轧花机制造业 | 6 | | | 6 | 82 | | | 91 | 173 |
| 拉绒机制造业 | 1 | | 1 | 2 | 32 | | | 23 | 55 |
| 纺织用具制造业 | 13 | 9 | 9 | 31 | 431 | 233 | | 64 | 728 |
| 针织机制造业 | 35 | | 5 | 40 | 406 | 6 | | 961 | 673 |
| 袜机制造业 | 14 | | | 14 | 264 | 61 | 20 | 80 | 425 |
| 织绸缫丝机制造业 | 6 | 2 | 1 | 9 | 37 | | | 50 | 87 |
| 印刷机制造业 | 22 | | | 22 | 206 | | | 183 | 389 |
| 轧米机制造业 | 7 | | | 7 | 21 | | | 80 | 101 |
| 面粉机制造业 | 6 | | | 6 | 105 | | | 100 | 205 |
| 香烟机制造业 | 6 | | | 6 | 44 | | | 46 | 90 |
| 车床制造业 | 8 | | 1 | 9 | 22 | | | 74 | 96 |
| 其他各种成件机器制造业 | 15 | 1 | 1 | 17 | 149 | | | 138 | 287 |
| 机器零件制造业 | 44 | 16 | | 60 | 345 | | | 299 | 644 |
| 机器修理业 | 43 | 9 | | 52 | 286 | | | 349 | 635 |
| 抛镀业 | 66 | 1 | | 67 | 676 | | | 404 | 1,080 |

续表

| 类　别 | 厂　数 | | | | 工　人　数 | | | | |
|---|---|---|---|---|---|---|---|---|---|
| | 使用原动力者 | 使用人力者 | 不明者 | 总计 | 男 | 女 | 童 | 学徒 | 总计 |
| 其他 | 125 | 14 | 6 | 145 | 1, 823 | | | 1, 328 | 3, 151 |
| 第二大类总数 | 459 | 68 | 25 | 552 | 6, 629 | 300 | 20 | 4, 376 | 11, 325 |
| 第三大类　电器制造业 | | | | | | | | | |
| 电机制造业 | 8 | | | 8 | 552 | 89 | 30 | 97 | 768 |
| 电灯泡制造业 | 14 | | 1 | 15 | 1, 023 | 963 | 29 | 144 | 2, 159 |
| 手电灯制造业 | 10 | | 1 | 11 | 295 | | | 72 | 367 |
| 电池业 | 5 | 11 | | 16 | 281 | 103 | 21 | 55 | 460 |
| 电器制造业 | 10 | | 2 | 12 | 596 | 2 | | 127 | 725 |
| 电料制造业 | 15 | 1 | 6 | 22 | 98 | 25 | | 110 | 233 |
| 无线电用具制造业 | 3 | | | 3 | 82 | | | 18 | 100 |
| 年红光具制造业 | 3 | 1 | 2 | 6 | 101 | | | 101 | 202 |
| 其他电气业 | 1 | 2 | | 3 | 15 | | | 2 | 17 |
| 电焊业 | 5 | 16 | 22 | 43 | 150 | | | 144 | 294 |
| 第三大类总数 | 74 | 31 | 34 | 139 | 3, 193 | 1, 182 | 80 | 870 | 5, 325 |
| 第四大类　冶炼工业 | | | | | | | | | |
| 翻砂业 | 65 | 1 | 45 | 111 | 2, 366 | | 8 | 944 | 3, 318 |
| 打铁业 | 9 | 191 | 6 | 206 | 1, 457 | | | 390 | 1, 847 |
| 冶铜业 | 6 | 1 | | 7 | 391 | | | | 391 |
| 熔锡制纸业 | 2 | 3 | | 5 | 118 | 25 | | 6 | 149 |
| 第四大类总数 | 82 | 196 | 51 | 329 | 4, 332 | 25 | 8 | 1, 340 | 5, 705 |
| 第五大类　化学工业 | | | | | | | | | |
| 造酸业 | 4 | | | 4(5) | 206 | | | 6 | 212 |
| 造碱业 | | 4 | 1 | 5(6) | 18 | | 1 | 19 | 38 |
| 烛皂制造业 | 10 | 17 | 5 | 32 | 852 | 305 | | 16 | 1, 173 |
| 化妆品制造业 | 11 | 21 | | 32 | 756 | 884 | 2 | 44 | 1, 686 |
| 颜料制造业 | 1 | | 1 | 2(7) | 28 | | | 28 | 56 |
| 油漆制造业 | 10 | 1 | | 11 | 318 | 17 | 4 | 5 | 344 |

续表

| 类别 | 厂数 | | | | 工人数 | | | | |
|---|---|---|---|---|---|---|---|---|---|
| | 使用原动力者 | 使用人力者 | 不明者 | 总计 | 男 | 女 | 童 | 学徒 | 总计 |
| 油墨制造业 | 7 | 3 | 1 | 11 | 219 | | | 24 | 243 |
| 制药业 | 8 | 3 | 1 | 12 | 208 | 201 | 7 | 3 | 419 |
| 薄荷制造业 | 4 | | 1 | 5 (8) | 37 | 3 | | 2 | 42 |
| 酒精制造业 | 1 | | | 1 | 24 | | | | 24 |
| 各种化学原料制造业 | 8 | 4 | 1 | 13 | 291 | 32 | | 7 | 330 |
| 照相纸制造业 | | | 1 | 1 | | | | | (9) |
| 搪瓷品制造业 | 16 | 6 | 2 | 24 | 1,569 | 272 | | 392 | 2,233 |
| 火柴制造业 | 6 | | | 6 | 932 | 1,095 | 124 | 52 | 2,203 |
| 赛璐珞品制造业 | 5 | | | 5 (10) | 196 | 100 | | 16 | 312 |
| 电木品制造业 | 8 | | 1 | 9 | 364 | 30 | 30 | 25 | 449 |
| 第五大类总数 | 99 | 59 | 15 | 173 | 6,018 | 2,939 | 168 | 639 | 9,764 |
| 第六大类　金属品制造业 | | | | | | | | | |
| 金属家具业 | 4 | 2 | 4 | 10 | 546 | | 20 | 8 | 574 |
| 铜铁床业 | 7 | 14 | 1 | 22 | 104 | | | 153 | 257 |
| 银箱业 | 1 | 3 | | 4 | 133 | | | 82 | 215 |
| 印铁制罐业 | 27 | 3 | 1 | 31 | 669 | 102 | 35 | 358 | 1,164 |
| 制灯业 | 11 | 13 | 1 | 25 (11) | 300 | 82 | 3 | 119 | 504 |
| 制钉业 | 15 | 1 | 7 | 23 | 518 | 15 | 15 | 75 | 623 |
| 铝丝网业 | 4 | | | 4 | 57 | 4 | 6 | 3 | 70 |
| 自来水开关制造业 | 4 | 7 | 3 | 14 | 36 | | | 96 | 132 |
| 磅秤制造业 | 3 | 15 | 2 | 20 | 91 | | | 25 | 116 |
| 铝器制造业 | 8 | 5 | 1 | 14 | 399 | 35 | 10 | 113 | 557 |
| 铜铁管制造业 | 9 | 3 | | 12 | 414 | | | 112 | 526 |
| 五金制造业 | 12 | 23 | 17 | 52 | 231 | | | 290 | 521 |
| 制锁业 | 5 | 4 | 1 | 10 | 145 | 101 | | | 246 |
| 钢窗制造业 | 7 | 9 | | 16 | 506 | | | 74 | 580 |
| 制刀业 | 9 | 7 | 1 | 17 | 128 | 14 | 10 | 95 | 247 |

续表

| 类别 | 厂数 | | | | 工人数 | | | | |
|---|---|---|---|---|---|---|---|---|---|
| | 使用原动力者 | 使用人力者 | 不明者 | 总计 | 男 | 女 | 童 | 学徒 | 总计 |
| 其他 | 17 | 19 | 9 | 45 | 660 | 120 | | 133 | 913 |
| 第六大类总数 | 143 | 128 | 48 | 319 | 4, 937 | 473 | 99 | 1, 736 | 7, 245 |
| 第七大类　木材制造业 | | | | | | | | | |
| 锯木业 | 14 | 1 | 3 | 18 | 379 | | | 1 | 380 |
| 火柴梗片业 | 5 | | | 5 | 762 | 377 | 231 | | 1, 370 |
| 软木塞业 | | 9 | 1 | 10 | 63 | | | 23 | 86 |
| 板箱制造业 | 1 | 12 | | 13 | 208 | 6 | | 73 | 287 |
| 牙签制造业 | 1 | 1 | | 2 | 15 | 26 | | | 41 |
| 木器家具业 | 1 | 6 | | 7 | 715 | | 10 | 52 | 777 |
| 第七大类总数 | 22 | 29 | 4 | 55 | 2, 142 | 409 | 241 | 149 | 2, 941 |
| 第八大类　土石制造业 | | | | | | | | | |
| 玻璃业 | 28 | 21 | 4 | 53 | 2, 697 | 4 | 353 | 727 | 3, 781 |
| 轧石粉业 | 10 | 1 | 1 | 12 | 152 | 8 | | | 160 |
| 瓷器业 | 3 | 1 | 2 | 6 | 135 | 82 | 3 | | 220 |
| 坩埚业 | 4 | | | 4 | 105 | | 9 | | 114 |
| 石器制造业 | | 2 | | 2 | 9 | | 2 | | 11 |
| 砖瓦业 | 5 | 3 | 2 | 10 | 769 | 153 | 7 | 10 | 939 |
| 石子石粉业 | 4 | 5 | | 9 | 101 | 25 | 2 | 8 | 136 |
| 瓦筒业 | 1 | 3 | 1 | 5 | 320 | | | | 320 |
| 水泥业 | 1 | | | 1 | 224 | | | | 224 |
| 灰纸炼造业 | 1 | 7 | | 8 | 102 | | | 1 | 103 |
| 石板业 | 4 | 2 | 2 | 8 | 185 | | | 47 | 232 |
| 第八大类总数 | 61 | 45 | 12 | 118 | 4, 799 | 272 | 376 | 793 | 6, 240 |
| 第九大类　造纸印刷业 | | | | | | | | | |
| 造纸业 | 8 | | | 8 | 1, 518 | 165 | | 2 | 1, 685 |
| 照相卡纸业 | 3 | | | 3 | 66 | 9 | | 19 | 94 |
| 其他纸业 | 1 | 4 | 1 | 6 | 37 | 14 | | 18 | 69 |

续表

| 类别 | 厂数 | | | | 工人数 | | | | |
|---|---|---|---|---|---|---|---|---|---|
| | 使用原动力者 | 使用人力者 | 不明者 | 总计 | 男 | 女 | 童 | 学徒 | 总计 |
| 铅印业 | 111 | 76 | 25 | 212 | 3, 220 | 37 | 18 | 1, 232 | 4, 507 |
| 彩印业 | 77 | 4 | | 81(12) | 2, 392 | 152 | | 771 | 3, 315 |
| 书局报馆印刷业 | 20 | | 8 | 28 | 2, 955 | 754 | 10 | 296 | 4, 015 |
| 制版业 | 4 | 9 | 1 | 14 | 191 | 20 | | 72 | 283 |
| 铸字业 | 8 | | 1 | 9 | 546 | 18 | | 111 | 675 |
| 制本业 | 7 | 27 | 1 | 35 | 554 | 222 | 16 | 301 | 1, 693 |
| 其他 | 3 | 3 | 1 | 7 | 127 | | | 26 | 153 |
| 第九大类总数 | 242 | 123 | 38 | 403 | 11, 606 | 1, 391 | 44 | 2, 848 | 15, 889 |
| 第十大类　交通用具制造业 | | | | | | | | | |
| 造船业 | 7 | 3 | 33 | 43 | 6, 296 | | | 106 | 6, 402(13) |
| 船用机器制造兼修理业 | 5 | 2 | 1 | 8 | 69 | | | 96 | 165 |
| 车辆制造业 | 4 | | 1 | 5 | 1, 219 | | | 39 | 1, 258(14) |
| 汽车零件制造业 | 6 | 1 | | 7 | 31 | | | 21 | 52 |
| 修理汽车业 | 6 | 3 | 1 | 10 | 99 | | | 41 | 140(15) |
| 其他交通用具业 | 5 | 1 | 1 | 7 | 42 | | 1 | 13 | 56(16) |
| 第十大类总数 | 33 | 10 | 37 | 80 | 7, 756 | | 1 | 316 | 8, 073 |
| 第十一大类　纺织工业 | | | | | | | | | |
| (1)棉纺织业 | | | | | | | | | |
| 棉纺织业 | 43 | | 6 | 49 | 43, 252 | 57, 802 | 4, 914 | | 105, 968 |
| 棉纺业 | 15 | | | 15 | 5, 910 | 18, 189 | 979 | 4, 927 | 30, 005 |
| 织布业 | 53 | 57 | 13 | 123 | 3, 528 | 2, 429 | 32 | 255 | 6, 244 |
| 染织业 | 47 | 24 | 3 | 74 | 2, 802 | 2, 941 | 16 | 143 | 5, 902 |
| 帆布业 | 4 | 2 | | 6 | 176 | 270 | | 4 | 450 |
| 毛巾被单业 | 12 | 7 | 1 | 20 | 1, 571 | 298 | 60 | 209 | 2, 138 |
| 经纬线业 | 6 | | 2 | 8 | 98 | 91 | | 3 | 192 |
| 拉绒业 | 9 | 5 | 3 | 17 | 192 | 3 | 2 | 9 | 206 |

续表

| 类别 | 厂数 | | | | 工人数 | | | | |
|---|---|---|---|---|---|---|---|---|---|
| | 使用原动力者 | 使用人力者 | 不明者 | 总计 | 男 | 女 | 童 | 学徒 | 总计 |
| 纹制业 | 2 | 2 | 2 | 6 | 25 | 5 | | 8 | 38 |
| 丝光线业 | 8 | 1 | | 9 | 404 | | | | 404 |
| 弹花业 | 15 | | 6 | 21 | 672 | 686 | | 2 | 1, 360 |
| 绒布业 | 6 | | 3 | 9 | 146 | 68 | | 22 | 236 |
| 药棉纱布业 | 4 | 1 | | 5 | 126 | 45 | 11 | 7 | 189 |
| (2)丝毛麻织业 | | | | | | | | | |
| 丝织业 | | | | | | | | | |
| 缫丝业 | 33 | | 11 | 44 | 2, 340 | 12, 651 | 2, 697 | 384 | 18, 072 |
| 绢丝业 | 2 | | 2 | 4 | 2, 514 | 5, 797 | 50 | | 8, 361 |
| 丝织业 | 304 | 4 | 4 | 312 | 8, 799 | 3, 815 | 221 | 1, 297 | 14, 132 |
| 毛织业 | | | | | | | | | |
| 毛纺织业 | 3 | | 3 | 348 | 185 | | 12 | 545 | |
| 地毯织造业 | | 27 | | 27 | 904 | | | 10 | 914 |
| 驼绒织造业 | 17 | | 6 | 23 | 579 | 644 | 46 | 57 | 1, 326 |
| 麻纱织造业 | 1 | 1 | 1 | 3 | 70 | 32 | | 102 | 204 |
| (3)纺织附属——染印业 | | | | | | | | | |
| 染色业 | 36 | 20 | 22 | 87 | 1, 377 | | | 103 | 1, 480 |
| 印花业 | 11 | 18 | 8 | 37 | 918 | 57 | 15 | 433 | 1, 423 |
| 染炼业 | 12 | 4 | 2 | 18 | 791 | 13 | | 51 | 855 |
| 第十一大类总数 | 643 | 182 | 95 | 920 | 77, 542 | 106, 021 | 9, 043 | 8, 030 | 200, 644 |
| 第十二大类　橡革工业 | | | | | | | | | |
| 制革业 | 18 | 28 | 4 | 50 | 941 | | | 66 | 1, 007 |
| 皮件业 | 4 | 21 | | 25 | 267 | | | 83 | 350 |
| 橡鞋制造业 | 45 | | 2 | 47[17] | 4, 658 | 6, 782 | 18 | 53 | 11, 511 |
| 车胎制造业 | 3 | | | 3[18] | 302 | 141 | 10 | 12 | 465 |
| 其他 | 3 | | 2 | 5 | 42 | | | | 42 |

续表

| 类别 | 厂数 | | | | 工人数 | | | | |
|---|---|---|---|---|---|---|---|---|---|
| | 使用原动力者 | 使用人力者 | 不明者 | 总计 | 男 | 女 | 童 | 学徒 | 总计 |
| 第十二大类总数 | 73 | 49 | 8 | 130 | 6, 210 | 6, 923 | 28 | 214 | 13, 375 |
| 第十三大类　饮食品工业 | | | | | | | | | |
| 酿酒业 | 1 | 4 | 3 | 8 | 366 | | | | 366 |
| 酱油业 | 1 | 5 | | 6 | 53 | | | 3 | 56 |
| 调味粉业 | 10 | 2 | | 12 | 338 | 134 | 4 | 3 | 479 |
| 汽水业 | 5 | 1 | 5 | 11 | 276 | 4 | 6 | | 286[19] |
| 制冰冷藏业 | 9 | | 4 | 13 | 462 | 550 | | | 1, 012 |
| 制茶叶 | 12 | | | 12 | 206 | 254 | | 1 | 461 |
| 制糖业 | 5 | 2 | 2 | 9 | 234 | 30 | | | 264 |
| 罐头食品业 | 8 | 2 | | 10 | 525 | 238 | | 70 | 833 |
| 糖果业 | 7 | 7 | | 14 | 118 | 133 | 2 | 18 | 271 |
| 面包饼干业 | 6 | 10 | 1 | 17 | 356 | 81 | 2 | 469 | 908 |
| 烟草业 | 49 | 5 | 7 | 61 | 10, 836 | 14, 744 | 243 | 89 | 25, 912 |
| 面粉业 | 15 | | 1 | 16 | 3, 184 | | | 110 | 3, 294 |
| 榨油业 | 12 | | 4 | 16 | 2, 201 | | | | 2, 201 |
| 碾米业 | 38 | | | 38 | 232 | | | 18 | 250 |
| 制蛋粉业 | 3 | | | 3 | 1, 370 | | | | 1, 370 |
| 淀粉业 | 4 | 3 | | 7 | 137 | | | | 137 |
| 其他 | 6 | 9 | 3 | 18 | 316 | 15 | | 3 | 334 |
| 第十三大类总数 | 191 | 50 | 30 | 271 | 21, 210 | 6, 183 | 257 | 784 | 38, 434 |
| 第十四大类　服饰品工业 | | | | | | | | | |
| 制帽业 | 14 | 11 | 1 | 26 | 455 | 184 | 13 | 113 | 765 |
| 棉毛针织业 | 32 | 22 | 4 | 58 | 1, 508 | 1, 600 | 50 | 202 | 3, 360 |
| 织袜业 | 55 | 65 | 6 | 126 | 3, 104 | 4, 206 | 59 | 236 | 7, 605 |
| 缝袜业 | 3 | 4 | | 7 | 40 | | | 10 | 50 |

续表

| 类别 | 厂数 | | | | 工人数 | | | | |
|---|---|---|---|---|---|---|---|---|---|
| | 使用原动力者 | 使用人力者 | 不明者 | 总计 | 男 | 女 | 童 | 学徒 | 总计 |
| 制鞋业 | 2 | 14 | | 16 | 178 | 25 | | 41 | 244 |
| 军服业 | 49 | 13 | 1 | 63 | 770 | 482 | | 2 | 1, 254 |
| 手帕业 | 13 | 1 | 1 | 15 | 151 | 630 | | 14 | 795 |
| 花线业 | 1 | 7 | | 8 | 59 | 2 | | | 61 |
| 纱线业 | 4 | 3 | | 7 | 54 | 62 | | 4 | 120 |
| 蜡线业 | 8 | 1 | 2 | 11 | 197 | 178 | | 4 | 379 |
| 木线业 | 6 | | 1 | 7 | 36 | 109 | 10 | 4 | 159 |
| 宽紧带业 | 5 | | 1 | 6 | 86 | 31 | | 6 | 123 |
| 丝边业 | 24 | 2 | | 26 | 1, 259 | 326 | 7 | 25 | 1, 617 |
| 纱带业 | 12 | 21 | | 33 | 254 | 42 | 3 | 61 | 360 |
| 军用带业 | | 1 | | 1 | 5 | | | 1 | 6 |
| 纽扣业 | 7 | 2 | 1 | 10 | 86 | 7 | | 21 | 114 |
| 其他 | 5 | 2 | 7 | 14 | 121 | 30 | | 14 | 165 |
| 第十四大类总数 | 240 | 169 | 25 | 434 | 8, 363 | 7, 914 | 142 | 758 | 17, 177 |
| 第十五大类　饰物仪器工业 | | | | | | | | | |
| 饰物业 | 1 | 1 | 1 | 3 | 24 | 2 | | 10 | 36 |
| 镜木业 | 2 | 12 | | 14 | 197 | 14 | | 34 | 245 |
| 风琴制造业 | | 9 | 3 | 12 | 138 | 3 | | 20 | 161 |
| 唱片唱机制造业 | 5 | 2 | 1 | 8 | 228 | 8 | | 10 | 246 |
| 仪器制造业 | 6 | 4 | 1 | 11 | 95 | 9 | | 54 | 158 |
| 造钟业 | 4 | 2 | 2 | 8 | 233 | | | 12 | 245 |
| 教育用具制造业 | 4 | 15 | 4 | 23 | 180 | 110 | | 49 | 339 |
| 蜡纸制造业 | 1 | 2 | 1 | 4 | 79 | 6 | | 4 | 89 |
| 打字机制造业 | 2 | 1 | 2 | 5[20] | 30 | | | 21 | 51 |
| 自来水笔制造业 | 5 | | | 5[21] | 98 | 13 | | 41 | 152 |
| 运动器具制造业 | 2 | 4 | 2 | 8 | 110 | 4 | | 17 | 131 |

续表

| 类别 | 厂数 | | | | 工人数 | | | | |
|---|---|---|---|---|---|---|---|---|---|
| | 使用原动力者 | 使用人力者 | 不明者 | 总计 | 男 | 女 | 童 | 学徒 | 总计 |
| 玩具制造业 | 9 | 12 | | 21 | 234 | 61 | | 77 | 372 |
| 第十五大类总数 | 41 | 64 | 17 | 122 | 1, 646 | 230 | | 349 | 2, 225 |
| 第十六大类　其他工业 | | | | | | | | | |
| 热水瓶制造业 | 28 | 1 | 1 | 30 | 739 | 119 | 10 | 267 | 1, 135 |
| 煤球制造业 | 10 | | 5 | 15 | 407 | 7 | | 6 | 420 |
| 机器造绳业 | 1 | 4 | | 5 | 168 | 60 | | 5 | 233 |
| 制伞业 | 5 | 14 | 4 | 23 | 223 | 74 | 12 | 102 | 411 |
| 眼镜制造业 | 4 | 2 | | 6 | 285 | | | 122 | 407 |
| 制镜业 | 7 | 2 | 2 | 11 | 227 | | 30 | 87 | 344 |
| 牙刷制造业 | 9 | 1 | | 10 | 236 | 201 | 6 | 81 | 524 |
| 制盒业 | 27 | 25 | 24 | 76 | 946 | 217 | | 209 | 1, 372 |
| 第十六大类总数 | 91 | 49 | 36 | 176 | 3, 231 | 678 | 58 | 879 | 4, 846 |
| 十六大类总数 | 2, 507 | 1, 252 | 475 | 4, 234 | 174, 849 | 144, 940 | 10, 565 | 24, 112 | 354, 466 |

附注：

(1)工人数仅就四厂调查，内有一厂之临时工人不在内。

(2)工人数仅就三厂调查。

(3)工人数仅就二厂调查。

(4)内有一厂为冷作场。

(5)内有天和淡气厂尚未出货。

(6)内有天原厂兼制酸类。

(7)内有中孚厂现在尚未开工。

(8)樟脑业在内。

(9)工人数不详。

(10)人造象牙业在内。

(11)纱罩业在内。

(12)石印、橡皮印业在内。

(13)工人数仅就15厂调查。

(14)工人数仅就四厂调查。

(15)工人数仅就九厂调查。

(16)工人数仅就四厂调查。

(17)各厂均兼用汽力。

(18)同注(17)。

(19)夏季临时工人不在内。

(20)其他教育机件制造业在内。

(21)铅笔工业在内。

*本表材料及注(1)至注(21)均录自上海市通志馆出版之民国二十四年《上海市年鉴》第16章。据该章各附注之说明,最初材料来源,除动力工业系参用《上海之工业》材料外均为民国二十三年《上海工厂名录》,惟核对之下,本表数字并不与本书附录丁第二表中工厂名录材料相符,原工厂名录本身原无细类数字,故仍照录之。

# 附录丁　各种比较表

## 丁一表　上海个别工业历年资本额与工人数之比较

| 类别 | 材料性质 | 厂数 | 资本额(元) | 工人数 | | | |
|---|---|---|---|---|---|---|---|
| | | | | 男 | 女 | 童 | 共 |
| 木材制造业 | | | | | | | |
| 锯木 | a | | | | | | |
| | b | 23 | | 1,886 | | | 1,886 |
| | c | 8 | 79,333* | 390 | | 2 | 392 |
| | d | 4 | 345,944 | 376 | | 2 | 378 |
| 藤竹木器 | a | 13 | 57,350 | 279 | 100 | 12 | 391 |
| | b | | | | | | |
| | c | 14 | 327,809 | 444 | 65 | 84 | 593 |
| | d | 6 | 266,531 | 366 | 17 | 28 | 411 |
| 冶炼业 | | | | | | | |
| 翻砂 | a | 47 | 120,700 | 653 | | 277 | 930 |
| | b | 100 | | 997 | | 452 | 1,449 |
| | c | 35 | 175,200 | 498 | | 275 | 773 |
| | d | 21 | 161,000 | 484 | | 268 | 752 |
| 机械及金属制品业 | | | | | | | |
| 机器制造 | a | 163 | 1,765,459 | 3,607 | 81 | 1,434 | 5,122 |
| | b | 418 | | 5,834 | | 2,978 | 8,812 |
| | c | 173 | 1,979,119* | 3,580 | 150 | 2,175 | 5,995 |
| | d | 85 | 2,181,489* | 3,171 | 76 | 1,625 | 4,872 |
| 金属制品 | a | 57 | 741,550<br>(125,000) | 964 | 111 | 443 | 1,518 |
| | b | | | | | | |
| | c | 61 | 603,133* | 1,202 | 142 | 631 | 1,975 |
| | d | 46 | 1,943,860 | 2,406 | 336 | 485 | 3,227 |
| 电气机械用具及材料 | a | 21 | 517,300 | 941 | 418 | 86 | 1,445 |
| | b | | | | | | |
| | c | 54 | 1,055,072 | 1,483 | 360 | 448 | 2,291 |
| | d | 42 | 3,655,020* | 2,406 | 644 | 573 | 3,623 |

续表

| 类　别 | 材料性质 | 厂数 | 资本额(元) | 工人数 男 | 工人数 女 | 工人数 童 | 工人数 共 |
|---|---|---|---|---|---|---|---|
| 交通用具业 | | | | | | | |
| 制造轮船 | a | 2 | 38, 000 | 65 | | 72 | 137 |
| | b | 13 | | 5, 994 | | 254 | 6, 248 |
| | c | 9 | 384, 500* | 2, 126 | | 132 | 2, 258 |
| | d | 14 | 463, 000* | 2, 329 | | 301 | 2, 630 |
| 土石制造业 | | | | | | | |
| 砖瓦水泥 | a | 21 | 1, 532, 000 | 872 | 70 | 26 | 968 |
| | b | | | | | | |
| | c | 5 | 2, 755, 600 | 842 | 192 | 20 | 1, 054 |
| | d | 5 | 2, 858, 600 | 779 | 248 | 25 | 1, 052 |
| 玻璃 | a | 16 | 904, 500 (893, 000) | 745 | 12 | 486 | 1, 243 |
| | b | 30 | | 1, 588 | | 1, 455 | 3, 043 |
| | c | 24 | 417, 039 | 815 | 11 | 668 | 1, 494 |
| | d | 27 | 603, 500* | 1, 230 | 3 | 836 | 2, 069 |
| 煤球 | a | 8 | 197, 300 | 162 | 2 | 9 | 173 |
| | b | | | | | | |
| | c | 12 | 422, 000* | 317 | | | 317 |
| | d | 6 | 390, 000* | 386 | | | 386 |
| 公用事业 | a | 8 | 18, 930, 000 (10, 000, 000) | 1, 774 | | 7 | 1, 781 |
| | b | | | | | | |
| | c | 5 | 11, 260, 000 | 1, 079 | | | 1, 079 |
| | d | 3 | 11, 290, 000 | 1, 020 | | | 1, 020 |
| 化学工业 | | | | | | | |
| 火柴 | a | 7 | 889, 800 | 910 | 1, 498 | 329 | 2, 727 |
| | b | 7 | | 911 | 1, 232 | 553 | 2, 696 |
| | c | 4 | 2, 240, 080 | 754 | 1, 101 | 149 | 2, 004 |
| | d | 7 | 3, 536, 900 | 731 | 1, 345 | 212 | 2, 288 |
| 烛皂 | a | 23 | 633, 900 | 372 | 174 | 9 | 555 |
| | b | 36 | | 800 | 305 | | 1, 105 |
| | c | 13 | 962, 222 | 389 | 235 | 14 | 638 |
| | d | 6 | 655, 000 | 367 | 253 | 8 | 628 |
| 搪瓷 | a | 8 | 258, 400 | 517 | 50 | 85 | 652 |
| | b | 16 | | 1, 857 | 353 | 90 | 2, 300 |
| | c | 10 | 814, 000 | 1, 348 | 234 | 235 | 1, 817 |
| | d | 19 | 1, 327, 500 | 1, 784 | 385 | 256 | 2, 425 |
| 油漆 | a | 3 | 275, 000 | 120 | 6 | 5 | 131 |
| | b | | | | | | |
| | c | 4 | 571, 000 | 183 | 16 | | 199 |
| | d | 3 | 570, 000 | 364 | 16 | 16 | 396 |
| 油墨 | a | 2 | | | | | |
| | b | | | | | | |
| | c | 5 | 88, 000 | 48* | | | 48* |
| | d | 2 | 150, 000 | 60 | | 4 | 64 |

续表

| 类　别 | 材料性质 | 厂数 | 资本额(元) | 工人数 男 | 女 | 童 | 共 |
|---|---|---|---|---|---|---|---|
| 化妆品 | a | 20 | 615, 600 | 212 | 381 | 37 | 630 |
| | b | | | | | | |
| | c | 13 | 3, 291, 000 | 432 | 967 | 6 | 1, 405 |
| | d | 11 | 5, 125, 000 | 376 | 817 | 10 | 1, 203 |
| 制药 | a | 14 | 954, 000<br>(640, 900) | 121 | 96 | 2 | 219 |
| | b | | | | | | |
| | c | 2 | 700, 000 | 90 | 120 | 6 | 216 |
| | d | 6 | 1, 070, 000 | 187 | 195 | 6 | 388 |
| 纺织工业 | | | | | | | |
| 轧花 | a | 5 | 150, 160 | 416 | 300 | 23 | 739 |
| | b | | | | | | |
| | c | 8 | 87, 000* | 181 | 331 | 10 | 522 |
| | d | 5 | 43, 000* | 129 | 130 | 42 | 301 |
| 棉纺 | a | 55 | 189, 580, 800<br>(152, 350, 800) | 28, 760 | 62, 584 | 2, 998 | 94, 342 |
| | b | 61<br>(33) | | | | | 127, 604<br>(71, 029) |
| | c | 29 | 37, 952, 220* | 12, 957* | 47, 353* | 2, 414* | 62, 724* |
| | d | 29 | 49, 117, 474 | 11, 131 | 43, 693 | 1, 118 | 60, 406 |
| 棉织 | a | 99 | 2, 243, 650 | 4, 323 | 4, 493 | 511 | 9, 327 |
| | b | 105 | | 3, 547 | 4, 172 | 303 | 8, 022 |
| | c | 73 | 5, 253, 073* | 3, 879 | 3, 596 | 414 | 7, 889 |
| | d | 70 | 4, 276, 898* | 3, 249 | 5, 484 | 297 | 9, 030 |
| 缫丝 | a | 90 | 2, 501, 000<br>(78, 000) | 2, 148 | 39, 484 | 10, 831 | 52, 463 |
| | b | 107 | | 1, 712 | 37, 211 | 12, 453 | 51, 376 |
| | c | 66 | 2, 778, 611 | 1, 487 | 29, 709 | 9, 161 | 40, 357 |
| | d | 49 | 214, 930* | 953 | 22, 606 | 6, 160 | 29, 728 |
| 丝织 | a | 46 | 1, 279, 000 | 3, 644 | 2, 190 | 428 | 6, 262 |
| | b | 48 | | 2, 283 | 1, 109 | | 3, 392 |
| | c | 250 | 4, 549, 383* | 5, 302 | 2, 974* | 1, 191 | 10, 393 |
| | d | 122 | 4, 206, 855* | 5, 100 | 3, 380 | 1, 913 | 10, 393 |
| 毛织 | a | 7 | 213, 700 | 417 | 255 | 156 | 828 |
| | b | | | | | | |
| | c | 14 | 1, 586, 443 | 534 | 641 | 112 | 1, 287 |
| | d | 26 | 3, 436, 675* | 1, 549 | 1, 627 | 250 | 3, 426 |
| 漂染印花 | a | 81 | 601, 450 | 2, 675 | 421 | 94 | 3, 190 |
| | b | 48 | | 2, 914 | | | 2, 914 |
| | c | 50 | 1, 310, 734* | 1, 860* | 41* | 402* | 2, 303* |
| | d | 53 | 1, 393, 000 | 2, 360 | 45 | 357 | 2, 762 |
| 边带 | a | 23 | 26, 300 | 148 | 222 | 70 | 440 |
| | b | | | | | | |
| | c | 29 | 289, 344* | 464 | 357 | 71 | 892 |
| | d | 8 | 314, 000 | 570 | 263 | 6 | 839 |

续表

| 类别 | 材料性质 | 厂数 | 资本额(元) | 工人数 | | | |
|---|---|---|---|---|---|---|---|
| | | | | 男 | 女 | 童 | 共 |
| 服用品业 | | | | | | | |
| 针织 | a | 110 | 1,575,600 (250,000) | 2,224 | 4,127 | 185 | 6,536 |
| | b | 102 | | 2,236 | 6,261 | 128 | 8,625 |
| | c | 124 | 3,826,643* | 2,871 | 6,097 | 621 | 9,589 |
| | d | 69 | 4,445,626 | 2,775 | 6,130 | 331 | 9,236 |
| 帽厂 | a | 8 | 199,500 (43,000) | 186 | 82 | 8 | 276 |
| | b | | | | | | |
| | c | 12 | 323,778 | 258 | 127 | 74 | 459 |
| | d | 7 | 238,000 | 272 | 116 | 76 | 464 |
| 伞厂 | a | 9 | 62,200 | 90 | 53 | 21 | 164 |
| | b | | | | | | |
| | c | 14 | 33,000* | 127 | 151 | 52 | 330 |
| | d | 2 | 61,500 | 200 | 15 | 47 | 262 |
| 衣服 | a | 3 | 40,000 | 550 | 400 | 100 | 1,050 |
| | b | | | | | | |
| | c | | | | | | |
| | d | | | | | | |
| 皮革及橡胶品制造业 | | | | | | | |
| 制革 | a | 18 | 2,075,430 (943,000) | 552 | 1 | 1 | 554 |
| | b | 150 | | 1,552 | 2 | 296 | 1,850 |
| | c | 18 | 703,128 | 463 | | 43 | 506 |
| | d | 10 | 980,000 | 397 | 30 | 24 | 451 |
| 饮食品业 | | | | | | | |
| 碾米 | a | 46 | 312,350 | 399 | | | 399 |
| | b | | | | | | |
| | c | 12 | 116,722* | 166 | | 16 | 182 |
| | d | 1 | 10,000 | 32 | | | 32 |
| 面粉 | a | 12 | 5,835,500 | 1,871 | | | 1,871 |
| | b | 13 | | 2,112 | | | 2,112 |
| | c | 15 | 6,463,889 | 2,403 | | | 2,403 |
| | d | 15 | 6,249,650 | 2,516 | | | 2,516 |
| 糖果罐头 | a | 47 | 748,100 | 780 | 415 | 56 | 1,251 |
| | b | | | | | | |
| | c | 18 | 542,072 | 435 | 380 | 111 | 926 |
| | d | 9 | 1,497,600 | 533 | 472 | 100 | 1,105 |
| 榨油 | a | 12 | 1,323,200 (361,100) | 1,501 | | | 1,501 |
| | b | 11 | | 1,951 | | | 1,951 |
| | c | 14 | 1,350,778 | 2,814 | | 11 | 2,825 |
| | d | 10 | 1,271,056 | 2,020 | | 6 | 2,026 |

续表

| 类别 | 材料性质 | 厂数 | 资本额(元) | 工人数 男 | 工人数 女 | 工人数 童 | 工人数 共 |
|---|---|---|---|---|---|---|---|
| 卷烟 | a | 69 | 40,740,110 (23,350,000) | 3,147 | 5,857 | 474 | 9,478 |
| | b | 72 (2) | | 7,206 (4,487) | 5,612 (4,411) | 1,259 (1,259) | 24,167 (10,157) |
| | c | 51 | 21,230,872* | 2,539* | 11,207* | 395 | 14,141* |
| | d | 46 | 19,002,667* | 3,067 | 14,052 | 326 | 17,445 |
| 清凉饮料 | a | 6 | 367,000 | 71 | | | 71 |
| | b | | | | | | |
| | c | 2 | 310,000 | 188 | | 8 | 196 |
| | d | 2 | 350,000 | 210 | | 10 | 220 |
| 各种调味品 | a | 5 | 252,000 | 106 | 43 | 2 | 151 |
| | b | | | | | | |
| | c | 8 | 541,000 | 337 | 123 | 6 | 466 |
| | d | 5 | 870,000 | 288 | 144 | 3 | 435 |
| 蛋厂 | a | 1 | 111,100 (111,100) | 125 | 155 | 7 | 287 |
| | b | 7 (7) | | 1,399 (1,399) | 2,186 (2,186) | | 3,585 (3,585) |
| | c | 1 | 500,000 | 150 | 200 | | 350 |
| | d | 1 | 500,000 | 150 | 200 | | 350 |
| 造纸印刷业 | | | | | | | |
| 造纸 | a | 13 | 1,975,700 | 1,044 | 1,118 | 31 | 2,193 |
| | b | 7 | | 872 | 681 | | 1,553 |
| | c | 7 | 2,072,222 | 768 | 482 | 4 | 1,254 |
| | d | 7 | 2,306,389 | 829 | 506 | | 1,415 |
| 印刷 | a | 210 | 11,072,891 (615,791) | 6,542 | 596 | 1,110 | 8,248 |
| | b | 219 (8) | | 7,455 (467) | 430 (19) | 2,452 (146) | 10,337 (632) |
| | c | 106 | 14,596,189* | 5,920 | 811 | 1,479 | 8,210 |
| | d | 92 | 13,149,000* | 5,863 | 278 | 1,456 | 7,597 |
| 纸盒 | a | 15 | 76,700 | 464 | 105 | 32 | 601 |
| | b | | | | | | |
| | c | 20 | 120,000 | 314 | 143 | 68 | 525 |
| | d | 10 | 134,000 | 328 | 137 | 33 | 498 |
| 饰物仪器业 | | | | | | | |
| 乐器玩具 | a | 11 | 169,800 (20,000) | 113 | 6 | 27 | 146 |
| | b | | | | | | |
| | c | 24 | 220,467 | 568 | | 159 | 727 |
| | d | 6 | 165,000 | 176 | 78 | 52 | 306 |
| 文具 | a | 4 | 23,000 | 50 | 19 | 9 | 78 |
| | b | | | | | | |
| | c | 9 | 190,300 | 116 | 58 | 13 | 187 |
| | d | 5 | 241,000 | 134 | 50 | 44 | 228 |

续表

| 类　别 | 材料性质 | 厂数 | 资本额(元) | 工人数 | | | |
|---|---|---|---|---|---|---|---|
| | | | | 男 | 女 | 童 | 共 |
| 仪器 | a | 3 | 80,000 | 73 | | 11 | 84 |
| | b | | | | | | |
| | c | 5 | 35,500 | 60 | 10 | 46 | 116 |
| | d | 5 | 148,500 | 227 | 19 | 72 | 318 |
| 其他工业 | | | | | | | |
| 牙刷 | a | 6 | 780,500<br>(700,000) | 116 | 292 | 23 | 431 |
| | b | | | | | | |
| | c | 6 | 212,300 | 197 | 151 | 84 | 432 |
| | d | 6 | 260,000 | 259 | 369 | 7 | 635 |
| 眼镜 | a | 5 | 22,900 | 36 | | 1 | 37 |
| | b | | | | | | |
| | c | | | | | | |
| | d | | | | | | |

附注：

(1)本表材料性质栏(a)指《上海之工业》材料，(b)指《工资和工作时间》材料，(c)指本所二十年调查所得之材料，(d)指本所二十二年调查所得之材料。

(2)二十年及二十二年材料已另制表比较，故凡一业只有二十年及二十二年数字，而无《上海之工业》或《工资和工作时间》数字者，即不再列入本表比较，藉免重复。

(3)《上海之工业》之工业分类与其他材料之工业分类殊不相同，故本表未能将其原来各大类中之“其他”类列入比较。

(4)本表所列各年材料既不完全，故未计算各大类总数。

(5)《工资和工作时间》本无各业资本额，故本表在该栏b字后皆无数字。

(6)本表括弧内数字指各业数字中所包含之外厂厂数、外厂资本额或外厂工人数。

(7)机器制造类(b)字后数字包括金属制品类与电气机械用具及材料类数字在内。

## 丁二表　上海十六工业大类资本额与工人数之比较

| 类　别 | 材料性质 | 厂　数 | 资　本　额（元） | 工人数 | | | | 共　计 |
|---|---|---|---|---|---|---|---|---|
| | | | | 男 | 女 | 童 | 未分者 | |
| Ⅰ　木材制造业 | a | 23 | | 1, 886 | | | | 1, 886 |
| | b | 22 | 407, 142* | 834 | 65 | 86 | | 985 |
| | c | 10 | 612, 475 | 742 | 17 | 30 | | 789 |
| | d | 68 | 9, 149, 900(39) | 2, 488 | 409 | 390 | 724 | 4, 011(52) |
| Ⅱ　家具制造业 | a | | | | | | | |
| | b | 17 | 835, 500 | 1, 279 | | 309 | | 1, 588 |
| | c | 7 | 378, 500 | 478 | 300 | 216 | | 994 |
| | d | | | | | | | |
| Ⅲ　冶炼业 | a | 100 | | 997 | | 452 | | 1, 449 |
| | b | 36 | 375, 200 | 527 | | 276 | | 803 |
| | c | 22 | 361, 000 | 517 | | 270 | | 787 |
| | d | 489 | 1, 088, 500(120) | 3, 008 | 25 | 1, 349 | 1, 116 | 5, 498(366) |
| Ⅳ　机械及金属制品业 | a | 418 | | 5, 834 | | 2, 978 | | 8, 812 |
| | b | 288 | 3, 637, 324* | 6, 265 | 652 | 3, 254 | | 10, 171 |
| | c | 173 | 7, 780, 369* | 7, 983 | 1, 056 | 2, 683 | | 11, 722 |
| | d | 1, 519 | 9, 377, 850(638) | 13, 927 | 1, 861 | 7, 050 | 852 | 23, 699(946) |
| Ⅴ　交通用具业 | a | 13 | | 5, 994 | | 254 | | 6, 248 |
| | b | 21 | 459, 300* | 2, 260 | | 198 | 1, 037 | 3, 495 |
| | c | 17 | 533, 000* | 3, 357 | | 347 | | 3, 704 |
| | d | 88 | 8, 978, 250(26) | 1, 413 | | 317 | 6, 306 | 8, 036(47) |

续表

| 类别 | 材料性质 | 厂数 | 资本额（元） | 工人数 | | | | 共计 |
|---|---|---|---|---|---|---|---|---|
| | | | | 男 | 女 | 童 | 未分者 | |
| Ⅵ 土石制造业 | a | 30 | | 1, 588 | | 1, 455 | | 3, 043 |
| | b | 44 | 3, 405, 855* | 1, 972 | 247 | 691 | | 2, 910 |
| | c | 41 | 4, 038, 100* | 2, 561 | 259 | 871 | | 3, 691 |
| | d | 135 | 3, 415, 200(64) | 3, 562 | 272 | 1, 120 | 1, 207 | 6, 161(108) |
| Ⅶ 建筑工程业 | a | | | | | | | |
| | b | 5 | 69, 555* | 169 | | 26 | | 195 |
| | c | 7 | 165, 000* | 336 | | 102 | | 438 |
| | d | | | | | | | |
| Ⅷ 公用事业 | a | | | | | | | |
| | b | 5 | 11, 260, 000 | 1, 079 | | | | 1, 079 |
| | c | 3 | 11, 290, 000 | 1, 020 | | | | 1, 020 |
| | d | 13 | 88, 010, 000(9) | 5, 235 | | 23 | | 5, 258(9) |
| Ⅸ 化学工业 | a | 59 | | 3, 568 | 1, 890 | 643 | | 6, 101 |
| | b | 60 | 9, 394, 246 | 3, 812* | 3, 271 | 481 | | 7, 564* |
| | c | 78 | 15, 200, 094* | 5, 248 | 3, 417 | 581 | | 9, 246 |
| | d | 209 | 15, 890, 700(144) | 5, 598 | 3, 011 | 773 | 715 | 10, 097(175) |
| Ⅹ 纺织工业 | a | 471 | | 12, 692 | 48, 753 | 12, 884 | 127, 604 | 201, 933 |
| | b | 546 | 54, 743, 285* | 27, 504* | 87, 540* | 14, 198* | 10 | 129, 252* |
| | c | 391 | 63, 623, 946* | 25, 845 | 78, 738 | 10, 218 | 5, 364 | 120, 165 |
| | d | 1, 006 | 269, 271, 200(542) | 45, 978 | 83, 935 | 15, 883 | 1, 297 | 147, 093(823) |

续表

| 类　别 | 材料性质 | 厂　数 | 资　本　额（元） | 工　人　数 | | | | 共　计 |
|---|---|---|---|---|---|---|---|---|
| | | | | 男 | 女 | 童 | 未分者 | |
| XI　服用品业 | a | 102 | | 2,236 | 6,261 | 128 | | 8,625 |
| | b | 170 | 4,455,387* | 3,371 | 7,015 | 791 | | 11,177 |
| | c | 89 | 4,974,459 | 3,461 | 6,655 | 489 | | 10,605 |
| | d | 473 | 6,670,400(275) | 7,109 | 7,972 | 673 | 1,510 | 17,264(369) |
| XII　皮革橡胶品制造业 | a | 150 | | 1,552 | 2 | 296 | | 1,850 |
| | b | 57 | 3,226,840* | 4,054 | 4,294 | 208 | | 8,556 |
| | c | 55 | 5,063,888* | 4,991 | 6,683 | 158 | | 11,832 |
| | d | 132 | 350,750(83) | 6,180 | 6,923 | 242 | | 13,345(117) |
| XIII　饮食品业 | a | 103 | | 12,758 | 17,798 | 1,250 | | 31,815 |
| | b | 175 | 32,000,832* | 9,987* | 12,793* | 556 | | 23,336* |
| | c | 143 | 31,093,173* | 10,240 | 16,690 | 445 | | 27,375 |
| | d | 323 | 39,248,091(221) | 17,175 | 16,486 | 611 | 1,600 | 35,872(255) |
| XIV　造纸印刷业 | a | 226 | | 8,327 | 1,111 | 2,452 | | 11,890 |
| | b | 155 | 16,898,611* | 7,405 | 1,663 | 1,624 | | 10,692 |
| | c | 114 | 16,073,389* | 7,226 | 974 | 1,506 | 80 | 9,786 |
| | d | 577 | 22,508,700(293) | 11,030 | 718 | 2,672 | 1,419 | 15,839(386) |
| XV　饰物仪器业 | a | | | | | | | |
| | b | 39 | 453,267 | 771 | 68 | 232 | | 1,071 |
| | c | 18 | 624,500 | 737 | 153 | 172 | | 1,062 |
| | d | 124 | 2,233,400(69) | 1,586 | 230 | 347 | 191 | 2,354(104) |

续表

| 类别 | 材料性质 | 厂数 | 资本额（元） | 工人数 | | | | 共计 |
|---|---|---|---|---|---|---|---|---|
| | | | | 男 | 女 | 童 | 未分者 | |
| XVI 其他工业 | a | | | | | | | |
| | b | 32 | 707,150* | 708 | 452 | 118 | | 1,278 |
| | c | 18 | 874,000* | 951 | 391 | 178 | | 1,520 |
| | d | 262 | 2,100,400(117) | 2,943 | 656 | 960 | 508 | 5,067(148) |
| 总计 | a | 1,593 | | 55,196 | 69,554 | 22,673 | 127,604 | 275,027 |
| | b | 1,672 | 142,329,494* | 71,997 | 118,060* | 23,048* | 1,047 | 214,152* |
| | c | 1,186 | 162,685,893* | 75,693 | 115,333 | 18,266 | 5,444 | 214,736 |
| | d | 5,418 | 478,293,341(2540) | 127,232 | 122,498 | 32,410 | 17,445 | 299,585(3893) |

附注：

（1）本表材料性质栏 a 指《工资和工作时间》材料，b 指本所二十年调查所得之材料，c 指本所二十二年调查所得之材料，d 指二十三年《上海市工厂名录》材料。

（2）《上海市工厂名录》原将机械制造业、电器制造业及金属品制造业分为三大类，而此三类在十八、二十及二十二年材料中则只为一大类。兹为便于比较起见，将此三类合并为第四大类。又童工人数与艺徒人数在《上海市工厂名录》中原系分开，兹为便于比较起见，亦将艺徒人数并入童工人数之内。

（3）括弧内之数字系指曾经查明资本或工人人数之厂数。

（4）《上海之工业》分类与他项材料不同，故本表未列入比较。

## 丁三表　二十年与二十二

| 分类号码 | 业　　别 | 材料[1]性质 | 厂　数 | 资本额(元) |
|---|---|---|---|---|
| | 第一大类　木材制造业 | | | |
| 1—1 | 锯木 | a | 8 | 79,333* |
| | | b | 2 | 40,000 |
| | | c | 4 | 345,944 |
| 1—2 | 木制品 | a | 13 | 323,809 |
| | | b | 6 | 296,309 |
| | | c | 6 | 266,581 |
| 1—3 | 竹制品 | a | 1 | 4,000 |
| | | b | 1 | 4,000 |
| | | c | | |
| | 第一大类　总数 | a | 22 | 407,142* |
| | | b | 9 | 340,309 |
| | | c | 10 | 612,475 |
| | 第二大类　家具制造业 | | | |
| 2—1 | 木制家具 | a | 3 | 420,000 |
| | | b | | |
| | | c | | |
| 2—2 | 铁制家具 | a | 9 | 371,800 |
| | | b | 3 | 360,000 |
| | | c | 6 | 368,500 |
| 2—3 | 地毯 | a | 5 | 43,700 |
| | | b | | |
| | | c | 1 | 10,000 |
| | 第二大类　总数 | a | 17 | 835,500 |
| | | b | 3 | 360,000 |
| | | c | 7 | 378,500 |
| | 第三大类　冶炼业 | | | |
| 3—1 | 翻砂 | a | 35 | 175,200 |
| | | b | 8 | 106,000 |
| | | c | 21 | 161,000 |
| 3—2 | 炼钢业 | a | 1 | 200,000 |
| | | b | 1 | 200,000 |
| | | c | 1 | 200,000 |
| | 第三大类　总数 | a | 36 | 375,200 |
| | | b | 9 | 306,000 |
| | | c | 22 | 361,000 |
| | 第四大类　机械及金属制品业 | | | |
| 4—1 | 机器制造兼修理 | a | 173 | 1,979,119* |
| | | b | 48 | 1,546,768* |
| | | c | 85 | 2,181,489* |
| 4—2 | 金属制品 | a | 61 | 603,133* |
| | | b | 14 | 372,000 |
| | | c | 46 | 1,943,860 |
| 4—3 | 电气机械,用具,材料等 | a | 54 | 1,055,072 |
| | | b | 20 | 922,522 |
| | | c | 42 | 3,655,020* |

## 年上海工业统计之比较

| 工人数 男 | 工人数 女 | 工人数 童 | 工人数 共 | 外电马力（匹） | 各种动力机马力（匹） | 上年产值（元） |
|---|---|---|---|---|---|---|
| 390 | | 2 | 392 | 578.0 | 35.0 | 1,605,555,55* |
| 296 | | 2 | 298 | 305.0 | | 350,000,00 |
| 376 | | 2 | 378 | 475.0 | 100.0 | 1,529,200.00 |
| 422 | 50 | 77 | 549 | 141.0 | 130.0 | 577,891,77* |
| 347 | 36 | 52 | 435 | 80.5 | 130.0 | 404,277.77* |
| 366 | 17 | 28 | 411 | 62.5 | 105.0 | 611,333.33* |
| 22 | 15 | 7 | 44 | 10.0 | | 20,000.00 |
| 22 | 15 | 7 | 44 | 10.0 | | 20,000.00 |
| | | | | | | |
| 834 | 65 | 86 | 985 | 729.0 | 165.0 | 2,203,447.32* |
| 665 | 51 | 61 | 777 | 395.5 | 130.0 | 774,277.77* |
| 742 | 17 | 30 | 789 | 537.5 | 205.0 | 2,140,533.33* |
| 689 | | | 689 | | | 1,150,000.00 |
| | | | | | | |
| 427 | | 164 | 591 | 270.0 | | 535,800.00* |
| 394 | | 120 | 514 | 240.0 | | 460,000.00* |
| 403 | | 141 | 544 | 205.0 | | 760,350.00 |
| 163 | | 145 | 308 | | | 151,343.95* |
| | | | | | | |
| 75 | 300 | 75 | 450 | 5.5 | | 105,000.00 |
| 1,279 | | 309 | 1,588 | 270.0 | | 1,837,143.95* |
| 394 | | 120 | 514 | 240.0 | | 460,000.00* |
| 478 | 300 | 216 | 994 | 210.5 | | 865,350.00 |
| | | | | | | |
| 498 | | 275 | 773 | 162.0 | | 789,530.00* |
| 213 | | 89 | 302 | 54.0 | | 383,200.00 |
| 484 | | 268 | 752 | 203.5 | | 950,000.00* |
| 29 | | 1 | 30 | 130.0 | | (2) |
| 29 | | 1 | 30 | 130.0 | | (2) |
| 33 | | 2 | 35 | 130.0 | | 36,000.00 |
| 527 | | 276 | 803 | 292.0 | | 789,530.00* |
| 242 | | 90 | 332 | 184.0 | | 383,200.00 |
| 517 | | 270 | 787 | 333.5 | | 986,000.00* |
| | | | | | | |
| 3,580 | 150 | 175 | 5,905 | 2,414.0 | 382.5 | 4,937,146.64* |
| 2,671 | 150 | 2,178 | 3,999 | 1,862.5 | 382.5 | 2,276,045.48* |
| 3,171 | 76 | 1,625 | 4,872 | 1,004.0 | 102.5 | 6,021,330.20* |
| 1,202 | 142 | 1,631 | 1,975 | 579.5 | | 2,878,914.44* |
| 668 | 139 | 439 | 1,246 | 334.0 | | 2,056,400.00 |
| 2,406 | 336 | 485 | 3,227 | 2,109.5 | | 8,084,307.37 |
| 1,483 | 360 | 448 | 2,291 | 567.3 | 25.0 | 3,173,430.85* |
| 1,130 | 317 | 297 | 1,744 | 392.5 | 25.0 | 2,427,444.41* |
| 2,406 | 644 | 573 | 3,623 | 1,169.0 | 25.0 | 7,964,166.67 |

| 分类号码 | 业　　别 | 材料性质[1] | 厂　数 | 资本额(元) |
|---|---|---|---|---|
| | 第四大类　总数 | a | 288 | 3,637,324* |
| | | b | 82 | 2,841,290* |
| | | c | 173 | 7,780,369* |
| | 第五大类　交通用具业 | | | |
| 5—1 | 造船造车 | a | 21 | 459,300* |
| | | b | 10 | 401,500* |
| | | c | 17 | 533,000* |
| | 第五大类　总数 | a | 21 | 459,300* |
| | | b | 10 | 401,500* |
| | | c | 17 | 533,000* |
| | 第六大类　土石制造业 | | | |
| 6—1 | 砖瓦坩埚 | a | 5 | 1,137,000 |
| | | b | 3 | 1,120,000 |
| | | c | 8 | 1,570,000 |
| 6—2 | 玻璃制品 | a | 24 | 417,039 |
| | | b | 9 | 347,000 |
| | | c | 27 | 603,500* |
| 6—3 | 水泥 | a | 1 | 1,638,600 |
| | | b | 1 | 1,638,600 |
| | | c | 1 | 1,638,600 |
| 6—4 | 炼灰轧石 | a | 14 | 213,216* |
| | | b | 2 | 23,000 |
| | | c | 5 | 226,000 |
| | 第六大类　总数 | a | 44 | 3,405,855* |
| | | b | 15 | 3,128,600 |
| | | c | 41 | 4,038,100* |
| | 第七大类　建筑工程业 | | | |
| 7—1 | 建筑材料 | a | 5 | 69,555* |
| | | b | 2 | 55,555* |
| | | c | 7 | 165,000* |
| | 第七大类　总数 | a | 5 | 69,555* |
| | | b | 2 | 55,555* |
| | | c | 7 | 165,000* |
| | 第八大类　公用事业 | | | |
| 8—1 | 水电 | a | 5 | 11,260,000 |
| | | b | 4 | 11,110,000 |
| | | c | 3 | 11,290,000 |
| | 第八大类　总数 | a | 5 | 11,260,000 |
| | | b | 4 | 11,110,000 |
| | | c | 3 | 11,290,000 |
| | 第九大类　化学工业 | | | |
| 9—1 | 火柴 | a | 4 | 2,240,080 |
| | | b | 3 | 2,140,080 |
| | | c | 7 | 3,536,900 |

续表

| 工人数 | | | | 外电马力（匹） | 各种动力机马力（匹） | 上年产值（元） |
|---|---|---|---|---|---|---|
| 男 | 女 | 童 | 共 | | | |
| 6, 265 | 652 | 3, 254 | 10, 171 | 3, 560. 8 | 407. 5 | 10, 980, 491. 93* |
| 4, 469 | 606 | 1, 914 | 6, 989 | 2, 539. 0 | 407. 5 | 6, 759, 889. 89* |
| 7, 983 | 1, 056 | 2, 683 | 11, 722 | 4, 282. 5 | 127. 5 | 22, 069, 804. 24* |
| | | | | | | |
| 2, 260 | | 198 | 3, 495[3] | 2, 936. 8 | 515. 0 | 7, 390, 466. 80* |
| 2, 194 | | 145 | 3, 376[3] | 2, 893. 3 | 500. 0 | 7, 297, 429. 02* |
| 3, 357 | | 347 | 3, 704 | 1, 567. 0* | 1, 514. 0 | 8, 343, 409. 58* |
| 2, 260 | | 198 | 3, 495[3] | 2, 936. 8 | 515. 0 | 7, 399, 466. 80* |
| 2, 194 | | 145 | 3, 376[3] | 2, 893. 3 | 500. 0 | 7, 297, 429. 02* |
| 3, 357 | | 347 | 3, 704 | 1, 567. 0* | 1, 514. 0 | 8, 343, 409. 58* |
| | | | | | | |
| 649 | 192 | 23 | 864 | 55. 0 | 205. 0 | 631, 411. 10 |
| 619 | 192 | 19 | 830 | 55. 0 | 205. 0 | 591, 133. 33 |
| 942 | 248 | 35 | 1, 225 | 314. 0 | 235. 0 | 1, 118, 383. 29* |
| 815 | 11 | 668 | 1, 494 | 87. 5 | 24. 0 | 656, 014. 00 |
| 512 | 11 | 348 | 871 | 66. 0 | 24. 0 | 656, 014. 00 |
| 1, 230 | 3 | 836 | 2, 069 | 151. 0* | 0. 5 | 1, 339, 964. 00* |
| 220 | | | 220 | | 2, 060. 0 | 1, 804, 320. 42 |
| 220 | | | 220 | | 2, 060. 0 | 1, 804, 320. 42 |
| 215 | | | 215 | | 2, 060. 0 | 2, 821, 632. 00 |
| 288 | 44 | | 332 | 333. 0 | | 693, 306. 40* |
| 101 | | | 101 | 25. 0 | | 85, 000. 00 |
| 174 | 8 | | 182 | 355. 0 | | 470, 000. 00 |
| 1, 972 | 247 | 691 | 2, 910 | 475. 5 | 2, 289. 0 | 4, 015, 695. 92* |
| 1, 452 | 203 | 367 | 2, 022 | 146. 0 | 2, 289. 0 | 3, 136, 467. 75 |
| 2, 561 | 259 | 871 | 3, 691 | 820. 0* | 2, 295. 5 | 5, 749, 979. 29* |
| | | | | | | |
| 169 | | 26 | 195 | 6. 0 | 50. 0 | 425, 555. 55* |
| 111 | | 20 | 131 | 6. 0 | 50. 0 | 305, 555. 55* |
| 336 | | 102 | 438 | 58. 0* | | 1, 111, 800. 00* |
| 169 | | 26 | 195 | 6. 0 | 50. 0 | 425, 555. 55* |
| 111 | | 20 | 131 | 6. 0 | 50. 0 | 305, 555. 55* |
| 336 | | 102 | 438 | 58. 0* | | 1, 111, 800. 00* |
| | | | | | | |
| 1, 079 | | | 1, 079 | 1, 512. 9 | 51, 581. 3 | 6, 778, 300. 24 |
| 1, 060 | | | 1, 060 | 1, 512. 9 | 51, 133. 3 | 6, 668, 300. 24 |
| 1, 020 | | | 1, 020 | 1, 512. 9 | 48, 666. 7 | 7, 930, 813. 24 |
| 1, 079 | | | 1, 079 | 1, 512. 9 | 51, 581. 3 | 6, 778, 300. 24 |
| 1, 060 | | | 1, 060 | 1, 512. 9 | 51, 133. 3 | 6, 668, 300. 24 |
| 1, 020 | | | 1, 020 | 1, 512. 9 | 48, 666. 7 | 7, 930, 813. 24 |
| | | | | | | |
| 754 | 1, 101 | 149 | 2, 004 | 58. 0 | 144. 0 | 2, 589, 861. 11 |
| 683 | 999 | 141 | 1, 823 | 58. 0 | 144. 0 | 2, 449, 861. 11 |
| 731 | 1, 345 | 212 | 2, 288 | 248. 0 | 218. 0 | 3, 572, 972. 50 |

| 分类号码 | 业　　别 | 材料性质(1) | 厂　数 | 资本额(元) |
|---|---|---|---|---|
| 9—2 | 皂碱烛 | a | 14 | 1,002,222 |
| | | b | 3 | 600,000 |
| | | c | 6 | 655,000 |
| 9—3 | 搪瓷器皿 | a | 10 | 814,000 |
| | | b | 6 | 770,000 |
| | | c | 19 | 1,327,500 |
| 9—4 | 油漆油墨 | a | 9 | 659,000 |
| | | b | 3 | 545,000 |
| | | c | 5 | 720,000 |
| 9—5 | 颜料 | a | | |
| | | b | | |
| | | c | 1 | 100,000 |
| 9—6 | 化妆品 | a | 13 | 3,291,000 |
| | | b | 5 | 3,200,000 |
| | | c | 11 | 5,125,000 |
| 9—7 | 制药 | a | 2 | 700,000 |
| | | b | 2 | 700,000 |
| | | c | 6 | 1,070,000 |
| 9—8 | 赛璐珞 | a | 6 | 167,944 |
| | | b | 4 | 160,000 |
| | | c | 6 | 260,000 |
| 9—9 | 电玉电木 | a | | |
| | | b | | |
| | | c | 7 | 229,000* |
| 9—10 | 制酸 | a | | |
| | | b | | |
| | | c | 1 | 750,000 |
| 9—11 | 碳酸钙镁 | a | | |
| | | b | | |
| | | c | 3 | 650,000 |
| 9—12 | 炼气 | a | | |
| | | b | | |
| | | c | 1 | 250,000 |
| 9—13 | 其他化学工业 | a | 2 | 520,000 |
| | | b | 2 | 520,000 |
| | | c | 5 | 526,694 |
| | 第九大类　总数 | a | 60 | 9,394,246 |
| | | b | 28 | 8,635,080 |
| | | c | 78 | 15,200,094* |
| | 第十大类　纺织工业 | | | |
| 10—1 | 轧花 | a | 8 | 87,000* |
| | | b | 4 | 66,000 |
| | | c | 5 | 43,000* |
| 10—2 | 弹废花 | a | 3 | 83,333 |
| | | b | 3 | 83,333 |
| | | c | 8 | 88,889* |
| 10—3 | 棉纺 | a | 29 | 37,952,220* |
| | | b | 29 | 37,952,220* |

续表

| 工人数 | | | | 外电马力(匹) | 各种动力机马力(匹) | 上年产值(元) |
|---|---|---|---|---|---|---|
| 男 | 女 | 童 | 共 | | | |
| 409 | 235 | 14 | 658 | 98.0 | 81.0 | 4,217,999.88 |
| 208 | 207 | 6 | 421 | 67.0 | 62.0 | 2,740,122.11 |
| 367 | 253 | 8 | 628 | 247.0 | 90.0 | 3,096,775.00 |
| 1,348 | 234 | 235 | 1,817 | 460.3 | 244.0 | 2,776,666.67 |
| 1,277 | 229 | 206 | 1,712 | 426.3 | 244.0 | 2,646,666.67 |
| 1,784 | 385 | 256 | 2,425 | 727.0 | 200.0 | 4,464,000.00 |
| 231* | 16 | | 247* | 471.0 | | 1,296,180.00* |
| 171 | 16 | | 187 | 352.0 | | 1,010,000.00* |
| 424 | 16 | 20 | 460 | 1,097.0 | | 4,060,000.00 |
| | | | | | | |
| 34 | | | 34 | 35.0 | | (4) |
| 432 | 967 | 6 | 1,405 | 63.5 | | 3,103,154.97 |
| 385 | 788 | | 1,173 | 62.5 | | 2,900,316.97 |
| 376 | 817 | 10 | 1,203 | 263.0 | | 5,457,326.57 |
| 90 | 120 | 6 | 216 | 52.4 | | 942,080.00 |
| 90 | 120 | 6 | 216 | 52.4 | | 942,080.00 |
| 187 | 195 | 6 | 388 | 98.2 | 3.00 | 1,506,080.00* |
| 208 | 98 | 10 | 316 | 179.5 | | 425,555.56 |
| 169 | 93 | 5 | 267 | 171.5 | | 425,555.56 |
| 324 | 160 | 8 | 492 | 303.0 | 300.0 | 566,920.00 |
| | | | | | | |
| 305 | 22 | 54 | 381 | 61.5 | | 620,000.00 |
| | | | | | | |
| 53 | | | 53 | 27.0 | 24.0 | (5) |
| | | | | | | |
| 238 | 2 | | 240 | 267.0 | | 764,304.00 |
| | | | | | | |
| 22 | | | 22 | 90.0 | | (6) |
| 340 | 500 | 61 | 901 | 700.0 | 50.0 | 1,000,000.00 |
| 340 | 500 | 61 | 901 | 700.0 | 50.0 | 1,000,000.00 |
| 403 | 222 | 7 | 632 | 382.0* | | 1,759,400.00 |
| 3,812* | 3,271 | 481 | 7,564* | 2,082.7 | 519.0 | 16,351,498.19* |
| 3,323 | 2,952 | 425 | 6,700 | 1,889.7 | 500.0 | 14,114,602.42* |
| 5,248 | 3,417 | 581 | 9,246 | 3,875.7* | 862.0 | 25,867,733.07* |
| | | | | | | |
| 181 | 331 | 10 | 522 | 40.0 | 275.0 | 5,543,585.00 |
| 144 | 270 | | 414 | 40.0 | 195.0 | 4,197,860.00 |
| 129 | 130 | 42 | 301 | 40.0 | 275.0 | 5,745,812.00 |
| 130 | 130 | | 260 | 468.3 | | 814,868.89 |
| 130 | 130 | | 260 | 468.3 | | 814,868.89 |
| 378 | 112 | | 490 | 636.0 | 60.0 | 1,314,013.33 |
| 12,957* | 47,353* | 2,414* | 62,724* | 39,471.9 | 5,485.0 | 117,121,331,06* |
| 12,957* | 47,353* | 2,414* | 62,724* | 39,471.9 | 5,485.0 | 117,121,331.06* |

| 分类号码 | 业　　别 | 材料性质[1] | 厂　数 | 资本额(元) |
|---|---|---|---|---|
| 10—4 | 棉纤 | a | 73 | 5,253,073* |
| | | b | 34 | 5,161,278 |
| | | c | 70 | 4,276,898* |
| 10—5 | 纱布药棉 | a | 2 | 15,000 |
| | | b | 2 | 15,000 |
| | | c | 3 | 68,000 |
| 10—6 | 厂丝 | a | 66 | 2,778,611 |
| | | b | 66 | 2,778,611 |
| | | c | 49 | 214,930* |
| 10—7 | 双宫及绢丝 | a | 7 | 445,366 |
| | | b | 5 | 430,277 |
| | | c | 3 | 384,225 |
| 10—8 | 织绸 | a | 250 | 4,549,383* |
| | | b | 77 | 3,911,166* |
| | | c | 122 | 4,026,855* |
| 10—9 | 弹毛 | a | | |
| | | b | | |
| | | c | 1 | 2,000 |
| 10—10 | 毛纺机 | a | 15 | 1,864,221 |
| | | b | 12 | 1,549,443 |
| | | c | 26 | 3,436,675* |
| 10—11 | 其他动物织 | a | 1 | 3,000 |
| | | b | | |
| | | c | | |
| 10—12 | 丝光纱 | a | 11 | 89,778* |
| | | b | 8 | 69,778* |
| | | c | 16 | 128,000 |
| 10—13 | 染炼 | a | 20 | 1,146,556 |
| | | b | 12 | 1,073,889 |
| | | c | 31 | 1,223,000* |
| 10—14 | 印花 | a | 19 | 74,400 |
| | | b | 4 | 30,000 |
| | | c | 6 | 42,000 |
| 10—15 | 制线 | a | 11 | 107,000 |
| | | b | 4 | 72,000 |
| | | c | 10 | 167,000 |
| 10—16 | 边带 | a | 29 | 289,344* |
| | | b | 4 | 224,000 |
| | | c | 8 | 314,000 |
| 10—17 | 绒布整理 | a | 2 | 5,000 |
| | | b | | |
| | | c | 4 | 91,000 |
| | 第十大类　总数 | a | 546 | 54,743,285* |
| | | b | 264 | 53,416,995* |
| | | c | 391 | 63,623,946* |
| | 第十一大类　服用品业 | | | |
| 11—1 | 织袜 | a | 74 | 2,788,472* |
| | | b | 30 | 2,638,111 |
| | | c | 38 | 1,960,749 |

续表

| 工人数 | | | | 外电马力（匹） | 各种动力机马力（匹） | 上年产值（元） |
|---|---|---|---|---|---|---|
| 男 | 女 | 童 | 共 | | | |
| 3,879 | 3,596 | 414 | 7,889 | 2,589.2 | 140.0 | 14,349,177.54* |
| 3,432 | 3,009 | 278 | 6,719 | 2,561.7 | 140.0 | 13,275,881.75* |
| 3,249 | 5,484 | 297 | 9,030 | 4,227.8* | 165.0 | 22,471,685.35* |
| 66 | 16 | 10 | 92 | 11.5 | | 42,480.00 |
| 66 | 16 | 10 | 92 | 11.5 | | 42,480.00 |
| 91 | 36 | 16 | 143 | 50.5 | | 121,000.00 |
| 1,487 | 29,709 | 9,161 | 40,357 | | 1,331.0 | 29,129,307.78* |
| 1,487 | 29,709 | 9,161 | 40,357 | | 1,331.0 | 29,129,307.78* |
| 953 | 22,606 | 6,169 | 29,728 | 165.5 | 983.5 | 7,017,108.00* |
| 300 | 2,061 | 147 | 2,508 | | 306.0 | 2,034,701.37 |
| 272 | 1,996 | 147 | 2,415 | | 306.0 | 1,904,020.58 |
| 31 | 812 | 40 | 1,783(8) | | 290.0 | 1,054,200.00 |
| 5,302* | 2,974* | 1,191 | 9,467* | 2,646.8 | 140.0 | 18,759,373.53* |
| 3,552 | 2,433 | 869 | | 1,905.2 | 140.0 | 15,689,322.31* |
| 5,100 | 3,380 | 1,913 | 10,393 | 2,641.5 | 290.0 | 20,211,577.25* |
| | | | | | | |
| 6 | 26 | | 32 | 15.0 | | (9) |
| 534 | 641 | 112 | 1,279(10) | 454.5 | 364.0 | 2,370,833.32 |
| 522 | 609 | 105 | 1,236 | 254.5 | 364.0 | 2,322,222.21 |
| 1,549 | 1,627 | 250 | 3,426 | 1,541.5 | 250.0 | 6,523,318.11* |
| 5 | * | | 5* | 5.0 | | 8,333.33 |
| | | | | | | |
| 499 | | 1 | 500 | 79.0 | | 829,305.55* |
| 424 | | | 424 | 75.0 | | 643,055.55 |
| 679 | | 2 | 681 | 116.0 | | 1,745,161.44* |
| 1,064 | 30 | 167 | 1,261 | 845.0 | 100.0 | 4,606,877.78* |
| 926 | 30 | 143 | 1,099 | 789.0 | 100.0 | 4,289,266.67* |
| 1,461 | 35 | 185 | 1,681 | 962.5 | | 6,839,766.67* |
| 297* | 11 | 234* | 542* | 36.0 | | 229,210.00* |
| 128 | 10 | 135 | 273 | 19.5 | | 170,000.00 |
| 220 | 10 | 170 | 400 | 18.5 | 140.0 | 318,000.00 |
| 307 | 331 | 264 | 902 | 129.0 | 150.0 | 915,695.55* |
| 272 | 214 | 262 | 748 | 95.0 | 150.0 | 656,035.55 |
| 155 | 524 | 10 | 689 | 308.0 | | 1,573,965.55 |
| 464 | 357 | 71 | 892 | 407.5 | | 1,548,224.90* |
| 268 | 329 | 8 | 605 | 317.0 | | 1,072,166.22* |
| 570 | 263 | 6 | 839 | 288.0 | | 1,742,686.26 |
| 32 | | 2 | 34 | 23.0 | | (11) |
| | | | | | | |
| 143 | | | 143 | 133.0 | | 57,930.00 |
| 27,504* | 87,540* | 14,198* | 129,252(2)* | 47,206.7 | 8,291.0 | 198,303,305.60* |
| 24,580* | 86,108* | 13,532* | 124,220* | 46,008.6 | 8,211.0 | 191,327,818.57* |
| 25,845 | 78,738 | 10,218 | 120,165(13) | 63,405.5* | 12,055.5 | 198,219,757.86* |
| | | | | | | |
| 1,769 | 4,291 | 442 | 6,502 | 670.5* | 25.0 | 7,569,446.36* |
| 1,405 | 3,266 | 381 | 5,052 | 628.6* | 25.0 | 6,361,117.78* |
| 1,600 | 3,551 | 180 | 5,331 | 714.0* | | 9,040,588.96 |

| 分类号码 | 业　　别 | 材料性质(1) | 厂　数 | 资本额(元) |
|---|---|---|---|---|
| 11—2 | 袜及其他 | a | 27 | 300, 255 |
| | | b | 7 | 220, 000 |
| | | c | 15 | 1, 471, 710 |
| 11—3 | 草帽、呢帽等 | a | 12 | 323, 778 |
| | | b | 3 | 162, 000 |
| | | c | 7 | 238, 000 |
| 11—4 | 阳伞 | a | 14 | 33, 000* |
| | | b | 1 | 4, 000 |
| | | c | 2 | 61, 500 |
| 11—5 | 手帕 | a | 10 | 146, 444 |
| | | b | 5 | 111, 944 |
| | | c | 7 | 113, 000 |
| 11—6 | 彩裤 | a | 23 | 737, 916 |
| | | b | 9 | 649, 722 |
| | | c | 16 | 1, 013, 167 |
| 11—7 | 纽扣 | a | 3 | 13, 500 |
| | | b | 1 | 10, 000 |
| | | c | 3 | 33, 000 |
| 11—8 | 其他服用品 | a | 7 | 112, 022 |
| | | b | 2 | 87, 500 |
| | | c | 1 | 83, 333 |
| | 第十一大类　总数 | a | 170 | 4, 455, 387* |
| | | b | 58 | 3, 883, 277 |
| | | c | 89 | 4, 974, 459 |
| | 第十二大类　皮革橡胶品制造业 | | | |
| 12—1 | 制革 | a | 18 | 703, 128 |
| | | b | 7 | 630, 000 |
| | | c | 10 | 980, 000 |
| 12—2 | 革制品 | a | 9 | 115, 600* |
| | | b | | |
| | | c | | |
| 12—3 | 橡胶制品 | a | 29 | 2, 348, 112 |
| | | b | 25 | 2, 292, 112 |
| | | c | 44 | 4, 023, 888* |
| 12—4 | 制胶 | a | 1 | 60, 000 |
| | | b | 1 | 60, 000 |
| | | c | 1 | 60, 000 |
| | 第十二大类　总数 | a | 57 | 3, 226, 840* |
| | | b | 33 | 2, 982, 112 |
| | | c | 55 | 5, 063, 888* |

续表

| 工人数 | | | | 外电马力（匹） | 各种动力机马力（匹） | 上年产值（元） |
|---|---|---|---|---|---|---|
| 男 | 女 | 童 | 共 | | | |
| 482 | 771 | 85 | 1,338 | 47.9 | | 1,466,994.75* |
| 304 | 328 | 65 | 697 | 40.7 | | 771,645.87* |
| 491 | 1,198 | 44 | 1,733 | 110.7* | | 1,806,841.33* |
| 258 | 127 | 74 | 459 | 152.0 | * | 1,066,983.33 |
| 130 | 70 | 28 | 228 | 140.0 | * | 647,055.56 |
| 272 | 116 | 76 | 464 | 197.0 | | 1,059,600.00 |
| 127 | 151 | 52 | 330 | 30.0 | | 531,908.00* |
| 12 | 27 | 18 | 57 | 30.0 | | 180,000.00 |
| 200 | 15 | 47 | 262 | 52.5 | | 422,000.00 |
| 41 | 512 | 9 | 562 | 37.0 | | 1,697,933.32 |
| 16 | 480 | | 496 | 28.0 | | 1,033,333.32 |
| 115 | 346 | 5 | 466 | 34.5 | | 1,530,400.00* |
| 620 | 1,035 | 94 | 1,749 | 480.5 | | 3,109,919.99 |
| 487 | 923 | 78 | 1,488 | 462.5 | | 2,795,424.43 |
| 684 | 1,381 | 107 | 2,172 | 568.5 | 1.5 | 5,338,383.33* |
| 39 | 31 | | 70 | 8.0 | | 31,520.00 |
| 5 | 30 | | 35 | 3.0 | | 16,800.00 |
| 99 | 30 | 6 | 135 | 26.0 | | 93,300.00 |
| 35 | 97 | 35 | 167 | 19.0 | | 167,500.00 |
| | 49 | 24 | 73 | 10.5 | | 17,500.00 |
| | 18 | 24 | 42 | 7.5 | | 178,200.00 |
| 3,371 | 7,015 | 791 | 11,177 | 1,444.9* | 25.0* | 15,637,205.75* |
| 2,359 | 5,173 | 594 | 8,126 | 1,343.3* | 25.0* | 11,822,876.96* |
| 3,461 | 6,655 | 489 | 10,605 | 1,710.7* | 1.5 | 19,469,313.62* |
| 463 | | 43 | 506 | 368.5 | 177.5 | 2,350,623.67* |
| 332 | | 25 | 357 | 237.0 | 110.0 | 1,620,857.00 |
| 397 | 30 | 24 | 451 | 307.0 | 157.0 | 1,508,857.00 |
| 1,044 | 63 | 94 | 1,201 | | | 2,405,100.00 |
| 2,469 | 4,216 | 71 | 6,756 | 3,241.7 | 976.7 | 4,668,149.99* |
| 2,423 | 4,208 | 66 | 6,697 | 3,168.7 | 976.7 | 4,566,149.99* |
| 4,514* | 6,638* | 134* | 11,286* | 6,498.2* | 415.0 | 19,349,394.13* |
| 78 | 15 | | 93 | 70.0 | 32.0 | 120,000.00 |
| 78 | 15 | | 93 | 70.0 | 32.0 | 120,000.00 |
| 80 | 15 | | 95 | 70.0 | 32.0 | 130,400.00 |
| 4,054 | 4,294 | 208 | 8,556 | 3,680.2 | 1,186.2 | 9,543,873.66* |
| 2,833 | 4,223 | 91 | 7,147 | 3,475.7 | 1,118.7 | 6,307,006.99* |
| 4,991* | 6,683* | 158* | 11,832* | 6,875.2* | 604.0 | 20,988,651.13* |

| 分类号码 | 业　　别 | 材料性质[1] | 厂　数 | 资本额(元) |
|---|---|---|---|---|
| | 第十三大类　饮食品业 | | | |
| 13—1 | 碾米 | a | 12 | 116,722* |
| | | b | 1 | 27,778 |
| | | c | 1 | 10,000 |
| 13—2 | 面粉 | a | 15 | 6,463,889 |
| | | b | 14 | 6,313,889 |
| | | c | 15 | 6,249,650 |
| 13—3 | 米粉及其他谷粉 | a | 4 | 7,700 |
| | | b | | |
| | | c | | |
| 13—4 | 制糖 | a | 4 | 86,778 |
| | | b | 1 | 20,000 |
| | | c | 4 | 256,000 |
| 13—5 | 制备食品 | a | 22 | 551,272 |
| | | b | 4 | 494,000 |
| | | c | 10 | 1,501,600 |
| 13—6 | 榨油 | a | 14 | 1,350,778 |
| | | b | 11 | 1,298,056 |
| | | c | 10 | 1,271,056 |
| 13—7 | 制茶 | a | 31 | 138,821 |
| | | b | 22 | 99,211 |
| | | c | 44 | 248,200 |
| 13—8 | 卷烟 | a | 51 | 21,230,872* |
| | | b | 47 | 21,153,372* |
| | | c | 46 | 19,002,667* |
| 13—9 | 制酒 | a | 1 | 150,000 |
| | | b | | |
| | | c | | |
| 13—10 | 酒精 | a | | |
| | | b | | |
| | | c | 1 | 70,000 |
| 13—11 | 清凉饮料 | a | 2 | 310,000 |
| | | b | 1 | 300,000 |
| | | c | 2 | 350,000 |
| 13—12 | 调味品 | a | 8 | 541,000 |
| | | b | 3 | 350,000 |
| | | c | 5 | 870,000 |

续表

| 工人数 男 | 女 | 童 | 共 | 外电马力（匹） | 各种动力机马力（匹） | 上年产值（元） |
|---|---|---|---|---|---|---|
| 166 | | 16 | 182 | 627.0* | | 977,400.00* |
| 24 | | 8 | 32 | 80.0 | | 7,000.00 |
| 32 | | | 32 | 60.0 | | 148,000.00 |
| 2,403 | | | 2,403 | 11,365.8 | 325.0 | 62,728,355.33* |
| 2,381 | | | 2,381 | 11,365.8 | 200.0 | 62,626,445.61* |
| 2,516 | | | 2,516 | 12,235.0 | | 72,683,247.00 |
| 19 | | 1 | 20 | 25.0* | | 12,060.00 |
| 138 | 4 | 2 | 144 | 6.0 | | 838,888.88 |
| 40 | 4 | | 44 | 6.0 | | 555,555.55 |
| 104 | 46 | | 150 | 326.5 | | 4,329,920.00 |
| 495 | 380 | 115 | 990 | 112.0 | | 1,427,466.67* |
| 337 | 269 | 70 | 676 | 59.5 | | 1,046,000.00* |
| 572 | 472 | 100 | 1,144 | 293.0 | 60.0 | 4,084,800.00 |
| 2,814 | | 11 | 2,825 | 924.0 | 957.0 | 13,940,913.87 |
| 2,167 | | 6 | 2,173 | 924.0 | 945.0 | 12,594,247.21 |
| 2,020 | | 6 | 2,026 | 896.4 | 881.0 | 13,114,083.33 |
| 505* | 866* | | 1,371* | 163.0 | | 848,853.60* |
| 441 | 757 | | 1,198 | 104.5 | | 739,253.60* |
| 1,010 | 1,776 | | 2,786 | 204.0 | | 1,026,723.66 |
| 2,539* | 11,207* | 395 | 14,141* | 2,726.5* | | 46,844,969.00* |
| 2,513* | 11,032* | 395 | 13,940* | 2,726.5* | | 46,675,769.00* |
| 3,067* | 14,052* | 326 | 17,445* | 2,898.5 | 25.0 | 101,979,760.00* |
| 20 | | | 20 | | | 50,000.00 |
| 31 | | | 31 | 23.0 | 7.0 | (14) |
| 188 | | 8 | 196 | 83.0 | 3.0 | 421,000.00 |
| 180 | | 8 | 188 | 80.0 | 3.0 | 414,000.00 |
| 210 | | 10 | 220 | 88.0 | 3.0 | 504,000.00* |
| 337 | 123 | 6 | 466 | 95.5 | 68.0 | 3,811,840.00 |
| 270 | 115 | 5 | 390 | 72.0 | 68.0 | 3,550,000.00 |
| 288 | 144 | 3 | 435 | 155.0 | 30.0 | 3,970,000.00 |

| 分类号码 | 业　　别 | 材料性质[1] | 厂　数 | 资本额(元) |
|---|---|---|---|---|
| 13—13 | 牲肠 | a | 3 | 12,000 |
| | | b | | |
| | | c | | |
| 13—14 | 精盐 | a | 1 | 240,000 |
| | | b | 1 | 240,000 |
| | | c | 1 | 240,000 |
| 13—15 | 冰蛋 | a | 1 | 500,000 |
| | | b | 1 | 500,000 |
| | | c | 1 | 500,000 |
| 13—16 | 淀粉 | a | 2 | 15,000 |
| | | b | | |
| | | c | 1 | 100,000 |
| 13—17 | 造冰冷藏 | a | 4 | 286,000 |
| | | b | 1 | 100,000 |
| | | c | 2 | 424,000 |
| | 第十三大类　总数 | a | 175 | 32,000,832* |
| | | b | 107 | 32,896,306* |
| | | c | 143 | 31,093,173* |
| | 第十四大类　造纸印刷业 | | | |
| 14—1 | 造纸 | a | 7 | 2,072,222 |
| | | b | 7 | 2,072,222 |
| | | c | 7 | 2,306,389 |
| 14—2 | 纸版锡纸 | a | 2 | 7,600* |
| | | b | 2 | 7,600* |
| | | c | 2 | 407,600 |
| 14—3 | 印刷 | a | 106 | 14,596,189* |
| | | b | 52 | 14,124,889* |
| | | c | 92 | 13,149,000* |
| 14—4 | 订书 | a | 14 | 11,700 |
| | | b | | |
| | | c | | |
| 14—5 | 纸制品 | a | 25 | 210,900 |
| | | b | 8 | 167,400 |
| | | c | 13 | 210,400 |
| 14—6 | 制版 | a | 1 | * |
| | | b | | |
| | | c | | |
| | 第四十大类　总数 | a | 155 | 16,898,611* |
| | | b | 69 | 16,372,111* |
| | | c | 114 | 16,073,389* |

续表

| 工人数 男 | 工人数 女 | 工人数 童 | 工人数 共 | 外电马力（匹） | 各种动力机马力（匹） | 上年产值（元） |
|---|---|---|---|---|---|---|
| 52 | 13 | | 65 | | | 118, 756. 00 |
| 40 | | 2 | 42 | * | | 300, 000. 00 |
| 40 | | 2 | 42 | * | | 300, 000. 00 |
| 100 | | | 100 | 15. 0 | | 504, 000. 00 |
| 150 | 200 | | 350 | 200. 0 | | (15) |
| 150 | 200 | | 350 | 200. 0 | | (15) |
| 150 | 200 | | 350 | 200. 0 | | 2, 660, 000. 00 |
| 35 | | | 35 | 10. 5 | | 64, 180. 00 |
| 60 | | | 60 | 90. 0 | | 393, 600. 00 |
| 86 | | | 86 | 190. 0 | 200. 0 | 72, 200. 00* |
| 30 | | | 30 | 80. 0 | | 17, 000. 00* |
| 80 | | | 80 | 80. 0* | | 17, 000. 00* |
| 9, 987* | 12, 793* | 556 | 23, 336* | 16, 528. 3* | 1, 553. 0 | 132, 456, 883. 35* |
| 8, 573* | 12, 377* | 494 | 21, 444* | 15, 698. 3* | 1, 216. 0 | 128, 525, 270. 97* |
| 10, 240* | 16, 690* | 445 | 27, 375* | 17, 564. 4* | 1, 006. 0 | 205, 415, 133. 99* |
| 768 | 482 | 4 | 1, 254 | 2, 641. 0 | 1, 337. 0 | 3, 509, 583. 34 |
| 768 | 482 | 4 | 1, 254 | 2, 641. 0 | 1, 337. 0 | 3, 509, 583. 34 |
| 829 | 506 | | 1, 415 [16] | 1, 757. 0 | 2, 677. 0 | 4, 905, 000. 00 |
| 150 | 48 | 4 | 202 | 2, 508. 0 | | 675, 388. 89 |
| 150 | 48 | 4 | 202 | 2, 508. 0 | | 675, 388. 89 |
| 133 | 45 | 1 | 179 | 608. 0 | | 624, 000. 00 |
| 5, 920 | 811 | 1, 479 | 8, 210 | 3, 612. 5 | | 23, 612, 707. 32* |
| 5, 253 | 811 | 1, 148 | 7, 212 | 3, 336. 5 | | 22, 287, 127. 32* |
| 4, 863 | 278 | 1, 456 | 7, 597 | 2, 900. 2* | | 25, 904, 423. 24* |
| 170 | 148 | 49 | 367 | | | 56, 999. 00 |
| 385 | 174 | 88 | 647 | 112. 0 | | 601, 815. 00 |
| 222 | 84 | 23 | 329 | 78. 5 | | 390, 400. 00 |
| 401 | 145 | 49 | 595 | 97. 0 | | 703, 600. 00* |
| 12 | | | 12 | | | 5, 000. 00 |
| 7, 405 | 1, 663 | 1, 624 | 10, 692 | 8, 873. 5 | 1, 337. 0 | 28, 461, 403. 55* |
| 6, 393 | 1, 425 | 1, 179 | 8, 997 | 8, 564. 0 | 1, 337. 0 | 26, 862, 499. 55* |
| 7, 226 | 974 | 1, 506 | 9, 786 [17] | 5, 362. 2* | 2. 677. 0 | 32, 137, 023. 24* |

| 分类号码 | 业　　别 | 材料性质(1) | 厂　数 | 资本额(元) |
|---|---|---|---|---|
| | 第十五大类　饰物仪器业 | | | |
| 15—1 | 乐器 | a | 18 | 179,167 |
| | | b | 1 | 3,000 |
| | | c | 2 | 105,000 |
| 15—2 | 教育用品 | a | 15 | 231,600 |
| | | b | 3 | 31,000 |
| | | c | 10 | 321,000 |
| 15—3 | 仪器 | a | 5 | 35,500 |
| | | b | 2 | 23,500 |
| | | c | 5 | 148,500 |
| 15—4 | 钟 | a | 1 | 7,000 |
| | | b | 1 | 7,000 |
| | | c | 1 | 50,000 |
| | 第十五大类　总数 | a | 39 | 453,267 |
| | | b | 7 | 64,500 |
| | | c | 18 | 624,500 |
| | 第十六大类　其他工业 | | | |
| 16—1 | 牙刷 | a | 6 | 212,300 |
| | | b | 3 | 208,500 |
| | | c | 6 | 260,000 |
| 16—2 | 镜 | a | 4 | 60,000 |
| | | b | 3 | 50,000 |
| | | c | 4 | 54,000 |
| 16—3 | 煤球 | a | 12 | 422,000* |
| | | b | 4 | 300,000 |
| | | c | 6 | 390,000* |
| 16—4 | 热水瓶(自制瓶胆) | a | | |
| | | b | | |
| | | c | 2 | 170,000 |
| 16—5 | 草绳 | a | 10 | 12,850 |
| | | b | | |
| | | c | | |
| | 第十六大类　总数 | a | 32 | 707,150* |
| | | b | 10 | 558,500 |
| | | c | 18 | 874,000* |
| | 十六大类　总数 | a | 1,672 | 142,329,494* |
| | | b | 710 | 135,352,135* |
| | | c | 1,186 | 162,685,893* |

续表

| 工人数 | | | | 外电马力（匹） | 各种动力机马力（匹） | 上年产值（元） |
|---|---|---|---|---|---|---|
| 男 | 女 | 童 | 共 | | | |
| 382 | | 109 | 491 | 38.0 | | 764,725.00 |
| 21 | | 10 | 31 | 10.0 | | 25,000.00 |
| 51 | | 10 | 61 | 20.0 | | 125,000.00 |
| 302 | 58 | 63 | 423 | 33.4 | | 541,220.00* |
| 88 | 48 | 22 | 158 | 20.9 | | 79,500.00 |
| 299 | 134 | 90 | 523 | 75.4 | | 1,229,152.11 |
| 60 | 10 | 46 | 116 | 22.0 | | 84,000.00 |
| 34 | 9 | 26 | 69 | 12.5 | | 59,000.00 |
| 227 | 19 | 72 | 318 | 45.5 | | 165,000.00 |
| 27 | | 14 | 41 | 8.0 | | * |
| 27 | | 14 | 41 | 8.0 | | * |
| 160 | | | 160 | 15.0 | | 200,000.00 |
| 771 | 68 | 232 | 1,071 | 101.4 | | 1,389,945.00* |
| 170 | 57 | 72 | 299 | 51.4 | | 163,500.00* |
| 737 | 153 | 172 | 1,062 | 155.9 | | 1,719,152.11 |
| 197 | 151 | 84 | 432 | 105.0 | | 398,800.00 |
| 161 | 150 | 76 | 387 | 95.0 | | 364,800.00 |
| 259 | 369 | 7 | 635 | 148.5 | | 1,350,499.84 |
| 187 | | 34 | 221 | 70.0 | | 281,500.00 |
| 171 | | 31 | 202 | 66.0 | | 244,500.00 |
| 164 | | 73 | 237 | 73.0 | | 240,800.00 |
| 317 | | | 317 | 338.0 | 256.0 | 2,023,800.00* |
| 220 | | | 220 | 119.0 | 256.0 | 1,566,300.00 |
| 386 | | | 386 | 234.5 | 256.0 | 2,287,000.00 |
| 142 | 22 | 98 | 262 | 55.0 | 24.0 | 798,000.00 |
| 7 | 301 | | 308 | | | 50,980.00* |
| 708 | 452 | 118 | 1,278 | 513.0 | 256.0 | 2,755,080.00* |
| 552 | 150 | 107 | 809 | 280.0 | 256.0 | 2,175,600.00 |
| 951 | 391 | 178 | 1,520 | 211.0 | 280.0 | 4,676,299.84 |
| 71,997* | 118,060* | 23,048* | 214,152[18]* | 90,253.7* | 68,175.0* | 439,328,826.81* |
| 59,370* | 113,325* | 19,211* | 192,943[19]* | 85,277.7* | 67,173.5* | 407,084,295.68* |
| 75,693* | 115,333* | 18,266* | 214,736[20]* | 108,782.5* | 70,294.7 | 557,690,754.54* |

附注:

(1)本表材料性质栏 a 指二十年全业数字,b 指二十年及格工厂数字,c 指二十二年数字。

(2)二十年五月成立,故无上年统计。

(3)内有 1,037 人未分性别。

(4)二十二年二月成立,故无上年统计。

(5)二十一年未出货。

(6)二十二年十月成立,故无上年统计。

(7)内有 4,464 人未分性别。

(8)内有 900 人未分性别。

(9)二十二年十一月成立,故无上年统计。

(10)内有 10 人未分性别。

(11)二厂均系二十年成立,故无上年统计。

(12)内有 10 人未分性别。

(13)内有 5,364 人未分性别。

(14)二十二年七月成立,故无上年统计。

(15)二十年成立,故无上年统计。

(16)内有 80 人未分性别。

(17)内有 80 人未分性别。

(18)内有 1,047 人未分性别。

(19)内有 1,037 人未分性别。

(20)内有 5,444 人未分性别。

## 丁四表　十二主要工业之资本额

| 业别 | 厂数 | | 每厂平均资本额(元) | | 原料值对资本额之百分比 | 产值对资本额之百分比 | |
|---|---|---|---|---|---|---|---|
| | 民国二十年 | 民国二十二年 | 民国二十年 | 民国二十二年 | 民国二十二年 | 民国二十年 | 民国二十二年 |
| 翻砂业 | 35 | 20 | 5,006 | 8,050 | 219 | 503 | 481 |
| 机件工业 | 289 | 162 | 13,632 | 47,681 | 129 | 307 | 298 |
| 化学工业 | 60 | 78 | 156,571 | 194,873 | 112 | 190 | 187 |
| 火柴业 | 3 | 4 | 720,027 | 830,000 | 55 | 100 | 81 |
| 棉纺业 | 27 | 29 | 1,405,638 | 1,693,706 | 185 | 378 | 247 |
| 棉织业 | 61 | 69 | 73,329 | 61,984 | 447 | 287 | 543 |
| 缫丝业 | 66 | 9 | 42,100 | 23,881 | 637 | 1,118 | 941 |
| 丝织业 | 251 | 115 | 19,101 | 35,016 | 325 | 455 | 517 |
| 针织业 | 96 | 52 | 32,127 | 65,913 | 250 | 325 | 350 |
| 橡胶制品业 | 20 | 41 | 80,969 | 98,144 | 239 | 565 | 590 |
| 面粉业 | 14 | 15 | 461,706 | 416,643 | 966 | 1,167 | 1,163 |
| 卷烟业 | 44 | 45 | 479,811 | 422,281 | 219 | 1,149 | 540 |

附注:

本表以及丁五表至戊一表之平均数及百分数,系根据吾人未发表之材料算出。计算之方法,分为以下三点:(1)每厂平均数之计算,仅以报告资本额、工人数、马力匹数或年产值之厂家为限;(2)每工人平均数之计算,仅以报告工人数同时报告关系材料之厂家为限;与(3)百分比数字之计算,仅以同时报告两项关系材料之厂家为限,因此之故,各表之数字,不必与根据本报告已发表材料算出之结果相同。

## 丁五表　十二主要工业之原动力统计

| 业　别 | 厂　数 | | 每厂平均马力匹数 | | 每工人平均马力匹数 | |
|---|---|---|---|---|---|---|
| | 民国二十年 | 民国二十二年 | 民国二十年 | 民国二十二年 | 民国二十年 | 民国二十二年 |
| 翻砂业 | 34 | 21 | 4.8 | 9.7 | 0.21 | 0.27 |
| 机件工业 | 280 | 167 | 14.9 | 26.0 | 0.40 | 0.38 |
| 化学工业 | 47 | 77 | 55.3 | 61.5 | 0.37 | 0.52 |
| 火柴业 | 2 | 4 | 71.0 | 53.9 | 0.11 | 0.13 |
| 棉纺业 | 29 | 29 | 1,550.2 | 2,133.2 | 0.67 | 1.02 |
| 棉织业 | 34 | 70 | 61.9 | 61.7 | 0.38 | 0.48 |
| 缫丝业 | 66 | 49 | 20.2 | 23.4 | 0.03 | 0.04 |
| 丝织业 | 249 | 122 | 11.7 | 24.0 | 0.29 | 0.28 |
| 针织业 | 43 | 50 | 17.2 | 16.4 | 0.13 | 0.12 |
| 橡胶制品业 | 29 | 41 | 145.5 | 168.6 | 0.62 | 0.67 |
| 面粉业 | 15 | 15 | 779.4 | 815.7 | 4.86 | 4.86 |
| 卷烟业 | 45 | 46 | 60.5 | 63.5 | 0.20 | 0.17 |

## 丁六表　十二主要工业之原料值与产值

| 业别 | 厂数 | | 每厂平均产值（元） | | 原料值对产值之百分比 |
|---|---|---|---|---|---|
| | 民国二十年 | 民国二十二年 | 民国二十年 | 民国二十二年 | 民国二十二年 |
| 翻砂业 | 28 | 20 | 28, 197. 50 | 47, 500. 00 | 44 |
| 机件工业 | 260 | 154 | 43, 921. 42 | 142, 199. 38 | 44 |
| 化学工业 | 50 | 69 | 327, 029. 96 | 374, 894. 68 | 55 |
| 火柴业 | 3 | 4 | 720, 000. 00 | 673, 562. 50 | 68 |
| 棉纺业 | 21 | 29 | 5, 577, 206. 24 | 4, 189, 087. 37 | 75 |
| 棉织业 | 53 | 61 | 238, 310. 12 | 368, 388. 28 | 88 |
| 缫丝业 | 62 | 48 | 469, 827. 54 | 146, 189. 75 | 82 |
| 丝织业 | 149 | 103 | 130, 837. 52 | 195, 427. 67 | 63 |
| 针织业 | 81 | 49 | 111, 476. 31 | 228, 600. 62 | 70 |
| 橡胶制品业 | 19 | 33 | 245, 692. 10 | 586, 345. 28 | 38 |
| 面粉业 | 14 | 15 | 4, 480, 596. 81 | 4, 845, 549. 80 | 83 |
| 卷烟业 | 36 | 40 | 1, 291, 554. 69 | 2, 546, 669. 00 | 40 |

# 附录戊　上海劳工统计

**戊一表　十二主要工业之劳工统计**

| 业　别 | 厂　数 | | 每厂平均工人数 | | 每工人平均产值 | | 工资额对产值之百分比 | |
|---|---|---|---|---|---|---|---|---|
| | 民国二十年 | 民国二十二年 | 民国二十年 | 民国二十二年 | 民国二十年 | 民国二十二年 | 民国二十年 | 民国二十二年 |
| 翻砂业 | 35 | 21 | 22 | 36 | 1, 203 | 1, 316 | 14. 0 | 11. 1 |
| 机件工业 | 295 | 167 | 36 | 68 | 1, 177 | 2, 077 | 13. 8 | 8. 5 |
| 化学工业 | 59 | 78 | 128 | 118 | 2, 253 | 2, 894 | 6. 6 | 6. 4 |
| 火柴业 | 3 | 4 | 473 | 402 | 1, 523 | 1, 673 | 14. 6 | 14. 0 |
| 棉纺业 | 28 | 29 | 2, 240 | 2, 083 | 2, 502 | 2, 011 | 5. 5 | 9. 3 |
| 棉织业 | 63 | 70 | 102 | 129 | 2, 050 | 2, 652 | 7. 5 | 5. 7 |
| 缫丝业 | 66 | 49 | 611 | 607 | 762 | 241 | 5. 5 | 19. 9* |
| 丝织业 | 257 | 122 | 40 | 85 | 2, 452 | 2, 131 | 8. 5 | 14. 2 |
| 针织业 | 97 | 52 | 80 | 136 | 1, 529 | 1, 741 | 8. 6 | 12. 5 |
| 橡胶制品业 | 29 | 42 | 233 | 269 | 1, 388 | 2, 119 | 9. 7 | 8. 6 |
| 面粉业 | 15 | 15 | 160 | 168 | 28, 539 | 28, 888 | 0. 7 | 0. 9 |
| 卷烟业 | 44 | 45 | 312 | 388 | 4, 484 | 6, 282 | 3. 6 | 3. 0 |

附注：

*　本年缫丝厂亏折甚巨可由原料值与工资额对产值之百分比见之，因即此两项百分比之合计，已超过百分之一百以上也。

## 戊二表　各业平均工资率

（单位：元）

| 业别 | 男工 | | 女工 | | 童工 | |
|---|---|---|---|---|---|---|
| | 每小时 | 每日 | 每小时 | 每日 | 每小时 | 每日 |
| 锯木业 | 0.069 | 0.621 | | | | |
| 翻砂业 | 0.086 | 0.774 | | | | |
| 机器业 | 0.087 | 0.783 | | | | |
| 造船业 | 0.113 | 1.017 | | | | |
| 玻璃业 | 0.084 | 0.672 | | | 0.040 | 0.320 |
| 制皂业 | 0.059 | 0.543 | 0.035 | 0.322 | | |
| 火柴业 | 0.086 | 0.803 | 0.027 | 0.240 | 0.025 | 0.203 |
| 搪瓷业 | 0.059 | 0.555 | 0.047 | 0.423 | 0.036 | 0.324 |
| 缫丝业 | 0.061 | 0.732 | 0.049 | 0.539 | 0.030 | 0.330 |
| 棉纺业 | 0.047 | 0.552 | 0.038 | 0.452 | 0.025 | 0.300 |
| 丝织业 | 0.120 | 1.260 | 0.086 | 0.894 | | |
| 棉织业 | 0.065 | 0.722 | 0.047 | 0.545 | 0.031 | 0.357 |
| 针织业 | 0.081 | 0.818 | 0.066 | 0.634 | | |
| 漂染业 | 0.060 | 0.468 | | | | |
| 制革业 | 0.069 | 0.621 | | | | |
| 面粉业 | 0.051 | 0.561 | | | | |
| 榨油业 | 0.069 | 0.600 | | | | |
| 制蛋业 | 0.067 | 0.623 | 0.051 | 0.439 | | |
| 烟草业 | 0.079 | 0.822 | 0.070 | 0.581 | 0.042 | 0.416 |
| 造纸业 | 0.060 | 0.660 | 0.032 | 0.352 | | |
| 印刷业 | 0.146 | 1.226 | 0.102 | 0.825 | 0.042 | 0.418 |

附注：

本表及以下一表之材料，均系录自上海市政府社会局出版《民国十八年上海特别市工资和工作时间》。

## 戊三表　各业每日工作时数

| 业　　别 | 男　　工 | 女　　工 | 童　　工 |
|---|---|---|---|
| 锯木业 | 9 | — | — |
| 翻砂业 | 9 | — | — |
| 机器业 | 9 | — | — |
| 造船业 | 9 | — | — |
| 玻璃业 | 8 | — | 8 |
| 制皂业 | $9\frac{1}{5}$ | $9\frac{1}{5}$ | — |
| 火柴业 | $9\frac{1}{3}$ | $8\frac{9}{10}$ | $8\frac{1}{10}$ |
| 搪瓷业 | $9\frac{2}{5}$ | 9 | 9 |
| 缫丝业 | 12 | 11 | 11 |
| 棉纺业 | $11\frac{3}{4}$ | $11\frac{9}{10}$ | 12 |
| 丝织业 | $10\frac{1}{2}$ | $10\frac{2}{5}$ | — |
| 棉织业 | $11\frac{1}{10}$ | $11\frac{3}{5}$ | $11\frac{1}{2}$ |
| 针织业 | $10\frac{1}{10}$ | $9\frac{3}{5}$ | — |
| 漂染业 | $7\frac{4}{5}$ | — | — |
| 制革业 | 9 | — | — |
| 面粉业 | 11 | — | — |
| 榨油业 | $8\frac{7}{10}$ | — | — |
| 制蛋业 | $9\frac{3}{10}$ | 9 | — |
| 烟草业 | $10\frac{2}{5}$ | $8\frac{3}{10}$ | $9\frac{9}{10}$ |
| 造纸业 | 11 | 11 | — |
| 印刷业 | $8\frac{2}{5}$ | $8\frac{1}{10}$ | $10\frac{1}{5}$ |

## 戊四表　罢工停业案件之业务(民国七年至二十一年)

| 业　　务 | 案　件　数 | 百　分　比 |
|---|---|---|
| A. 初级生产门 | | |
| Ⅰ. 农业类 | | |
| Ⅱ. 矿业类 | | |
| B. 次级生产门 | | |
| Ⅲ. 制造工业类 | | |
| 1. 木材制造业 | 29 | 2.59 |
| 2. 家具制造业 | 20 | 1.78 |
| 3. 冶炼工业 | 3 | 0.27 |
| 4. 机器及金属制品业 | 36 | 3.21 |
| 5. 交通用具业 | 38 | 3.39 |
| 6. 土石制造业 | 4 | 0.36 |
| 7. 建筑工程业 | 13 | 1.16 |
| 8. 动力工业 | 26 | 2.32 |
| 9. 化学工业 | 26 | 2.32 |
| 10. 纺织工业 | 399 | 35.59 |
| 11. 服用品业 | 53 | 4.73 |
| 12. 皮革品业 | 11 | 0.98 |
| 13. 饮食品业 | 81 | 7.23 |
| 14. 造纸印刷业 | 107 | 9.54 |
| 15. 饰物仪器业 | 20 | 1.78 |
| 16. 其他工业 | 31 | 2.76 |
| C. 服务门 | | |
| Ⅳ. 运输交通类 | 113 | 10.08 |
| Ⅴ. 商业金融类 | | |
| 1. 货品贩卖业 | 75 | 6.69 |
| 2. 经纪介绍业 | 1 | 0.09 |
| 3. 产物赁贷业 | | |
| 4. 金融保险业 | 4 | 0.36 |
| 5. 生活供应业 | 14 | 1.25 |
| Ⅵ. 公务国防类 | 1 | 0.09 |
| Ⅶ. 自由职业类 | | |
| Ⅷ. 家庭服务类 | 16 | 1.43 |
| 总　计 | 1,121 | 100.00 |

附注：

本表及戊五表至戊八表之材料，均系录自上海市政府社会局出版《近十五年来上海之罢工停业》。

## 戊五表 罢工停业案件之原因(民国七年至二十一年)

| 业 务 | 案件数 | 百分比 |
|---|---|---|
| A. 与团体交涉有关者 | | |
| Ⅰ. 工会或团体协约 | | |
| 1. 工会 | 9 | 0.80 |
| 2. 团体协约 | 128 | 11.42 |
| Ⅱ. 雇佣状况 | | |
| 1. 工资 | 488 | 43.53 |
| 2. 工作时间 | 25 | 2.23 |
| 3. 雇佣或解雇 | 216 | 19.27 |
| 4. 待遇 | 67 | 5.98 |
| 5. 规则或制度 | 21 | 1.87 |
| 6. 其他 | 70 | 6.25 |
| B. 与团体交涉无关者 | | |
| Ⅰ. 同情的 | 23 | 2.05 |
| Ⅱ. 政治的 | 12 | 1.07 |
| Ⅲ. 其他 | 62 | 5.53 |
| 总 计 | 1,121 | 100.00 |

## 戊六表 罢工停业案件之结果(民国七年至二十一年)

| 结 果 | 案件数 | 百分比 |
|---|---|---|
| A. 劳方要求完全接受 | 261 | 23.28 |
| B. 劳方要求一部分接受 | 406 | 36.22 |
| C. 劳方要求未经承认 | 281 | 25.07 |
| D. 资方要求完全接受 | 6 | 0.53 |
| E. 资方要求一部分接受 | 10 | 0.89 |
| F. 资方要求未经承认 | 5 | 0.45 |
| G. 无形停顿或结果不明 | 150 | 13.38 |
| H. 未解决 | 2 | 0.18 |
| 总 计 | 1,121 | 100.00 |

**戊七表　罢工停业案件之资方国籍**(民国七年至二十一年)

| 资　方　国　籍 | 案　件　数 | 百　分　比 |
|---|---|---|
| A. 属于中国者 | 720 | 64.23 |
| B. 属于外国者 | | |
| 日本 | 150 | 14.18 |
| 英国 | 136 | 12.13 |
| 美国 | 36 | 3.21 |
| 德国 | 2 | 0.18 |
| 法国 | 28 | 2.50 |
| 意国 | 1 | 0.09 |
| 其他 | 22 | 1.96 |
| C. 国籍不明者 | 17 | 1.52 |
| 总　计 | 1,121 | 100.00 |

**戊八表　罢工停业案件数及其他统计**(民国十六年至二十一年)(1)

| 年　次 | 案件数 | 关系厂号数 | 关系职工数 | 损失工数 | 损失工资数(元) |
|---|---|---|---|---|---|
| 民国十六年 | 117 | 11,698 | 881,289 | 7,622,029.0 | 3,710,116.26 |
| 十七年 | 118 | 5,433 | 204,563 | 2,049,826.0 | 835,962.73 |
| 十八年 | 108 | 1,011 | 65,557 | 711,021.2 | 344,568.21 |
| 十九年 | 87 | 672 | 64,130 | 801,531.0 | 358,602.28 |
| 二十年 | 122 | 1,825 | 74,188 | 685,941.5 | 316,559.53 |
| 二十一年 | 82 | 450 | 71,395 | 710,605.1 (2) | 296,846.86 (2) |
| 总　计 | 634 | 21,089 | 1,361,122 | 12,581,853.8 | 5,862,655.87 |
| 个　均　数 | 106 | 3,515 | 226,854 | 2,096,975.6 | 977,109.31 |

附注：

(1)根据上海特别市社会局未发表之统计，二十二年与二十三年罢工停业案件数为88件与63件，关系厂号数为574家与441家，关系职工数为74,727人与28,923人　兹将社会局与陈达博士所举十六年以前各年罢工停业案件数比较列表于下：

| | 民国七年 | 民国八年 | 民国九年 | 民国十年 | 民国十一年 | 民国十二年 | 民国十三年 | 民国十四年 | 民国十五年 |
|---|---|---|---|---|---|---|---|---|---|
| 社会局数字 | 21 | 23 | 33 | 19 | 29 | 14 | 16 | 75 | 257 |
| 陈达博士数学 | 22 | 57 | 35 | 21 | 31 | 16 | 16 | 72 | 264 |

(2)本年未解决之二案未列入。

## 戊九表　劳资纠纷案件数关系厂号数及关系职工数

（民国十七年至二十一年）

| 年　次 | 案件数 | 关系厂号数 | 关系职工数 | | | |
|---|---|---|---|---|---|---|
| | | | 男 | 女 | 童 | 共 |
| 民国十七年 | 237 | 3,477 | 48,465 | 57,291 | 16,227 | 121,983 |
| 十八年 | 338 | 4,237 | 40,068 | 14,798 | 2,080 | 56,946 |
| 十九年 | 339 | 2,017 | 39,269 | 62,578 | 16,470 | 118,317 |
| 二十年 | 324 | 616 | 35,158 | 74,387 | 22,168 | 131,713 |
| 二十一年 | 253 | 1,452 | 33,950 | 19,880 | 1,992 | 55,822 |
| 总　计 | 1,491 | 11,799 | 196,910 | 228,934 | 58,937 | 484,781 |
| 平均数 | 298 | 2,360 | 39,382 | 45,787 | 11,787 | 96,956 |

附注：

（1）本表及戊十表至戊十四表之材料，均系录自上海市政府社会局出版《近五年来上海之劳资纠纷》。

（2）根据上海市政府社会局未发表之材料，二十二年、二十三年与二十四年上海市劳资纠纷统计为：案件数301件、232件与205件，关系厂号数730家、912家与395家及关系职工数94,915人、34,891人与48,065人。

## 戊十表　劳资纠纷案件之原因（民国十七年至二十一年）

| 原　因 | 案件数 | 百分比 |
|---|---|---|
| A. 与团体交涉有关者 | | |
| Ⅰ. 工会或团体协约 | | |
| 1. 工会 | 13 | 0.87 |
| 2. 团体协约 | 138 | 9.25 |
| Ⅱ. 雇佣状况 | | |
| 1. 工资 | 163 | 10.93 |
| 2. 工作时间 | 8 | 0.54 |
| 3. 雇佣或解雇 | 1,018 | 68.28 |
| 4. 待遇 | 103 | 6.91 |
| 5. 规则或制度 | 15 | 1.01 |
| 6. 其他 | 30 | 2.01 |
| B. 与团体交涉无关者 | | |
| Ⅰ. 同情的 | | |
| Ⅱ. 政治的 | 1 | 0.07 |
| Ⅲ. 其他 | 2 | 0.13 |
| 总　计 | 1,491 | 100.00 |

## 戊十一表　劳资纠纷案件之业务(民国十七年至二十一年)

| 业　　务 | 案　件　数 | 百　分　比 |
|---|---|---|
| A. 初级生产门 | | |
| Ⅰ. 农业类 | | |
| Ⅱ. 矿业类 | | |
| B. 次级生产门 | | |
| Ⅲ. 制造工业类 | | |
| 1. 木材制造业 | 16 | 1.07 |
| 2. 家具制造业 | 23 | 1.54 |
| 3. 冶炼工业 | 2 | 0.13 |
| 4. 机器金属制品业 | 29 | 1.95 |
| 5. 交通用具业 | 33 | 2.21 |
| 6. 土石制造业 | 12 | 0.80 |
| 7. 建筑工程业 | 5 | 0.34 |
| 8. 动力工业 | 12 | 0.80 |
| 9. 化学工业 | 49 | 3.29 |
| 10. 纺织工业 | 400 | 32.86 |
| 11. 服用品业 | 120 | 8.05 |
| 12. 皮革品业 | 28 | 1.88 |
| 13. 饮食品业 | 132 | 8.85 |
| 14. 造纸印刷业 | 133 | 8.92 |
| 15. 饰物仪器业 | 16 | 1.07 |
| 16. 其他工业 | 54 | 3.62 |
| C. 服务门 | | |
| Ⅳ. 运输交通类 | 42 | 2.82 |
| Ⅴ. 商业金融类 | | |
| 1. 货品贩卖业 | 250 | 16.77 |
| 2. 经纪介绍业 | | |
| 3. 产物赁贷业 | | |
| 4. 金融保险业 | 5 | 0.34 |
| 5. 生活供应业 | 32 | 2.15 |
| Ⅵ. 公务国防类 | | |
| Ⅶ. 自由职业类 | | |
| Ⅷ. 家庭及个人服务类 | 8 | 0.54 |
| 总　计 | 1,491 | 100.00 |

## 戊十二表　劳资纠纷案件之调处方法(民国十七年至二十一年)

| 调处方法 | 案件数 | 百分比 |
|---|---|---|
| A. 经双方直接磋商而解决者 | 133 | 8.92 |
| B. 经第三者之调处者 | | |
| 1. 经劳资调解委员会调解者 | 394 | 26.41 |
| 2. 经劳资仲裁委员会仲裁者 | 61 | 4.09 |
| 3. 经社会局和解或行政处分者 | 849 | 56.96 |
| 4. 经其他机关或个人调处者 | 52 | 3.49 |
| C. 未经磋商而即行解决者 | 2 | 0.13 |
| 总计 | 1,491 | 100.00 |

## 戊十三表　劳资纠纷案件之结果(民国十七年至二十一年)

| 结果 | 案件数 | 百分比 |
|---|---|---|
| A. 劳方完全胜利者 | 335 | 22.47 |
| B. 劳方一部分胜利者 | 911 | 61.10 |
| C. 劳方失败者 | 195 | 13.08 |
| D. 无形停顿或结果不明者 | 37 | 2.48 |
| E. 未解决 | 13 | 0.87 |
| 总计 | 1,491 | 100.00 |

## 戊十四表　劳资纠纷案件之资方国籍(民国十七年至二十一年)

| 资方国籍 | 案件数 | 百分比 |
|---|---|---|
| A. 属于中国者 | 1,401 | 93.97 |
| B. 属于外国者 | | |
| 日本 | 25 | 1.68 |
| 英国 | 40 | 2.68 |
| 美国 | 7 | 0.47 |
| 法国 | 14 | 0.93 |
| 德国 | 1 | 0.07 |
| 意国 | | |
| 其他 | 3 | 0.20 |
| C. 国籍不明者 | | |
| 总计 | 1,491 | 100.00 |

### 戊十五表　上海生活费及工资率指数

| 年　　次 | 生活费(民国十五年=100)[1] | 工资率(民国十九年=100)[2] |
|---|---|---|
| 民国十五年 | 100.0 | |
| 十六年 | 106.7 | |
| 十七年 | 102.5 | |
| 十八年 | 107.9 | |
| 十九年 | 121.8 | 100.00 |
| 二十年 | 125.9 | 96.61 |
| 二十一年 | 119.1 | 96.61 |
| 二十二年 | 107.2 | 98.31 |
| 二十三年 | 106.2 | 94.92 |
| 二十四年 | 106.6 | |

附注：

(1)录自《上海物价月报》。

(2)根据上海市政府社会局出版《上海市之工资率》及该局特行供给之材料。

# 附录己　上海经济及其他相关之统计

### 己一表　上海人口统计

| 年　　次 | 上海市(1) | 公共租界(2)(4) | 法租界(3) | 合　　计 |
|---|---|---|---|---|
| 民国十四年 | | 808,368 | 297,072 | |
| 十五年 | | 825,800 | | |
| 十六年 | | 835,965 | | |
| 十七年 | | 845,835 | 358,453 | |
| 十八年 | | 855,260 | | |
| 十九年 | 1,702,130 | 998,362 | 434,807 | 3,135,299 |
| 二十年 | 1,836,189 | 1,015,394 | 456,012 | 3,307,595 |
| 二十一年 | 1,580,436 | 1,062,789 | 478,552 | 3,121,777 |
| 二十二年 | 1,705,953 | 1,099,420 | 496,536 | 3,391,909 |
| 二十三年 | 1,925,778 | 1,135,773 | 498,193 | 3,559,744 |
| 二十四年 | 2,044,014 | 1,149,443 | | |

附注：

(1)材料根据上海市政府公安局发表《每月户口统计表》。

(2)根据《上海公共租界工部局年报》。

(3)根据《上海法租界公董局年报》。

(4)不包括浦东及越界筑路区外籍居民与乡村及草棚内以及住于船只上之华籍居民在内。所有后项数字另见下表：

| 年　　次 | 浦东外籍居　民 | 越界筑路区外籍居民 | 乡村及草棚内华籍居民 | 住于船只上华籍居民 |
|---|---|---|---|---|
| 民国十四年 | 298 | 7,097 | 10,381 | 14,082 |
| 十五年 | | 7,465 | | 15,000 |
| 十六年 | | 7,720 | | 15,000 |
| 十七年 | | 7,895 | | 14,530 |
| 十八年 | | 8,385 | | |
| 十九年 | | 9,506 | | |
| 二十年 | | 9,837 | | |
| 二十一年 | | 12,005 | | |
| 二十二年 | | 12,526 | | |
| 二十三年 | | 13,048 | | |
| 二十四年 | | 10,332 | | |

## 己二表　上海市人口之移动

| 年　　次 | 移　　入 | | | 移　　出 | | |
|---|---|---|---|---|---|---|
| | 男 | 女 | 合　计 | 男 | 女 | 合　计 |
| 民国十八年 | 109,341 | 80,765 | 190,106 | 36,793 | 29,506 | 66,299 |
| 十九年 | 145,670 | 108,860 | 254,530 | 85,562 | 63,207 | 148,769 |
| 二十年 | 178,963 | 127,749 | 306,712 | 121,874 | 86,832 | 208,706 |
| 二十一年 | 272,733 | 200,495 | 473,228 | 117,697 | 81,345 | 109,042 |
| 二十二年 | 268,161 | 190,104 | 458,265 | 178,830 | 123,270 | 302,100 |
| 二十三年 | 248,790 | 167,287 | 416,077 | 188,202 | 128,403 | 316,605 |

附注：

材料根据上海市通志馆编纂《二十四年上海市年鉴》及上海地方协会出版《上海市统计》。

## 己三表　上海人口之密度

| 年　　次 | 上海市[(1)] | 公共租界[(2)] | 法租界[(3)] |
|---|---|---|---|
| 民国十四年 | | 35,772 | 29,068 |
| 十五年 | | 36,543 | |
| 十六年 | | 36,093 | |
| 十七年 | | 37,430 | 35,074 |
| 十八年 | | 37,847 | |
| 十九年 | 3,441 | 44,180 | 42,545 |
| 二十年 | 3,712 | 44,933 | 44,619 |
| 二十一年 | 3,195 | 45,888 | 46,825 |
| 二十二年 | 3,630 | 47,470 | 48,585 |
| 二十三年 | 3,893 | 49,040 | 48,747 |
| 二十四年 | 4,132 | 49,630 | |

附注：

(1)材料根据《二十四年上海市年鉴》。

(2)根据己一表人口材料及各年《工部局年报》中上海公共租界面积算出。

(3)上海法租界公董局特行供给之材料。

## 己四表　上海公共租界之地皮估价

（单位：规元）

| 年　　次 | 东　　区 | 西　　区 | 北　　区 | 中　　区 | 合　　计 |
|---|---|---|---|---|---|
| 民国十三年 | 8,428.71 | 8,452.77 | 23,241.56 | 66,729.42 | 16,206.80 |
| 十六年 | 8,808.60 | 11,547.70 | 26,623.26 | 77,543.17 | 18,651.93 |
| 十九年 | 11,864.45 | 20,457.35 | 37,857.37 | 107,878.16 | 26,986.26 |
| 二十二年 | 15,384.93 | 28,194.08 | 41,801.60 | 132,451.23 | 33,877.31 |

附注：根据上海公共租界工部局《地皮估价单》。

## 己五表　上海公共租界房屋统计[1]

| 年次 | 西式房屋 | | | | | 中式房屋 | | | | | 中西式房屋合计 | | | | |
|---|---|---|---|---|---|---|---|---|---|---|---|---|---|---|---|
| | 住人 | 未住人 | 合计 | 未住人房屋对合计百分比 | 合计房屋之估价[2]（元） | 住人 | 未住人 | 合计 | 未住人房屋对合计百分比 | 合计房屋之估价（元） | 住人 | 未住人 | 合计 | 未住人房屋对合计百分比 | 合计房屋之估价（元） |
| 民国十四年 | 5, 597 | 623 | 6, 220 | 10. 0 | 21, 908, 030 | 67, 998 | 2, 439 | 70, 437 | 3. 5 | 22, 192, 916 | 73, 595 | 3, 062 | 76, 657 | 4. 0 | 44, 100, 946 |
| 十五年 | 5, 981 | 532 | 6, 513 | 8. 2 | 23, 043, 683 | 71, 852 | 2, 125 | 73, 977 | 2. 9 | 24, 314, 028 | 77, 833 | 2, 657 | 80, 490 | 3. 3 | 47, 357, 711 |
| 十六年 | 6, 346 | 432 | 6, 778 | 6. 4 | 24, 474, 404 | 73, 380 | 3, 149 | 76, 529 | 4. 1 | 25, 947, 080 | 79, 726 | 3, 581 | 83, 307 | 4. 3 | 50, 421, 484 |
| 十七年 | 6, 582 | 393 | 6, 975 | 5. 6 | 25, 852, 197 | 75, 508 | 2, 051 | 77, 559 | 2. 6 | 27, 370, 248 | 82, 090 | 2, 444 | 84, 534 | 2. 9 | 53, 222, 445 |
| 十八年 | 7, 154 | 522 | 7, 676 | 6. 8 | 28, 186, 621 | 76, 327 | 1, 325 | 77, 652 | 1. 7 | 29, 092, 248 | 83, 481 | 1, 847 | 85, 328 | 2. 2 | 57, 278, 869 |
| 十九年 | 8, 170 | 799 | 8, 969 | 8. 9 | 32, 054, 606 | 76, 362 | 1, 545 | 77, 907 | 2. 0 | 30, 628, 852 | 84, 532 | 2, 344 | 86, 876 | 2. 7 | 62, 683, 458 |
| 二十年 | 8, 989 | 1, 112 | 10, 101 | 11. 0 | 36, 403, 053 | 78, 812 | 1, 796 | 80, 608 | 2. 2 | 33, 412, 876 | 87, 861 | 2, 908 | 90, 709 | 3. 2 | 69, 815, 929 |
| 二十一年 | 9, 929 | 1, 436 | 11, 365 | 12. 6 | 46, 330, 209 | 80, 025 | 3, 347 | 83, 372 | 4. 0 | 35, 538, 176 | 89, 954 | 4, 783 | 94, 737 | 5. 0 | 81, 868, 385 |
| 二十二年 | 10, 725 | 1, 384 | 12, 109 | 11. 4 | 51, 470, 858 | 80, 520 | 4, 364 | 84, 884 | 5. 1 | 37, 450, 746 | 91, 245 | 5, 748 | 96, 993 | 5. 9 | 88, 921, 604 |
| 二十三年 | 11, 454 | 1, 813 | 13, 267 | 13. 7 | 57, 110, 295 | 81, 478 | 5, 238 | 86, 716 | 6. 0 | 39, 071, 210 | 92, 932 | 7, 051 | 99, 983 | 7. 0 | 96, 181, 505 |

附注:

（1）根据《工部局年报》。

（2）本栏十四年至二十一年数字系由银两数按照《上海货价季刊》中各年平均洋厘折成银元。

## 己六表　上海法租界房屋数

| 年　　次 | 西　　式 | 中　　式 | 合　　计 |
|---|---|---|---|
| 民国十四年 | 2,429 | 23,549 | 25,978 |
| 十五年 | 2,627 | 25,982 | 28,609 |
| 十六年 | 3,031 | 27,099 | 30,130 |
| 十七年 | 3,603 | 29,000 | 32,603 |
| 十八年 | 4,469 | 31,596 | 36,065 |
| 十九年 | 5,559 | 34,679 | 40,238 |
| 二十年 | 6,184 | 37,026 | 43,210 |
| 二十一年 | 6,366 | 38,540 | 44,906 |
| 二十二年 | 6,805 | 40,360 | 47,165 |
| 二十三年 | 7,320 | 41,021 | 48,350 |

附注：

根据《上海法租界公董局年报》。

## 己七表　上海市新建房屋统计

| 年次 | 房屋数 | | | | 铸造面积(平方公尺) | | | 营造估价(元) | | |
|---|---|---|---|---|---|---|---|---|---|---|
| | 工厂 | 堆栈 | 其他 | 合计 | 工厂 | 其他 | 合计 | 工厂 | 其他 | 合计 |
| 民国十七年 | 102 | 47 | 892 | 1,041 | 67,890 | 154,050 | 221,940 | 1,211,220 | 3,545,900 | 4,757,120 |
| 十八年 | 154 | 34 | 1,207 | 1,395 | 116,050 | 253,150 | 369,200 | 2,842,100 | 7,955,800 | 10,797,900 |
| 十九年 | 198 | 56 | 1,533 | 1,787 | 116,040 | 398,830 | 514,870 | 3,301,310 | 13,954,970 | 17,256,280 |
| 二十年 | 221 | 73 | 2,286 | 2,580 | 103,550 | 429,780 | 533,330 | 3,239,280 | 14,572,070 | 17,812,250 |
| 二十一年 | 118 | 47 | 2,003 | 2,168 | 125,260 | 434,110 | 559,370 | 2,037,720 | 14,951,030 | 16,988,750 |
| 二十二年 | 152 | 37 | 2,837 | 3,025 | 101,020 | 554,360 | 655,380 | 3,422,690 | 19,384,810 | 22,807,500 |
| 二十三年 | 137 | 40 | 2,509 | 2,686 | 76,660 | 570,970 | 647,630 | 2,290,070 | 21,444,210 | 23,734,280 |

附注:

根据《上海市政府工务局》特行供给之材料。

## 己八表　上海公共租界新建房屋统计[1]

| 年　　次 | 工　　厂 | 堆　　栈 | 他种房屋 | 合　　计 | 合计之估价[2]（元） |
|---|---|---|---|---|---|
| 民国十四年 | 13 | 19 | 8,934 | 8,966 | 20,488,878 |
| 十五年 | 22 | 21 | 6,204 | 6,247 | 29,361,379 |
| 十六年 | 19 | 14 | 3,587 | 3,620 | 12,653,955 |
| 十七年 | 90 | 53 | 4,568 | 4,711 | 27,916,240 |
| 十八年 | 77 | 52 | 7,457 | 7,586 | 34,974,564 |
| 十九年 | 65 | 64 | 8,707 | 8,836 | 64,466,532 |
| 二十年 | 105 | 27 | 8,567 | 8,699 | 51,470,266 |
| 二十一年 | 57 | 27 | 3,355 | 3,439 | 25,762,522 |
| 二十二年 | 90 | 20 | 5,020 | 5,130 | 35,418,321 |
| 二十三年 | 145 | 18 | 4,408 | 4,571 | 27,600,350 |

附注：

（1）根据《工部局年报》。

（2）本栏十四年至二十一年数字系由银两数按照《上海货价季刊》中之各年平均洋厘折成银圆。

## 己九表　上海法租界新建房屋统计

| 年　　次 | 中式房屋 | 西式房屋 | 合　　计 | 合计之估价（元） |
|---|---|---|---|---|
| 民国十四年 | 2,947 | 498 | 3,445 | 10,224,000 |
| 十五年 | 2,433 | 198 | 2,631 | 6,831,000 |
| 十六年 | 1,117 | 404 | 1,521 | 4,140,000 |
| 十七年 | 1,901 | 527 | 2,428 | 12,617,000 |
| 十八年 | 2,596 | 911 | 3,507 | 17,467,000 |
| 十九年 | 3,083 | 1,090 | 4,173 | 18,589,000 |
| 二十年 | 2,347 | 625 | 2,972 | 16,014,000 |
| 二十一年 | 1,514 | 182 | 1,696 | 11,274,000 |
| 二十二年 | 1,820 | 439 | 2,259 | 13,951,800 |
| 二十三年 | 661 | 524 | 1,185 | 12,776,000 |

附注：根据《上海法租界公董局年报》。

## 己十表　上海道路之长度

（单位：里）

| 年　　次 | 上海市[1] | 公共租界[2] | 法租界[3] | 合　　计 |
|---|---|---|---|---|
| 民国十四年 | | 166.502 | 53.050 | |
| 十五年 | 93.786 | 170.516 | 55.915 | 320.217 |
| 十六年 | 112.414 | 170.981 | 57.175 | 340.570 |
| 十七年 | 126.177 | 173.570 | 57.740 | 357.487 |
| 十八年 | 146.092 | 174.870 | 58.542 | 379.504 |
| 十九年 | 155.578 | 175.964 | 62.238 | 393.780 |
| 二十年 | 164.147 | 178.643 | 63.249 | 406.039 |
| 二十一年 | 166.726 | 179.934 | 63.519 | 410.179 |
| 二十二年 | 190.068 | 182.009 | 64.194 | 436.271 |
| 二十三年 | 213.487 | 183.028 | 64.617 | 461.132 |

附注：

（1）根据《上海市政府工务局》特行供给之材料。

（2）根据《工部局年报》。

（3）根据《上海法租界公董局年报》。

## 己十一表　上海公共租界车辆数

| 年　　次 | 人力车 | | 马车 | | 汽车 | 机器脚踏车 | 脚踏车 | 手车 | 塌车 |
|---|---|---|---|---|---|---|---|---|---|
| | 公用 | 私用 | 公用 | 私用 | | | | | |
| 民国十四年 | 10,000 | 10,126 | 306 | 299 | 4,010 | | 9,817 | 11,688 | 4,366 |
| 十五年 | 9,953 | 10,294 | 295 | 252 | 4,792 | | 15,053 | 11,699 | 6,390 |
| 十六年 | 9,996 | 9,540 | 267 | 198 | 5,328 | | 15,436 | 10,240 | 6,262 |
| 十七年 | 9,995 | 9,612 | 251 | 156 | 5,649 | | 17,739 | 10,865 | 7,410 |
| 十八年 | 9,995 | 9,873 | 227 | 113 | 6,472 | | 20,327 | 11,113 | 8,775 |
| 十九年 | 9,995 | 10,390 | 189 | 83 | 6,896 | 733 | 21,530 | 10,530 | 9,608 |
| 二十年 | 9,995 | 11,446 | 165 | 76 | 7,539 | 747 | 23,547 | 10,819 | 11,011 |
| 二十一年 | 9,994 | 11,202 | 118 | 68 | 8,073 | 815 | 25,273 | 8,562 | 11,320 |
| 二十二年 | 9,990 | 12,538 | 100 | 61 | 8,450 | 717 | 29,242 | 8,841 | 13,242 |
| 二十三年 | 9,990 | 12,232 | 95 | 51 | 9,337 | 706 | 32,916 | 7,739 | 14,967 |

附注：根据《工部局年报》。

## 己十二表　上海趸售物价指数

| 年　　次 | 纺织品及其原料 | 建筑材料 | 化　妆　品 | 总　指　数 |
| --- | --- | --- | --- | --- |
| 民国十四年 | 106.8 | 96.4 | 101.9 | 99.3 |
| 十五年 | 100.0 | 100.0 | 100.0 | 100.0 |
| 十六年 | 100.9 | 105.4 | 102.6 | 104.4 |
| 十七年 | 102.1 | 103.0 | 101.2 | 101.7 |
| 十八年 | 101.9 | 108.1 | 105.8 | 104.5 |
| 十九年 | 105.6 | 118.2 | 120.1 | 114.8 |
| 二十年 | 118.8 | 135.4 | 150.7 | 126.7 |
| 二十一年 | 98.4 | 124.4 | 151.6 | 112.4 |
| 二十二年 | 89.9 | 113.1 | 153.4 | 103.8 |
| 二十三年 | 82.2 | 106.9 | 139.2 | 97.1 |

附注：

录自《上海物价月报》。总指数数字系由八类商品之趸售市价算出，其中三类之指数。并列上表。

## 己十三表　上海之贸易总值[1]

（单位:国币元）

| 年　次 | 进口 | | | 出口 | | | 复出口往 | 对外贸易 | 对内贸易 | 对内国外贸易 |
|---|---|---|---|---|---|---|---|---|---|---|
| | 香港及外洋 | 国内口岸 | 合　计 | 香港及外洋[2] | 国内口岸 | 合　计 | 国内口岸 | 合　计 | 合　计 | 总　计 |
| 民国十四年 | 672, 881, 248 | 563, 667, 868 | 1, 236, 549, 116 | 477, 036, 920 | 397, 687, 393 | 874, 724, 313 | 108, 951, 554 | 1, 149, 918, 168 | 1, 070, 306, 815 | 2, 220, 224, 983 |
| 十五年 | 929, 433, 321 | 620, 747, 887 | 1, 550, 181, 208 | 563, 840, 106 | 494, 419, 004 | 1, 058, 250, 110 | 114, 309, 712 | 1, 493, 273, 427 | 1, 229, 476, 603 | 2, 722, 750, 030 |
| 十六年 | 709, 384, 110 | 530, 889, 386 | 1, 240, 273, 496 | 514, 928, 421 | 453, 099, 668 | 968, 028, 089 | 97, 430, 614 | 1, 224, 312, 531 | 1, 081, 419, 668 | 2, 305, 732, 199 |
| 十七年 | 854, 731, 091 | 612, 345, 411 | 1, 467, 076, 502 | 564, 338, 990 | 524, 525, 117 | 1, 088, 864, 107 | 116, 860, 602 | 1, 419, 070, 081 | 1, 253, 731, 130 | 2, 672, 801, 211 |
| 十八年 | 973, 198, 192 | 536, 967, 790 | 1, 510, 165, 982 | 567, 175, 708 | 489, 806, 224 | 1, 056, 981, 932 | 72, 040, 879 | 1, 540, 373, 900 | 1, 098, 814, 893 | 2, 639, 188, 793 |
| 十九年 | 1, 059, 037, 584 | 516, 677, 988 | 1, 575, 715, 572 | 487, 136, 192 | 578, 152, 652 | 1, 065, 288, 844 | 63, 104, 733 | 1, 546, 173, 776 | 1, 157, 935, 373 | 2, 704, 109, 149 |
| 二十年 | 1, 298, 698, 318 | 524, 215, 273 | 1, 822, 913, 591 | 432, 308, 293 | 608, 364, 729 | 1, 040, 673, 022 | 60, 887, 378 | 1, 731, 006, 611 | 1, 193, 467, 380 | 2, 924, 473, 991 |
| 二十一年 | 795, 161, 405 | 272, 332, 790 | 1, 067, 494, 195 | 246, 669, 142 | 464, 437, 754 | 711, 106, 896 | 36, 851, 058 | 1, 041, 830, 547 | 773, 621, 602 | 1, 815, 452, 149 |
| 二十二年 | 736, 219, 840 | 220, 368, 744 | 956, 588, 584 | 315, 758, 208 | 458, 734, 862 | 774, 493, 070 | 29, 051, 420 | 1, 051, 978, 048 | 708, 155, 026 | 1, 760, 133, 074 |
| 二十三年 | 600, 483, 211 | 314, 470, 199 | 914, 953, 410 | 272, 304, 703 | 452, 034, 823 | 724, 339, 526 | 23, 080, 765 | 872, 787, 914 | 789, 585, 787 | 1, 662, 373, 701 |

附注：

（1）根据《海关报告册》。

（2）本栏数字包括上海直接运往外洋及香港之土货与国内其他口岸运至上海，由上海复往外洋及香港之土货在内。

## 己十四表　上海对外贸易之净值与指数

（民国十五年＝100）

| 年次 | 输出 | | 输入 | | 总计 | | |
|---|---|---|---|---|---|---|---|
| | 价值（元） | 指数 | 价值（元） | 指数 | 价值（元） | 指数 | 对全国贸易之百分比 |
| 民国十五年 | 563,840,106 | 100.0 | 603,595,536 | 100.0 | 1,167,435,642 | 100.0 | 37.7 |
| 十六年 | 514,928,421 | 91.3 | 458,220,075 | 75.9 | 973,148,496 | 83.3 | 32.3 |
| 十七年 | 564,338,990 | 100.1 | 578,543,831 | 95.8 | 1,142,882,821 | 97.9 | 33.5 |
| 十八年 | 567,175,708 | 100.6 | 649,359,139 | 107.6 | 1,216,534,847 | 104.2 | 34.2 |
| 十九年 | 487,136,192 | 86.4 | 732,620,870 | 121.4 | 1,219,757,062 | 104.5 | 35.5 |
| 二十年 | 432,308,293 | 76.7 | 996,202,357 | 165.0 | 1,428,510,650 | 122.4 | 39.1 |
| 二十一年 | 246,404,886 | 43.7 | 781,123,795 | 129.4 | 1,027,528,681 | 88.0 | 42.8 |
| 二十二年 | 315,485,016 | 55.9 | 728,333,916 | 120.7 | 1,043,818,932 | 89.4 | 53.3 |
| 二十三年 | 271,945,103 | 48.2 | 596,440,161 | 98.8 | 868,385,264 | 74.4 | 55.5 |
| 二十四年 | 288,721,137 | 51.2 | 505,194,859 | 83.7 | 793,915,996 | 68.0 | 53.1 |

附注：

(1)本表价值数字根据《海关报告册》。

(2)自二十一年八月起东三省进出口数字，不复包括于全国数字之内，故自该年起，上海对全国贸易之百分比，远较以前为大。

## 己十五表　全国对外贸易之净值与指数

（民国十五年＝100）

| 年次 | 输出 | | 输入 | | 合计 | |
|---|---|---|---|---|---|---|
| | 价值 | 指数 | 价值 | 指数 | 价值 | 指数 |
| 民国十五年 | $1,346,571,253 | 100.0 | $1,751,536,712 | 100.0 | $3,098,107,965 | 100.9 |
| 民国十六年 | 1,431,209,433 | 106.3 | 1,578,147,470 | 90.1 | 3,009,356,903 | 97.1 |
| 民国十七年 | 1,544,531,071 | 114.7 | 1,863,320,124 | 106.4 | 3,407,851,195 | 110.0 |
| 民国十八年 | 1,582,440,841 | 117.5 | 1,972,083,403 | 112.6 | 1,554,524,244 | 114.7 |
| 民国十九年 | 1,394,166,319 | 103.5 | 2,040,599,446 | 116.5 | 3,434,765,765 | 110.9 |
| 民国二十年 | 1,416,962,868 | 105.2 | 2,233,376,164 | 127.5 | 3,650,339,032 | 117.8 |
| 民国二十一年 | 767,535,334 | 57.0 | 1,634,726,298 | 93.3 | 2,402,261,632 | 77.5 |
| 民国二十二年 | 611,827,990 | 45.4 | 1,345,567,788 | 76.8 | 1,957,395,178 | 63.2 |
| 民国二十三年 | 535,214,279 | 39.7 | 1,029,665,224 | 58.8 | 1,564,879,503 | 50.5 |
| 民国二十四年 | 575,809,060 | 42.8 | 919,211,322 | 52.5 | 1,495,020,382 | 48.2 |

附注：

实数根据《海关报告册》，指数则系本所自编。

## 己十六表　全国及上海历

| 年次 | 棉纱 |  | 面粉 |  | 纸烟 |  |
|---|---|---|---|---|---|---|
|  | (一) | (二) | (一) | (二) | (一) | (二) |
| 民国十四年 | 61,071,439 | 8,939,030 | 23,221,730 | 337,195 | 27,682,859 | 7,562,442 |
| 民国十五年 | 44,013,375 | 5,789,651 | 36,944,080 | 1,376,627 | 32,351,681 | 11,008,811 |
| 民国十六年 | 27,629,912 | 1,776,565 | 33,195,275 | 1,483,219 | 19,887,300 | 4,994,431 |
| 民国十七年 | 25,972,820 | 2,404,552 | 49,021,538 | 1,850,454 | 39,147,001 | 20,181,544 |
| 民国十八年 | 22,352,236 | 3,000,522 | 98,004,218 | 2,044,746 | 32,321,674 | 12,904,990 |
| 民国十九年 | 15,636,314 | 1,349,000 | 47,292,647 | 2,407,361 | 40,143,797 | 13,876,762 |
| 民国二十年(3)(4) | 6,375,102 | 1,982,845 | 44,577,828 | 587,442 | 20,407,715 | 9,959,040 |
| 民国二十一年(5) | 14,846,037 | 5,097,517 | 55,229,026 | 8,836,255 | 5,364,208 | 1,524,946 |
| 民国二十二年 | 3,915,644 | 1,279,807 | 27,808,396 | 1,474,014 | 2,719,091 | 2,059,091 |
| 民国二十三年 | 2,938,966 | 1,206,772 | 7,075,112 | 2,631,757 | 2,034,701 | 1,598,811 |
| 民国二十四年 | 2,260,198 | 778,348 | 6,006,607 | 987,605 | 1,689,724 | 1,234,256 |

附注：

(1)本表各栏内之,(一)指全国数字,(二)指上海数字。

(2)自1932年起,另有烛及未列名皂一项,每年全国进口净值约数万元,因无法将皂烛数字分开,故未列入。

(3)本表全国数字,自二十一年下半年起,不包括东三省各关之数字在内。

(4)本表二十一年至二十四年,上海一行之银圆数字,系将各年上海关月报中金单位数字,按每年关册所载金单位平均市价折合。

(5)自本年起,他埠进口商为避免缴纳沪埠码头捐及捕捐起见,多将向在上海报税之进口货物在沪转船,直接运往指运口岸报关纳税,故上海统计中之进口洋货因而骤减。

## 年主要机制货品进口净值[1]

| 肥皂[2] | | 火柴 | | 针织品 | | 合计 | |
|---|---|---|---|---|---|---|---|
| (一) | (二) | (一) | (二) | (一) | (二) | (一) | (二) |
| 3,477,115 | 559,127 | 1,833,944 | 38,037 | 3,058,069 | 444,711 | 120,345,156 | 17,880,542 |
| 3,424,766 | 934,625 | 2,283,168 | 137,831 | 3,747,526 | 597,521 | 122,704,596 | 10,845,066 |
| 3,268,436 | 565,978 | 3,825,131 | 234,647 | 2,954,470 | 422,241 | 90,760,524 | 9,477,081 |
| 5,122,372 | 1,094,426 | 4,022,137 | 387,415 | 3,446,852 | 723,703 | 126,732,720 | 26,642,094 |
| 4,291,266 | 722,429 | 5,179,189 | 1,230,745 | 3,984,847 | 818,603 | 166,133,430 | 20,722,035 |
| 3,588,803 | 893,374 | 5,729,640 | 720,657 | 5,308,922 | 1,132,898 | 117,700,123 | 20,380,052 |
| 2,438,969 | 545,574 | 1,810,464 | | 5,207,144 | 950,180 | 80,817,222 | 14,025,081 |
| 1,331,521 | 377,636 | 362,601 | 46,168 | 3,771,441 | 289,166 | 80,904,834 | 16,171,688 |
| 1,124,973 | 769,221 | 92,700 | 5,206 | 2,822,642 | 623,877 | 38,483,455 | 6,211,216 |
| 1,045,589 | 595,525 | 96,175 | 5,106 | 1,018,260 | 519,768 | 14,208,803 | 6,557,739 |
| 998,291 | 484,223 | 92,971 | 6,135 | 589,081 | 293,051 | 11,637,772 | 3,783,618 |

## 己十七表　全国及上海历年外

| 年　　次 | | 民国十四年 | 民国十五年 | 民国十六年 | 民国十七年 | 民国十八年 |
|---|---|---|---|---|---|---|
| 棉花 | (一) | 109,005,745 | 146,063,341 | 124,348,113 | 105,915,048 | 141,970,969 |
| | (二) | 90,007,050 | 117,093,423 | 93,593,472 | 84,634,248 | 109,650,582 |
| 小麦 | (一) | 4,136,096 | 27,989,772 | 10,992,729 | 5,201,984 | 33,389,163 |
| | (二) | 3,443,590 | 27,420,096 | 10,743,391 | 4,532,649 | 32,135,172 |
| 烟叶 | (一) | 31,012,957 | 40,217,386 | 34,844,900 | 54,035,338 | 41,753,152 |
| 烟丝 | (二) | 16,718,008 | 26,094,908 | 22,214,511 | 37,285,495 | 22,772,929 |
| 纯碱 | (一) | 4,622,048 | 5,013,708 | 5,568,967 | 5,828,643 | 6,458,773 |
| 烧碱 | (二) | 1,521,764 | 1,047,693 | 1,462,870 | 1,842,100 | 1,439,492 |
| 酸 | (一) | 1,274,578 | 1,667,367 | 2,494,668 | 2,751,838 | 2,046,787 |
| | (二) | 323,807 | 536,905 | 715,937 | 1,171,149 | 1,025,451 |
| 制造火 | (一) | 2,864,180 | 3,056,631 | 3,518,240 | 3,622,394 | 3,275,807 |
| 柴材料 | (二) | 254,901 | 443,715 | 845,031 | 814,842 | 672,933 |
| 制造火(4)柴 | (一) | 1,236,902* | 1,162,858* | 1,456,202* | 1,451,627* | 1,122,886* |
| 用木片木梗 | (二) | | | | | |
| 合计 | (一) | 152,915,604 | 224,008,205 | 181,767,617 | 177,355,245 | 228,894,651 |
| | (二) | 112,269,120 | 172,645,740 | 129,575,212 | 130,280,483 | 167,705,559 |

附注：

(1)(一)全国,(二)上海。

(2)同己十六表注(3)。

(3)同己十六表注(4)。

(4)本栏有＊记号之全国数字,已包括于制造火柴材料栏之同年全国数字之内。

## 洋主要工业原料品进口净值[1]

（单元：元）

| 民国十九年 | 民国二十年 | 民国二十一年[2][3] | 民国二十二年 | 民国二十三年 | 民国二十四年 |
|---|---|---|---|---|---|
| 206,069,912 | 279,010,139 | 186,782,997 | 98,206,071 | 90,246,597 | 42,523,725 |
| 165,354,753 | 226,129,852 | 107,538,694 | 90,279,557 | 85,433,749 | 38,306,287 |
| 19,990,215 | 136,542,031 | 80,643,001 | 88,043,295 | 31,869,171 | 36,986,186 |
| 17,509,322 | 115,500,013 | 36,687,701 | 70,263,360 | 28,019,114 | 31,927,691 |
| 48,453,370 | 75,888,310 | 37,665,647 | 26,269,818 | 31,517,810 | 8,889,475 |
| 39,840,537 | 53,662,597 | 22,812,347 | 25,009,410 | 29,145,662 | 8,315,032 |
| 9,715,319 | 10,127,569 | 4,985,658 | 4,955,810 | 5,181,391 | 4,191,493 |
| 3,178,521 | 3,809,835 | 1,363,684 | 3,137,969 | 3,060,491 | 2,821,890 |
| 2,822,600 | 3,791,720 | 2,346,854 | 3,063,011 | 2,841,984 | 1,976,971 |
| 1,751,943 | 1,869,958 | 589,787 | 1,255,437 | 1,162,578 | 1,067,079 |
| 3,868,131 | 5,585,259 | | | | |
| 771,771 | 1,448,088 | | | | |
| 1,356,928* | 1,773,594* | 844,730 | 737,296 | 485,859 | 288,778 |
| | | 65,002 | 101,834 | 26,625 | 38,846 |
| 290,919,547 | 510,945,028 | 313,268,887 | 221,275,301 | 162,142,812 | 94,856,628 |
| 218,406,847 | 402,420,343 | 169,057,215 | 190,047,567 | 146,848,219 | 82,476,825 |

## 己十八表　全国及上海历年农

| 年　次 | 缝纫机针织机 | | 缝纫机针织机刺绣机及其配件 | | 农业机器 | |
|---|---|---|---|---|---|---|
| | （一） | （二） | （一） | （二） | （一） | （二） |
| 民国十四年 | 620,927 | 85,805 | | | 251,287 | 33,243 |
| 民国十五年 | 1,013,834 | 158,774 | | | 796,979 | 156,392 |
| 民国十六年 | 1,194,991 | 184,059 | | | 1,037,591 | 231,785 |
| 民国十七年 | 1,630,779 | 417,901 | | | 1,158,161 | 234,026 |
| 民国十八年 | 2,361,451 | 776,708 | | | 2,192,458 | 359,018 |
| 民国十九年 | 1,240,673 | 399,406 | | | 2,321,041 | 543,486 |
| 民国二十年(3)(4) | 1,004,703 | 601,908 | | | 1,062,864 | 589,566 |
| 民国二十一年 | | | 914,409 | 263,528 | | |
| 民国二十二年 | | | 1,077,155 | 586,599 | | |
| 民国二十三年 | | | 1,397,586 | 1,006,616 | | |
| 民国二十四年 | | | 900,817 | 529,793 | | |

## 业及工业用机器进口净值[1][2]

（单位:元）

| 农业机器及其配件 | | 发电厂机器 | | 电气机器(包括发电机电动机变压器未列名电气机器及配件等) | | 印书钉书切纸机器 | |
|---|---|---|---|---|---|---|---|
| (一) | (二) | (一) | (二) | (一) | (二) | (一) | (二) |
| | | 1,336,999 | 643,203 | | | 1,015,017 | 766,743 |
| | | 1,295,642 | 505,937 | | | 903,143 | 636,846 |
| | | 2,012,205 | 1,196,679 | | | 676,995 | 380,784 |
| | | 2,050,191 | 1,172,088 | | | 1,198,247 | 1,048,137 |
| | | 3,945,135 | 2,396,343 | | | 2,056,487 | 1,378,713 |
| | | 5,582,696 | 3,096,743 | | | 1,738,521 | 1,298,657 |
| | | 5,728,270 | 3,327,692 | | | 1,139,879 | 983,341 |
| 91,687 | 4,307 | | | 6,615,958 | 2,151,519 | | |
| 29,764 | -1,138[5] | | | 4,995,599 | 2,732,044 | | |
| 14,712 | 2,425 | | | 5,762,160 | 3,296,440 | | |
| 50,057 | 14,070 | | | 5,924,959 | 2,903,800 | | |

| 年　次 | 印书订书切纸机器及其配件 | | 推进机器 | | 发动机器及其配件 | |
|---|---|---|---|---|---|---|
| | （一） | （二） | （一） | （二） | （一） | （二） |
| 民国十四年 | | | 2, 991, 023 | 1, 284, 574 | | |
| 民国十五年 | | | 2, 962, 392 | 1, 529, 521 | | |
| 民国十六年 | | | 4, 642, 779 | 2, 295, 423 | | |
| 民国十七年 | | | 3, 997, 800 | 2, 177, 958 | | |
| 民国十八年 | | | 5, 360, 615 | 2, 980, 906 | | |
| 民国十九年 | | | 5, 852, 727 | 4, 059, 205 | | |
| 民国二十年(3)(4) | | | 8, 834, 670 | 5, 713, 753 | | |
| 民国二十一年 | 1, 137, 472 | 492, 671 | | | 6, 955, 605 | 1, 996, 288 |
| 民国二十二年 | 770, 502 | 576, 710 | | | 3, 923, 896 | 2, 539, 653* |
| 民国二十三年 | 1, 379, 305 | 1, 048, 958 | | | 8, 216, 571 | 5, 363, 769 |
| 民国二十四年 | 2, 888, 288 | 1, 003, 841 | | | 5, 395, 050 | 2, 431, 155 |

续一表(1)(2)

| 抽水机及装置品 | | 纺织厂机器 | | 纺纱锭管 | | 纺织机及其配件 | |
|---|---|---|---|---|---|---|---|
| (一) | (二) | (一) | (二) | (一) | (二) | (一) | (二) |
| 1, 001, 767 | 481, 646 | 5, 307, 836 | 3, 032, 591 | 317, 489 | 221, 574 | | |
| 831, 339 | 320, 825 | 6, 322, 046 | 4, 875, 015 | 637, 513 | 497, 815 | | |
| 831, 855 | 380, 062 | 5, 779, 018 | 4, 707, 966 | 668, 407 | 447, 774 | | |
| 1, 218, 515 | 563, 546 | 6, 395, 835 | 4, 928, 752 | 384, 491 | 274, 582 | | |
| 1, 219, 810 | 567, 568 | 13, 915, 668 | 10, 199, 575 | 478, 639 | 347, 975 | | |
| 1, 734, 436 | 955, 115 | 21, 803, 685 | 16, 370, 180 | 715, 634 | 508, 234 | | |
| 1, 446, 011 | 641, 631 | 21, 501, 360 | 17, 184, 808 | 828, 343 | 596, 388 | | |
| 748, 109 | 210, 899 | | | | | 16, 105, 186 | 7, 791, 686 |
| 1, 360, 062 | 840, 931 | | | | | 9, 081, 377 | 7, 588, 193 |
| 1, 331, 608 | 629, 806 | | | | | 14, 206, 097 | 8, 973, 328 |
| 1, 516, 935 | 672, 822 | | | | | 14, 390, 989 | 8, 978, 175 |

| 年　　次 | 酿酒蒸馏制糖等机器 | | 他种机器及机器零件 | | 车床机 | |
| --- | --- | --- | --- | --- | --- | --- |
| | (一) | (二) | (一) | (二) | (一) | (二) |
| 民国十四年 | 9, 558 | 5, 113 | 12, 355, 613 | 3, 382, 242 | 354, 420 | 15, 639 |
| 民国十五年 | 6, 857 | 151 | 12, 958, 673 | 4, 421, 668 | 544, 719 | 138, 148 |
| 民国十六年 | 14, 728 | 8, 000 | 13, 170, 109 | 3, 637, 709 | 582, 648 | 86, 989 |
| 民国十七年 | 156, 493 | 126, 796 | 14, 161, 963 | 3, 931, 172 | 582, 134 | 203, 852 |
| 民国十八年 | 97, 397 | 4, 140 | 17, 775, 602 | 5, 324, 657 | 424, 887 | 152, 824 |
| 民国十九年 | 111, 305 | 37, 604 | 29, 848, 826 | 8, 354, 230 | 334, 242 | 157, 732 |
| 民国二十年 | 96, 602 | 37, 845 | 28, 126, 267 | 12, 870, 950 | 398, 686 | 245, 608 |
| 民国二十一年(3)(4) | | | | | | |
| 民国二十二年 | | | | | | |
| 民国二十三年 | | | | | | |
| 民国二十四年 | | | | | | |

续二表[1][2]

| 制雪茄烟及纸烟机器及其配件 | | 未列名机器及配件 | | 合　计 | |
|---|---|---|---|---|---|
| (一) | (二) | (一) | (二) | (一) | (二) |
| | | | | 25,570,936 | 9,952,373 |
| | | | | 28,273,137 | 13,241,092 |
| | | | | 30,611,326 | 13,557,230 |
| | | | | 32,934,618 | 15,078,810 |
| | | | | 49,828,149 | 24,488,427 |
| | | | | 71,283,786 | 35,780,592 |
| | | | | 70,167,655 | 42,793,490 |
| 930,604 | 499,501 | 13,892,242 | 5,117,261 | 47,391,272 | 18,527,660 |
| 255,417 | 210,917 | 16,804,785 | 11,328,725 | 38,298,557 | 26,402,634 |
| 144,351 | 121,452 | 21,739,598 | 10,237,607 | 54,191,988 | 30,680,401 |
| 141,413 | 39,902 | 29,409,246 | 9,659,681 | 60,617,754 | 26,233,239 |

附注：

(1)(一)全国,(二)上海。

(2)二十一年起改编关册中之货品名目,与二十一年以前所用者颇多不同。因不便随意合并,故复分列两栏。

(3)同已十六表注(3)。

(4)同已十六表注(4)。

(5)此处负号数字仅表示,在海关统计范围以内,二十二年农业机器复出口价值偶较同年进口值为高。上海既非农业中心,则各年进口之农业机器终须转运其他口岸,惟每年由铁路运出者共有若干,因未经调查,不能一一计算。

## 己十九表　全国及上海历年

| 年次 | 棉纱 | | 厂丝 | | 卷烟 | |
|---|---|---|---|---|---|---|
| | (一) | (二) | (一) | (二) | (一) | (二) |
| 民国十四年[3] | 5,867,133 | 5,016,905 | 189,426,825 | 68,048,663 | 23,751,755 | 17,418,004 |
| 民国十五年 | 16,845,024 | 14,994,983 | 197,242,848 | 68,067,594 | 24,017,818 | 19,432,878 |
| 民国十六年 | 30,800,406 | 24,194,187 | 171,086,356 | 67,055,510 | 27,686,835 | 23,696,303 |
| 民国十七年 | 33,637,281 | 27,974,630 | 201,675,447 | 87,196,355 | 31,504,231 | 26,678,025 |
| 民国十八年[4] | 28,582,773 | 22,475,111 | 200,292,007 | 87,792,607 | 19,209,602 | 13,399,503 |
| 民国十九年 | 20,548,395 | 21,433,822 | 150,597,388 | 62,705,013 | 12,644,074 | 8,998,355 |
| 民国二十年 | 53,321,631 | 38,104,293 | 109,207,014 | 38,749,911 | 7,696,283 | 7,002,016 |
| 民国二十一年[5] | 29,821,597 | 25,585,537 | 39,478,844 | 18,374,472 | 2,402,370 | 1,855,184 |
| 民国二十二年[6] | 40,021,859 | 36,502,907 | 39,426,619 | 22,963,808 | 1,244,815 | 848,377 |
| 民国二十三年 | 31,400,412 | 30,561,036 | 17,912,246 | 8,833,353 | 1,675,344 | 945,837 |
| 民国二十四年 | 19,223,489 | 17,337,904 | 29,217,192 | 22,547,370 | 1,359,052 | 846,050 |

## 主要机制洋式货品出口总值[1][2]

（单位：元）

| 火柴 | | 火柴（含白磷或黄磷之火柴不在内） | | 面粉 | | 机制麦粉（麦屑在内） | |
|---|---|---|---|---|---|---|---|
| （一） | （二） | （一） | （二） | （一） | （二） | （一） | （二） |
| 260,438 | 40,558 | | | 2,030,371 | 1,777,404 | | |
| 23,367 | | | | 831,001 | 803,446 | | |
| 21,827 | | | | 869,876 | 824,112 | | |
| 866,320 | 100,530 | | | 658,923 | 516,031 | | |
| 180,397 | 7,000 | | | 196,009 | 167,569 | | |
| 180,205 | 922 | | | 44,118 | 32,141 | | |
| 288,306 | 11,105 | | | 225,676 | 217,525 | | |
| | | 221,671 | 8,893 | | | 3,802,321 | 2,651,381 |
| | | 364,824 | 34,007 | | | 4,124,657 | 4,123,676 |
| | | 245,525 | 22,752 | | | 634,348 | 633,489 |
| | | 140,997 | 9,576 | | | 40,908 | 38,716 |

| 年　次 | 香 肥 皂 | | 肥　皂<br>（家用及洗衣肥皂） | |
|---|---|---|---|---|
| | （一） | （二） | （一） | （二） |
| 民国十四年(3) | 22, 273 | 22, 929 | 124, 218 | 116, 273 |
| 民国十五年 | 58, 649 | 56, 253 | 194, 222 | 189, 640 |
| 民国十六年 | 82, 801 | 79, 073 | 320, 181 | 306, 292 |
| 民国十七年 | 49, 004 | 47, 386 | 394, 753 | 384, 910 |
| 民国十八年(4) | 36, 946 | 36, 261 | 424, 885 | 420, 353 |
| 民国十九年 | 78, 693 | 76, 295 | 1, 144, 979 | 1, 087, 194 |
| 民国二十年 | 215, 529 | 206, 709 | 806, 788 | 800, 056 |
| 民国二十一年(5) | | | 428, 112 | 416, 207 |
| 民国二十二年(6) | | | 314, 818 | 305, 325 |
| 民国二十三年 | | | 279, 213 | 275, 577 |
| 民国二十四年 | | | 184, 768 | 183, 705 |

续表[1][2]

| 棉制短袜长袜[7] | | 针　织　品（包括长短袜未列名袜汗衫汗裤等） | | 合　　计 | |
|---|---|---|---|---|---|
| （一） | （二） | （一） | （二） | （一） | （二） |
| 362, 032 | | | 504, 759 | 221, 845, 045 | 92, 945, 495 |
| 407, 378 | | | 393, 678 | 239, 620, 307 | 103, 938, 472 |
| 408, 233 | | | 551, 580 | 231, 276, 515 | 116, 707, 057 |
| 277, 598 | | | 720, 913 | 269, 063, 557 | 143, 618, 780 |
| 250, 017 | | | 1, 038, 475 | 249, 181, 636 | 125, 336, 879 |
| 326, 340 | | | 1, 407, 221 | 194, 564, 282 | 95, 740, 963 |
| 354, 387 * | | 1, 976, 625 | 1, 664, 682 | 173, 737, 852 | 86, 756, 297 |
| 212, 877 * | | 791, 307 | 661, 547 | 76, 946, 222 | 49, 553, 221 |
| 819, 317 * | | 1, 054, 891 | 939, 059 | 86, 552, 483 | 65, 717, 159 |
| 454, 211 * | | 598, 820 | 496, 122 | 52, 745, 908 | 41, 768, 166 |
| 409, 310 * | | 433, 629 | 364, 709 | 50, 600, 635 | 41, 328, 030 |

附注：

(1)(一)全国,(二)上海。

(2)同己十八表注(2)。

(3)十四年至二十年各年,因上海关册中无运往外洋货值的总数,只得将各货品之出口往外洋及香港之合计数量,乘以各货品之平均价格,而得其总值。

(4)出口货品之由香港转口往国内各口岸者,民国十八年以前之关册亦作出口往外洋之货品论。但自十八年起之关册则认该种货品与土货出口直接运往国内口岸者相同。故本表所列十八年以前,全国及上海出数字,实包括一部分出口往香港转往国内口岸货值在内,与十八年以后之全为出口往外洋之货值略有不同。

(5)同己十六表注(3)。

(6)查海关统计编制方法,自一九三二年五月起,已有变更即凡由沿海各埠(如上海)转运外洋之土货,原起运口岸应将其数字列入转口贸易之内,而转运口岸则以直接出口者计之,故自本年起上海数字中之有增加趋势者不免受统计编制方法变更之影响。

(7)本栏有*记号之全国数字,已包括于针织品栏之同年全国数字之内。

## 己二十表　上海历年往来外洋及国内口岸商船进出口只数吨数之统计

| 年　次 | 往来外洋 | | 往来国内口岸 | | 合　计 | |
|---|---|---|---|---|---|---|
| | 只 | 吨 | 只 | 吨 | 只 | 吨 |
| 民国十四年 | | | | | 19, 861 | 30, 284, 855 |
| 民国十五年 | | | | | 22, 686 | 33, 323, 429 |
| 民国十六年 | | | | | 21, 514 | 30, 151, 653 |
| 民国十七年 | | | | | 22, 268 | 34, 586, 406 |
| 民国十八年 | | | | | 22, 289 | 35, 869, 560 |
| 民国十九年 | | | | | 23, 739 | 37, 110, 641 |
| 民国二十年 | | | | | 20, 795 | 37, 972, 893 |
| 民国二十一年 | | 17, 612, 844 | | 16, 404, 623 | — | 34, 017, 467 |
| 民国二十二年 | 4, 136 | 17, 881, 928 | 13, 979 | 17, 340, 415 | 18, 115 | 35, 222, 343 |
| 民国二十三年 | 3, 726 | 16, 854, 481 | 14, 071 | 18, 644, 193 | 17, 797 | 35, 498, 674 |

附注：

十四年至二十年根据《江海关贸易年报》，二十一年至二十三年根据《海关中外贸易统计年刊》，及《上海关对外贸易月报》。

## 己二十一表　上海历年航行内港商船只数吨数之统计

| 年　次 | 只 | 吨 |
|---|---|---|
| 民国十四年 | 15, 005 | 2, 362, 270 |
| 民国十五年 | 18, 857 | 2, 652, 908 |
| 民国十六年 | 15, 908 | 2, 311, 670 |
| 民国十七年 | 18, 690 | 3, 051, 365 |
| 民国十八年 | 20, 640 | 3, 449, 834 |
| 民国十九年 | 23, 790 | 3, 858, 163 |
| 民国二十年 | 22, 838 | 3, 965, 810 |
| 民国二十一年 | | |
| 民国二十二年 | 28, 270 | 4, 103, 598 |
| 民国二十三年 | 7, 858 | 4, 381, 162 |

附注：

根据《江海关贸易年报》及《上海关对外贸易月报》。

## 己二十二表　京沪沪杭甬路货运之统计

| 年　次 | 京沪路 | | 沪杭甬路 | |
|---|---|---|---|---|
| | 载货吨数 | 延吨公里 | 载货吨数 | 延吨公里 |
| 民国十四年 | 1,046,004 | 207,027,418 | 823,403 | 107,443,052 |
| 民国十五年 | 1,532,315 | 321,133,658 | 879,966 | 118,219,635 |
| 民国十六年 | 748,600 | 158,970,840 | 543,598 | 72,201,834 |
| 民国十七年 | 1,296,223 | 272,450,274 | 889,656 | 116,743,786 |
| 民国十八年 | 1,447,680 | 296,024,720 | 901,845 | 118,517,563 |
| 民国十九年 | 1,383,414 | 290,411,387 | 981,008 | 136,624,808 |
| 民国二十年 | 1,396,087 | 277,071,434 | 950,528 | 134,609,468 |
| 民国二十一年 | 841,749 | 168,551,342 | 776,734 | 102,416,065 |
| 民国二十二年 | 1,422,360 | 288,170,427 | 902,758 | 123,649,684 |
| 民国二十三年 | 1,587,474 | 306,980,899 | 1,030,551 | 143,370,568 |

附注：

根据铁道部统计科特行供给之材料。

## 己二十三表　京沪沪杭甬路客运之统计

| 年　次 | 京沪路 | | 沪杭甬路 | |
|---|---|---|---|---|
| | 载客人数 | 延人公里 | 载客人数 | 延人公里 |
| 民国十四年 | 8,863,989 | 609,655,396 | 5,173,625 | 252,610,953 |
| 民国十五年 | 11,313,102 | 794,195,568 | 5,450,612 | 284,785,526 |
| 民国十六年 | 8,657,304 | 660,240,092 | 3,885,704 | 231,713,033 |
| 民国十七年 | 10,861,405 | 820,473,826 | 5,207,158 | 304,114,703 |
| 民国十八年 | 11,708,039 | 901,712,472 | 5,341,510 | 331,655,700 |
| 民国十九年 | 12,813,362 | 937,513,543 | 5,675,659 | 376,698,714 |
| 民国二十年 | 13,181,044 | 984,235,345 | 5,778,112 | 382,689,096 |
| 民国二十一年 | 7,903,520 | 689,049,807 | 1,197,952 | 320,315,583 |
| 民国二十二年 | 10,277,242 | 908,485,806 | 5,240,770 | 340,115,332 |
| 民国二十三年 | 10,750,306 | 970,902,302 | 5,223,470 | 348,622,314 |

附注：

根据铁道部统计科特行供给之材料。

## 己二十四表　京沪路沪杭甬路之历年收入统计

（单位:元）

| 年次 | 京沪路 | | | | | | 沪杭甬路 | | | | | |
|---|---|---|---|---|---|---|---|---|---|---|---|---|
| | 客运收入 | | 货运收入 | | 杂项收入 | 总收入 | 客运收入 | | 货运收入 | | 杂项收入 | 总收入 |
| | 旅客 | 其他 | 货物 | 其他 | | | 旅客 | 其他 | 货物 | 其他 | | |
| 民国十四年 | 4, 741, 006 | 1, 048, 934 | 1, 523, 722 | 1, 282, 042 | 247, 989 | 8, 843, 693 | 2, 632, 327 | 421, 254 | 1, 191, 899 | 74, 709 | 109, 043 | 4, 429, 232 |
| 民国十五年 | 5, 009, 342 | 488, 229 | 2, 213, 546 | 403, 051 | 143, 084 | 9, 157, 252 | 3, 111, 399 | 438, 444 | 1, 305, 225 | 66, 722 | 56, 836 | 4, 978, 626 |
| 民国十六年 | 5, 381, 280 | 1, 250, 974 | 1, 125, 953 | 231, 060 | 144, 932 | 8, 134, 199 | 2, 590, 525 | 1, 004, 657 | 958, 836 | 46, 045 | 46, 363 | 4, 646, 426 |
| 民国十七年 | 7, 687, 317 | 450, 136 | 2, 115, 667 | 473, 860 | 149, 103 | 10, 876, 083 | 3, 526, 701 | 378, 257 | 1, 567, 028 | 80, 353 | 69, 736 | 5, 622, 075 |
| 民国十八年 | 8, 665, 976 | 507, 726 | 2, 316, 898 | 409, 164 | 140, 118 | 12, 039, 882 | 3, 832, 925 | 284, 110 | 1, 606, 267 | 103, 999 | 100, 014 | 5, 927, 315 |
| 民国十九年 | 8, 976, 198 | 609, 868 | 2, 186, 078 | 404, 515 | 254, 412 | 12, 431, 071 | 4, 102, 107 | 306, 767 | 1, 777, 674 | 121, 966 | 87, 718 | 6, 396, 232 |
| 民国二十年 | 10, 901, 142 | 822, 917 | 2, 543, 856 | 393, 361 | 379, 834 | 15, 041, 110 | 4, 748, 274 | 347, 435 | 2, 044, 180 | 141, 846 | 105, 109 | 7, 386, 844 |
| 民国二十一年 | 7, 388, 160 | 631, 989 | 1, 651, 307 | 234, 078 | 163, 255 | 10, 068, 789 | 4, 217, 101 | 297, 601 | 1, 568, 696 | 98, 120 | 53, 137 | 6, 234, 655 |
| 民国二十二年 | 9, 739, 422 | 782, 434 | 2, 625, 899 | 406, 640 | 318, 400 | 13, 872, 795 | 4, 351, 284 | 168, 158 | 1, 901, 732 | 143, 128 | 108, 398 | 6, 672, 700 |
| 民国二十三年 | 10, 100, 228 | 677, 403 | 3, 653, 889 | 617, 192 | 168, 378 | 15, 217, 090 | 4, 407, 548 | 113, 154 | 2, 001, 337 | 107, 877 | 135, 272 | 6, 765, 188 |

附注：

依据铁道部统计科特行供给之材料。

## 己二十五表　上海银钱业之拆息与贴现率

（单位：分）

| 年　次 | 拆　息[1] | 公单拆款息[2] | 公单贴现率[3] |
|---|---|---|---|
| 民国十五年 | 15 | | |
| 民国十六年 | 8 | | |
| 民国十七年 | 14 | | |
| 民国十八年 | 14 | | |
| 民国十九年 | 7 | | |
| 民国二十年 | 13 | | |
| 民国二十一年 | 10 | | |
| 民国二十二年 | 5 | | |
| 民国二十三年 | 9 | 10.50 | 13.50 |
| 民国二十四年 | 14 | 14.31 | 19.40 |

附注：

（1）钱业公会挂牌，系每千元每日之拆息。本栏数字系转录《上海物价月报》。

（2）票据交换所挂牌，系会员银行每千元每日之拆息。本栏数字系根据《票据交换所报告》及尚未发表之材料。

（3）票据交换所挂牌，系工商业每千元每日之贴现率，故较拆款息为高，本栏数字系根据《票据交换所报告》及尚未发表之材料。自二十五年四月起，此项贴现率亦应用于承兑汇票。

## 己二十六表 上海二十八大华商银行之营业统计

（单位：元）

| 年 份 | 各项放款 | 各项存款 | 发行及领用兑换券 | 投资有价证券 | 库存现金 | 实收股本 |
|---|---|---|---|---|---|---|
| 民国十四年 | 763, 738, 118 | 783, 297, 475 | 221, 806, 026 | 64, 730, 228 | 115, 651, 786 | 114, 065, 434 |
| 民国十五年 | 887, 344, 434 | 934, 821, 402 | 246, 525, 163 | 90, 058, 145 | 124, 302, 111 | 114, 996, 890 |
| 民国十六年 | 908, 019, 930 | 976, 122, 496 | 278, 730, 410 | 104, 324, 217 | 123, 153, 055 | 117, 049, 543 |
| 民国十七年 | 1, 056, 358, 175 | 1, 123, 470, 646 | 330, 858, 375 | 126, 221, 773 | 122, 657, 074 | 144, 160, 093 |
| 民国十八年 | 1, 221, 940, 222 | 1, 320, 151, 727 | 376, 033, 697 | 141, 893, 322 | 139, 531, 805 | 149, 025, 268 |
| 民国十九年 | 1, 420, 540, 837 | 1, 620, 261, 033 | 448, 620, 188 | 222, 311, 189 | 156, 480, 337 | 150, 197, 868 |
| 民国二十年 | 1, 603, 905, 114 | 1, 860, 656, 525 | 437, 139, 770 | 239, 236, 974 | 194, 280, 724 | 155, 784, 785 |
| 民国二十一年 | 1, 661, 910, 732 | 1, 974, 097, 476 | 477, 080, 354 | 239, 239, 735 | 253, 351, 671 | 156, 777, 676 |
| 民国二十二年 | 2, 023, 179, 920 | 2, 418, 589, 782 | 548, 480, 924 | 274, 973, 672 | 305, 137, 855 | 173, 885, 326 |
| 民国二十三年 | 2, 253, 966, 384 | 2, 751, 362, 725 | 657, 288, 292 | 475, 563, 949 | 281, 110, 201 | 254, 439, 976 |

附注：

根据《中国重要银行营业概况研究》。

## 己二十七表 上海二十八大华商银行之营业百分数的进展

| | 十四年至二十三年 | 每两年平均进展数 | 二十年至二十二年实际进展数 |
|---|---|---|---|
| 实收股本 | 123 | 25 | 12 |
| 公积金及盈余滚存 | 61 | 12 | 28 |
| 纯益 | 85 | 17 | 27 |
| 各项存款 | 251 | 50 | 30 |
| 各项放款 | 195 | 39 | 26 |
| 库存现金 | 143 | 29 | 57 |
| 发行及领用兑换券 | 196 | 39 | 25 |
| 投资有价证券 | 635 | 127 | 15 |

附注：根据《中国重要银行营业概况研究》。

## 己二十八表　上海之历年现银存底

（单位：千元）

| 年　次 | 华商银行 | 外商银行 | 合　计 |
|---|---|---|---|
| 民国十四年 | 62,233 | 71,817 | 134,050 |
| 民国十五年 | 73,494 | 73,859 | 147,353 |
| 民国十六年 | 79,342 | 62,907 | 142,249 |
| 民国十七年 | 102,760 | 68,781 | 171,541 |
| 民国十八年 | 144,196 | 96,064 | 240,260 |
| 民国十九年 | 166,293 | 95,663 | 261,956 |
| 民国二十年 | 179,305 | 86,883 | 266,188 |
| 民国二十一年 | 253,289 | 185,050 | 438,339 |
| 民国二十二年 | 271,786 | 275,660 | 547,446 |
| 民国二十三年 | 280,325 | 54,672 | 334,997 |

附注：

根据《中外商业金融业报》。本表各年数字系各该年十二月份之数字。

## 己二十九表　上海银钱业票据交换额

（单位：千元）

| 年　份 | 票据交换所票据交换额 | | 钱业公会公单收解额[2] | 银钱业互解额[2] | 合　计 |
|---|---|---|---|---|---|
| | 银圆[1] | 汇划银圆[1] | | | |
| 民国十五年 | | | 15,273,234 | | 15,273,753 |
| 民国十六年 | | | 12,648,740 | | 12,648,740 |
| 民国十七年 | | | 14,775,784 | | 14,775,784 |
| 民国十八年 | | | 16,858,209 | | 16,858,209 |
| 民国十九年 | | | 21,573,523 | 11,720,246 | 33,293,769 |
| 民国二十年 | | | 25,609,091 | 7,674,438 | 33,283,529 |
| 民国二十一年 | | | 16,830,849 | 6,211,999 | 23,042,848 |
| 民国二十二年 | 1,118,674 | 847,778 | 13,811,380 | 6,214,423 | 21,992,255 |
| 民国二十三年 | 1,582,374 | 1,639,743 | 14,560,783 | 7,269,800 | 25,052,700 |
| 民国二十四年 | 1,857,579 | 1,858,249 | 13,578,830 | 7,209,100 | 24,503,758 |

附注：

(1)根据《票据交换所报告》。(2)根据《钱业月报》。

## 己三十表　上海各交易所之成交额

（单位:千）

| 年　次 | 内　债 | | 标金 | 标纱 | 标花 | 标粉 | 标麦 | 黄豆 | 豆油 | 豆饼 |
|---|---|---|---|---|---|---|---|---|---|---|
| | (1) | (2) | (3) | (4) | (5) | (6) | (7) | (7) | (7) | (7) |
| | 元 | 元 | 条 | 包 | 市担 | 袋 | 市担 | 市担 | 市担 | 片 |
| 民国十五年 | 450,738(8) | * | 72,136 | 5,533 | 13,251 | 163,115 | * | * | | * |
| 民国十六年 | 238,169 | * | 65,920 | 2,807(9) | 5,751(9) | 104,114 | * | * | | * |
| 民国十七年 | 370,487 | * | 53,819 | 3,132 | 17,465 | 121,562 | 15,746(8) | 710(8) | | 8,602(8) |
| 民国十八年 | 1,320,555 | 97,703 | 62,092 | 5,385 | 17,403 | 98,480 | 14,430 | 758 | 273(8) | 3,612 |
| 民国十九年 | 2,341,820 | 90,615 | 58,299 | 5,053 | 15,373 | 165,889 | 38,736 | 5,308 | 10 | 5,383 |
| 民国二十年 | 3,362,540 | 555,022 | 53,364 | 11,435 | 33,550 | 295,337 | 76,430 | 15,023 | 2,090 | 18,125 |
| 民国二十一年(10) | 901,710 | 303,939 | 23,058 | 6,159 | 20,106 | 95,715 | 8,042 | 1,561 | 180 | 2,923 |
| 民国二十二年 | 3,182,685 | 230,090 | 34,498 | 9,738 | 29,599 | 154,566 | 15,791 | 594 | 6 | 6,278 |
| 民国二十三年 | 4,773,410 | | 33,518 | 10,379 | 32,695 | 185,115 | 18,811 | 2,492 | 1,762 | 11,926 |
| 民国二十四年 | 4,909,980 | | 19,625 | 8,943 | 27,024 | 168,640 | 10,818 | 2,509 | 1,779 | 10,255 |

**附注：**

（1）华商证券交易所之成交额。民国十九年以前根据《商业月报》，十九年起根据华商证券交易所所供给之材料。

(2)此系根据《统计月报》所载之物品证券交易所成交额。十五年至十七年数字未详,二十二年数字仅为该年一至五月物品证券交易所证券部分未并入华商证券交易所以前之成交额。

(3)二十二年以前根据交易所材料,二十二年起根据国定税则委员会材料。两者皆金业及物品证券两交易所之合计成交额,直至二十三年九月十六日物品证券交易所标金部分并入金业交易所为止。

(4)及(5)根据纱布交易所所供给之材料。

(6)根据面粉交易所所供给之材料。

(7)根据杂粮交易所所供给之材料。标麦、黄豆、豆饼之十五、十六两年成交额未详。

(8)系十一个月的成交额。

(9)系八个月的成交额。

(10)本年证券交易所与纱布交易所只做九个月,面粉及杂粮交易只做八个月,金业交易所则仍做十二个月。

## 己三十一表　上海众业公所公司股票成交额[1]

（单位:股）

| 年　　次 | 普通股票 | 优先股票 | 橡皮股票 | 合　计 |
|---|---|---|---|---|
| 民国二十年下半年 | 7,080,725 | 88,533 | 100,319 | 7,269,577 |
| 民国二十一年上半年 | | | | 2,230,739[2] |
| 民国二十一年下半年 | | | | 2,107,729 |
| 民国二十二年上半年 | | | | 4,429,710 |
| 民国二十二年下半年 | | | | 4,104,876 |
| 民国二十三年上半年 | 967,422 | 41,909 | 9,641,561 | 10,650,892 |
| 民国二十三年下半年 | 534,162 | 30,898 | 7,236,685 | 7,807,745 |
| 民国二十四年上半年 | 49,889 | 21,190 | 253,655 | 324,734 |
| 民国二十四年下半年 | | | | 573,587 |

附注：

（1）根据由新丰洋行特行供给之材料。

（2）仅为四个月之成交额。

## 己三十二表　上海内国债券折扣与指数及证券指数

| 年　次 | 债券总折扣<br>债券余额＝100[(1)] | 债券指数 | | 证券指数<br>民国二十年开月末市价＝100[(3)] |
|---|---|---|---|---|
| | | 月息一分＝100[(2)] | 民国二十年七月末市价＝100[(3)] | |
| 民国十七年 | | 69.62 | | |
| 民国十八年 | | 80.95 | | |
| 民国十九年 | | 68.03 | | |
| 民国二十年 | | 62.29 | 85.62[(6)] | 99.76[(6)] |
| 民国二十一年 | 44.30[(4)] | 49.05[(5)] | 60.86[(5)] | 80.28[(7)] |
| 民国二十二年 | 55.25 | 71.35 | 78.48 | 71.36 |
| 民国二十三年 | 69.84 | 96.82 | 97.94 | 65.29 |
| 民国二十四年 | 70.25 | 92.43 | 98.25 | 57.11 |

附注：

(1)根据《月行月刊》材料。

(2)根据新华银行特别供给之材料。

(3)根据新丰洋行特别供给之材料。

(4)五月至十二月之平均。

(5)一月及五至十二月之平均。

(6)下半年之平均。

(7)一月及四至十二月之平均。

## 己三十三表　各国在华纱厂之棉纺锤,1890—1935[1]

| 年次 | 纺 | | | | 锤 | | | |
|---|---|---|---|---|---|---|---|---|
| | 华商 | | 日商 | | 英商 | | 总计 | |
| | 实数 | 1913=100 | 实数 | 1913=100 | 实数 | 1913=100 | 实数 | 1913=100 |
| 1890 | 114,721 | 17.60 | | | | | 114,712 | 11.67 |
| 1891 | 204,712 | 31.41 | | | | | 204,712 | 20.83 |
| 1892 | 204,712 | 31.41 | | | | | 204,712 | 20.83 |
| 1893 | 204,712 | 31.41 | | | | | 204,712 | 20.83 |
| 1894 | 204,712 | 31.41 | | | | | 204,712 | 20.83 |
| 1895 | 221,744 | 34.03 | 22,432 | 9.61 | 72,312 | 74.02 | 316,488 | 32.10 |
| 1896 | 324,116 | 49.74 | 123,480 | 52.89 | 72,312 | 74.02 | 519,908 | 52.90 |
| 1897 | 324,116 | 49.74 | 149,608 | 64.09 | 72,312 | 74.02 | 546,036 | 55.56 |
| 1898 | 324,116 | 49.74 | 149,608 | 64.09 | 72,312 | 74.02 | 546,036 | 55.56 |
| 1899 | 416,056 | 63.84 | 149,608 | 64.09 | 72,312 | 74.02 | 637,976 | 64.91 |
| 1900 | 416,056 | 63.84 | 149,608 | 64.09 | 72,312 | 74.02 | 637,976 | 64.91 |
| 1901 | 416,056 | 63.84 | 149,608 | 64.09 | 72,312 | 74.02 | 637,976 | 64.91 |
| 1902 | 416,056 | 63.84 | 149,608 | 64.09 | 72,312 | 74.02 | 637,976 | 64.91 |
| 1903 | 416,056 | 63.84 | 149,608 | 64.09 | 72,312 | 74.02 | 637,976 | 64.91 |
| 1904 | 416,056 | 63.84 | 149,608 | 64.09 | 72,312 | 74.02 | 637,976 | 64.91 |
| 1905 | 484,136 | 74.29 | 149,608 | 64.09 | 72,312 | 74.02 | 706,056 | 71.84 |
| 1906 | 507,336 | 77.85 | 149,608 | 64.09 | 72,312 | 74.02 | 729,256 | 74.20 |
| 1907 | 596,084 | 91.47 | 149,608 | 64.09 | 97,688 | 100.00 | 843,380 | 85.81 |
| 1908 | 622,676 | 95.55 | 149,608 | 64.09 | 97,688 | 100.00 | 869,972 | 88.52 |
| 1909 | 651,676 | 100.00 | 149,608 | 64.09 | 97,688 | 100.00 | 898,972 | 91.47 |
| 1910 | 651,676 | 100.00 | 172,648 | 73.95 | 97,688 | 100.00 | 922,012 | 93.81 |
| 1911 | 651,676 | 100.00 | 172,648 | 73.95 | 97,688 | 100.00 | 922,012 | 93.81 |
| 1912 | 651,676 | 100.000 | 172,648 | 73.95 | 97,688 | 100.00 | 922,012 | 93.81 |
| 1913 | 651,676 | 100.00 | 233,448 | 100.00 | 97,688 | 100.00 | 982,812 | 100.00 |
| 1914 | 687,964 | 105.57 | 307,048 | 131.53 | 153,320 | 156.95 | 1,148,332 | 116.84 |
| 1915 | 687,964 | 105.57 | 307,048 | 131.53 | 153,320 | 156.95 | 1,148,332 | 116.84 |

续表

| 年次 | 纺锤 | | | | | | | |
|---|---|---|---|---|---|---|---|---|
| | 华商 | | 日商 | | 英商 | | 总计 | |
| | 实数 | 1913 = 100 | 实数 | 1913 = 100 | 实数 | 1913 = 100 | 实数 | 1913 = 100 |
| 1916 | 817,660 | 125.47 | 307,048 | 131.53 | 153,320 | 156.95 | 1,278,028 | 130.04 |
| 1917 | 837,628 | 128.53 | 397,448 | 170.25 | 153,320 | 156.95 | 1,388,396 | 141.29 |
| 1918 | 1,025,772 | 157.41 | 423,576 | 181.44 | 153,320 | 156.95 | 1,602,668 | 163.07 |
| 1919 | 1,173,012 | 181.00 | 455,640 | 195.18 | 153,320 | 156.95 | 1,781,972 | 181.31 |
| 1920 | 1,358,552 | 208.47 | 540,752 | 231.64 | 153,320 | 156.95 | 2,052,624 | 208.85 |
| 1921 | 1,749,468 | 268.46 | 902,960 | 386.79 | 153,320 | 156.95 | 2,805,748 | 285.48 |
| 1922 | 2,061,770 | 316.38 | 1,268,344 | 543.31 | 153,320 | 156.95 | 3,483,488(2) | 354.44 |
| 1923 | 2,191,120 | 336.23 | 1,404,848 | 601.78 | 153,320 | 156.95 | 3,749,288 | 381.49 |
| 1924 | 2,295,684 | 388.42 | 1,553,120 | 665.30 | 153,320 | 156.95 | 3,912,124 | 398.05 |
| 1925 | 2,256,624 | 346.28 | 1,636,156 | 700.87 | 153,320 | 156.95 | 4,046,100 | 411.69 |
| 1926 | 2,277,104 | 349.42 | 1,636,156 | 700.87 | 153,320 | 156.95 | 4,066,580 | 413.77 |
| 1927 | 2,287,152 | 350.96 | 1,636,156 | 700.87 | 153,320 | 156.95 | 4,076,626(2) | 414.79 |
| 1928 | 2,287,152 | 350.96 | 1,674,844 | 717.44 | 153,320 | 156.95 | 4,115,316 | 418.73 |
| 1929 | 2,304,592 | 353.64 | 1,674,844 | 717.44 | 153,320 | 156.95 | 4,132,756 | 420.50 |
| 1930 | 2,395,792 | 367.64 | 1,674,844 | 717.44 | 153,320 | 156.95 | 4,223,956 | 429.78 |
| 1931 | 2,730,790 | 419.04 | 2,003,388 | 858.17 | 170,610 | 174.65 | 4,904,788 | 499.06 |
| 1932 | 2,773,273 | 425.56 | 2,063,448 | 883.90 | 183,196 | 187.53 | 5,019,917 | 510.77 |
| 1933 | 2,885,796 | 442.83 | 2,098,176 | 898.78 | 187,628 | 192.07 | 5,171,600 | 526.20 |
| 1934 | 2,951,436 | 452.90 | 2,242,624 | 960.65 | 187,628 | 192.07 | 5,381,688 | 547.58 |
| 1935 | 3,008,479 | 461.65 | 2,284,860 | 978.74 | 233,508 | 239.03 | 5,526,847 | 562.35 |

附注：

(1)1931 年以前录自方显廷著《中国之棉纺织业》1931 年至 1935 年根据纱厂一览表而加以计算。

(2)此两年之总数与中英日合计数不符，因缺乏原始材料，未俱修改。

(3)上表指数系以 1913 年为基年。

# 附录庚　上海社会统计

庚一表　上海人口的增长[1]

| 年次 | 公共租界 | | 法租界 | | 上海市（人数） | 人数合计 |
|---|---|---|---|---|---|---|
| | 人数 | 增长率 | 人数 | 增长率 | | |
| 1865 | 92,884 | | | | | |
| 1870 | 76,713 | | | | | |
| 1876 | 97,335 | | | | | |
| 1880 | 110,009 | | | | | |
| 1885 | 129,338 | | | | | |
| 1890 | 171,950 | | | | | |
| 1895 | 245,679 | | 52,188 | | | |
| 1900 | 352,050[2] | 100 | 92,263 | | | |
| 1905 | 464,213 | 132 | 96,963 | | | |
| 1910 | 501,541 | 142 | 115,946 | | 568,372 | 1,185,859 |
| 1915 | 638,920 | 181 | 149,000[3] | 100 | | |
| 1920 | 783,146 | 223 | 170,229 | 114 | | |
| 1925 | 840,226[4] | 239 | 297,072 | 199 | | |
| 1930 | 1,007,868[5] | 286 | 434,807 | 292 | 1,702,130 | 3,144,805 |

附注：

(1)录自罗志如著《统计表中之上海》第21页，惟1930年华界人口数字已照已一表修改，以归一律。

(2)公共租界最后一次扩充租界在1898年，故以1900年为基年。

(3)法租界最后一次扩充租界在1915年,故以该年为基年。

(4)包括(一)淮东外侨298人,(二)越界道路外侨7,097人,(3)材庄草棚内中国人10,381人及(四)船上中国人住户14,082人。

(5)包括越界道路外侨9,506人。

**庚二表　上海华人人口性比例**

| 年　次 | 公共租界 | 法租界 |
|---|---|---|
| 1870 | 290 | |
| 1876 | 297 | |
| 1880 | 277 | |
| 1885 | 238 | |
| 1890 | 227 | |
| 1895 | 218 | |
| 1900 | 197 | |
| 1905 | 180 | |
| 1910 | 175 | 197 |
| 1915 | 172 | 184 |
| 1920 | 100 | 173 |
| 1925 | 172 | 166 |
| 1930 | 156 | 149 |

附注:

录自《统计表中之上海》第30页。

## 庚三表　上海市人口年龄统计

| 年龄 | 男 | 女 | 合计 | 百分数 |
|---|---|---|---|---|
| 1 岁以下 | 22, 836 | 18, 057 | 40, 893 | 2. 1 |
| 1—5 岁 | 99, 599 | 85, 781 | 185, 380 | 9. 7 |
| 6—12 岁 | 128, 025 | 89, 517 | 217, 542 | 11. 4 |
| 13—20 岁 | 175, 468 | 131, 295 | 306, 763 | 16. 0 |
| 21—40 岁 | 422, 861 | 301, 625 | 724, 486 | 37. 9 |
| 41—60 岁 | 223, 380 | 155, 829 | 379, 209 | 19. 8 |
| 61—80 岁 | 30, 532 | 27, 338 | 57, 870 | 3. 0 |
| 81—100 岁 | 1, 156 | 1, 394 | 2, 550 | 0. 1 |
| 未详 |  | 1 | 1 |  |
| 合计 | 1, 103, 857 | 810, 837 | 1, 914, 694 | 100. 0 |

附注：

根据二十四年《上海市年鉴》C，第 23 页，所有数字均指中国人数而言。

## 庚四表　上海市人口籍贯统计

| 省市别 | 人数 | 百分数 |
|---|---|---|
| 江　苏 | 751, 531 | 39. 23 |
| 浙　江 | 358, 364 | 18. 71 |
| 安　徽 | 86, 510 | 4. 52 |
| 广　东 | 48, 795 | 2. 55 |
| 湖　北 | 34, 211 | 1. 79 |
| 山　东 | 31, 684 | 1. 66 |
| 河　北 | 30, 294 | 1. 58 |
| 福　建 | 13, 196 | 0. 69 |
| 湖　南 | 11, 401 | 0. 60 |
| 江　西 | 8, 452 | 0. 44 |
| 河　南 | 8, 306 | 0. 44 |
| 四　川 | 2, 134 | 0. 11 |
| 广　西 | 1, 129 | 0. 06 |
| 辽　宁 | 536 | 0. 03 |

续表

| 省市别 | 人数 | 百分数 |
|---|---|---|
| 山　西 | 405 | 0.02 |
| 云　南 | 216 | 0.01 |
| 陕　西 | 202 | 0.01 |
| 贵　州 | 130 | 0.01 |
| 黑龙江 | 47 | 0.01 |
| 吉　林 | 45 | 0.00 |
| 甘　肃 | 37 | 0.00 |
| 察哈尔 | 19 | 0.00 |
| 绥　远 | 4 | 0.00 |
| 新　疆 | 2 | 0.00 |
| 上　海 | 448,631 | 25.51 |
| 南　京 | 31,316 | 1.64 |
| 北　平 | 6,466 | 0.34 |
| 青　岛 | 631 | 0.04 |
| 合　计 | 1,914,694 | 100.00 |

附注：

录自二十四年《上海市年鉴》C,第24页。

### 庚五表　上海公共租界地价增加率

| 区别 | 每亩估价 | | | 1903—1933 增加率(%) |
|---|---|---|---|---|
| | 1903 | 1930 | 1933 | |
| 中区 | 13,549 | 107,878 | 132,451 | 978 |
| 北区 | 4,819 | 37,857 | 41,802 | 867 |
| 东区 | 2,539 | 11,864 | 15,385 | 606 |

附注：

根据公共租界工部局《地产估价单》。

# 附录辛　历次调查之说明

## 甲　十七年上海工业调查

上海工业调查最早而比较有系统的当推上海市社会局十七年所举办，其结果发表于《上海之工业》，但惜该书所列之项目既嫌甚少，而工业分类办法亦不甚满意。书中虽有统计图表各若干种，然颇有许多事项有图而无表，而表中数字与后方分业说明中之统计数字又时有不符之处。该书于每种重要工业皆有说明一段，而其中复有该业工厂名称、地址、资本额、工人数等。然如将各厂数字加得总数，再与书前之各业统计表比较，则出入颇多。大约说明中所列者为规模较大之工厂，小者则未曾列入；然有时分业说明中所列厂数、资本额、工人数等，亦有大于前方之统计表者，则无由索解。有时其中工厂有重出之处，然亦未能以此为多于统计表数字之解释。又分业说明之分类方法与统计表之分类方法亦稍有出入，故更难彼此核对。

此项调查，据云：在十六年十月上海特别市政府成立时，即由农工商局举办，次年八月农工商局改组为社会局后，调查方克竣事。书中历举当时调查项目凡二十种，列举如下：

一　厂名。

二　厂址。

三　经理或厂长姓名。

四　成立年月。

五　投资性质。

六　资本数——华资——外资。

七　公积金数。

八　工人数——男工——女工——童工。

九　童工年岁——最大——最小。

十　工资数。

(1)最高——男工——女工——童工。

(2)最低——男工——女工——童工。

十一　每日工作时间。

十二　原料——种类——每年用数——出产地——最近价格。

十三　出品——种类——每年出数——销路最旺区域——每年出品总值。

十四　出品商标。

十五　原动力。

(1)蒸汽——锅炉数——透平或引擎马力——平均每月用煤量——有无加煤机——每匹马力每小时用煤量。

(2)电力——共有马达数——共计马力。

(3)柴油——引擎马力——平均每日用油量——每匹马力每小时用油量。

(4)人力。

十六　机械——种类——制造国——全厂机械总值——厂屋

总值。

十七 机械及原料有国货可代否？用国货有何困难？

十八 出口能推销外洋否？

十九 出品畅销否？如不能畅销，其故安在？

二十 技术上及机械上有无改良计划？须人指导否？

此项调查范围不以国人所设立之工厂为限，而兼查外人在沪所经营之工厂，但据其结果观之，则外厂漏列者甚多，谅因不愿填报之故。据云，常时工厂总数共1,781家，而调查所得者1,500家，占总数84.2%。乍视之，成绩自属甚佳，但所谓工厂总数仅1,781家者，未知系以何者为范围。一、是否仅以新式工厂为限，而所谓新式者又以何者为标准？譬如上海茶栈皆兼炒茶工业，其制茶方法亦略仿欧美，且共有数十家之多，而当时调查并未包含该业。二、小规模之新式工业，如小印刷所、小皮件厂等为数甚多，远过该书中所列之数，若谓其以我国工厂法所定之标准为范围，则当时该法尚未制定，而该书中所列各业工厂数目亦显非以此为限。有此两种情形，故所谓上海中外工厂合计仅1,781家者，恐不甚准确。该书正文前所列之统计表共有以下各种：

一 上海工业分类表。

二 上海各种工业资本分配比较表。

三 上海各种工业资本分级表。

四 上海历年开设厂数表。

五 上海各种工业工人人数比较表。

六 上海各种工业工作时数比较表。

七 上海各种工业最高最低平均工银表。

统计图中则另有工厂原动力类别及数量图及进出口贸易等

图。后者与工业无直接关系，然原动力不知何以有图无表？因此，本文采用该书之统计中未能将此一项列入，而其他统计所能列入者，仅厂数、资本额、工人数、工资率及每日工作时数等五项。然在此前全无统计之上海工业，能得此书中统计，已极难能可贵，故虽与说明中数字有冲突之处，亦只得置之勿论而已。兹将原书中所列各种工厂数目统计表抄录于后：

| 门　别 | 类　别 | 已经调查工厂数 | 工厂总数 | 调查之百分数 |
|---|---|---|---|---|
| 纺织工业 | | 420 | 450 | 93.4 |
| | 棉纺业 | 55 | 57 | 96.5 |
| | 棉织业 | 99 | 112 | 88.4 |
| | 缫丝业 | 90 | 90 | 100.0 |
| | 丝织业 | 46 | 51 | 90.2 |
| | 毛织业 | 7 | 9 | 77.8 |
| | 针织业 | 110 | 116 | 94.8 |
| | 其他业 | 13 | 15 | 86.7 |
| 化学工业 | | 212 | 260 | 81.6 |
| | 漂染印花业 | 81 | 89 | 91.0 |
| | 制革业 | 18 | 89 | 46.2 |
| | 化妆品业 | 20 | 20 | 100.0 |
| | 烛皂业 | 23 | 27 | 85.3 |
| | 玻璃业 | 16 | 18 | 89.9 |
| | 制药业 | 14 | 20 | 70.0 |
| | 制纸业 | 13 | 14 | 92.9 |
| | 火柴业 | 7 | 10 | 70.0 |
| | 搪瓷业 | 8 | 9 | 88.9 |

续表

| 门　　别 | 类　　别 | 已经调查工厂数 | 工厂总数 | 调查之百分数 |
|---|---|---|---|---|
| | 油漆业 | 8 | 4 | 75.0 |
| | 其他业 | 9 | 10 | 90.0 |
| 食品工业 | | 202 | 252 | 80.1 |
| | 面粉业 | 12 | 16 | 75.0 |
| | 碾米业 | 46 | 46 | 100.0 |
| | 榨油业 | 12 | 16 | 75.0 |
| | 汽水冷饮业 | 6 | 12 | 50.0 |
| | 制蛋业 | 1 | 8 | 12.5 |
| | 调味食品业 | 5 | 7 | 71.4 |
| | 牲肠业 | 0 | 12 | 0 |
| | 卷烟业 | 69 | 79 | 87.3 |
| | 糖果罐食业 | 47 | 50 | 94.0 |
| | 其他业 | 4 | 6 | 66.7 |
| 印刷工业 | | 212 | 252 | 84.2 |
| | 印刷业 | 210 | 249 | 84.4 |
| | 油墨业 | 2 | 3 | 66.7 |
| 机器工业 | | 234 | 292 | 80.2 |
| | 机器业 | 163 | 193 | 84.5 |
| | 电器业 | 21 | 27 | 77.8 |
| | 翻砂业 | 47 | 51 | 92.2 |
| | 造船业 | 2 | 10 | 20.0 |
| | 其他业 | 1 | 11 | 9.1 |

续表

| 门　　别 | 类　　别 | 已经调查工厂数 | 工厂总数 | 调查之百分数 |
| --- | --- | --- | --- | --- |
| 器具工业 | | 89 | 104 | 85.6 |
| | 五金器具业 | 57 | 63 | 90.5 |
| | 藤竹木器业 | 18 | 16 | 81.3 |
| | 乐器玩具业 | 11 | 16 | 68.8 |
| | 科学仪器业 | 3 | 3 | 100.0 |
| | 其他业 | 5 | 6 | 83.4 |
| 日用品工业 | | 41 | 46 | 89.2 |
| | 帽业 | 8 | 9 | 88.9 |
| | 伞业 | 9 | 10 | 90.0 |
| | 毛刷业 | 6 | 6 | 100.0 |
| | 文具业 | 4 | 5 | 80.0 |
| | 眼镜业 | 5 | 6 | 83.4 |
| | 衣服业 | 3 | 3 | 100.0 |
| | 其他业 | 6 | 7 | 85.7 |
| 其他工业 | | 90 | 125 | 72.0 |
| | 建筑材料业 | 21 | 29 | 72.4 |
| | 煤球业 | 8 | 12 | 66.7 |
| | 水电业 | 8 | 12 | 66.7 |
| | 绳带业 | 23 | 25 | 92.0 |
| | 纸匣业 | 15 | 16 | 93.8 |
| | 轧花业 | 5 | 11 | 45.5 |
| | 其他业 | 10 | 20 | 50.0 |
| 总　　计 | | 1,500 | 1,781 | 84.2 |

## 乙　十八年上海工业调查

民国十八年上海市社会局劳工科刊印《上海特别市工资和工作时间》一书,偏重劳工方面。据云上海市工人种类调查计划早已拟就,只因调查费用无着,至今尚未能见诸实施。为研究工人实际收入起见,在十七年五月曾调查 1,504 厂,237,522 工人。然因调查时颇注意一般规模较大之工厂,故小者未能列入,不得不兼用估计方法。至十八年八月复为第二次调查,共得 21 业,1,593 工厂,275,027 工人。此外另加估计数字,共得 2,326 厂,285,700 人。兹将该书所述工人数之调查及估计方法照录于后。

**工人总数的确定**　此次工人总数的确定以调查为主,估计为辅,现在把调查和估计的方法说一说:

一　有同业公会的厂家,先到公会内索取同业工厂名单,依照厂址逐一调查,不入公会的厂家,如果规模较大,调查尚易,如果规模极小,即使挨门逐户的寻觅,而遗漏在所难免。此等规模极小之厂家,唯有先从资主公会、劳方公会以及其他方面询问到一个约略的工厂家数、各厂平均工人数、男工、女工及童工所占百分数,然后再与实得厂数及实得工人数合并计算,而得一业总人数、制皂业、缫丝业、棉纺业、丝织业、棉织业、针织业、漂染业、烟草业等工人总数,就是用这个方法总计的。

二　没有同业公会的厂家则分区派员调查。规模较大的厂家既为一般人所共知,调查当然不会遗漏;规模极小的厂家也只好用估计的方法去推算。估计方法是根据厂方或劳方的猜测。翻砂业、机器业、玻璃业、制革业、印刷业等工人总数，就是用这个方法得来的。

三　然亦有极易调查之厂家，它们的规模大概相仿，而厂数亦寥寥可数，只须费一番接洽的工夫，材料差不多就可以得到的。锯木业、造船业、火柴业、搪瓷业、面粉业、榨油业、制蛋业、造纸业等工人总数就是用这个方法求得的。

在区域上，此次调查之范围共17市乡、一特别区。按本市行政区域包括30市乡及一特别区，但其中仅陆行、杨思、洋泾、塘桥、高行、高桥、沪南、闸北、江湾、吴淞、殷行、引翔、法华、蒲淞、真如、漕泾、彭浦等17区，当时已由市政府正式接收，其特别区则包括法租界与公共租界。凡此17市乡与一特别区之工厂皆在调查范围之列。其中尤以沪南、闸北、江湾、引翔、洋泾及特别区为工厂荟萃之所，故调查时亦曾特别加以注意。

至于工业，当时亦曾加选择，以重要者为限。所谓重要工业者，据原书说明，系指一业中工厂规模较大及工人较多者而言。如工人数在一业中超过1,500人以上，则认为重要工业，包括在调查范围之内。为编制工资实际收入统计起见，曾采用30业，而为编制工资率统计则仅21业，与工人总数调查之业数相同。又工人以在工厂做工者为限，其他则未列入，而其所谓工厂工人则指直接参与制造工作之劳动者而言。如厂内之事务人员、专门技术人员及杂役等皆在剔除之列，盖此种人员在普通习惯上亦视为职员，而非工人也。

此次调查项目较为简单，而时间亦甚短。据云，两年来编制工人实际收入统计，常见四、五、九、十四个月之变动情形最称适中，故调查工资以九月二十五日之工账为根据，而调查工人总数则在前一个月举行。

《工资与工作时间》中工业分类系根据国际劳工局之办法。该局对于分类计有三个原则：一、所用之原料，二、制造之程序，三、制造品之性质。据该局研究，在初期制造时代，主要原料大都只有一种，故可各成一类。至后期制造时，则一种制品常须合并多种原料品，经过繁杂程序方能制成，故根据程序与制品性质，分别工业种类。原书并将该局分类方法加以译述。因为此项分类方法，本所在民国二十年及二十二年两次调查之时亦皆曾采用，故将原文照录，以备参考。①

**制造工业类**

一　木材制造目　凡木材器物之制造属此目，但家具及交通用具不在此例。

二　家具制造目　凡家具之制造，不论木材或金属等均属此目。

三　冶炼工业目　（甲）金属制造之初步手续，如钢铁之熔铸及非贵金属之锻炼，（乙）翻砂及其他次级制造属此目。

四　机械及金属制品目　凡各种机械及金属制品，如电机、农具、器皿、用具之制造属此目，但金属制造之交通用具、乐器、钟表以及贵金属制品等不在此例。

五　交通用具目　凡交通或运输用具之制造，如船只、车辆、飞机等属此目。

六　土石制造目　凡土石器物之制造，如玻璃、水泥、砖瓦、瓷器、陶器等属此目。

① 国际劳工局：《工业分类与职业分类》。

七　建筑工程目　凡房屋、道路、铁道、桥梁、河道等建筑或修理工程属此目，水电工程也并入此目。

八　动力工业目　凡瓦斯、电气之制造、水力及自来水之供给属此目。

九　化学工业目　凡化学药品，化学工艺品之制造，如肥皂、油漆、肥料、防腐剂、颜料、炸药、火柴等属此目。

十　纺织工业目　凡丝、麻、棉毛之纺织，如缫丝、丝织、棉纺、毛织、制麻等属此目。

十一　服用品目　凡衣服、内衣、鞋、袜、帽等之制造属此目。

十二　皮革用目　凡皮革、皮裘以及各种皮件之制造，如皮箱、皮带、马鞍等属此目。但已列入服用品类之皮件，不在此列。

十三　饮食品目　凡日常饮食品以及其他饮食品的制造，如糖果、罐头、烟、酒等属此目。

十四　造纸印刷目　凡造纸、印刷、装订以及照相材料之制造属此目。

十五　饰物仪器目　凡学术用品、乐器、钟表、金银、玉石饰品属此目。

十六　其他工业目　凡不入上列任何一目者属此目。

计算工资之困难甚多，本所在举办调查时，对此亦发生种种问题。工资与工作时间既专论此两事，对工资之调查自应特别注意，故其调查及计算方法极有参考之价值。兹将原书关于计件工资折合计时工资之方法照录于后，借以解释附表中所列工资之计算方法。

计件工资合成计时工资之方法　工资调查最困难的一点，在计件工人的每日出件数和每人每日工作时数之无可靠的记载。这话在前面已经说过，要解决这个困难，只有一个法子，就是事先同厂方约好，叮嘱他们将调查日期（九月二十五日），所有计件工人的每日出件数、计件单位、每件额定工资数、每人所得工资数以及每人工作时数分别查清，然后将每人当日所出件数乘以每件额定工资数，再除以各人工作时数，即得每人每小时的工资率。其中计件单位及每件额定工资数两项，厂方尚可设法查考，对于每日出件数及每人工作时数，则不得不委派各部各职头目帮同事务人员严密审查，随时记录下来，由本局调查人员带局应用。这个办法，实在十分麻烦，厂方居然能够替我们自己做到，诚可感激。所苦者，本局调查人员太少，假使把这个繁杂的记载工作，让我们自己去做，其结果必更可靠，因为事实上尚有少数厂家，做得不甚精密，我们仍旧免不了有点怀疑。所以计算各职平均工资率时，我们特地将计件和计时分开，将来计件工资率，即使发现疑点，可不致影响及于计时工资率。

该书虽以有数之重要工业为限，但在其原来统计表中，每业之下，详列各厂名称及男、女、童工人数，并于表下注明材料来源、实得厂数与实得工人数。此外如有估计数字则附注于下，有时并说明估计之根据与方法，极合科学研究之原则。故估计之数，虽在工厂家数中，约占三分之一，然以工人人数言之，则估计者不过四万余人，仅合调查所得人数六分之一。至其工资统计，则另行分业列表，并分别男、女、童工及每种工人分别职务。时工件工工资率亦于表中特别注明，而件工工资亦按上述方法按日折合，故能与时工一并计算平均数。本章统计表中所列者，则仅为该书所举各业男工、女工和童工每日总平均，其工作时数亦复如此。读者如欲知其详细，则原书具在，可复按也。

## 丙　二十年上海工业调查

民国二十年，本所因得太平洋国际学会捐款，联合国民政府统计局、实业部、财政部国定税则委员会、上海市社会局与国立交通大学研究所，举行上海工业联合调查。最初以三个月为期，由二十年五月至七月为止，组织联合调查所，由各机关公推代表，组织委员会，主持其事。委员之外，各机关更指定若干人审查表格，若干人担任调查。共计委员、审查人员及调查员有 42 人。当时将上海分为八区，每区以调查员两人担任之。其调查表亦由委员会数次详加议定，然后始印制使用。

七月虽已将大多数工厂调查完毕，尚有一部分未能照填，而已填之表亦多有疑问，须加复查，故更复展期三月，而调查人数则略为减少。十月以后尚有不少补查工作，皆由本所担任，而社会局与交通大学亦各派数人帮同进行。在费用方面，各机关之审查与调查人员之薪金由各机关支付。

在调查员未出发之前，由各机关公推国民政府统计局之职员一人为调查主任，预行编制全市工厂名单，按路线排列，交调查员应用。但在调查时间，如查有工厂不在名单之内者，亦由调查员逐项查填，并报告联合调查所，列入名单之内。同时各机关又公推社会局职员一人为调查副主任，帮同指导各调查员，而著者时任统计局局长兼中国经济统计研究所所长，亦每星期来申，召集各调查员，为之解释表中疑问，并指示进行方法。为便利进行起见，更由委员会延请上海工业界领袖，向之解释调查之意义，并请其协助，而上海市总商会及各工业团体皆曾代为介绍，故进行颇感顺利。

为确定调查范围起见，委员会曾采用下述之限制：

一　当时工厂法虽已实行，然因其限制较严，故未采为根据。其时清华大学社会学教授陈通夫先生适在上海，研究工厂法适用问题，经彼建议，以雇用工人十人或应用原动力之工厂及作坊为范围，故当时估计上海市合工厂法之工厂虽仅700家左右，而此次调查，因范围较广，实达2,000家。

二　在工业性质方面，以机械工业为范围，凡旧式手工业皆应除外，但亦有手工业若干家参加调查，专为与新式工业比较之用。①

三　最初调查目的虽希望包含中外工厂，但因一再接洽，外厂未允合作，遂将其除外。

按照此项范围，当时共查得2,001家，但此中有在民国二十一年一·二八战事以后所查者。在战事期中，工厂迁居者甚多，被毁者亦不在少数，而新兴及改组之工厂所在皆是。如一并采用，不甚适宜，故编制统计时以民国二十一年一月底以前所查者为限，其所填表格亦有不及预定标准者，不得不加以审查，故最后采用之数仅得1,666厂，当时曾用英文发表。② 嗣后因感于当时采用范围及整理方法尚有不甚满意之处，曾重经修改，而工厂总数亦略有增加。本章所列总数为1,672家，其修正之情形如下：

英文报告所列二十年调查厂数1,666家。

---

① 约有五十家新式手工业，因此番再整理时偶尔疏忽，致忘却予以剔除，所幸此种手工业均在及格标准以下，且比较的为数甚为有限耳。

② 英文本《上海工业化初次报告》。

| | |
|---|---|
| 加 | |
| 铁路机厂 | 1 |
| 熔炼厂 | 1 |
| 轧花厂 | 8 |
| 共计 | 1676 |
| 减 | |
| 砖瓦业外厂 | 1 |
| 火柴业南汇厂 | 1 |
| 电池业不及格厂 | 1 |
| 他种机器业重出之厂 | 1 |

本节所列二十年调查厂数为1,672家。

此次调查材料之整理工作系由国民政府统计局及本所共同担任。其大类共为16,系按照国际劳工局之办法;大类之下更分第二级类,亦根据劳工局所举之例。然劳工局所注重者为劳工状况,故有时包含非工厂在内。比如服装品类,照该局所举之例,包含成衣业,而本节所举之工厂则将此除外。又如靴鞋业,劳工局亦列入服装品类,而因在我国新式工业中,靴鞋以皮革所制者为限,与皮革工业关系较为密切,故列入该大类中。

整理之时,感觉第二级分类尚不足以表现各业特殊之情形,故更斟酌当地状况,加以分析。如针织袜业在当时调查共有102家,为上海工厂较多之一业,故特按其所用之原料,如棉纱、丝、人造丝、毛等,另分为三级与四级小类。大概第二级类代表平常工业之分类,第三级类则代表各业中出品不同之工业,而第四级类更按原料或作业机加以分别。共计大类16,第二级类88,而三四两级共126。

当时调查表格式现亦附列篇末，但其中有若干项目，各业不同，如作业机原料及产品等，不便共同整理，故本节统计表中未经列入。又调查表中有两三问项稍不满意，致结果未能采用。如厂屋分新旧两种；当时所谓新者，指工厂式之厂屋，而旧者则代表平常住宅为工厂之用者。但此项分别，调查员多未能明了，故所填材料未能整理。在原料消费量方面，问项亦未能满意。为准确起见，应调查上年或上月所用之原料，然委员会以为如此调查，恐工厂方面未易答复，故改为每月需用量，使厂家可按平常所需之数量照填。如询问上月所用之原料，厂家或不免误会，而以上月所购之原料填入。如此则前此之存料即不包含在内，而购入数量有未加，制造者反经列入。欲更调查存料，进行又甚困难。故此项所得结果仅属估计性质。

在原来调查表中，货币种类甚为杂乱，因各工厂有用规元计算一切款项者，有用国币者，亦有用外国货币者；故本所不得不采用一固定之兑换率，为之换算国币单位。当时国币换算规元平均在七钱二分之下，其数目甚为奇零。为便利计算起见，本所采用七钱二分为国币对规元之换算率。外国货币大概为计算原料或出品价值之用；当时因大多数工厂系在民国二十年五月至九月之间所调查，故采用《上海货价季刊》中该五月外国汇兑率，而计算其平均，复将奇零之数抹除，所得之汇价如下：

美金 1 元合国币 4.64 元。

英金 1 镑合国币 22.53 元。

日金 1 元合国币 2.29 元。

香港货币 1 元合国币 1.1 元。

除资本额方面，在换算之后，合成银圆整数外，其他数字皆合算至几角几分。如某公司有工厂数处,而资本代表全体,则在整理之时,将此项资本列于总厂或第一厂之下,而其他各厂则不再列资本,以免重复。因此之故,有若干细类之资本超过该类实在资本额,而亦有若干不及实数者。盖同一公司之分厂,时因所用原料或机器不同之故,分列于数个细类,而其资本则仅列于一类之中也。在有此种情形之时,列于表末加以说明。

关于职员与工人方面,情形更为复杂。在我国工业习惯上,用职员两字,普通较易了解,而事实上其所包含之人员则甚为复杂。比如工厂经理及办事员当然为职员,而练习生学习为办事员者,以及出店与茶房,有时亦列入职员之内。大概凡与制造工作无直接关系者皆称为职员,然各业习惯亦不一致,如缫丝业中且有文武职员之分。所谓文职员者,为普通办事员,而男工及茶房则名为武职员,唯女工不在职员之内。更有若干工厂以工程师为工人者。凡此种种,在查明之时,皆为之重行分类,以归一致。

凡工厂中以工人列为职员,而一再调查,无法为之分别者,则只得于统计表中加以附注。有时工厂只填报男工,而不填报女工,亦有只填报女工,而不填报男工者,因复查毫无结果,遂亦只得于表中注明。

临时雇工大多数不列入工人之内。习惯上更有所谓小工或杂工者,大概为男子所担任,故应列于男工之下,而视为计时之工人,因本所调查时曾分别计时计件,而工厂填报则有时不能分别清楚故也。

工厂规模甚小者,时有以厂主而兼经理,且因为原系工人出身,更自兼制造工作。在整理之时,则不能以一人同时并列三类,故凡有此种情形者,皆视为职员,而于工人人数内减去一人。好在整理之时并无厂主一项，故此节不成问题。且厂主兼经理或工人之时，并不收薪资或工资，故在薪工资额方面亦不发生影响。

年幼之人学习为管理员或茶房者，厂中大半称为练习生，在整理之时亦列入职员之内。至其学习为工人者，虽大半名为艺徒，有时亦有练习生之名称。凡能查明其确属艺徒性质者，皆列入工人之内。艺徒与童工之别，在于前者须有一定学习时期，而在此时期中，由厂供给膳宿，而不给工资，或给予极少之零用钱。且其年岁亦不必尽合童工资格，14 岁以上之人亦有为艺徒者。

关于原动力方面，调查表原来分蒸汽引擎、蒸汽透平（汽轮机）、柴油引擎、发电机及租用电力五项，但汽轮机及柴油引擎在上海工厂中所用者较少，有用之者又多为汽轮发电机。在调查之时，果有此项情形，则仅列汽轮机之马力，而不列发电机之基罗瓦特。其分电机以蒸汽引擎牵动者，应只列前者之马力数，以免重复。在统计表中，因租用电力居大多数，故为之特列一项。其他如蒸汽引擎、汽轮机及柴油机，其马力皆合并为一项。如有用发电机之工厂，仅填报基罗瓦特之数，而不填马力之数，则以后者折合为马力。故动力机马力项下有不及一马力之小数。

产品价值之计算亦有两种不同之处。凡工厂自购原料，制成产品者，则所列之价值为产品之市价；如由雇主供给原料，而工厂不能填报原料之价值者，则仅以其制造费列入于产品价值项下。在美国工业普查之时，为避免制造半制品工厂之产值，与制造完成品之工厂之产值有重复之处，故对于后者皆仅列其制造费，名为制造时所增加之价值。本所此次调查工厂，各业亦有此两种情形。为分析精密起见，本应仿照美国办法，将半制品之原料价值，于完成品之产值内剔除。但在我国各工厂无精确统计之时，如此剔除颇感困难。盖如上文所述,各厂所填原料费多为估计之数,而非当年产品所用原料之价值,故只得将两项分别列举。在统计表中,因有种种关系,原料价值不能满意整理,故未列出。即在产值方面,有若干工厂仅报告主要产品之价值,而将附产品漏除——虽一再查询,亦不得要领——故表中所列产值实未能代表全值也。

第八表中之产值系指上年之数,同时并列上年薪资额及工资额二项,凡在民国二十年成立之工厂,对于此三种统计,自无可供给。其在民国十九年或民国二十年改组之工厂,大半供给改组后数个月之数字。如工厂在改组前并未停工,则根据数个月之数字,估计十九年全年之数,列入表中。

二十年调查材料前已整理过一次,于英文初步报告中发表。兹将此次整理方法与以前不同各点列后,以备参考:

一　分类上之变更　此次大类虽悉仍旧,小类则略有变动,即:

(1)4 -3 -1 之“电灯泡”前包括年红灯制造厂在内,现已分为“电灯泡”与“年红灯”两类。

(2)交通用具类原无“铁路机厂”一类,现已补查列入。

(3)棉纺织类原无“轧花”一业,现已补查列入。

(4)冶炼类原无“熔炼业”,现已补查列入。

(5)14 -1 -2 之“纸版、锡纸、卡纸片等”现已分为“纸版”、“锡纸”、“卡纸片”三类。

(6)第七大类原分“建筑木材”与“钢铁铜料”两小类,现已并为“建筑材料”一类。

(7)第八大类原分“电气”与“自来水”两小类,现已并为“水电”一类。

二　各类厂数的变动　以上仅列举细类的增减，兹更列举各类厂数的变动如下：

(1)4－1－5之“他种机器”原有重出之厂一家，现已剔除。

(2)4－3－5之“电筒”前所包括之灯泡厂一家，现已改列“电灯泡”类。

(3)4－3－5之“电池”原有不及格厂一家，现已剔除。

(4)6－1之“砖瓦”原有外厂一家，现已剔除。

(5)9－1－1之“火柴”原有在南汇境内之厂一家，现已剔除。

(6)11－1－6之“袜厂兼出他种服用品”原列有衫裤厂一家，现已提出改列“纱及毛制衫裤”类。

(7)12－3－2之“鞋底鞋跟及他物”(橡胶制品)原列有橡皮墨棍制造厂一家，现因查明橡皮墨棍原料并非橡胶，已将该厂改列“文具”类。

三　增加之项目　此次较二十年所发表者计多以下数项：

(1)平均营业时期。

(2)厂屋所有权。

(3)每日工作时数。

(4)每年开工日数。

四　减少项目　此次较二十年计少男、女、童最高最低工资率共六项。

五　整理方法之改变。

(1)以前凡数字之不完全者，悉于该数字右下角注一小字，以示该数字实际所指之厂数。例如印刷机制造类有厂13家，而所列资本额只包括12家之数，则于该资本额数字下注12两小字。兹因此种办法太为麻烦，且未能将完全不详——即应有数字而无数字

之项目——与原无数字之项目分别清楚,特改定办法,凡属下列情形之一者,概用*符号表明:

甲　内有一厂或数厂数字不详者。

乙　内有一厂或数厂数字不完全者。

以上指不完全之数字。

丙　完全不详者。

以上指应有数字而未能填列者。

至原来不应有数字各项,即以空白表明,不再另用符号。

(2)资本组织原分独资、合伙、有限公司与其他四项,兹由"其他"项中将国营与资本组织不详两项提出,另成两项,共为六项,但"其他"一项仍包括以下四种组织:

甲　无限公司。

乙　两合公司。

丙　特种营业组织(党部津贴)。

丁　股份两合公司。

(3)以前整理表中之每一二级类或三级类皆有合计数,故计算上不胜其烦。兹改定凡二级类之分为若干三级类,或三级类之分为若干四级类者,即不再计算二三两级类之合计数,但16大类之总数则仍旧算出。

六　特殊项目的整理法及解释。

(1)每日工作时数　调查表中之材料原分日工时数与夜工时数两种,而夜工时数又有每天皆有与有无不定等分别。登记时为求正确起见,亦分登记之数字为两种。第一种写在工作时间栏之前一部分,代表固定工作时数,第二种写在工作时间栏之后一部分,代表非固定工作时数,更于两数之中置一加号,借以辨别清楚。

例如某厂日工十小时,夜工四小时,但夜工有无不定。则写 10 +4。如日工十小时,夜工每天皆是四小时,则写 14 +0。又如日工十小时,夜工除有无不定外,时数又复不详,则写 10 + ?,此登记方法之大概也。至计算每一分类中每日平均工作时数之方法,则亦分前后两部分分别计算。前部分与前部分相加而以其所包括之厂数除之。后部分与后部分相加,而以其实际上所包括之厂数(即工厂总数减问号数)除之。兹举三例如下:

| 1 | 2 | 3 |
|---|---|---|
| 10　+4 | 10　+4 | 10　+4 |
| 10　+5 | 12　+0 | 10　+3 |
| 10　+8 | 10　+3 | 10　+? |
| 31(3) +19(3) | 32(3) +7(3) | 30(3) +7(2) |
| 10.3 +5.6 | 10.7 +2.3 | 10　+3.5 |

(2)每年开工日数　此项系由调查表每年开工月数与每月开工日数两项相乘而得。因调查表每月开工日数照例仅为每月剔除例假后之数,故本项与通常每年实际开工日数不同,盖后者除已将例假剔除外,同时亦将年节假与纪念日假除外也。本项计算法亦有一二处须特别说明者,兹表列于下:

| 每年开工月数 × | 每月开工日数 = | 每年开工日数 |
|---|---|---|
| 十二个月 | 三　十　日 | 360 |
| 十二个月 | 二十七八日 | 330 |
| 十二个月 | 全　　月 | 365 |
| 全　　年 | 全　　月 | 365 |
| 全　　年 | 三　十　日 | 360 |

## 丁　二十二年上海工业调查

二十二年本所受政府机关之委托调查全国工业，包含上海在内，共查 17 省，150 县市，2, 700 余工厂。原来拟定办法，在上海方面，即以本所二十年所查之材料为根据，但就工厂本身有改变之处加以修正及补查。譬如某业原有工厂 20 家，至本年停闭者五家，新设立者三家，共为 18 家，则新统计表中关于二十年度原有之 15 家即采用二十年度调查所得之材料。其已停闭之五厂，在二十年度虽已列入统计表中，本年则将其除外。又新设立之三厂则须另行调查，以窥全豹。故原来计划时，本未预备将上海工厂重行调查，而其补查时间亦预定在他埠调查完毕之后。

上述办法本因上海工厂较多，调查时所需时间与经费皆比较为大，而当时指定之经费有限，故不得已采用此项办法。盖本所受委托调查全国工业，本因前此曾办上海调查，既有有经验之人员，又有若干可用之材料，故此次调查偏重他埠之工业。嗣本所获悉中华国货指导所亦曾从事调查上海工业，且于二十二年夏季，曾派人分区填表，共填得工厂 600 余家。后该所因经费关系未能积极进行，完成此项工作，更未能加以编撰，从事发表，故特遣人与该所商洽，拟定办法数种如下：

一　指导所将已查填之表供给本所应用。

二　本所根据指导所所制之表格及本所二十二年所用者，制成新调查表格，用本所及指导所名义，继续进行调查。其工作及经费完全由本所担任。

三　调查完毕时，由本所编制《上海国货工厂调查录》，并附列统计表数种，以两所名义发行，赠送各厂家，以资联络，而利将来调查之进行。

同时本所适受中山文化教育馆之委托，研究都市经济社会问题。本所以为此项问题大半以工业化为其背景，故应侧重研究工业化，我国都市尤以上海为最大，工业化程度又远过国内其他都市，故更应由调查上海工业入手。上海市社会局在十七年、十八年调查工业之时，其范围与方法皆与本所二十年度不甚相同，不易比较。如于二十二年重行调查一次，采用与二十年相同之办法，则所得之结果较易比较，而可得一总结论。故即趁此机会，将上海工业重行调查一次。唯各方面虽稍补助经费，指导所亦略供材料，而大部分之调查皆须本所人员担任，故范围不得不稍加限制。在民国二十年时，系以有原动力或雇用工人十人以上之工厂为调查范围；此次则采取本所全国工业调查之标准，以合于工厂法之工厂为限，即工人在 30 人以上而同时使用原动力者。调查时间自二十二年将近年终之时为始，在二十三年春季继续进行，至三月底始得结束。

指导所送来之表本系二十二年夏季所调查，照理应可适用。但因原来表格较为简单，而查填之时所漏项目颇多，又各厂之表详略互见，无由整理。且该所调查之标准与本所所定之办法亦不相同，所填之表颇多不及格之厂家，故有弃而不用者，有因项目缺漏，补充调查者，亦有完全重查者，故事实上采用该所已填之表不过 100 余张，而利用本所二十年之材料亦仅 200 余张而已。此 200 余家所以采用者，或以其材料在二十年既已详细查填，本年又无多大改变，经询问后，不再分项调查；或因该厂虽经派人接洽多次，未肯供给材料，不能任其缺漏，故以二十年度之旧材料应用。其余各厂皆经重查或补查。其补查者事实上与重查相同,因在补查之时,皆经逐项询问,凡某项情形或数字有改变之时,皆加以矫正。至新成立之厂,凡合于工厂法者,亦皆一一查填。共计查得工厂 1,176 家,其中应用本所二十年度及指导所之材料者,合计不过四分之一而已。

上海工厂既远较他处为多,而变动亦速,故陆续调查,不能得一整个之印象,而调查人员尤须有经验及工业常识,始能得相当结果。在二十二年前十月中,本所调查人员散布全国,从事各地工业调查,故上海工作一时不能进行。至各人将外省外县皆已查毕,陆续回申之后,始制定计划,将上海分做若干区,同时进行。因鉴于二十年调查前之预备工作尚不十分完备,故此次在未进行之前两个月中,由所内人员根据各方面材料,编制路线单,将每一路线上所有之工厂详细开列,交与各调查员应用。调查员于查填表格之后,在路线单上注明。其有迁移、停闭或拒绝答复等情事者,亦一一标出。如第一次调查,未遇该厂主要职员如经理之类,则在继续他处调查时,便道重往查询,总以填得表格为目的。然亦有连去数次,终被拒绝者,则不得不利用本所二十年度之材料以代之。当时担任调查者十余人,在所内审查表格及从事预备工作者亦六七人。人数虽较二十年为少,然因一机关之人员,以全副精神,专办此事,而调查范围又较二十年为小,时期亦较缩短,故得免除工业变动之影响,而所得材料亦较为准确。

此次调查表格与二十年度所用者颇有不同之处。凡二十年表中之项目,经应用后,凡见有不能得满意结果者,皆经删除或修正。同时因利用国货指导所名义,工厂方面颇有希望借此发表提倡国货之意见者,故本所调查表中亦有数项关于国货与洋货竞争情形及改进国货意见等。此虽与编制统计无关，然亦未因此影响其他项目。调查表中比较重要之修正则关于机械设备方面，不独原动力及主要机械项目较二十年度表格为多，且并列补助机，以便与全国工业调查比较。至原料及出品方面则不如全国工业调查表详细，而其他项目亦多较为简略，因上海工厂屡经各机关调查，对于此项填表工作视为畏途，故常有拒填之事。且市区极大，其中更有公共租界与法租界在内，而租界内之工厂对于调查更多不愿合作。况因工厂检查法之关系，租界当局亦曾干涉调查工作，故表格过于详细，决难一一查填。其在华界之厂态度大体较好，然或因屡经调查之故，对于调查员感觉嫌厌，则在所不免。此次制定上海调查表格系在全国调查表业经整理之后，根据本所所择之项目，从事整理者若干种，尽量列入上海调查表之内，其无法编制统计之项目则从简略。故表面上上海表格虽远较他埠为略，而所得材料大体能与他埠之材料共同整理。

在受某政府机关委托时，本所曾声明外省外县之材料由该机关发表，而上海一部分，因调查及编制经费大部分由他机关供给，故除与外埠材料共同整理，送该机关应用外，本所仍得自行发表。其与国货指导所联名发表之国货工厂调查录仅编制厂名、厂址、经理姓名、资本组织、电话号码、出品种类等，系属工厂名录之性质，其中附列统计表数种，亦甚为简略，且系在调查未完毕之时所编制者，故不甚完全。本书所附之表则系二十二年至二十三年调查完毕之结果，故数字与工厂调查录所发表者自不相同，即与供给某机关之统计亦稍有差异。因后者包含估计部分，凡工厂拒绝查填者，大致皆曾将表中项目一一加以估计，列入各项统计表内。本书附列之统计则特将此项估计数字剔除，而以实际查填者为限。故不独工厂厂数比较为少，而厂数相同者，其各项数字亦稍有出入。此外亦有在前项统计表已制成之后，补查之工厂数家，故本书之数字亦有大于前项统计表者。总之，上海工厂变动甚速，且决不能将所有工厂一一查填，故标准稍异，其结果即不一致。本书所采之标准特择其严者，因目标在工业化之研究，故宁缺毋滥也。

二十年调查工业时，制茶业漏列颇多，盖因彼时误以该业为商业性质，因其名称为茶栈故也。嗣因二十二年度调查，始悉此种茶栈虽以运销茶叶为主，而同时亦有以机器或炒锅从事制茶者，故亦列入工业之内。又轧花厂前此亦经漏查，二十二年度亦将其列入，并同时补查该厂二十年度情形，将其并列二十年度统计之内，以资比较。

## 戊　二十三年之调查

上海市社会局在民国二十三年重行调查全市工厂。所查之项目仅有厂名、地址、电话号码、经理姓名、产品种类、原动力种类、工人数（内分男、女、童工及学徒四项）及资本额八项，甚为简单，原欲普及全市各工业。更为诱致各工厂合作起见，特声明此项调查专为编制《工厂名录》之用，而其后发表所得材料之时，亦系以行名录形式出之。[①] 书端有一工业统计总表，将各业分为16大类，其分类办法与本所所采者大同小异。该表无家具类及建筑材料类，而将其用木材为原料者列入木材制造类（即第一大类），属于金属品者列入金属品制造类，故本所之第二、第七两大类在该表中曾经删

① 上海市社会局：《上海市工厂名录》。

去。同时本所之第四大类,即机械及金属品制造业在该表中则分为三类:(一)机器制造业,(二)电器制业造,(三)金属品制造业。故大类总数相同,而性质略异。以上海工业状况言之,机器、电器及金属品三项本甚重要,可以分列,但同时纺织工业类更为重要,亦未尝不应分列,故反不如仍用国际劳工局所分之大类为便也。

名录中每一大类分为若干细类,而每一细类列举本业各工厂名称、地址、男、女、童工、工人人数等,与调查项目相同,仅未分列各厂资本额谅有代守秘密之意。惜每细类并无各项总数,而资本额既未经分厂列举,自更无由核计其总数,故本书附表比较各年调查材料时,不得不采用该书之统计总表,以大类为限,而不用其细类之数字。在工业统计总表中,各业资本额系按16大类列举总数,并因调查未能完全,注明报告资本额与工人人数之厂数。各类工厂虽多,16大类总数计5,418家,而报告资本额者仅2,540家,报告工人人数者3,893家。此项调查据云以下两项为范围:(一)凡用电力、汽力、油力等为动力之工厂,不论所雇用之工人多少,一律调查;(二)凡用机器或其他机械帮助制造,而以人力为原动力者,其所用工人在五人以上者亦一律调查。吾人如以此项范围与本所二十年调查之范围相比较,则大体上相差不多,仅将工人十人以上减低为五人以上而已。上海小厂本居大多数,故将工人人数减低,所查之厂数自必增加甚多,故此次厂数几三倍于二十年度本所之所调查者。

统计总表举5,000余厂,而《工厂名录》中分类列举厂名者仅4,201家。在每一细类之后,该书有时注明若干工厂,因内容不明,未曾列表,但虽将此种未详之工厂加入于各细类,然后求得各大类之工厂数,仍与前面统计表中各大类之厂数不相符合。厂名录中未计算各细类之统计，而二十四年《上海市年鉴》中则曾发表，并注明系根据《上海市工厂名录》而编制者。① 年鉴中每表代表一大类，或一大类中之一部分，其中列举各细类，并将每一细类之厂数、工人数及应用各种原动力之厂数，分别列举，所可惜者，各表数字往往不独与工厂名录统计总表数字互异，且亦与名录中个别工厂数字不符。年鉴各表所列 16 大类之工厂总数仅 4, 234 家，较《工厂名录》统计总表中厂数少 1, 184 家，而《工厂名录》在每细类之后所举从略之工厂则远不逮此数，想其中计算错误之处必然甚多。

《工厂名录》及其统计表中所列工人人数分男、女、童、学徒四项，在统计表中更加未分类一项，而在名录中凡未分类者仅有总计之数。在本书比较各年工业状况之时，则未分类者仍为之保留，而其学徒则与童工合并，因他年度调查皆无此项，故虽两种工人颇有出入，然亦不得已合而为一。此外《工厂名录》可注意者，即各细类并未分级，在每一大类之下平列若干细类，此亦与本所分类方法不同者也。

在上海市社会局二十三年着手调查之时，本所二十二年至二十三年度之调查亦将次完毕，曾承该局将所填之卡片借予本所核对。当时查得凡合工厂法之华厂，本所皆经查填；偶有缺漏者亦即为补查。因有此项材料之参考，本所调查得免缺漏，同时凡本所已查得之工厂，而社会局漏查者，本所亦将所有材料供给该局。故两种调查方法与范围虽颇不同，而在调查进行之时，因时间衔接之故，曾有相当之合作也。

---

① 二十四年《上海市年鉴》，第 1—2 页。

# 本书英文本之书评

中外工商界应阅此书，因其内容极为丰富，可使彼辈明了中国目前经济发展之趋势也。——美国商务参赞安诺德君

由多方而言之，此书可视为上海工业之百科全书……此书可为研究经济学者极有价值之参考书，同时对于一般读者有甚大之贡献。凡欲稍知上海之情况者不可不读此册。——《大陆报》

著者对于上海贡献极大。此书可为上海工业界计划改进之唯一根据。——英文《大美晚报》

此书内容极富，而为近数年中我国英文出版品中之极有价值者。——《中国经济月刊》

凡留心上海事业者迟早必参考此书，因其中所纪之事实与统计不以工商业及劳工为限，而并及于金融，皆为吾人平时所不易搜集者……全书岁及五百页，著者所搜集上述之事实与统计至为完备。而复加以解释与讨论……如此之书尚为我国前此所无者。——《民众论坛》

凡关心中国及上海一埠之工业发展者，应以此书为最完备，最有用之参考书。——《中国评论周报》

本书编者刘大钧先生积累年实际工作的经验，根据各方调查结果，摘其精要编为此书，所有上海各种经济社会的进化演变，均用统计数字，予以说明，较之普通著述，多有深入独到之处。

——《时事新报》

刘大钧氏新著《上海工业化研究》一书，与一般普通书籍不同，适合“精心结构，事实与理论并重，采用原始材料编著”之条件，在我国著作界中，放一异彩。——《国民经济月刊》

# 刘大钧先生学术年表*

**1891 年(清光绪十七年)**

5 月 23 日(四月十六日)生于江苏淮安。祖父刘成忠(子恕),清咸丰二年进士,授翰林院编修,任京畿道监察御史、河南兵备道等职,晚年寄寓江苏淮安,提倡西学甚力。父刘孟熊(味青)亦精西学,会试落第。叔父刘鹗(铁云)热衷实业,著《老残游记》。幼年国文、法文、数学等受业于父,英文及其他科学受业于塾师与学校,13 岁丧父,由母亲抚养成人。

**1911 年**

8 月,私费赴美留学密歇根大学,肄业,得到清华三年津贴后,完成学业。师从亚丹斯(H. C. Adams)及泰勒(F. M. Taylor)攻读经济学与统计学,被选为美国大学高才生学会会员。

**1915 年**

获密歇根大学学士,又入密歇根大学研究院研究半年。

年底,回到中国。

12 月 26 日,在上海演讲“美国实业情形”。

**1916 年**

年初,任江苏省教育会英文秘书。后任清华学校经济学教员,

---

* 本年表由复旦大学孙大权撰写。

历时三年。

在英文杂志《中国政治学报》季刊(*The Chinese Social and Political Science Review*)第4期发表论文“中国实业变革论”(The Industrial Transformation of China)。

**1919年**

秋,任汉阳铁厂成本会计主任。

**1920年**

3月5日,与金永清女士在上海结婚。

担任北京大学讲师、师范大学教授。与西方驻华著名记者端纳(澳洲人)在北京创办中华民国政府经济讨论处,担任调查主任,历时八年余。

被推为英国皇家艺术学会会员(Sometime Fellow of British Royal Society of Art)。

**1921年**

11月,作为中国政府代表团随员(编纂)参加华盛顿会议。

**1922年**

主持创办英文周刊*Chinese Economic Bulletin*(《中国经济周刊》)。

**1923年**

夏,在北京发起成立中国经济学社,担任社长。

在北京任中华民国政府财政整理委员会委员。

主持创办《中外经济周刊》。

**1925年**

10月,作为中国政府专门委员参加在北京举行的“关税特别会议”。

**1927年**

担任中国太平洋国际学会研究干事,历时五年。

任上海银行经济专家。

在北京出版英文著作《中国之工业与金融》(*China's Industries and Finance*)。

**1928 年**

3 月,当选中国太平洋国际学会执行委员。

6 月,与友人创办和主编英文《中国评论周报》(*The China Critic*, 1928—1946)。

7 月,参加全国财政会议和全国裁厘会议。

11 月,在南京任国民政府立法院统计处长。

**1929 年**

9 月,由上海太平洋书店出版《我国佃农经济状况》。

10—11 月,到日本东京参加太平洋国际学会第三次年会。

发表"中国农田统计",收入由商务印书馆出版的《中国经济问题》一书。出版英文著作《外人在华投资》(*Foreign Investments in China*)、《中国的棉纺织业》[*China's Cotton Industry* (Co-author, Miss S. T. King)]。

**1930 年**

3 月,在南京发起成立中国统计学社,当选社长。

9 月,奉国民政府令到日本参加国际统计学会第 19 次年会,这是中国首次正式派代表参加该会。

11 月,参加全国工商会议。

**1931 年**

3 月,任主计处统计局局长。

9 月,奉国民政府令到西班牙参加国际统计学会第 20 次会议,同时参加罗马国际人口问题会议,并考察欧洲各国统计制度,历经八国，为期四个月。

出版英文著作《中国之统计事业》(*Statistical Work in China*)、《1912年中国的人口普查》(*The* 1912 *Census of China*)。

**1932年**

8月，由中国太平洋国际学会出版《外人在华投资统计》。

10月，请辞国民政府主计处统计局局长，在上海执会计师业务。

被推为国际经济统计学会会员，国际人口问题研究会通信研究员。

**1933年**

年初，创立中国经济统计研究所，任所长。

夏，担任由中国经济学社、中国统计学社、中国社会学社合组的中国社会科学委员会委员长。

7月，出版英文著作《上海工业化的初步报告》(*A Preliminary Report on Shanghai Industrialization*)、《上海缫丝业》(*The Silk Reeling Industry in Shanghai*)。

9月，国民政府免其主计处统计局长职务。

**1934年**

年初，创办并主编《经济统计月志》(1934—1941)。

5月，参加全国第二次财政会议。兼任国防设计委员会委员、中山文化教育馆研究部副主任、金城银行总经理处顾问。

8月，在《东方杂志》发表“近八年我国物价的研究”。

**1935年**

8月，奉蒋介石命令，与蒋私人顾问端纳创办军事委员会国民经济研究所，担任所长。同月，被聘为中央银行经济研究处专门委员。

12 月,主持召开中国经济学社广州年会。

年底,停止会计师业务。

**1936 年**

在上海出版英文著作《上海的发展与工业化》(*The Growth and Industrialization of Shanghai*)。

**1937 年**

2 月,以军事委员会资源委员会参考资料第 20 号名义出版《中国工业调查报告》三册。

5 月,创办并主编《国民经济月刊》。

**1938 年**

3 月,在重庆与马寅初创办中国经济学社重庆分社。

6 月,创办并主编《经济动员》(1938—1940)。

**1939 年**

夏,国民政府教育部聘请刘大钧等 32 位学者为经济学名词审查委员,负责审查国立编译馆送审的各家编订的经济学名词译名,审定后的经济学名词由教育部在 1941 年 11 月公布。

出版《吴兴农村经济》和《经济动员与统制经济》。

**1940 年**

出版《非常时期货币问题》和《上海工业化研究》。出版英文著作《中国的丝织工业》(*The Silk Industry of China*)。

**1941 年**

1 月 20 日,《申报》发表"刘大钧与经济学",对刘大钧的学术贡献进行了详尽的叙述并给予很高的评价。

1 月,国民政府教育部聘请刘大钧等 30 位学者为统计学名词审查委员,负责审查中国统计学社拟订的统计学名词译名,审定后的统计学名词由教育部在1944年5月公布。

任中央银行经济研究处专门委员。接替马寅初担任重庆大学商学院院长。出版《中国工业发展之方针》油印本。

**1942年**

在《金融知识》第1卷第5期发表“金融动员与利率政策问题”。

**1943年**

完成《中国战前国民收入初步估计》,油印分送有关机关与专家,未刊。

**1944年**

《工业化与中国工业建设》作为国民经济研究所丙种丛书(工业化丛书)第一编,由重庆商务印书馆出版。

**1945年**

3月,辞去重庆大学商学院院长职务。

主持出版国民经济研究所丙种丛书(工业化丛书)其他六种。

**1946年**

3月1日,在上海参加《经济周报》社举行的“论新外汇政策”座谈会。

5月,作为中国政府代表团成员赴美参加联合国会议。

12月,担任联合国经济社会理事会统计委员。

**1947年**

2月25日,受国民政府行政院委派担任经济部驻美商务参事。

10月,与方显廷、何廉、巫宝三、马寅初、陈总、杨西孟、杨端六七位经济学家一并被推举为中央研究院院士候选人。

11月,赴古巴哈瓦那出席联合国贸易会议,任“关税及贸易总协定”起草委员。

**1948 年**

1 月，作为中国政府副代表在美国参加国际小麦会议。

8 月，作为中国政府代表之一赴日内瓦参加联合国贸易与就业签字国会议。

在美国出版英文著作《中国经济的稳定与重建》(*China's Economic Stabilization and Reconstruction*)。

**1949 年**

7 月，在“国民财富的衡量”华盛顿会议的讨论发言发表在美国《计量经济学》(*Econometrica*)。

**1953 年**

退休，移居美国纽约市皇后区。

**1962 年**

5 月 5 日，病逝于美国纽约市，享年 72 岁。

# 刘大钧与《上海工业化研究》

孙大权

## 一、刘大钧简历及其学术贡献

刘大钧(1891—1962),字季陶,号君谟,江苏丹徒人,生于江苏淮安。祖父刘成忠为清咸丰二年(1852)进士,授翰林院编修,任京畿道监察御史、河南兵备道等职,晚年寄寓江苏淮安,提倡西学甚力。父刘孟熊(味青)亦精西学,会试落第。叔父刘鹗(铁云)热衷实业,著《老残游记》。① 幼年国文、法文、数学等受业于父,英文及其他科学受业于塾师与学校,13 岁丧父,由母亲抚养成人。1911 年自费赴美留学密歇根大学,肄业,得到清华三年津贴后,才得以完成学业。师从亚丹斯(H. C. Adams)及泰勒(F. M. Taylor)攻读经济学与统计学,被选为美国大学高才生学会会员。1915 年获密歇根大学学士学位,又入研究院研究半年,年底回国。②

1916 年任清华学校经济学教员,历时三年,曾是著名经济学家

---

① 刘大钧:"本书作者刘铁云先生轶事","刘铁孙跋",刘铁云遗著《老残游记二集》,上海良友图书印刷公司,1935 年。

② "刘大钧略历",《四川经济月刊》第 5 卷第 4 期,1936 年 4 月。

萧遽、陈总（岱孙）、李权时的老师。[①] 1920 年在北京与端纳创办中华民国政府经济讨论处，担任调查主任，历时八年。1928 年任南京国民政府立法院统计处长，1931 年任主计处统计局长，1932 年年底辞统计局长，在上海执会计师业务。1933 年年初，创建中国经济统计研究所，任所长，历时 16 年。1935 年任军事委员会国民经济研究所所长，历时八年。1941 年任重庆大学商学院院长，历时四年。1946 年 5 月，作为中国政府代表团成员赴美参加联合国会议，12 月，担任联合国经济社会理事会统计委员。1947 年 2 月，担任国民政府经济部驻美商务参事，11 月，赴古巴哈瓦那出席联合国贸易会议，任“关税及贸易总协定”起草委员。后移居美国，1962 年病逝于纽约。[②]

1923 年和 1930 年先后发起成立中国经济学社和中国统计学社，并担任两社的首任社长。1927—1931 年任中国太平洋国际学会研究干事。1930 年和 1931 年参加国际统计学会日本会议和西班牙会议。先后创办和主编《中国评论周报》（*The China Critic*，1928—1946）、《经济统计月志》（中英文双语，1934—1941）、《国民经济月刊》（1937）、《经济动员》（1938—1940）。此外还主编国民经济研究所工业化研究丛书七本。

刘大钧的中文著作有《我国佃农经济状况》（1929）、《外人在华投资统计》（1932）、《中国工业调查报告》（1937）、《吴兴农村经济》（1939）、《经济动员与统制经济》（1939）、《非常时期货币问题》（1940）、《上海工业化研究》（1940）、《工业化与中国工业建

① 朱通九：“刘大钧与经济学”，《申报》1941 年 1 月 20 日。

② 刘绍唐主编：《民国人物小传》第二册，台北：传记文学出版社 1977 年版，第 273—275 页。

设》(1944);英文著作有《中国之工业与金融》(*China's Industries and Finance*,1927)、《外人在华投资》(*Foreign Investments in China*,1929)、《中国的棉纺织业》[*China's Cotton Industry*(Co-author, Miss S. T. King),1929]、《中国之统计事业》(*Statistical Work in China*,1931)、《1912 年中国的人口普查》(*The 1912 Census of China*,1931)、《上海工业化的初步报告》(*A Preliminary Report on Shanghai Industrialization*,1933)、《上海缫丝业》(*The Silk Reeling Industry in Shanghai*,1933)、《上海的发展与工业化》(*The Growth and Industrialization of Shanghai*,1936)、《中国的丝织工业》(*The Silk Industry of China*,1940)、《中国经济的稳定与重建》(*China's Economic Stabilization and Reconstruction*,1948)。刘大钧发表的署名论文超过 150 篇,还在《中外经济周刊》和《经济统计月志》里还发表了大量未署名论文。

在中国经济学发展史上,刘大钧是继严复之后又一里程碑式人物。他开创了中国经济学发展的多个第一,他是西方经济学中国化和中国经济研究国际化的开拓者。

首先,主持中国第一个全国性经济调查研究机构——经济讨论处。1920 年,北京政府"为发达出口贸易、增进国际信用及普及经济知识起见",特聘请澳洲人端纳(W. H. Donald)为主办人,刘大钧为会办人,创立"经济讨论处"。[①] 端纳为外国人,实际主持工作者为刘大钧。经济讨论处对全国经济进行了切实而系统的调查,发行了中文周刊——《中外经济周刊》,英文周刊——*Chinese Economic Bulletin*(《中国经济周刊》),英文月刊——*Chinese Economic Journal*

① 卫挺生:"从讲堂到银行(一)",台湾《中外杂志》第 17 卷第 6 期,1975 年 6 月,第 117 页。

(《中国经济月刊》)。[①] 该机构被学术界称为中国现代经济研究的先锋。[②]

其次,创办第一个以经济学家为主要成员的全国性学术团体——中国经济学社。学社于1923年由刘大钧等人在北京创立,持续活动到新中国成立前夕。它是在马寅初、刘大钧主持下,以提高经济学术和改进现实经济为宗旨,以留美归国经济学者为主,集合全国政、学、商各界上层分子组成的经济学术团体。学社作为民国经济学界的英美派,其学术和思想居于当时主流地位,产生了广泛的影响,是中国近代史上一重要学术团体。

1937年,刘秉麟指出:"自中国经济学社成立以后,以马寅初刘大钧先生等之努力,中国经济问题之研究,与调查方面之进行,更引起一般人士之注意。而中国人应注重研究中国事实一点,似于研究上,另开一新纪元。"[③]1941年,朱通九指出:刘大钧领导的中国经济学社创立以后,"至是我国经济学由装饰品时代进入仿效与研究时代"[④]。1944年,夏炎德认为:中国经济学社对中国经济学的影响与美国经济学会对美国经济学的影响类似,中国的刘大钧与马寅初犹如美国经济学会第一二任会长沃克与邓巴。[⑤] 刘秉麟、

① "经济讨论处之职务",《中外经济周刊》(特刊号),1927年4月16日,第1—15页。

② 朱通九:"近代我国经济学进展之趋势",《财政评论》第5卷第3期,1941年3月,第117页;方显廷:"二十年来之中国经济研究",《财政评论》第16卷第1期,1947年1月。

③ 刘秉麟序,载刘絜敖:《经济学方法论》,商务印书馆1937年。

④ 朱通九:"近代我国经济学进展之趋势",《财政评论》第5卷第3期,1941年3月,第117—118页。

⑤ 夏炎德:《中国近百年经济思想》,商务印书馆1948年版,第174—175页。

朱通九、夏炎德三位经济学家不约而同地提出刘大钧与马寅初开创了中国经济学研究的新时代。

与创办中国经济学社类似，刘大钧还创办了中国第一个由统计学者组成的学术团体——中国统计学社。

第三，主持全国第一次工业普查。在1933—1935年，刘大钧主持了中国近代第一次也是唯一一次全国工业普查。

第四，是运用统计数字研究中国经济问题的代表。刘大钧深入调查经济数据的目的是研究，他的论著将经济理论和中国的经济数据结合起来，致力于西方经济学的中国化，成为被学界和社会公认的研究中国经济问题的权威学者。除对中国工业化的系列研究外，刘大钧的《中国农田统计》、《外人在华投资统计》、《近八年我国物价的研究》、《中国战前国民收入初步估计》等论著均产生了重要学术影响。

第五，刘大钧是中国最早有国际影响的经济学家之一。刘大钧在中国创办和主编英文杂志，写作和出版英文论著，致力于中国经济研究的国际化，其成果产生了重要的国际影响。1948年，刘大钧的英文著作《中国经济的稳定与重建》(*China's Economic Stabilization and Reconstruction*)出版后，立即引起了国际学术界的关注，《美国经济评论》(*American Economic Review*)对该书发表了长篇书评。[1] 1949年7月，美国《计量经济学》(*Econometrica*)发表了刘大钧在"国民财富的衡量"华盛顿会议的讨论发言[2]，在同一篇文章

---

① Edwin P. Reubens, "China's Economic Stabilization and Reconstruction", *The American Economic Review*, Vol. 38, No. 5. (Dec., 1948), pp. 936—939.

② D. K. Lieu, "The Measurement of National Wealth: Discussion", *Econometrica*, Vol. 17, Supplement: Report of the Washington Meeting (Jul., 1949), pp. 264—265.

里记录的发言专家还有斯通、丁伯根、库兹涅茨等国际知名学者。经济学顶尖杂志关注刘大钧的著作与言论，说明他得到了国际主流学术界的重视。

因对中国经济学发展有重要的学术贡献，刘大钧与马寅初被称为民国时期中国经济学两大泰斗。①

## 二、《上海工业化研究》的主要内容

1931 年，中国经济学社研究工业委员会主任刘大钧在得到中国太平洋国际学会捐款后，联合国民政府统计局等部门对上海工业进行了第一次调查。此次调查标准以应用原动力或使用工人 10 人以上的工厂为限，共调查工厂 1,600 余家。调查完成后，刘大钧将调查结果用英文写成《上海工业化的初步报告》。1933 年，中国经济学社联合中国统计学社，在中国经济学社研究工业委员会的基础上，成立中国经济统计研究所，刘大钧为所长。该所受国防设计委员会委托，调查全国工业。此次调查标准以应用原动力及雇佣工人 30 人以上的工厂为限，1931 年的上海工业调查不符合新的标准，刘大钧又组织了对上海工业的第二次调查，共调查符合新标准的工厂 1,200 家左右。

刘大钧以两次上海工业调查数据为基础，结合他多年进行的工业化研究，完成了《上海工业化研究》，该成果于 1936 年首先以英文刊行，即《上海的发展与工业化》（*The Growth and Industrializa-*

① 朱通九："刘大钧与经济学"，《申报》1941 年 1 月 20 日。

*tion of Shanghai*)，该书以中国经济统计研究所名义在上海出版，共473页。1940年，中文《上海工业化研究》以中山文化教育馆丛书名义由长沙商务印书馆出版，共366页。两个版本的基本内容变动不大，中文版删除了英文版附录的图表九张和索引，增加了"本书英文本之书评"。1972年台湾学海出版社发行了《上海工业化研究》的影印本，该版本却将著者和书名误为刘大中著《上海工业之研究》。2010年，《上海工业化研究》还被收入《民国时期社会调查丛编(二编)》。①

《上海工业化研究》原书分为正文和附录两大部分，正文八章共144页，附录八个共222页，附录篇幅超过正文。正文的"研究"和附录的"统计"有密切的联系，"研究"的前四章总体对应的是"统计"的前4表，"研究"的第5—7章一一对应"统计"的第5—7表。同时，附录的"统计"部分也有其独立的价值，它们是上海经济社会统计数据的汇总，特别是"二十年上海工业详细统计"和"二十二年上海工业详细统计"，为首次向社会发布的上海工业详细统计。

第一章为"绪论"，论述了研究中国工业化尤其是研究上海工业化的意义、工业化的含义、促进工业化的因素等问题，该章是本书较有理论色彩的一章。

第二章为"上海工业发展之沿革"，叙述了上海纺织业、服用品工业、饮食品工业、机器制造业、化学工业、造纸与印刷业等6类工业发展的简史。

第三章"近年之发展"，比较分析了1931年和1933年两次上

① 李文海主编:《民国时期社会调查丛编(二编)》(近代工业卷下卷)，福建教育出版社2010年版。

海工业调查的统计数据，刘大钧得出了一重要结论，即与资本主义世界在1929—1933年出现经济衰退不同，上海工业在这两年中有较大的发展。

第四章“上海工业之特点”，总结上海工业的四个特点：一、资本太少，平均每厂资本额1931年为8万元，1933年为14万元。二、规模太小，既无厂屋又无厂地者占80%，工人在30人以下者占60%。三、机械化程度低，每厂平均马力数仅151马力，每一工人所用还不及1马力。四、产值低，在12种重要产业中，除面粉、棉纺、卷烟业外，其余9种产业平均每厂产值均在百万元以下。

第五章“上海之劳工”，估计上海工人总数在35万左右。工人最高工资，男工每日一元六角五分，女工每日八角九分；工人最低工资，男工每日四角七分，女工每日二角四分。

第六章“上海工业化的经济影响”，与本章相联系的附录“上海经济及其他相关之统计”达33表。刘大钧将各种经济统计分为两类，即上海的发展和上海的盛衰。关于上海的发展，他分析了人口增加、地价上涨、道路扩展、银行业务增长、工业制品输出逐渐增加等；关于上海的盛衰，他分析了物价、国际贸易、物产交易额、客运与货运等方面的波动。本章是信息量较多的一章。

第七章“上海工业化的社会影响”，该章为著名社会学家吴泽霖主稿，他认为工业化促进了城市化，城市化带来了家庭不稳、住宅紧张、贫富悬殊、劳资冲突、犯罪增多等问题，并以案例的方式生动地叙述了工业化带来的“城市病”。例如，指出上海一埠妓女人数，约有25,000人；上海的草棚，至少有四五千所；上海劳工界中，姘居几变常态，诱奸已成司空见惯。本章是最有趣和最生动的一章。

第八章为“结论”，对全书的主要观点进行了总结。

## 三、《上海工业化研究》是刘大钧工业化研究系列的承前启后之作

1915 年 12 月，刘大钧刚从美返国，即在上海讲演“美国实业情形”，他说：“余未出洋以前已抱定宗旨：如何而可使中国实业发达，并以何种实业为最易办理，既到美国，于课余之暇，凡关于实业之事务，无不留意考查。”①他“先后调查该邦实业阅四五月，历廿余城，凡关系之紧要，见闻之真确，无不记录于册，以备参考”②。这说明刘大钧在青少年时期即有促进和研究中国工业化的强烈愿望③，在留美时期就已经做好了充分准备。回国后，刘大钧数十年如一日，在动荡的时局中，矢志不渝，坚持研究中国工业化，取得了瞩目的成绩。

刘大钧的中国工业化研究大致经历了以下四个阶段。

第一阶段（1916—1927）：中国工业的初步调查研究。

1916 年，刘大钧回国发表的第一篇论文即为英文“中国实业变革论”（The Industrial Transformation of China）④，该文研究了中国工业化的原因、现状及改进办法，将德国罗雪尔和李斯特的国民经济理论应用于研究中国工业化实践。刘大钧指出：工业化直接关系

① “演说美国实业之大略”，《申报》1915 年 12 月 28 日。

② “演说美国实业情形”，《申报》1915 年 12 月 23 日。

③ 刘大钧叔父刘鹗热衷创办铁路等实业，这种家庭背景可能对其思想形成有影响。

④ Dakuin K. Lieu，“The Industrial Transformation of China”，*The Chinese Social and Political Science Review*（《中国政治学报》季刊），1916 年 12 月，第 4 期，第 66—80 页。

到人民物质和精神生活水准的提高，衣食足而知礼仪，在中国这样的古老国家，农业经过长期的发展，达到了精耕细作的极限，出现了边际效用递减，资本、土地、劳动力的回报越来越低，要靠农业提高人民的生活水平是不可能的。人民生活的提高和社会治安的稳定都只能靠工业的发展。另一方面，工业化还关系到在国际激烈的经济斗争中国家的生存和独立。一个民族不可能因工业不发展长期依赖贸易逆差和外资流入，甚至政府还靠外国资本运作而求独立和生存。刘大钧认为中国历史发展也将会跟西欧一样，从家庭经济到城市经济再到国民经济，在国民经济阶段，就是工厂制度和公司制度为主的工业化社会，这是人类经济发展的必然。

“中国实业变革论”为刘大钧研究中国工业化的第一篇文章，可能也是中国近代经济学家研究工业化的第一篇重要论文。在戊戌变法时期，康有为提出将中国“定为工国，而讲求物质”，成为在中国主张实行资本主义工业化的第一人。但康有为不是建立在对工业化理论和实践的深刻了解基础上，对工业化还只有一个模糊的认识。其后，梁启超、孙中山提出了“振兴实业”论，也都没有提出工业化的概念。何廉、方显廷在20世纪20年代末开始研究工业化，其他大部分学者主要是在抗战后才开始关注此问题。刘大钧在1943年指出：“二十五年以前，笔者即主张我国必须工业化，并作文加以鼓吹，嗣后对此问题之研究与讨论，未尝或懈，在初国人多未加注意，然自抗战军兴，工业化之需要乃深入人心，而政府且定为国策焉。”①以论著发表的时间和内容论之，刘大钧为中国近代经济学界研究工业化的先驱。

① 刘大钧序，载褚葆一：《工业化与中国国际贸易》，商务印书馆1945年版。

1920年,刘大钧与端纳创办经济讨论处的目的就有:搜集国内外实业状况,编成中西刊物,以促进中国实业发展。[①] 1927年,刘大钧将他在经济讨论处多年调查研究进行了总结,在北京出版了英文著作《中国之工业与金融》(*China's Industries and Finance*)。该书副标题为:中国工业和金融问题的系列研究之一[②],说明刘大钧已经计划将工业化研究作成系列成果出版。该书分八章,第一章为"中国工业的发展",第二章为"中国金融的组织",叙述了钱庄、票号、典当、中外银行、国际汇兑等内容,第三章为"中国工业与金融的统计",列举了农业、工业、金融、财政、物价等统计表,第四章为"厘金制度及其对工业与金融的影响",第六章为"中国铁路的国际管理与国际投资",第七章为"中国钢铁工业的生产成本",该章根据刘大钧在汉阳铁厂任成本会计主任所搜集的原始材料而写成,第八章为"中国丝织业的发展"。该书虽名为工业与金融两大主题,实际上工业内容远超过金融,该书是刘大钧研究中国工业化的重要著作。

《中国之工业与金融》的第一章"中国工业的发展"无疑是该书最核心的一章。1927年7月,刘大钧抽出该章作为论文提交给在美国檀香山举行的太平洋国际学会第二次年会,会后,陈立廷组织人将其译成中文,改名为"中国实业状况",编入《最近太平洋问题》[③],同时又发表在《青年进步》杂志上[④]。"中国实业状况"尽管

---

① "本刊出版宣言",《中外经济周刊》第一号,1923年3月10日。

② D. K. Lieu, *China's Industries and Finance*: *Being a Series Studies in Chinese Industrial & Financial Questions*, Peking, 1927.

③ 陈立廷、应元道编:《最近太平洋问题》,太平洋国交讨论会,1927年。

④ 刘大钧:"中国实业状况",梅译,《青年进步》1927年第108期,第7—23页。译文去掉了英文版的注释,内容基本一致。

只是《中国之工业与金融》的一章，然其内容基本可以反映全书的核心观点。首先，刘大钧概述了中国工业的现状，他将中国工业按照其性质和大小分为三类：一、小规模的工场；二、乡村的手工业；三、现代的工厂。其次，刘大钧总结出中国工业发达的两大原因：铁路和对外贸易。第三，刘大钧分析了中国实业发展的障碍：一、存在厘金和其他通过税；二、币制和度量衡不统一；三、政局不稳和战争；四、外国在华特权。刘大钧还驳斥了上海的发展是因为外国租界能够保护生命与财产安全的论调，他指出：上海的战争破坏与犯罪行为比乡镇严重得多，上海的兴起主要是因为交通便利。

《中国之工业与金融》论述了中国工业的现状、问题以及钢铁业的成本、丝织业的发展，并对中国工厂进行了初步的统计，这些论述与统计虽然比较粗浅，但它奠定了刘大钧工业化研究的基础，因此，《中国之工业与金融》是刘大钧对中国工业初步调查研究的成果，是刘大钧工业化研究系列的第一本重要论著。

另外，1929 年，刘大钧与人合著英文《中国的棉纺织业：资本组织、产量、劳工状况的统计研究》。① 该书为刘大钧对中国棉纺织业的专门研究，方显廷著《中国之棉纺织业》时参考了该书，同时认为该书写得比较简单。②

第二阶段（1931—1936）：上海工业化研究

前已指出，刘大钧从中国太平洋国际学会申请了课题“上海工业化研究”，于 1931 年和 1933 年对上海举行了两次工业调查。

① Miss S. T. King, D. K. Lieu, *China's Cotton Industry: A Statistical Study of Ownership of Capital, Output and Labor Conditions*, Shanghai, 1929.

② 《方显廷文集》(1)，商务印书馆 2011 年版，第 2 页。

1933年7月，刘大钧将第一次调查的结果整理成为两本英文专著：《上海工业化的初步报告》和《上海缫丝业》[1]，《上海工业化的初步报告》发表的主要数据是：上海共有1,666个工厂，资本额为139,500,000元，职员为17,200人，工人为212,800人，其中童工占6%，在1930年支出了9,000,000元薪资和22,000,000元工资，总产出为411,000,000元。[2] 从这些数据可知，《上海工业化的初步报告》与《上海工业化研究》的数据有所不同，说明《初步报告》只是这一课题的前期成果。为何要单独出版《上海缫丝业》呢，刘大钧的解释是：因为1931年和1932年用相同的表格对缫丝业进行了两次调查，这样便于比较，另外，缫丝的原料数量、产量以及缫丝机器的生产能力等都与其他产业不同。《上海缫丝业》分为12章，分别叙述了缫丝的历史，1932年与1931年的比较，以及缫丝业的资本、原料、生产、工人等。1934年，刘大钧发表“研究我国工业化的原因与经过”[3]，1935年又发表“上海之工业”[4]，这两篇文章的许多内容都纳入《上海工业化研究》中。总之，以上论著都是“上海工业化研究”课题的前期和中期成果，而《上海工业化研究》则为该课题的最终成果。

从1916年发表“中国实业变革论”到1936年出版《上海工业化研究》英文本，刘大钧已经持续研究中国工业化20年，出版了英

---

① D. K. Lieu, *A Preliminary Report on Shanghai Industrialization*: *The Silk Reeling Industry in Shanghai*, Shanghai, 1933.

② *The China Critic*(《中国评论周报》), Vol. 6, No. 33, 1933, p. 815.

③ 刘大钧：“研究我国工业化的原因与经过”，《中山文化教育馆季刊》1934年创刊号，第313页。

④ 刘大钧：“上海之工业”，《交易所周刊》第1卷第13期，1935年4月1日。

文著作四本，发表中西文论文多篇，他先对中国工业化现状、问题的总体情况进行初步调查研究，其后研究棉纺织业等具体工业，最后再研究中国最大的工业化中心上海。《上海工业化研究》是其以前作品的总结和提升。比如《中国之工业与金融》提出工业化的促进因素有铁路和对外贸易，《上海工业化研究》一方面吸收了这种观点，另一方面，又增加了贱价电力这一新发现的因素。因此，《上海工业化研究》是刘大钧工业化研究系列中第二阶段的代表作。

第三阶段（1933—1937）：全国工业普查

1932 年年底，国防设计委员会为了国防目的，决定由该委员会出资，委托刘大钧主持的中国经济统计研究所对全国进行工业普查。此次工业调查从 1933 年 4 月开始，到 1935 年 5 月结束，前后费时两年零两个月（包括整理时间）。指导一切工作者为研究所所长刘大钧。调查遍及 17 省 146 市县，未到省份只有甘肃、新疆、云南、贵州、宁夏、青海与东北四省（西部六省因新式工业太少，东北四省因被日本侵占）。调查合于工厂法（有原动力且使用工人 30 人以上者）的工厂 2,435 家，其中上海市 1,229 家，其他各省市 1,206 家①，行业除兵工厂、电灯厂、造币厂、影片制造厂外，其余全部涉及。每厂调查的项目达 171 项，调查员每填一厂约需要四五个小时。每厂均由受过训练的调查员亲自查填，然后交研究所审核，如不满意，还需进行复查。调查表交所后，整理工作在统计专家刘大钧直接指导下进行，经过审查、复查、核算、编制统计表、撰写文字说明等工作，所需时间两倍于具体调查。最后形成了全国

① 刘大钧往往将上海工业调查与全国工业普查分开。

第一次工业普查的具体成果——《中国工业调查报告》。[①]

《中国工业调查报告》全书三册，共 1,270 页，于 1937 年 2 月以军事委员会资源委员会参考资料第 20 号名义出版，著者为刘大钧，委托机关为经济统计研究所。

《报告》上册为“概说”，对《报告》中下册“统计表”作文字说明。“概说”第一编为“报告纲要”，叙述调查和整理的经过。第二编为“工业分业略说”，对中册“分业统计表”摘要说明和补充。第三编为“工业分地略说”，对下册“地方工业概况统计表”进行了说明。《报告》中册为“合于工厂法工厂的分业统计表”，将中国工业细分为 180 多种，对其厂地及建筑屋、资本组织资本额、动力来源、动力机数量、能力、马达、补助机、职工人数、薪资、工作时间、产品生产各种费用和销售总值、主要作业机、主要原料、主要产品等 14 个项目进行统计，形成了 14 表。《报告》下册为“地方工业概况统计表”，统计了南京市、上海市以及江苏、浙江、广西、福建省等 17 省所属共 146 市县，每县市又分资本与工人、产品总值及销场、主要产品数量、主要原料数量、主要作业机等 5 表。

刘大钧对此次全国工业普查及其报告的自我评价为：“其普遍性及精密性皆远过以前所有之工业统计，即较诸英美工业普查之项目，亦有过之无不及也。”[②]

《中国工业调查报告》出版后，即成为 20 世纪 30 年代中国工业统计的权威的原始数据报告，不断受到各代学者的引用。巫宝

① 此段根据《中国工业调查报告》第一编“报告纲要”改写。

② 刘大钧：《中国工业调查报告》（上册），军事委员会资源委员会参考资料第 20 号，1937 年，第 2—3 页。

三主持的《中国国民所得(1933年)》在工业方面的数据就是以《中国工业调查报告》为依据。[①]《中国资本主义发展史》(第三卷)认为:"刘大钧主持的1933年工业调查是旧中国惟一的一次工业普查。"[②]日本学者久保亨认为:"刘大钧对几乎所有符合工厂法的中国资本的工厂都进行了调查,被调查工厂数共2435家。在当时像这样调查范围之广泛,结果之准确,是其他工业普查所无法比拟的。所以,后来关于民国时期工业总产值的两个著名研究,巫宝三等人的《中国国民所得(1933年)》和Liu & Yeh(刘大中·叶孔嘉)的*The Economy of the Chinese Mainland: National Income and Economic Development*,1933-1959(Princeton University Press,1965)也都是依据《调查报告》来进行。"[③]

刘大钧工业化研究系列中,"上海工业化研究"和"全国工业普查"在时间和内容上均有交叉部分,但其阶段特征也异常明显,一个是向中国太平洋国际学会申报的课题,对上海地区工业化进行详细研究,一个是中国国防设计委员会委托的课题,对1933年中国全国工业进行普查。在统计部分,上海工业调查是全国工业调查的基础;另一方面,全国工业调查146市县的范围远远超过上海一地的工业调查,在统计的科目方面,《中国工业调查报告》比《上海工业化研究》更详细、更精密。同样关于1933年上海工业的统

① 巫宝三主编:《中国国民所得(1933年)》,中华书局1947年版,第59—60页。

② 许涤新、吴承明主编:《中国资本主义发展史》(第三卷),人民出版社2003年版,第803页。

③ [日]久保亨:"关于民国时期工业生产总值的几个问题",《历史研究》2001年第5期,第31页。

计,《中国工业调查报告》中册比《上海工业化研究》统计工厂数增加43家,统计表格有7表大致相同,另有7表完全为新加。《中国工业调查报告》下册比《上海工业化研究》统计工厂数增加2,299厂,产值也由5.577亿元增加为7.277亿元。

刘大钧主持的中国经济统计研究所高质量地完成中国第一次也是民国时期惟一的一次工业普查,为当时的国防建设和以后的学术研究提供了较为完整和准确的统计数据,因此,《中国工业调查报告》是刘大钧工业化研究第三阶段也是其一生的标志性学术贡献。

第四阶段(1937—1945):中国工业化理论与政策的系统研究

1937年1月,刘大钧发表"国民经济建设的一个紧要关键",指出国民经济建设的紧要关键是工业,不是农业。[①] 1937年5月,刘大钧发表长篇论文"从国民经济建设说到工业化的因素和限度"[②],该文研究了工业化与天然资源、劳工、资金、动力、运输等因素的关系。

1937年7月全面抗战爆发后,刘大钧领导的国民经济研究所将研究中心转向战时经济动员和统制。从1939年开始,刘大钧又将研究重心转向工业化研究。[③] 1941年,出版《中国工业发展之方针》油印本,该著分为五部分,即:一、战前我国工业之现状与特点;

① 刘大钧:"国民经济建设的一个紧要关键",《经世》第1卷第1期,1937年,第15页。

② 刘大钧:"从国民经济建设说到工业化的因素和限度",《国民经济建设月刊》第1卷第1期,1937年。

③ "刘大钧与端纳关于国民经济研究所的往来函件选辑(续)",《上海档案工作》1993年第6期,第56页。

二、以往促进工业发展之因素；三、以往阻扰工业发展之因素；四、中日战事对于工业之影响；五、发展工业之方针。①

在前述论著基础上，1944 年刘大钧出版《工业化与中国工业建设》一书，该书第一章为绪论，第二章为工业化的含义、目标与基本问题，第三章为工业化之条件，第四章为战前我国工业，第五章为此次战事对于工业之影响，第六章为战后发展工业之方针，第七章为结论。前述“从国民经济建设说到工业化的因素和限度”一文是该书第三章的基础，“中国工业发展之方针”为该书第四、五、六章的基础。该书是刘大钧中国工业化理论和政策研究的代表作。

从《上海工业化研究》到《工业化与中国工业建设》，刘大钧工业化研究进入了一个新阶段，前者是后者的基础，后者发展和深化了前者的相关研究。比如，《上海工业化研究》认为工业化的含义可以用六个方面的特点进行说明，即大规模生产、使用原动力、劳资分离、股东与经理分离、产品标准化、城市化，但刘大钧并没有给予“工业化”的含义一个简明的概括。《工业化与中国工业建设》中工业化的含义为：“各种生产事业机械化及科学化，而其组织与管理亦科学化及合理化。”具体内容或特点包括：一、工业本身机械化与科学化；二、矿产之大量开发；三、运输事业机械化与动力化；四、各种生产事业以工业为中心而发展，工业化之影响遍及各种生产事业；五、动力之普遍利用；六、大规模生产；七、产品标准化；八、事业组织及管理科学化及合理化；九、各种生产事业资本化；十、工

① 褚葆一：“战后的工业化”，《新经济》第 6 卷第 10 期，1941 年，第 221—222 页。

业都市之形成。[1] 显然,《工业化与中国工业建设》有关工业化的含义既采纳了《上海工业化研究》的部分内容,又对工业化的含义进行了简明的概括和更全面的说明。又比如,《工业化与中国工业建设》将《上海工业化研究》论述的“上海工业的特点”,扩展为“战前我国工业的特点”。

刘大钧除自己研究工业化之外,还以国民经济研究所为平台组织专家进行团体协作,他计划出版工业化丛书十种,以期形成工业化理论与政策的系统研究。从1944年到1945年,商务印书馆实际出版了七种,即刘大钧的《工业化与中国工业建设》(第一编),韩稼夫的《工业化与中国农业建设》(第二编)和《工业化与中国交通建设》(第五编),曹立瀛的《工业化与中国矿业建设》(第三编),褚葆一的《工业化与中国国际贸易》(第四编),刘鸿万的《工业化与中国人口问题》(第六编)和《工业化与中国劳工问题》(第六编)。以上著作是中国研究工业化理论与政策的第一套丛书。在此之前,何廉、方显廷主持的南开经济研究所曾出版工业丛刊13种[2],但其内容主要是华北地区的工业调查。刘大钧主持出版的七种工业化系列丛书是其重要的学术贡献。

另外,1940年刘大钧在上海出版英文著作《中国的丝织工业》,该书是刘大钧继《中国之工业与金融》第八章“中国丝织业的发展”和“上海缫丝业”有关中国丝织业的系列论著之三。

综上所述,刘大钧从1916年开始研究中国工业化,到1945年

---

① 刘大钧:《工业化与中国工业》,重庆商务印书馆1944年版,第3—6页。

② 南开大学经济研究所:《十年来之南开大学经济研究所》,1937年,第44—45页。

主持出版工业化丛书，持续研究近30年。他在1927年就计划形成系列成果，其后，他利用各种机会，完成了“上海工业化研究”、“全国工业普查”、“工业化理论与政策系统研究”等多个重大课题，一步一个阶梯，无论是研究时间之早、成果之多，还是影响之大，刘大钧无疑是中国近代研究中国工业化的第一人。①

上海工业化研究是刘大钧工业化系列研究的重要阶段，它承前启后。《上海工业化研究》为刘大钧此前工业化研究的总结和提高，同时又是他后面工业化研究的基础，它的“研究”部分是刘大钧理论方面代表作《工业化与中国工业建设》的基础，它的“统计”部分是其工业统计方面的代表作《中国工业调查报告》的基础。

## 四、《上海工业化研究》的影响

《上海工业化研究》在1936年以《上海的发展与工业化》(*The Growth and Industrialization of Shanghai*)之名出版英本版后，立即受到社会各界的广泛关注，美国商务参赞安诺德以及《大陆报》、《大美晚报》、《中国经济月刊》、《民众论坛》、《中国评论周报》、《时事新报》都对该书给予很高的评价。② 他们一致认同该书统计资料丰富，对关心上海经济社会者很有参考价值。

---

① 在工业化研究方面，与刘大钧齐名的还有方显廷。但方显廷一则开始研究时间较晚，二则他主要研究华北和天津的工业化，似不如刘大钧对上海和全国的研究影响大。

② “本书英文本之书评”，载刘大钧：《上海工业化研究》，长沙商务印书馆1940年版。

经济学界对该书的出版也给予了较大的关注。

首先，复旦大学教授、国民经济研究所研究员朱通九认为："刘大钧氏新著《上海工业化研究》一书，与一般普通书籍不同，适合'精心结构，事实与理论并重，采用原始材料编著'之条件，在我国著作界中，放一异彩。"朱通九归纳该书有四个特点，即："一、该书全部材料，除叙述过去史实外，大部为派员分赴各工厂实地调查所得之材料编著而成。所以材料至为新颖，准确性程度至高，自非他书所可比拟。""二、该书立论，均以数字为根据。""三、该书说明事实，除根据某一时期之统计数字，彼此互相作静态之比较与分析外，复用历年统计数字，作动态之比较。""四、该书不特可以弥补我国无统计之缺憾，抑且可以供给外人研究我国情状之统计资料，以及树以后著作界根据统计立论之先声。"[①]朱通九全面评价了该书的贡献和特点，但他作为刘大钧担任所长的国民经济研究所的研究员，认为该书为完美无缺的标杆之作，似乎有过誉之嫌。

其次，南开大学商学院教授、研究工业经济的专家丁佶认为：该书最值得注意者为提供了"原料价值"与"出产品价值"的统计数据，"此二套数字在吾国系首次贡献，使吾人得据之推算上海各工业之'制造增加价值'"。另外，第七章"上海工业化的社会影响""讨论虽简约，而可提述之事实与问题均富兴趣与意义"。另一方面，丁佶认为该书有几个可议之处：一、没有调查研究上海的外资工厂，无法进行中外资本比较；二、两次调查相隔不过三年，1933年和1931年详细比较的结果未必能表示期内上海工业发展的真

① 朱通九："书评：上海工业化研究"，《国民经济月刊》第1卷第2期，1937年6月15日，第165—166页。

正趋势;三、丁四表与丁六表关于12种主要工业的平均资本额与出品价值的二年比较,1933年数字超过1931年太多,所列数字值得怀疑;四、关于第六章"上海工业化的经济影响","上海工业生产之增加固有助于该埠之人口、地价、对外贸易、金融市场、航业及交通诸方面之发展。同时亦应认清者乃此各方面之变化均有相互之影响,并非只由于工业化而发生也"。[①]

丁佶的批评与前述朱通九的赞扬可谓针锋相对,朱通九认为该书作动态研究为重要创新,丁佶却认为三年时间间隔太短,比较研究难以看出趋势;朱通九认为该书材料"准确性程度至高",丁佶却认为该书有些数据可疑;朱通九认为该书"精心结构,事实与理论并重",丁佶却认为该书第六章只看到问题的一面。笔者认为,南开大学是研究中国工业化的另一重要基地,作为学术竞争者,丁佶的批评似乎有过苛之嫌。比如,关于1933年12种主要工业的平均资本额与出品价值的数字超过1931年太多。此问题可解释为:1931年调查的是10人以上的工厂,1933年是30人以上的工厂,前者数量多、规模小,后者数量少、规模大,前者每厂平均的资本额与出品价值当然比后者小,何况著者还说明了表中的数据非"报告"的全部数据。因此,丁佶怀疑数据的真实性反而令人生疑。又比如,关于第六章"上海工业化的经济影响",丁佶认为工业生产增加和人口、地价、对外贸易、金融市场等方面是相互影响,而不仅仅是工业单方面影响人口、地价等因素,他的批评似乎很有道理。但我们如从工业化与城市化这一角度去解读该章,就会看到不同的面

---

① 丁佶:"上海之工业化",《政治经济学报》第5卷第2期,1937年,第500—502页。

相。刘大钧提到工业化的特征之一就是城市化，城市化本身就是城市经济的全面发展，城市经济的发展自然是该市人口、地价、对外贸易、金融市场、航业及交通诸方面的发展。从工业化—城市化—城市经济的全面发展这一角度认识第六章，该章似乎并没有逻辑与事实不通之处。

第三，中国经济学权威马寅初很快利用《上海工业化研究》英文本的材料写成论文"中国之工业化"，他说："中国经济学社数年前承美国太平洋国际会议之捐款，达美金数万元，调查上海工业化之程度。……于一九三一年及一九三三年先后调查上海工商业状况两次。始有《上海之发展及工业化》(*The Growth and Industrialization of Shanghai*)一书之出版。"他认为该书为研究中国工业化一极有价值的材料。①

另外，该书还受到学术文化界名人胡适的关注。1938 年 4 月 28 日，胡适日记记载："Julian Arnold(朱利安·阿诺德)来久谈，与同饭。他指摘刘季陶的'上海之工业'等研究之不用亲身调查方法而仅用书面材料，其言甚当。他甚虑我国学生聪明有余而求知欲不够，好奇心不够。此由于书本训练多而官能训练太缺乏。"②作为名人的胡适和美国商务参赞安诺德私下议论指摘刘大钧的《上海工业化研究》，从另一角度证明了该书的影响。然而，其指摘之处却颇费解，刘大钧著《上海工业化研究》的优点就是采用第一手调查材料，为何在此反而受到胡适和阿诺德的共同批评呢。顺着胡适、安诺德的思路，可得到如下认识：一、刘大钧

① 《马寅初全集》第 9 卷，浙江人民出版社 1999 年版，第 383—394 页。

② 《胡适日记全编》(七)，安徽教育出版社 2001 年版，第 91—92 页。

本人并没有亲身参加调查，只是派员调查；二、该书除绪论和结论外，主要内容共六章，除第四、五、六三章系根据派员调查的材料写成外，其余三章内容则是根据书面材料写成。这样看来，胡适等人的批评似乎不无道理。但是，经济学研究所需要的统计数据面广量大，不可能事必躬亲，如果统计材料均要求亲自调查得来，这也违背了学术研究的分工原则。刘大钧利用派员调查的一手材料和其他机构调查所得的二手材料进行研究和写作，这在当时中国经济学界还处于领先地位。胡适和阿诺德对该书的批评似乎不得要领。

以上所述均是《上海工业化研究》英文版出版后产生的影响，1940年《上海工业化研究》中文版出版后，因时过境迁，没有引起多大关注，笔者只看到了《图书季刊》里的一篇介绍文字。[①]

其后，学术界如果要了解20世纪30年代上海的工业，一般均要参考《上海工业化研究》，严中平《中国棉纺织史稿》关于棉工业在上海地位的统计数据就来自该书[②]，陈真编《中国近代工业史资料》第四辑全文收录该书第四章“上海工业之特点”[③]，等等。

总之，《上海工业化研究》是刘大钧工业化研究系列的重要著作，也是20世纪30年代中国经济学界的代表作之一，它的出版在当时引起了重要反响。今天，中国的工业化和城市化进入了崭新的阶段，回顾历史，《上海工业化研究》为我们提供了中国工业化和城市化起步阶段的一幅全景图，它为我们今天的思考提供了一个

① “上海工业化研究”，《图书季刊》新3卷第3—4期，第378—379页。

② 严中平：《中国棉纺织史稿》，商务印书馆2011年版，第12页。

③ 陈真：《中国近代工业史资料》第四辑，生活·读书·新知三联书店1961年版，第22—33页。

历史的坐标，商务印书馆再版《上海工业化研究》，不仅对关心旧上海社会经济的读者有参考价值，对关心今天中国工业化与城市化的读者同样具有参考价值。